E.F. Engelhardt

iPod · iTunes · iPhone

Das große inoffizielle Buch

E.F. Engelhardt

iPod iTunes iPhone

Das große inoffizielle Buch

FRANZIS

Bibliografische Information der Deutschen Bibliothek
Die Deutsche Bibliothek verzeichnet diese Publikation in der Deutschen Nationalbibliografie; detaillierte Daten sind im Internet über **http://dnb.ddb.de** abrufbar.

Hinweis
Alle Angaben in diesem Buch wurden vom Autor mit größter Sorgfalt erarbeitet bzw. zusammengestellt und unter Einschaltung wirksamer Kontrollmaßnahmen reproduziert. Trotzdem sind Fehler nicht ganz auszuschließen. Der Verlag und der Autor sehen sich deshalb gezwungen, darauf hinzuweisen, dass sie weder eine Garantie noch die juristische Verantwortung oder irgendeine Haftung für Folgen, die auf fehlerhafte Angaben zurückgehen, übernehmen können. Für die Mitteilung etwaiger Fehler sind Verlag und Autor jederzeit dankbar.
Internetadressen oder Versionsnummern stellen den bei Redaktionsschluss verfügbaren Informationsstand dar. Verlag und Autor übernehmen keinerlei Verantwortung oder Haftung für Veränderungen, die sich aus nicht von ihnen zu vertretenden Umständen ergeben. Evtl. beigefügte oder zum Download angebotene Dateien und Informationen dienen ausschließlich der nicht gewerblichen Nutzung. Eine gewerbliche Nutzung ist nur mit Zustimmung des Lizenzinhabers möglich.

Herausgeber: Ulrich Dorn
Satz: G&U Language & Publishing Services GmbH, Flensburg
art & design: www.ideehoch2.de
Druck: Bercker, 47623 Kevelaer
Printed in Germany

ISBN 978-3-7723-**6767-0**

Vorwort

Wenn Sie immer schon wissen wollten, was Sie mit dem iPod alles anstellen können, sind Sie hier genau richtig. Nach der Lektüre dieses Buchs haben Sie den neuen iPod oder das iPhone nach Wunsch eingerichtet und nutzen weitere Funktionen, die standardmäßig (noch) nicht vorgesehen sind. Ist beispielsweise das iPhone frisch ausgepackt und eingeschaltet, müssen hier verschiedene Dinge geregelt werden, um es auch in Betrieb nehmen zu können. Zunächst muss es aktiviert werden, denn ohne die Aktivierung geht es erst mal gar nichts. Ist eine SIM-Karte eingelegt, können nur Notrufnummern gewählt werden; nicht einmal die iPod-Funktion zum Musikhören kann genutzt werden. Auf dem offiziellen Weg erfolgt die Aktivierung über iTunes, was in Deutschland jedoch einen offiziellen Vertrag mit T-Mobile erforderlich macht. Außerdem lässt es sich nach dem Auslieferungszustand nicht mit beliebiger Software nachrüsten – erst mit dem SDK (Software Development Kit) für das iPhone erlaubt Apple die Installation von entsprechender Software. Wer darauf nicht warten möchte, erledigt dies selbst: aktivieren, Nachrüstsperre aufheben und die gewünschte Software einspielen.

Ähnlich erfolgt das Freischalten von versteckten Funktionen auf dem iPod touch – dieser wird oft aufgrund der fehlenden Telefoniefunktion zu Unrecht als iPhone light bezeichnet. Doch in Sachen Nachrüstmöglichkeiten braucht sich der iPod touch nicht zu verstecken – einmal von den Apple-Fesseln befreit, lässt sich damit allerhand anstellen: Sogar VoIP-Telefonate sind mithilfe eines Aufsteckmikrofons prinzipiell möglich. Haben Sie keinen Videorekorder zu Hause, brauchen Sie nicht auf das Aufnehmen von Fernsehsendungen zu verzichten – vorausgesetzt, Sie haben einen PC mit TV-Karte. Wer gern Filme oder Sportübertragungen unterwegs über seinen iPod oder iPhone anschauen möchte, der konvertiert mit Freewaretools diese einfach in das iPod-taugliche Videoformat. Oder Sie lassen das TV-Programm automatisiert von der TV-Karte in iTunes aufnehmen. Bauen Sie iTunes zu einer multifunktionalen Multimedia-Zentrale aus und streamen Sie Musik ins Netz, die rund um die Uhr zur Verfügung steht. Mit dem iTunes-PSP-Server werden Sie zum globalen Rundfunkredakteur und genießen das selbst zusammengestellte Musikprogramm mit Ihrer PSP, die Sie via WLAN-Hotspot von einem beliebigen Ort auf der Welt aus mit dem heimischen Netzwerk und iTunes über den PC abrufen.

Mit dem installierten iTunes lassen sich der iPod und das iPhone bequem mit Musik, Podcasts und Filmen befüllen. Erweitern Sie iTunes mit zusätzlichen Tools, um beispielsweise aufgenommene Radiosendungen mitzuschneiden, als MP3 in iTunes automatisiert zu importieren und anschließend auf dem iPod anzuhören. Ist die Musik-Mediathek von iTunes chaotisch organisiert, etwa weil diverse fehlerhafte Genreeinträge den Überblick verstümmeln, legen Sie selbst

Hand an. Hier bearbeiten Sie die iTunes-Datenbank selbst und räumen richtig auf. Der alternative Multimedia-Player Winamp kommt mithilfe eines Plug-ins auch mit vielen – vor allen älteren – iPods zurecht. Winamp hat vielerlei Vorteile: Kürzere Ladezeiten, bequemes Sortieren der Musik, einfaches Erstellen von Wiedergabelisten, Aufnahme, automatisierter Import in iTunes und vieles mehr sorgen auf Anhieb für mehr Komfort im Umgang mit dem iPod. Wie installieren und betreiben Sie den iPod auf der Xbox 360? Wie verwenden Sie den iPod zusammen mit der Sony-PSP? Was benötigen Sie für die Installation und den Betrieb von Linux als Plattform-Alternative zum hauseigenen Apple-Betriebssystem? Technikfreaks bauen über die Fotofunktion bei jedem fototauglichen iPod-Modell ein eigenes Navigationssystem und haben Stadtpläne sowie Übersichten zum öffentlichen Nahverkehr immer dabei – und das ohne teure Edge/GPRS-Verbindungen oder WLAN-Anschluss.

Nach der Lektüre dieses Buches stehen Sie da, wo Sie hingehören: ganz vorne. Hier erfahren Sie alles, was Sie über den iPod und das iPhone wissen müssen. Kurz zusammengefasst, einfach erklärt, sofort umsetzbar. In diesem Buch finden Sie alles zum Thema iPod, iPhone und iTunes sowie alles für das sichere und reibungslose Zusammenspiel mit PC und Mac.

Der Autor und der Verlag übernehmen für die in diesem Buch beschriebenen Verfahren keine Verantwortung – Sie als Leser führen diese Schritte auf eigenes Risiko aus. Die Workshops sind mehrfach getestet und nach bestem Wissen und Gewissen dokumentiert. Dennoch ist es nicht auszuschließen, dass die genannten Verfahren für neuere Modelle nicht funktionieren oder sich grundlegende Parameter ändern – beispielsweise durch eine neue Firmware und andere Sicherungsmechanismen. Gehört Ihr Gerät zu den umrüstfähigen Modellen und möchten Sie trotz der vorhandenen Warnhinweise fortfahren: Bevor Sie loslegen, lesen Sie sich den entsprechenden Abschnitt komplett durch, damit Sie wissen, worauf es ankommt und welche Voraussetzungen für den entsprechenden Eingriff erfüllt sein müssen. Grundsätzlich sollten Sie immer genügend Zeit und Ruhe mitbringen – für die meisten beschriebenen Hacks ist zudem ein Breitband-DSL-Anschluss samt WLAN-Router zu empfehlen bzw. zwingend notwendig.

Wir wünschen Ihnen ganz viel Spaß mit diesem Buch und vor allem einen großen Nutzen, den Sie daraus ziehen können.

Autor und Verlag

Sie haben Anregungen, Fragen, Lob oder Kritik zu diesem Buch? Sie erreichen den Autor per Mail unter ef.engelhardt@gmx.de.

1 iPod & iPhone – Mythos und Wahrheit

Die iPod-Modelle werden von Apple ständig weiterentwickelt. Zunächst war der iPod nur ein einfach zu bedienender Musikplayer, der mit seinem revolutionären Click-Wheel der Konkurrenz in Sachen Bedienung und Benutzerfreundlichkeit enteilte. Mit dem Einzug der farbigen Displays kamen Bilder und Fotos dazu, mit denen der iPod Photo Diashows zum Mitnehmen möglich machte. Aber auch das Hören von Internetradio und -hörfunk wurde mit der Podcast-Funktion in iTunes integriert.

Mittlerweile gibt es zig iPods für verschiedene Anwendungsbereiche: Ganz egal, wo Sie gerade sind oder was Sie abspielen möchten, nach mittlerweile sechs iPod-Generationen ist mit Sicherheit der richtige darunter. Hier kommt es zunächst darauf an, wie groß Ihre Musiksammlung ist und ob diese immer mit dabei sein muss. Oder reichen nur ein paar wenige Musikstücke – ideal beim Sport oder in der Freizeit. Auf Reisen sehen Sie vielleicht gern unterwegs Videos an. Dazu bieten fast alle Modelle ein entsprechendes Display, um damit lange Zugfahrten, Wartezeiten am Flughafen etc. mit Spielfilmen oder diversen Musikvideos zu überbrücken.

Nicht jeder Hack und nicht jeder Kniff in diesem Buch funktioniert mit jedem iPod – zu groß ist mittlerweile die Auswahl der Geräte. Aus diesem Grund sind die Kapitel entsprechend kategorisiert – anhand des Labels sehen Sie auf einen Blick, ob dieser Abschnitt auch für Ihr iPod-Modell relevant ist oder nicht.

HINWEIS!

Der neue iPod shuffle

Offiziell ist der »neue« iPod shuffle ein neues Modell, unterscheidet sich gegenüber dem Shuffle der zweiten Generation in technischer Hinsicht bis dato jedoch nicht. Er ist allerdings im Rahmen der Product-Red-Initiative erhältlich. Dabei stellt Apple eine Spezialedition im Design von »Product Red« bereit und spendet 40 % des Gewinns, der damit erzielt wird, der Bekämpfung von HIV.

Label	Bemerkung
Alle	alle iPod-Modelle
Shuffle 1G	Shuffle – 1. Generation (512 MByte/1 GByte)
Shuffle 2G	Shuffle – 2./3. Generation* (1 GByte/2 GByte)
Mini	iPod Mini

Label	Bemerkung
Nano 1G	Nano – 1. Generation
Nano 2G	Nano – 2. Generation
Nano 3G	Nano – 3. Generation
iPod touch	iPod touch – 1. Generation mit 8, 16 oder 32 GByte
iPhone 1G	iPhone – 1. Generation mit 8 oder 16 GByte
Photo	iPod mit Farbdisplay mit 20 bis 60 GByte
Video	iPod video – 5. Generation mit 30 bis 60/80 GByte
Classic	iPod video-Nachfolger – 6. Generation mit 80/160 GByte Kapazität
iTunes	Nur mit iTunes
Mac OS X	Nur unter Mac OS X
Windows	Nur unter Windows XP und Vista

1.1 iPod shuffle – quadratisch, praktisch, leicht

Aufgrund seiner Bauweise ist der iPod shuffle vor allem für sportliche Aktivitäten geeignet: Der »alte« iPod shuffle ist mit seiner Größe von 84 × 25 × 8 mm so groß wie ein Kaugummipäckchen und mit seinem Gewicht von 22 Gramm ein echtes Leichtgewicht. Das im Jahr 2006 vorgestellte und Anfang 2008 noch immer aktuelle Nachfolgermodell Shuffle ist noch kleiner und leichter geworden: Es ist im Vergleich zur Erstversion auf die Hälfte geschrumpft und wiegt mit seinen 15 Gramm noch weniger als sein Vorgänger.

Bild 1.1 Leicht, klein und handlich: Der iPod shuffle ist deutlich kleiner als der iPod nano der zweiten Generation und eignet sich vor allem für sportliche Aktivitäten (Foto: Apple).

Der iPod shuffle der zweiten Generation kann dank des integrierten Befestigungsclips einfach an der Kleidung getragen werden. Im Gegensatz zu den großen Brüdern besitzen alle Shuffle-Modelle weder Display noch klassisches Wheel. Stattdessen stehen hier die Tasten *Laut/Leise*, *Vor/Rück*, *Play/Pause* auf der Vorderseite sowie *Aus/Ein* und ein Abspielmodischalter zur Verfügung.

Dieser kann folgende Positionen einnehmen: alle Stücke in fester Reihenfolge oder in zufälliger Reihenfolge (Shuffle-Modus) abspielen. Wie der iPod nano, iPod touch und iPhone kommen die Shuffle-Modelle ohne Festplatte aus und nutzen stattdessen einen flashbasierten Speicher mit einer Größe von 1 GByte.

Während bei der Erstversion des iPod shuffle das USB-Kabel im Lieferumfang eingespart wurde und er somit an zahlreichen PCs wie auch an der Xbox 360 (siehe Abschnitt »iPod und Xbox 360 – Musikvergnügen im Wohnzimmer« auf Seite 285) nicht ohne Weiteres angeschlossen werden konnte, hat es Apple bei den Nachfolgern nun besser gemacht: Beim neuen Modell liegt ein passendes Anschlusskabel bei.

iPod shuffle 3. Generation	Daten (Herstellerangaben)
Größe	27,3 mm × 41,2 mm × 10,5 mm (mit Clip)
Gewicht	15,5 g
Speicher	1 GByte/2 GByte
Audioformate	AAC, AAC mit Kopierschutz, MP3, MP3 VBR, Audible (1, 2 und 3), Apple Lossless, AIFF, WAV
Anschluss	3,5-mm-Stereo-Miniklinke

Mit dem seit Ende Februar 2008 verfügbaren 2-GByte-Flashlaufwerk ist das Speichern von bis zu 480 Songs im 128-KBit/s-AAC-Format möglich.

1.2 iPod nano – Daumenkino immer dabei

Der iPod nano ist der Nachfolger des Erfolgsmodells iPod mini und bereits seit drei Generationen auf dem Markt vertreten. Der Nano besitzt im Gegensatz zu seinem Vorgänger Mini keine Festplatte, sondern wie der iPod shuffle einen NAND-Flashspeicher. Dadurch kann die Bauweise kleiner ausfallen, was Gewicht spart. Neu war auch bei den Nano-Modellen der ersten Generation die Anordnung der Kopfhörerbuchse: Diese wurde an der unteren Gerätekante verbaut.

Die zweite iPod nano-Generation orientiert sich vom Design her wieder am Mini: Ein edel gebürstetes Aluminiumgehäuse erinnert stark an das Mini-Design – das Gerät selbst ist jedoch deutlich leichter und flacher, was für einen besseren Tragekomfort sorgt.

Bild 1.2 Bunt und ein Hingucker: der Nano-Vorgänger iPod mini (Foto: Apple).

Wie die »großen iPods« ab der fünften Generation besitzen die Nano-Modelle ein Farbdisplay mit 1,5 statt 2,5 Zoll und konnten bislang im Gegensatz zum großen Bruder nur Bilder, aber keine Videos abspielen. Dies ist mit der dritten Nano-Generation vorbei – hier ist nun Daumenkino möglich. Wie Sie Videos für den iPod nano der dritten Generation erstellen, welches Tool Sie am besten dafür verwenden und worauf Sie achten müssen, lesen Sie im Abschnitt »Playstation PSP und iPod im Zusammenspiel« auf Seite 262.

iPod nano 3. Generation	Daten (Herstellerangaben)
Größe	69,8 mm × 52,3 mm × 6,5 mm
Gewicht	49,2 g
Speicher	4 GByte/8 GByte
Display	2 Zoll bei 320 × 240 Pixeln
Audioformate	AAC (16 bis 320 KBit/s), Protected AAC (aus dem iTunes Store), MP3 (16 bis 320 KBit/s), MP3 VBR, Audible (Formate 2, 3 und 4), Apple Lossless, WAV, AIFF
Videoformate	H.264-Video: bis zu 1,5 MBit/s, 640 × 480 Pixel, 30 Bilder/s, Low-Complexity-Version des H.264 Baseline Profile mit AAC-LC Audio mit bis zu 160 KBit/s, 48 kHz, Stereo-Audio in den Formaten M4V, MP4 und MOV
	H.264-Video: bis zu 2,5 MBit/s, 640 × 480 Pixel, 30 Bilder/s, Baseline Profile bis zu Level 1.3 mit AAC-LC Audio mit bis zu 160 KBit/s, 48 kHz, Stereo-Audio in den Formaten M4V, MP4 und MOV
	MPEG-4-Video: bis zu 2,5 MBit/s, 640 × 480 Pixel, 30 Bilder/s, Simple Profile mit AAC-LC Audio mit bis zu 160 KBit/s, 48 kHz, Stereo-Audio in den Formaten M4V, MP4 und MOV

iPod nano 3. Generation	Daten (Herstellerangaben)
Anschlüsse	30-Pin-Dock
	3,5-mm-Stereo-Miniklinke

Mit dem 4-GByte- bzw. 8-GByte-Flashlaufwerk ist das Speichern von bis zu 1.000 oder 2.000 Songs im 128-KBit/s-AAC-Format oder von bis zu 3.500 oder 7.000 anzeigbaren Fotos bzw. von bis zu 4 Stunden (4-GByte-Modell) oder bis zu 8 Stunden (8-GByte-Modell) Video möglich.

1.3 iPhone – headbangen und telefonieren

Das iPhone existiert mittlerweile in zwei unterschiedlichen Versionen am Markt, die sich lediglich hinsichtlich der verfügbaren Kapazität unterscheiden. Seit Februar 2008 ist zusätzlich zu den etwas älteren 8-GByte-Modellen die 16-GByte-Variante erschienen.

Bild 1.3 Mit großen Erwartungen: Bereits Mitte September war auf der T-Mobile-Webseite das iPhone zu sehen.

Abgesehen von der Flashspeicherausstattung haben beide Modelle den gleichen Lieferumfang. Hier legt Apple dem iPhone ein Stereo-Headset, ein Dock zum Aufstecken des iPhone, ein USB-Ladekabel, ein kleines Handbuch sowie ein Poliertuch bei. Die Synchronisation mit Mac oder PC erfolgt über iTunes. Das integrierte WLAN-Modul (802.11b/g) oder Bluetooth lassen sich nicht zum Synchronisieren via iTunes nutzen.

iPhone	Daten (Herstellerangaben)
Größe	115 mm × 61 mm × 11,6 mm
Gewicht	135 g
Speicher	8 GByte/16 GByte
Display	3,5-Zoll-Touchscreen mit 320 × 480 Pixeln
Betriebssystem	OS X
GSM	Quad-Band (850, 900, 1.800, 1.900 MHz)
Netz/Datenverbindungen	WLAN (802.11b/g)/Bluetooth 2.0/Edge
Audioformate	AAC, Protected AAC, MP3, MP3 VBR, Audible (Formate 1, 2 und 3), Apple Lossless, AIFF und WAV
Kamera	2 Megapixel
Videoformate	H.264-Video: bis zu 1,5 MBit/s, 640 × 480 Pixel, 30 Bilder/s, Low-Complexity-Version des H.264 Baseline Profile mit AAC-LC Audio mit bis zu 160 KBit/s, 48 kHz, Stereo-Audio in den Formaten M4V, MP4 und MOV
	H.264-Video: bis zu 768 KBit/s, 320 × 240 Pixel, 30 Bilder/s, Baseline Profile bis zu Level 1.3 mit AAC-LC Audio mit bis zu 160 KBit/s, 48 kHz, Stereo-Audio in den Formaten M4V, MP4 und MOV
	MPEG-4-Video: bis zu 2,5 MBit/s, 640 × 480 Pixel, 30 Bilder/s, Simple Profile mit AAC-LC Audio mit bis zu 160 KBit/s, 48 kHz, Stereo-Audio in den Formaten M4V, MP4 und MOV
Anschlüsse	30-Pin-Dock
	3,5-mm-Stereo-Miniklinke

Erhältlich ist das iPhone in Deutschland standardmäßig über den Apple-Vertragspartner T-Mobile. Hier ist der Abschluss eines entsprechenden Mobilfunkvertrags mit einer Laufzeit von 24 Monaten notwendig, um überhaupt ein iPhone zu bekommen. Die Kosten des Vertrags sind abhängig vom gewählten Tarif und sorgen somit bei einem Monatspreis von 50 bis 90 Euro für Gesamtkosten von mindestens 1.600 Euro. Jene, die sich gegen solche Vertragsverpflichtungen sträuben oder das iPhone mit einem anderen Handytarif bzw. Mobilfunkanbieter nutzen möchten, müssen sich nach Alternativen umsehen …

Servus iPhone: Grauimport vom österreichischen Discounter

Während in Deutschland das iPhone von T-Mobile mit SIM-Lock verkauft wird, war das Gerät über den Lebensmittel-Discounter Penny in Österreich in der Woche vom 17. bis 21. Dezember 2007 in ausgewählten Filialen sowie über den Onlineshop im freien Verkauf. Im Preis von 799 Euro ist eine Herstellergarantie von einem Jahr enthalten. Zunächst wurde hier gemutmaßt, dass es sich um freigeschaltete iPhones aus Frankreich handelte, da es dort aufgrund gesetzlicher Bestimmungen ohne Beschränkungen verkauft wird.

Bild 1.4 I werd narrisch: Während das iPhone ohne SIM-Lock für kurze Zeit bei T-Mobile für 999 Euro erhältlich war, konnten im Dezember 2007 die österreichischen Nachbarn günstiger zugreifen.

Nach einigen Tagen stellte sich jedoch heraus, dass es sich um gecrackte, also freigeschaltete iPhones aus den USA handelte – hier hat jemand Hand angelegt. Wer über Bekannte in den USA selbst ein iPhone besorgt, der kann je nach Herstellungsdatum und installierter Firmwareversion auch selbst tätig werden. Wie Sie den SIM-Lock und darüber hinaus die Softwaresperre aushebeln, um damit zusätzliche Programme und Tools auf dem iPhone zu betreiben, lesen Sie im Abschnitt »iPod- & iPhone-Hacking: Risiken und Nebenwirkungen« auf Seite 59.

Bonjour iPhone: Nachbarschaftshilfe via eBay aus Frankreich

In Deutschland verkauft sich das iPhone nur halb so gut wie in Frankreich. Während gerüchteweise in den ersten drei Monaten rund 70.000 T-Mobile-iPhone-Verträge abgeschlossen wurden, liegt die Zahl in Frankreich deutlich darüber: Die Anzahl von 70.000 wurde nach Angaben von France Telecom bereits im ersten Verkaufsmonat erreicht. In Frankreich ist das iPhone über die France-Telecom-Tochter Orange erhältlich, dort wird es aus rechtlichen Gründen jedoch auch ohne Vertragsbindung und ohne SIM-Lock angeboten.

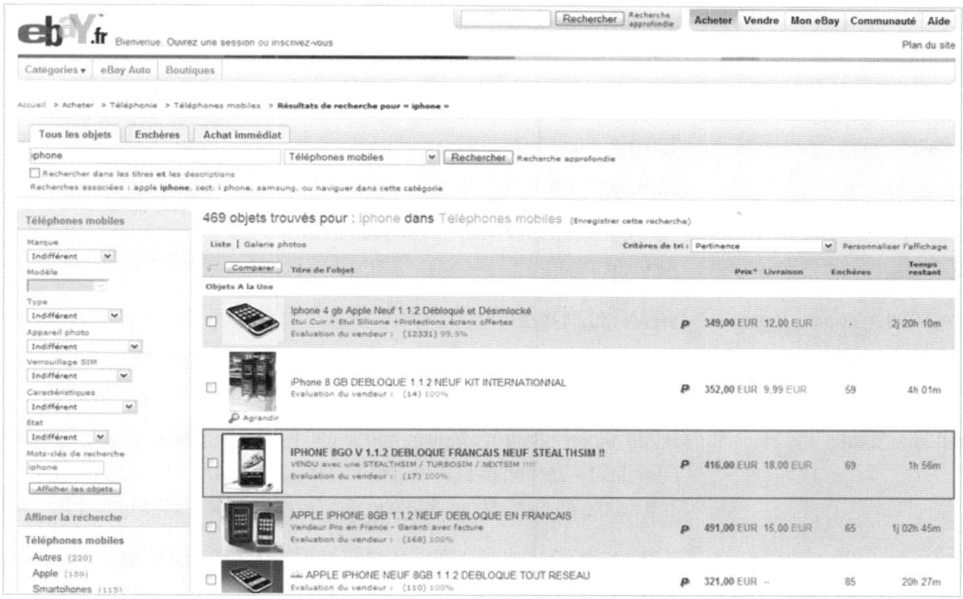

Bild 1.5 Während das iPhone bei Orange ohne SIM-Lock für 749 Euro in den Verkaufsregalen steht, ist es bei eBay deutlich günstiger erhältlich.

Wer also der französischen Sprache mächtig ist und die entsprechenden Angebote bei eBay beobachtet, der kann hier sein Schnäppchen machen und viel Geld sparen. Da das iPhone zig verschiedene Sprach- und Tastatureinstellungen mitbringt, ist ein anschließendes Umstellen auf den deutschen Sprachraum kein Problem.

1.4 iPod touch – Musik zum Anfassen

Im Vergleich zum iPhone ist der iPod touch schlanker und etwas kürzer, besitzt jedoch das gleiche Multitouch-Display mit einer Größe von 3,5 Zoll bei 480 × 320 Pixeln. Hier gibt es mittlerweile verschiedene Versionen, die sich in Sachen Speicherkapazität unterscheiden. Das im Januar 2008 erschienene Topmodell kommt mit 32 GByte, es sind zu günstigeren Preisen bei eBay und im Fachhandel zudem noch 8- oder 16-GByte-Modelle auf dem Markt. Wie beim iPhone erfolgt die Synchronisation mit dem PC über iTunes – im Gegensatz zum iPhone fehlt hier jedoch die GSM/Edge-Einheit sowie die Bluetooth-Schnittstelle.

iPod touch	Daten (Herstellerangaben)
Größe	110 mm × 61,8 mm × 8 mm
Gewicht	120 g
Speicher	8 GByte/16 GByte/32 GByte
Display	3,5-Zoll-Touchscreen bei 320 × 480 Pixeln
Betriebssystem	OS X
Netz/Datenverbindungen	WLAN (802.11b/g)
Audioformate	AAC (16 bis 320 KBit/s), geschützte AAC, MP3 (16 bis 320 KBit/s), MP3 VBR, Audible (Format 2, 3 und 4), Apple Lossless, AIFF und WAV
Videoformate	H.264-Video: bis zu 1,5 MBit/s, 640 × 480 Pixel, 30 Bilder/s, Low-Complexity-Version des H.264 Baseline Profile mit AAC-LC Audio bis zu 160 KBit/s, 48 kHz, Stereo-Audio in den Formaten M4V, MP4 und MOV
	H.264-Video: bis zu 2,5 MBit/s, 640 × 480 Pixel, 30 Bilder/s, Baseline Profile bis zu Level 3.0 mit AAC-LC Audio bis zu 160 KBit/s, 48 kHz, Stereo-Audio in den Formaten M4V, MP4 und MOV
	MPEG-4-Video: bis zu 2,5 MBit/s, 640 × 480 Pixel, 30 Bilder/s, Simple Profile mit AAC-LC Audio bis zu 160 KBit/s, 48 kHz, Stereo-Audio in den Formaten M4V, MP4 und MOV
Anschlüsse	30-Pin-Dock
	3,5-mm-Stereo-Miniklinke

Der eingebaute WLAN-Baustein (802.11b/g) lässt sich im Heimnetz zum Surfen nutzen – zusätzliche Funktionen wie Mail, Google Maps und dergleichen sind kostenpflichtig erhältlich, sofern dies nicht auf eigene Faust nachgerüstet wird.

Nur zum Abspielen von Musik ist der iPod touch aufgrund seiner Ausstattung fast zu schade. Hier ist jedoch das Freischalten der kastrierten Funktionen notwendig. Worauf es dabei ankommt, lesen Sie im Abschnitt »iPod touch freischalten« auf Seite 113.

1.5 iPod classic – das Speichermonster

Die iPods der sechsten Generation bieten Speicherplatz für 80 GByte und 160 GByte. Damit lassen sich bis zu 40.000 Lieder speichern. Wer mehr Wert auf die Videofunktion des iPod legt, der bekommt mit dem Gerät Unterstützung für MPEG-4- und H.264-Video und ein Farbdisplay mit 6,35 cm Größe, was 2,5 Zoll mit 320 × 240 Pixeln entspricht. Abhängig von der Codierung der Filme können Sie hier bis zu 200 Stunden Videomaterial genießen und mit auf die Reise nehmen.

Bild 1.6 Mobiler Speicherriese in der Hosentasche: Bis zu 160 GByte Speicher bietet der iPod der sechsten Generation (Foto: Apple).

iPod classic	Daten
Größe	103,5 mm × 61,8 mm × 13,5 mm (160 GByte)
	103,5 mm × 61,8 mm × 10,5 mm (80 GByte)
Gewicht	162 g (160 GByte)
	140 g (80 GByte)
Speicher	80 GByte/160 GByte

iPod classic	Daten
Display	2,5 Zoll bei 320 × 240 Pixeln
Audioformate	AAC, Protected AAC, MP3, MP3 VBR, Audible (Formate 1, 2 und 3), Apple Lossless, AIFF und WAV
Videoformate	H.264-Video: bis zu 1,5 MBit/s, 640 × 480 Pixel, 30 Bilder/s, Low-Complexity-Version des H.264 Baseline Profile mit AAC-LC Audio mit bis zu 160 KBit/s, 48 kHz, Stereo-Audio in den Formaten M4V, MP4 und MOV
	H.264-Video: bis zu 2,5 MBit/s, 640 × 480 Pixel, 30 Bilder/s, Baseline Profile bis zu Level 3.0 mit AAC-LC Audio mit bis zu 160 KBit/s, 48 kHz, Stereo-Audio in den Formaten M4V, MP4 und MOV
	MPEG-4-Video: bis zu 2,5 MBit/s, 640 × 480 Pixel, 30 Bilder/s, Simple Profile mit AAC-LC Audio mit bis zu 160 KBit/s, 48 kHz, Stereo-Audio in den Formaten. M4V, MP4 und MOV
Anschlüsse	30-Pin-Dock
	3,5-mm-Stereo-Miniklinke

Beim iPod classic gibt Apple bei Videowiedergabe eine Akkulaufzeit von sieben Stunden (160-GByte-Modell) an. Wer den iPod im Urlaub als Datenspeicher für seine Digitalkamera nutzen möchte, der kommt hier ebenfalls auf seine Kosten: Bis zu 25.000 Schnappschüsse lassen sich auf dem iPod speichern.

1.6 Apple Store – individuelle Lasergravur inklusive

Erhältlich sind die aktuellen Apple-Modelle im Fachhandel oder direkt im Apple Store (*www.apple.com/de/thestore/*). Vom Preis her ist der Unterschied gering. Da für die Apple-iPods eine unverbindliche Preisempfehlung gilt, können Preisschwankungen von bis zu 30 Euro entstehen. Exklusiv bietet Apple in seinem Onlinestore eine Lasergravur an, mit der Sie den iPod individuell beschriften lassen können. Im Apple Store können Sie nicht nur Hardware, sondern auch Musik und Videos kaufen, mit denen Sie über iTunes den iPod befüllen können. Dort sind mehr als 3 Millionen Songs, 35.000 Podcasts oder 2.000 Musikvideos verfügbar, die Sie auf Ihren PC laden und anschließend auf den iPod übertragen können.

2 iTunes – das Musikarchiv für den iPod

Alle iTunes

iTunes ist nach dem Willen von Apple Grundvoraussetzung dafür, dass der iPod mit Musik, Bildern, Videos und vielem mehr betankt werden kann. Doch nicht allein für das Zusammenspiel mit dem iPod ist iTunes wichtig: Es dient nicht nur dem Abspielen der Audio-, Video- und Podcast-Dateien, sondern ist auch gleichzeitig ein Musik-Encoder, ein Internetradio-Empfänger, ein Podcast-Client, ein Brennprogramm, ein Onlineshop und zu guter Letzt ein komplettes Multimedia-Verwaltungsprogramm. Da der iPod in erster Linie ein tragbarer Musikplayer ist, liegt der Schwerpunkt natürlich bei der Audiounterstützung.

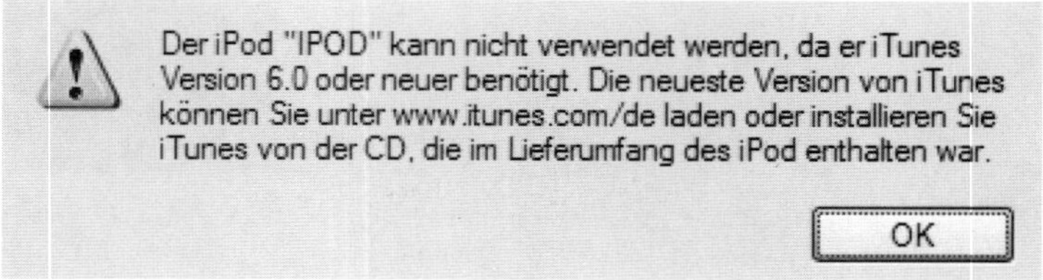

Bild 2.1 Je nachdem, wie alt der angeschlossene iPod ist, braucht er zwingend eine neue iTunes-Version.

Hier lassen sich Audiodateien im MP3-, M4P- sowie AAC-Format nicht nur abspielen, sondern auch beliebig zusammenstellen, sortieren, gruppieren und speichern. Beim Einlesen einer Audio-CD können mittels Anbindung an eine CDDB-Datenbank die zu importierenden Musikstücke mit Metainformationen wie Titel, Interpret, Albumname und vielem mehr archiviert werden. iTunes ist topaktuell auf *www.apple.de/itunes/* verfügbar, nur bei älteren Modellen lag dem iPod eine CD bei, die mit der damals aktuellen iTunes-Version bestückt war.

2.1 Schnell erledigt – iTunes-Installation

Alle iTunes

Egal, ob Mac OS X oder Windows: Die Installation von iTunes ist schnell erledigt, sie läuft selbsterklärend und weitgehend automatisch ab. Grundvoraussetzung für iTunes ist die aktuelle Version des QuickTime-Players, was in diesem Installationsschritt auch automatisch erfolgt.

Grundsätzlich sollten Sie immer nach der aktuellsten iTunes-Version Ausschau halten, da mit der Zeit neue Features hinzukommen. So ist mit der Einführung des Video-iPod nun auch endlich iTunes videotauglich. Abhängig davon, wie schnell Ihr Internetanschluss ist, haben Sie die Installationsdatei für iTunes in wenigen Minuten auf dem PC. Speichern Sie die Datei in einen temporären Download-Ordner. Die Installation läuft im Wesentlichen ohne große Probleme und mit wenigen Einstellungsmöglichkeiten ab.

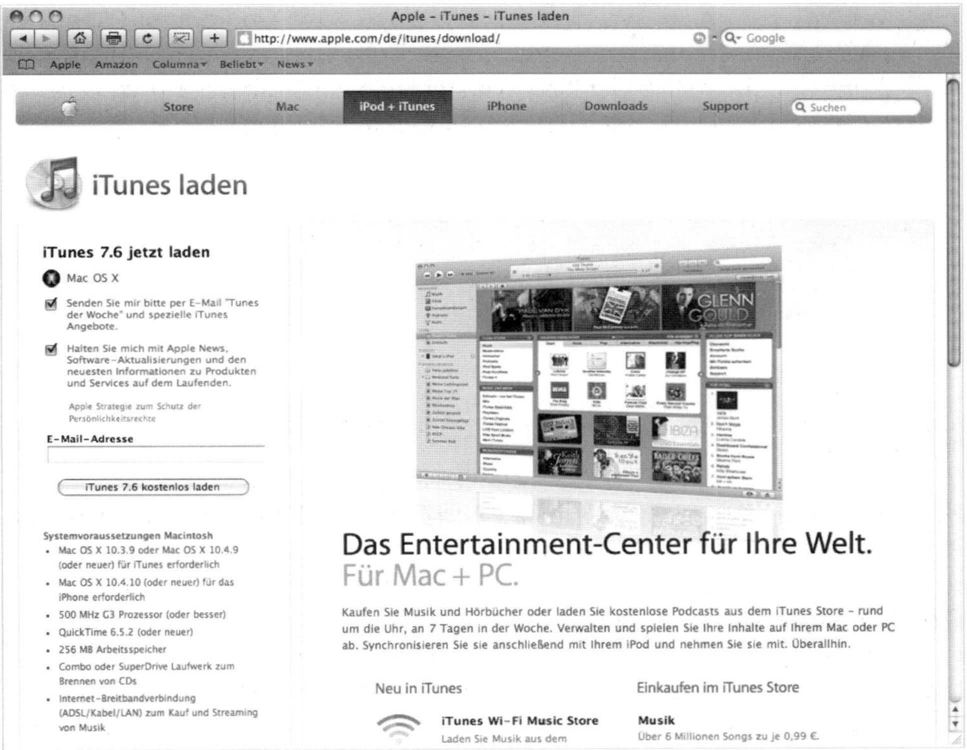

Bild 2.2 Die Anlaufstelle für die aktuellste iTunes-Version. Damit die aktuellste iTunes-Version heruntergeladen werden kann, muss eine E-Mail-Adresse angegeben werden (*www.apple.com/de/itunes/*).

Starten Sie einfach die Installationsdatei und klicken Sie sich so lange durch, bis die Installation abgeschlossen ist. Zwischendurch werden Sie gefragt, ob Sie den gekauften iPod registrieren möchten. Das ist kein Muss, aber falls Sie es doch tun, können Sie diese Registrierungsinformationen auch für das spätere Nutzen des iTunes Store verwenden, um Musik und Videos online zu kaufen. Grundvoraussetzung für Installation und Betrieb von iTunes ist QuickTime, das für die Wiedergabe der Audio- und Videodateien sowie die Textanimationen und Bilder zuständig ist. Nach einigen *Weiter*-Klicks kommen Sie endlich zum finalen Dialog. Per Klick auf *Fertigstellen* schließen Sie die Installation von iTunes ab.

Bild 2.3 Erst nach der erfolgreichen iTunes-Installation lässt sich der iPod ordnungsgemäß in Betrieb nehmen.

Nach dem ersten Start von iTunes können Sie grundsätzlich loslegen, doch bevor Sie anfangen, Musik zu importieren, Playlists anzulegen und vieles mehr, sollten Sie den iPod – sofern noch nicht geschehen – mit iTunes in Betrieb nehmen. Anschließend lässt sich iTunes an die persönlichen Anforderungen anpassen. Worauf es hier im Wesentlichen ankommt, lesen Sie auf den nächsten Seiten.

iPod in Betrieb nehmen

Alle

Egal ob iPod shuffle, iPod nano, iPod classic, iPod touch oder iPhone – jeder iPod muss zunächst mit iTunes eingerichtet werden. Zunächst sollte jedoch sichergestellt sein, dass die aktuellste iTunes-Version installiert ist. Dann ist die Wahrscheinlichkeit am größten, dass die Bug- und Fehlerrate etwas niedriger ist und unter Umständen auch zusätzliche neue Funktionen zur Verfügung stehen. Aktuell halten lässt sich iTunes am besten über den Mac-eigenen Software-Manager: Hier prüfen Sie über *Apfel/Softwareaktualisierung...*, ob eine Aktualisierung oder gar eine neue Version zur Verfügung steht. In beiden Fällen installieren Sie ein vorliegendes iTunes-Update – dafür ist lediglich das Administratorkennwort notwendig. Nach der Installation bzw. der Aktualisierung von iTunes können Sie den neuen iPod aus der Verpackung nehmen und erstmalig unter Mac OS X einsetzen.

Bild 2.4 Wird ein fabrikfrischer iPod eingesteckt, öffnet sich iTunes umgehend. Anschließend richten Sie den iPod für Mac OS X ein.

Es erscheint zunächst ein iPod-Assistent zum Einrichten des frischen iPod. Dies ist auch der Fall, wenn Sie einen bereits vorhandenen per *Wiederherstellen*-Mechanismus auf seine Fabrikeinstellungen zurückgesetzt haben. Nachstehende Schritte sind zwingend notwendig, um den iPod mit iTunes zu verheiraten.

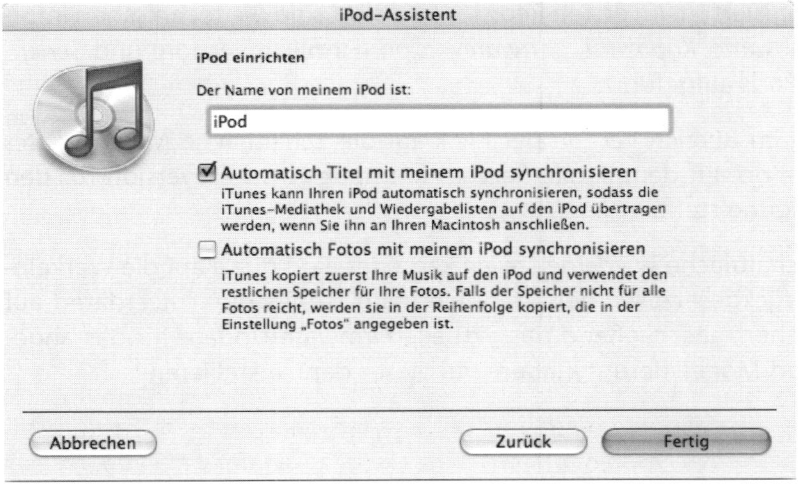

Bild 2.5 Das A und O ist in diesem Dialog das Eintragen des iPod-Namens. Sie können die automatische Synchronisierung abschalten.

Anschließend können Sie den iPod in Betrieb nehmen und bei Apple registrieren – wer dazu (noch) keine Lust hat, der nutzt die Schaltfläche *Später registrieren*.

Bild 2.6 Registrieren oder nicht? Apple lässt Ihnen hier die Wahl.

Anschließend ist die Übersichtsseite des iPods zu sehen, die mit den Bereichen *Übersicht, Musik, Filme, Fernsehsendungen, Podcasts, Fotos* und *Infos* wie ein Karteikasten organisiert ist. Im ersten Register *Übersicht* sind die technischen Informationen wie *Name, Kapazität, Softwareversion* (Firmwareversion) und *Seriennummer* des iPods aufgeführt.

Hier lässt sich im Bereich *Version* per Klick auf die Schaltfläche *Nach Updates suchen* prüfen, ob auf dem Apple-Server eine neue Firmwareversion für den iPod zur Verfügung steht.

Mithilfe der Schaltfläche *Wiederherstellen* kann der iPod quasi auf die Werkeinstellungen zurückgesetzt werden. Dadurch kann iTunes die Nutzerdaten auf dem iPod löschen, anschließend das aktuelle Firmware-Update für das angeschlossene iPod-Modell herunterladen und dieses dann installieren.

Bild 2.7 Wer den iPod mit Musik, Videos etc. automatisch via iTunes befüllen möchte, der achtet auf das Häkchen bei *iTunes öffnen, wenn dieser iPod angeschlossen wird*.

In Sachen Synchronisation sind die Register *Musik, Filme, Fernsehsendungen, Podcasts* und *Fotos* grundsätzlich ähnlich aufgebaut. Hier lässt sich die Auswahl auf bestimmte Wiedergabelisten beschränken oder – falls die Kapazität auf dem iPod ausreicht – auch die komplette iTunes-Mediathek synchronisieren.

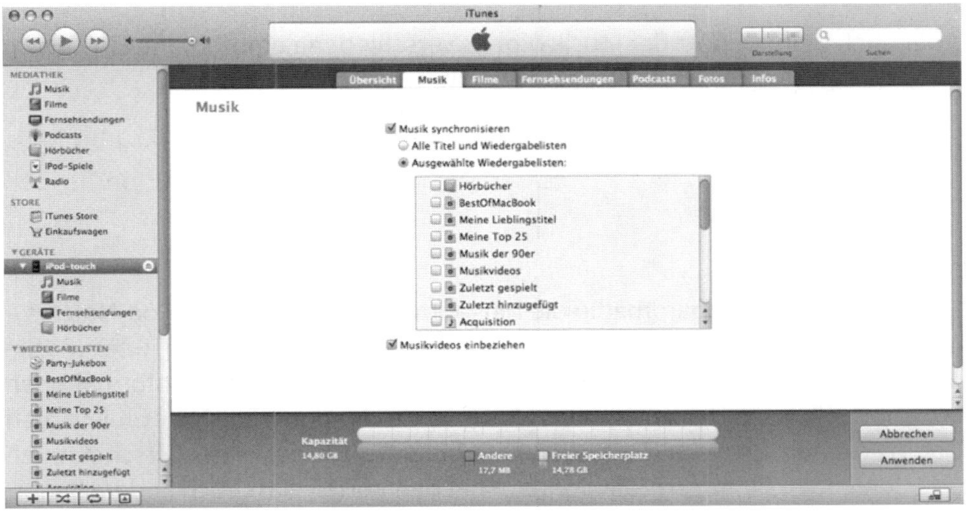

Bild 2.8 Komplett oder nur eine Auswahl: Die in iTunes erstellte Wiedergabeliste kann einfach per Setzen eines Häkchens mit dem iPod synchronisiert werden.

2.2 Apfel-Tuning – iTunes perfekt konfigurieren

Alle iTunes

Beim ersten Programmstart meldet sich ein Assistent, der dabei helfen soll, iTunes richtig zu konfigurieren. So fragt er beispielsweise, ob iTunes den Musikordner selbstständig verwalten soll. Das ist an und für sich keine schlechte Idee, stimmen jedoch die ID-Tags nicht, ist im Musikordner Chaos. In diesem Fall ist es wohl besser, wenn Sie die MP3-Sammlung weiter von Hand pflegen. Gleichwohl gehört iTunes zu den besten Programmen, mit denen Sie Audio-CDs importieren und MP3-Dateien verwalten können. Statt umgehend mit iTunes loszulegen, stellen Profis das Programm noch auf die eigenen Bedürfnisse ein. Das ist umso wichtiger, als da iTunes die importierte Musik im Benutzerprofil des eingeloggten Benutzers speichert.

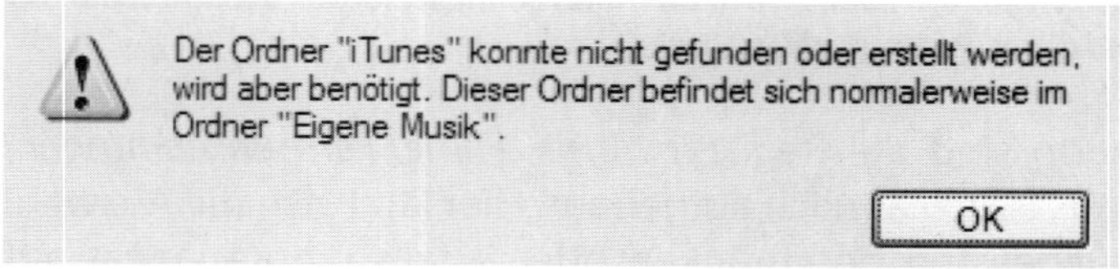

Bild 2.9 Stürzt der PC ab und lässt sich das Benutzerprofil nicht mehr rekonstruieren, ist die Musik verloren.

Aber auch beim Import der Musik gibt es verschiedene empfohlene Einstellungen, die den Umgang und Betrieb mit iTunes einfacher machen.

iTunes-Mediathek vor Datencrash schützen

Alle iTunes

iTunes speichert standardmäßig die Musik im Benutzerprofil des iPod-Nutzers – ist dieses defekt oder nicht mehr vorhanden, sind sowohl die iTunes-Musik-Mediathek als auch die Datenbank, in der iTunes Playlisten, Titelinformationen etc. sammelt, weg. Die Ablage der Musik sowie der anderen iTunes-relevanten Daten an einem anderen Ort sorgt nicht nur für Schutz bei einem zerschossenen oder fehlenden Benutzerprofil, sondern hat den Vorteil, dass auch andere Benutzer, die am gleichen PC arbeiten, iTunes nutzen können.

Windows XP und Vista: Speicherpfad ändern

Windows

Erscheinen beim Starten von Windows Meldungen wie *Das Benutzerprofil ist beschädigt* oder *Das lokale Profil konnte nicht gefunden werden. Es wird ein temporäres Profil geladen*, bedeutet das auch Alarm für iTunes. Denn startet der PC nicht mehr mit dem Standardbenutzer, weil das Benutzerprofil beschädigt ist oder ein Virus zugeschlagen hat, geht es um alles oder nichts.

Nach der Grundinstallation legt iTunes die Musik sowie die Mediathek, in der die Playlisten, Interpreten, Stücke, Genres und vieles mehr gespeichert sind, im Benutzerprofil im Ordner *Eigene Dateien\Eigene Musik\iTunes* des aktuellen Users ab. Da dieser Pfad bei der iTunes-Installation nicht änderbar ist, ist ein manueller Eingriff nötig, um den Ablagepfad zu ändern. Hier können Sie entweder in der Registry im Ast

```
HKEY_CURRENT_USER\Software\Microsoft\Windows\CurrentVersion\
Explorer\User Shell Folders
```

oder im Ast

```
HKEY_CURRENT_USER\Software\Microsoft\Windows\CurrentVersion\
Explorer\Shell Folders bei My Music
```

den neuen Speicherpfad eintragen. Einfacher und komfortabler stellen Sie ihn mit dem kostenlosen Tweak UI aus dem Hause Microsoft um. Es ist Bestandteil der PowerToys für Windows von Microsoft und schaltet unterschiedliche Extrafunktionen in Windows frei.

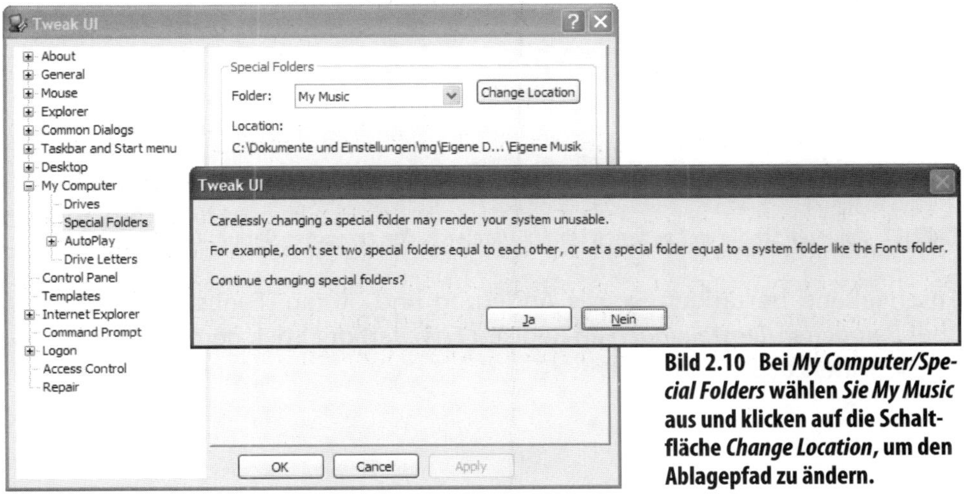

Bild 2.10 **Bei *My Computer/Special Folders* wählen *Sie My Music* aus und klicken auf die Schaltfläche *Change Location*, um den Ablagepfad zu ändern.**

Statt lange in der Registry nach den entsprechenden Schaltern zu suchen, sehen Sie die Windows-Einstellungen in einer übersichtlichen Darstellung. Tweak UI als Bestandteil der PowerToys bekommen Sie direkt bei Microsoft (*www.microsoft.de*), indem Sie einfach nach »PowerToys« und »Download« suchen. Nach Download und Installation kopieren Sie zunächst den Inhalt des Ordners:

```
C:\Dokumente und Einstellungen\IHRLOGINNAME\Eigene Dateien\
Eigene Musik\iTunes (bei Windows XP)
```

bzw.

```
C:\Users\IHRLOGINNAME\Eigene Dateien\Eigene Musik\
iTunes (bei Windows Vista)
```

in den neuen Ordner – hier im Beispiel *J:\MP3-Music*. Anschließend ändern Sie den Ordner für *My Music* über Tweak UI.

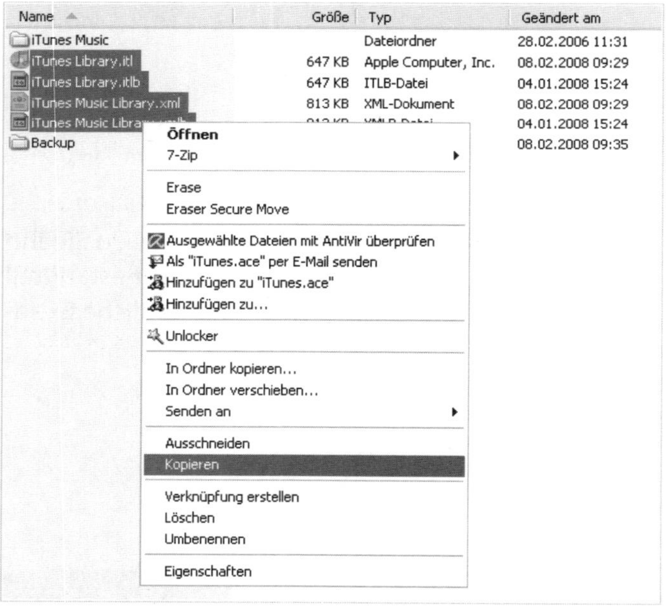

Bild 2.11 Kopieren Sie die vorhandenen Library-Dateien in den erzeugten Backup-Ordner.

Anschließend bestätigen Sie die Änderung und öffnen iTunes. Dort lässt sich über *Bearbeiten/Einstellungen* im Register *Erweitert* der Speicherpfad des iTunes-Musikordners analog anpassen.

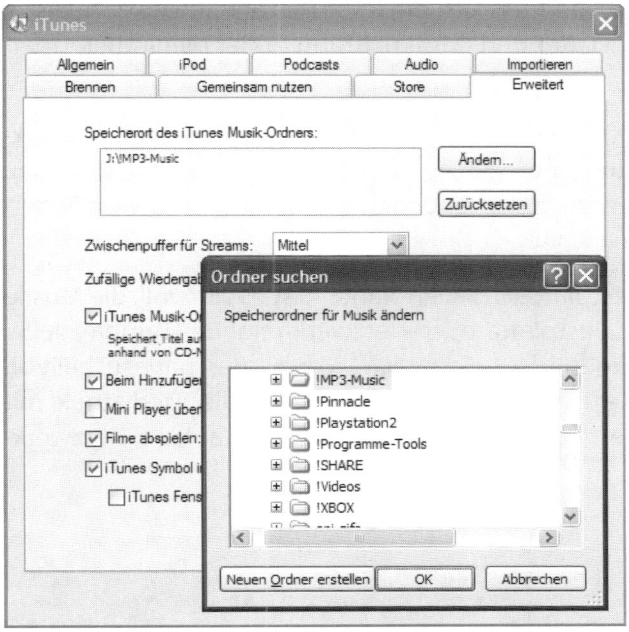

Bild 2.12 Um den iTunes-Speicherpfad festzulegen, klicken Sie auf die Schaltfläche *Ändern* und wählen den neuen Ablageort aus.

Nach der Änderung ist normalerweise kein iTunes-Neustart notwendig, Sie können also wie gewohnt weiterarbeiten. Liegt der Musikordner auf einem Netzwerklaufwerk, weil Sie Musik und Mediathek beispielsweise mit einem anderen PC zusammen nutzen möchten, sollte vor dem Start von iTunes die Netzwerkverbindung selbstverständlich vorhanden sein, damit iTunes auch die notwendigen Daten findet.

iTunes-Mediathek zusammenlegen und ändern

Mac OS X

Wie unter Windows lässt sich auch bei der iTunes-Version von Mac OS X vorhandene Musik in die Mediathek importieren. Hier brauchen Sie nicht jeden einzelnen Song händisch anzufassen, es lassen sich ganze Verzeichnisse über *Ablage/Zur Mediathek hinzufügen* in die iTunes-Datenbank einfügen.

Je nachdem, wie umfangreich die Musiksammlung ist, dauert dieser Vorgang einen Moment: Hier werden die Songs vom Quellverzeichnis in das iTunes-Verzeichnis verschoben und gegebenenfalls in das konfigurierte Standardformat umgewandelt. Anschließend befinden sich die importierten Stücke aufgelistet nach Titel, Interpret, Album, Dauer und Musikrichtung in der Mediathek-Übersicht.

Diese Methode empfiehlt sich für das »Zusammenlegen« mehrerer Musikverzeichnisse und Quellordner, hat jedoch den Nachteil, dass für die »neu importierte« Musik keine eventuell vorhandenen Bewertungen sowie Wiedergabelisten kopiert werden.

Platzt hingegen die lokale Festplatte aus allen Nähten, ist es sinnvoll, die Musik-Mediathek auf eine externe Festplatte oder Netzwerkfreigabe (Samba-, AFS-, NFS-, NAS-Freigabe) auszulagern. Der eigentliche Vorteil des nahezu beliebigen Speicherplatzes hat hier jedoch den Nachteil, dass die Mediathek mit iTunes nur eingesetzt werden kann, wenn auch der Zugriff auf die Netzwerkfreigabe besteht.

Bild 2.13 Um unter Mac OS X den iTunes-Speicherpfad zu ändern, wählen Sie in den Einstellungen das Register *Erweitert* aus und klicken im Bereich *Allgemein* auf die Schaltfläche *Ändern*. Anschließend lässt sich der neue Ablageort festlegen.

Wird iTunes gestartet und ist mal kein (Netzwerk-)Zugriff auf die externe Freigabe möglich, legt iTunes eine neue Mediathek im Benutzerprofil an. In diesem Fall muss später der Zugriff erneut hergestellt werden.

Umzugstipp: iTunes-Datenbank anpassen

Soll bereits vorhandene Musik samt Wiedergabelisten und Bewertungen umgesiedelt werden: Sicherheitsbewusste fertigen ein Backup der iTunes-Dateien an.

Dazu erzeugen Sie im *iTunes*-Ordner (nicht im *iTunes Music*-Ordner!) ein Verzeichnis mit der Beispielbezeichnung *Backup*. Unter Mac OS X sind diese Dateien im Musikverzeichnis zunächst nicht sichtbar – hier muss der Zugriff erst via TinkerTool (siehe »iPod unter Mac OS X – Musik sichtbar machen« auf Seite 231) freigeschaltet werden.

Sichern Sie die beiden Dateien *iTunes Library* und *iTunes Music Library.xml* in das Backup-Verzeichnis. Anschließend löschen Sie unter Mac OS X die Binärdatei *iTunes Library*. Es wird nur die Datei *iTunes Music Library.xml* benötigt.

Egal ob Sie Mac OS X oder Windows einsetzen: Im nächsten Schritt öffnen und bearbeiten Sie die Datei *iTunes Music Library.xml*. In dieser Datei sind sämtliche Informationen Ihrer Musik-Mediathek gespeichert. Suchen und ersetzen Sie den alten Speicherpfad durch den neuen.

```xml
<?xml version="1.0" encoding="UTF-8"?>
<!DOCTYPE plist PUBLIC "-//Apple Computer//DTD PLIST 1.0//EN" "http://www.apple.com/DTDs/PropertyList-1.0.dtd">
<plist version="1.0">
<dict>
    <key>Major Version</key><integer>1</integer>
    <key>Minor Version</key><integer>1</integer>
    <key>Application Version</key><string>7.5</string>
    <key>Features</key><integer>1</integer>
    <key>Show Content Ratings</key><true/>
    <key>Music Folder</key><string>file://localhost/J:/!MP3-Music/</string>
    <key>Library Persistent ID</key><string>F23912BE7C63BAFE</string>
    <key>Tracks</key>
    <dict>
        <key>112</key>
        <dict>
            <key>Track ID</key><integer>112</integer>
            <key>Name</key><string>Muscle Museum</string>
            <key>Artist</key><string>Muse</string>
            <key>Album Artist</key><string>Muse</string>
            <key>Composer</key><string>Matthew Bellamy</string>
            <key>Album</key><string>Showbiz</string>
            <key>Genre</key><string>Alternative</string>
            <key>Kind</key><string>Geschützte AAC-Audiodatei</string>
            <key>Size</key><integer>4341284</integer>
            <key>Total Time</key><integer>264497</integer>
            <key>Disc Number</key><integer>1</integer>
            <key>Disc Count</key><integer>1</integer>
            <key>Track Number</key><integer>2</integer>
            <key>Track Count</key><integer>12</integer>
            <key>Year</key><integer>2000</integer>
            <key>Date Modified</key><date>2006-08-11T19:01:02Z</date>
            <key>Date Added</key><date>2007-08-10T13:15:19Z</date>
            <key>Bit Rate</key><integer>128</integer>
            <key>Sample Rate</key><integer>44100</integer>
            <key>Release Date</key><date>2000-04-28T07:00:00Z</date>
            <key>Artwork Count</key><integer>1</integer>
            <key>Persistent ID</key><string>F23912BE7C63BB7B</string>
            <key>Track Type</key><string>File</string>
            <key>Protected</key><true/>
            <key>Location</key><string>file://localhost/J:/!MP3-Music/Muse/Showbiz/02%20Muscle%20Museum.m4p</string>
            <key>File Folder Count</key><integer>4</integer>
            <key>Library Folder Count</key><integer>1</integer>
        </dict>
```

Bild 2.14 Suchen und ersetzen – erst wenn eine Sicherheitskopie der iTunes-XML-Datei auf der Festplatte liegt, sollten Sie derartige Eingriffe vornehmen.

Beachten Sie die unterschiedliche Schreibweise der Speicherpfade bei Windows und Mac OS X. Während in der XML-Datei einer Mac OS X iTunes-Installation für den *Music*-Ordner die Schreibweise

```
file://localhost/Users/IHR-MACOS-USERNAME/Music/iTunes/
iTunes%20Music/
```

die richtige ist, muss in der Windows-Welt der sogenannte Laufwerkbuchstabe mit angegeben werden. Befindet sich die Musik-Mediathek samt iTunes-Datenbank beispielsweise im Verzeichnis

```
J:\!MP3-Music\
```

ist die Schreibweise in der iTunes-XML-Datei dafür:

```
file://localhost/J:/!MP3-Music/
```

Per Klick auf *Alle ersetzen* wird bei jeder Datei der Pfad angepasst. Bei dieser Gelegenheit lassen sich auch gleich fehlerhafte oder unerwünschte Genreeinträge und Sonstiges entrümpeln. Nach dem Bearbeiten und Speichern der XML-Datei muss diese erneut in iTunes importiert werden – detailliert wird dies im Abschnitt »Chaos beseitigen: Genreeinträge säubern« auf Seite 42 beschrieben.

Musik nicht nur für den iPod – MP3-Codec einrichten

Alle iTunes

Wer die Musik nicht nur auf dem iPod, sondern auch auf einem anderen MP3-Player nutzen möchte, der hat ein Problem. Apple sperrt andere Hersteller und Geräte aus. Die per iTunes importierte Musik lässt sich aber trotzdem mit anderen MP3-Playern hören – Voraussetzung dazu ist das MP3-Format. Standardmäßig ist nach der Installation das Apple-eigene AAC-Format voreingestellt.

Nach dem Start von iTunes können Sie über *Bearbeiten/Einstellungen* oder auf dem Mac unter *iTunes/Einstellungen* im Register *Erweitert* das Standardaudioformat anpassen. In der Liste *Importieren mit* wählen Sie den Eintrag *MP3-Codierer.*

Das Apple AAC-Format klingt im Vergleich bei einer Standard-Bitrate von 128 KBit/s zwar deutlich besser als das MP3-Format, ist im Gegensatz zum MP3-Format jedoch nicht allzu sehr verbreitet. Die Windows-eigenen WMA-Dateien können mit iTunes nicht abgespielt, jedoch in eine AAC- oder MP3-Datei umgewandelt werden.

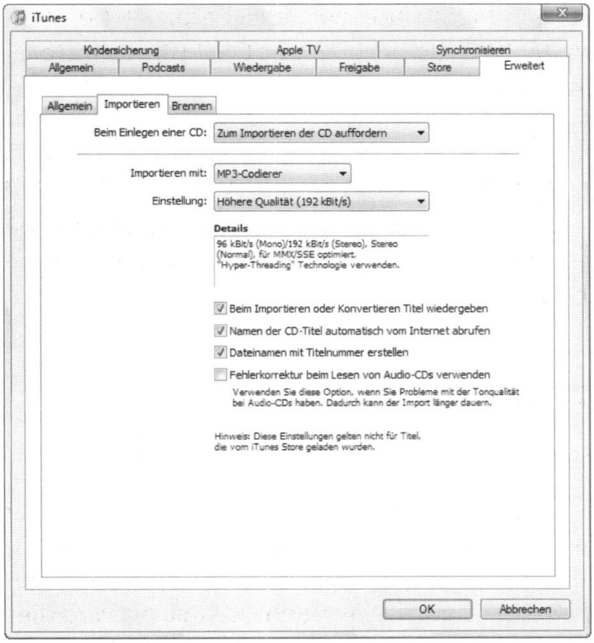

Bild 2.15 Je höher, desto besser: Qualitativ hochwertige MP3-Dateien erhalten Sie mit der Einstellung *Höhere Qualität (192 kBit/s)*.

Um Audio-CDs in einer besseren MP3-Qualität und gegebenenfalls in einem anderen Format auf die Festplatte zu bringen, stehen neben iTunes noch andere Alternativen zur Verfügung. Hier benötigen Sie unter Windows und Mac OS X ein weiteres Werkzeug zum Rippen und Konvertieren – worauf Sie hier achten müssen, lesen Sie im Abschnitt »CDs rippen – Abschied vom Original« auf Seite 207.

Musiksammlung zu iTunes hinzufügen

Alle iTunes

Haben Sie iTunes frisch installiert und bereits eine MP3-Sammlung auf der Festplatte, nutzen Sie die Funktion *Datei/Ordner zur Mediathek hinzufügen*. Abhängig von der Menge erscheinen nach einigen Minuten die Songs aufgelistet nach Titel, Interpret, Album, Dauer und Musikrichtung in der iTunes-Mediathek.

Bild 2.16 Einfach gelöst: Nicht nur einzelne Dateien, sondern auch ganze Ordner und Ordnerstrukturen lassen sich auf einen Rutsch in iTunes importieren.

Mit iTunes können Sie auch Musik-CDs rippen. Das geht recht einfach über *Bearbeiten/Einstellungen/Importieren*. Hier wählen Sie zunächst den gewünschten Codec sowie die Qualitätsstufe aus. Ist eine Internetverbindung aktiv, erkennt iTunes die eingelegte CD automatisch. Per Klick auf die Schaltfläche *Importieren* wandeln Sie diese CD in das festgelegte Format um und nehmen die Stücke in die iTunes-Mediathek auf.

Worauf Sie hier achten sollen und welche Alternativen es bei schwierigen CDs zu iTunes gibt, lesen Sie im Abschnitt »Rock my iPod – MP3 selbst gemacht: Wissen kontra Krach« auf Seite 207. Wem das Rippen der Audio-CDs zu umständlich ist, der kann sich seine Lieblingsmusik auch online kaufen – in iTunes ist der kostenpflichtige Download über den integrierten Apple Music Store integriert.

Audioinformation gesperrt – Schreibschutz entfernen

Alle iTunes

Wer seine Musik-Mediathek auf eine externe Festplatte oder ein NAS ausgelagert hat, der wird beim Bearbeiten der Titelinformation eines Songs möglicherweise mit einer Fehlermeldung abgewiesen. Hier lassen sich keine Informationen wie Titel, Genre etc. ändern – sämtliche Felder sind grau hinterlegt.

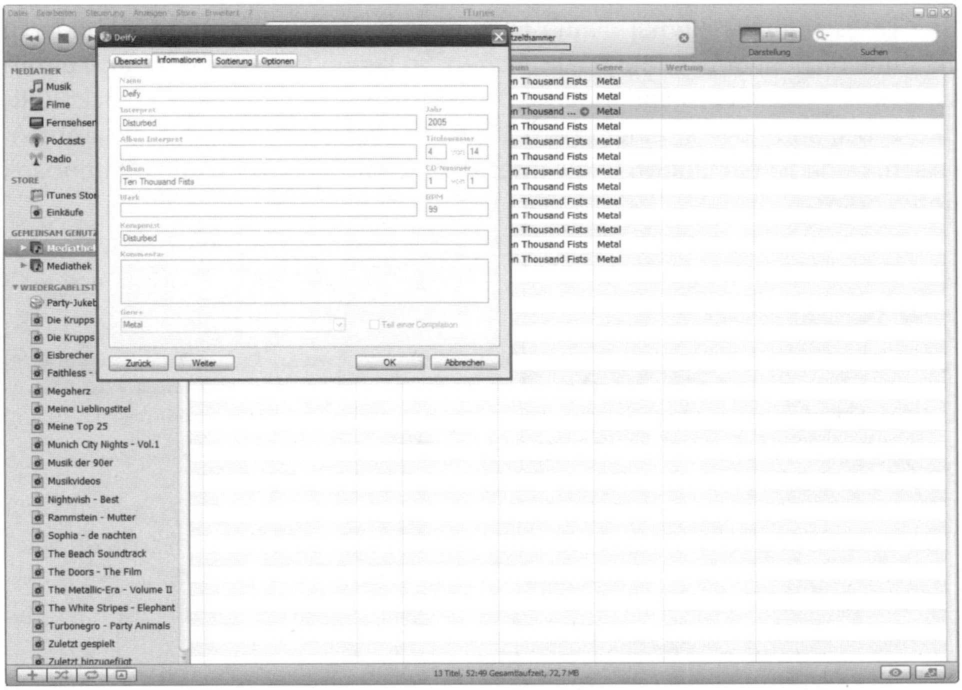

Bild 2.17 Abhängig davon, wie viel Musik im iTunes-Verzeichnis vorhanden ist, dauert der Import in die Windows Media-Bibliothek einige Minuten.

Um hier diese Felder für iTunes freizugeben, stellen Sie sicher, dass der Schreibschutz für das Verzeichnis, in dem sich die iTunes-Mediathek befindet, aufgehoben ist. Unter Windows wechseln Sie über den Explorer in das entsprechende Verzeichnis und prüfen über das Kontextmenü der rechten Maustaste unter *Eigenschaften*, ob die Option *Schreibgeschützt* aktiviert ist. Ist dies der Fall, nehmen Sie dort das Häkchen heraus. Starten Sie iTunes dann neu – anschließend stehen die Metadaten der Songs zur etwaigen Bearbeitung zur Verfügung.

Chaos beseitigen: Genreeinträge säubern

Alle iTunes

Je umfangreicher die Musiksammlung in der iTunes-Mediathek, desto unaufgeräumter sind verschiedene Datenfelder der Musikdatenbank. Gerade wenn Sie Musik aus verschiedenen Quellen, wie Internet, Zweit-PC oder externer Festplatte, mit iTunes zusammenführen, platzen die Genreinformationen schnell aus allen Nähten.

Hier ist es sinnvoll, einmal richtig aufzuräumen und gleichartige Einträge zu vereinheitlichen, um Ordnung zu schaffen. So lassen sich beispielsweise unterschiedliche Genrebezeichnungen wie »Rocknroll«, »Rock'n'Roll«, »Rock&Roll« und »Rock and Roll« in einem gemeinsamen »Rock&Roll«-Eintrag zusammenfassen. Dafür ist ein Eingriff in die interne Datenstruktur der iTunes-Datenbank notwendig.

Bild 2.18 Mit der Zeit zugemüllt und unübersichtlich: Die Genreeinträge lassen sich nicht über iTunes bearbeiten oder gar löschen.

Bevor sich iTunes-interne Einstellungen über die XML-Datei ändern lassen, muss iTunes beendet sein. Sicherheitsbewusste fertigen anschließend ein Backup der iTunes-Dateien an. Hierzu erzeugen Sie im iTunes-Ordner (nicht im iTunes Music-Ordner!) ein Verzeichnis mit der Beispielbezeichnung *Backup*.

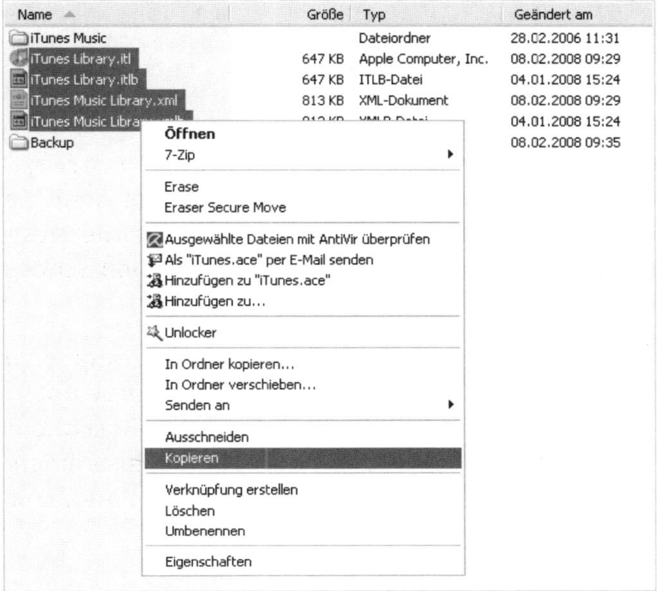

Bild 2.19 Anschließend kopieren Sie die vorhandenen Library-Dateien in den erzeugten Backup-Ordner.

Unter Mac OS X sind diese Dateien zunächst im Musikverzeichnis nicht sichtbar – hier muss der Zugriff erst via TinkerTool (siehe »iPod unter Mac OS X – Musik sichtbar machen« auf Seite 231) freigeschaltet werden. Hier sichern Sie die beiden Dateien *iTunes Library* und *iTunes Music Library.xml* in das Backup-Verzeichnis. Anschließend löschen Sie unter Mac OS X die Binärdatei *iTunes Library* – nur die *iTunes Music Library.xml* wird benötigt.

Unter Windows löschen Sie die Dateien *iTunes Library.itl, iTunes Library.itlb* und *iTunes Music Library.xmlb*, die später automatisch von iTunes erneut erzeugt werden. Egal ob Sie Mac OS X oder Windows einsetzen: Im nächsten Schritt öffnen Sie nun die Datei *iTunes Music Library.xml*. Dort sind sämtliche Informationen zu Ihrer Musik-Mediathek auf Ihrer Festplatte gespeichert.

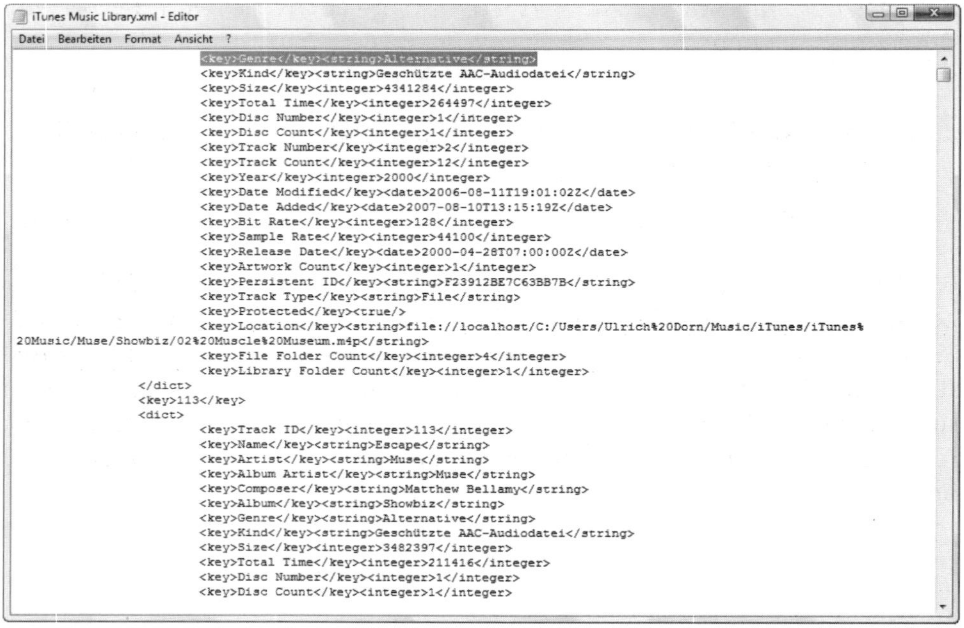

Bild 2.20 Mit einem Editor, hier dem Windows-Editor, durchforsten Sie die XML-Datei nach den Genreeinträgen. Auf Wunsch lässt sich per Suchen/Ersetzen-Funktion die gesamte iTunes-Mediathek bearbeiten.

Nach der Bearbeitung der Datei speichern Sie diese und starten iTunes erneut. Nun ist zunächst eine leere Mediathek zu sehen. Wundern Sie sich nicht, die neue XML-Datei muss zunächst importiert werden. Dies erledigen Sie über *Datei/Import* – dort wählen Sie die bearbeitete XML-Datei aus.

Bild 2.21 Egal ob Mac OS X oder Windows: Nach dem Import der bearbeiteten XML-Datei sind die Genreeinträge wieder vereinheitlicht.

Hat alles geklappt und funktioniert iTunes ohne Probleme, wird der Backup-Ordner nicht mehr gebraucht und kann gelöscht werden.

2.3 iTunes Store – Musik kaufen leicht gemacht

Alle iTunes

Wer iTunes in einer aktuellen Version im Einsatz hat, dem steht der Onlineshop bereits zur Verfügung: Das umständliche Suchen und Hinzufügen zum MP3-Player entfällt. Apple bietet hier einen Einheitspreis von 99 Cent pro Musikstück. Zum Reinhören sind 30-Sekunden-Previews verfügbar, nach dem Kauf sind die im M4P-Format komprimierten Songs auf fünf verschiedenen Computern abspielbar und lassen sich beliebig oft auf den iPod kopieren oder auf CD brennen.

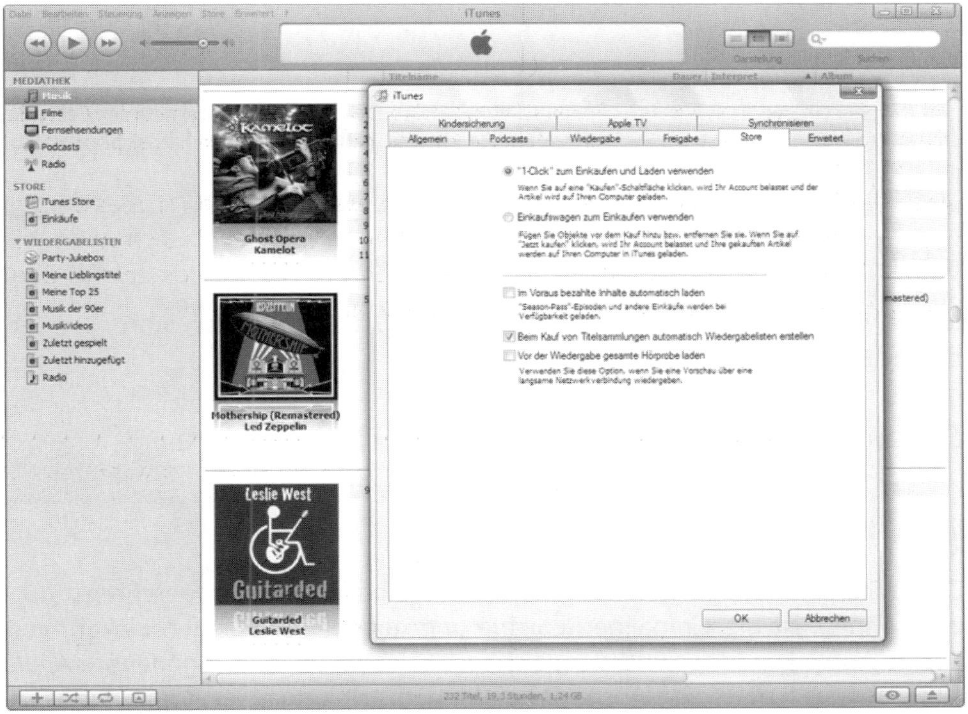

Bild 2.22 Mit nur einem Klick erreichen Sie den Musikbezahldienst *iTunes Store*. Nutzen mehrere Benutzer den PC, sollte zunächst aus Sicherheitsgründen der Schalter auf *Einkaufswagen zum Einkaufen verwenden* umgestellt werden.

Beim erstmaligen Start des *iTunes Store* sind noch kleinere Arbeiten wie die Registrierung eines Accounts notwendig. Klicken Sie im linken Fensterbereich auf *iTunes Store*, und iTunes baut eine Verbindung auf. Scheitert diese Verbindung, liegt das möglicherweise an einer installierten Personal Firewall. Nehmen Sie in diesem Fall das Programm *itunes.exe* in die Liste der für das Internet zugelassenen Programme auf.

Bild 2.23 Der Verbindungsaufbau zum *iTunes Store* dauert einen kurzen Moment.

Ist die Verbindung zum *iTunes Store* aufgebaut, ist beim ersten Start eine einmalige Registrierung notwendig.

Das erste Mal – Registrierung beim iTunes Store

Alle iTunes

Damit Sie den Onlineshop und weitere Dienste bei Apple uneingeschränkt nutzen können, ist die einmalige Registrierung notwendig. Für den Einkauf von Musik, Apple-Hardware und dergleichen brauchen Sie eine sogenannte *Apple ID.* Haben Sie bereits eine Apple ID bei der Registrierung einer Apple-Hardware (z. B. iPod) erstellt, können Sie diese auch im Apple Store verwenden. Doch zunächst muss diese ID im Apple Store freigeschaltet werden.

Bild 2.24 Ist die Apple ID noch nicht für den *iTunes Store* freigeschaltet, gelangen Sie per Klick auf *Überprüfen* auf die Registrierung des *iTunes Store*.

Bei der Registrierung stimmen Sie zunächst den iTunes-Dienstleistungen zu, um anschließend das Zahlungsverfahren einzurichten. Hier können Sie entweder per Kreditkarte oder über ein Lastschriftverfahren die Rechnung begleichen. Anschließend können Sie den Account für den Apple iTunes Store nutzen.

Bild 2.25 Registrierung erfolgreich: Nun ist die Apple ID für den *iTunes Store* freigeschaltet.

Im nächsten Schritt können Sie Musikstücke suchen, Musikschnipsel anhören sowie Musik und Videos kaufen.

Klicken und hören: Musik und Videos suchen und kaufen

Im iTunes Store befinden sich auch Videos. Musikvideos und Pixar-Kurzfilme werden genauso angeboten wie Songs, Podcasts und Hörbücher. Der Musikshop ist im iTunes-Fenster integriert. Hier können Sie Musik und Musikvideos an sieben Tagen in der Woche rund um die Uhr kaufen. Stöbern Sie in zusammengestellten Sammlungen oder im Archiv, um sich inspirieren zu lassen oder genau das zu finden, was Sie wollen.

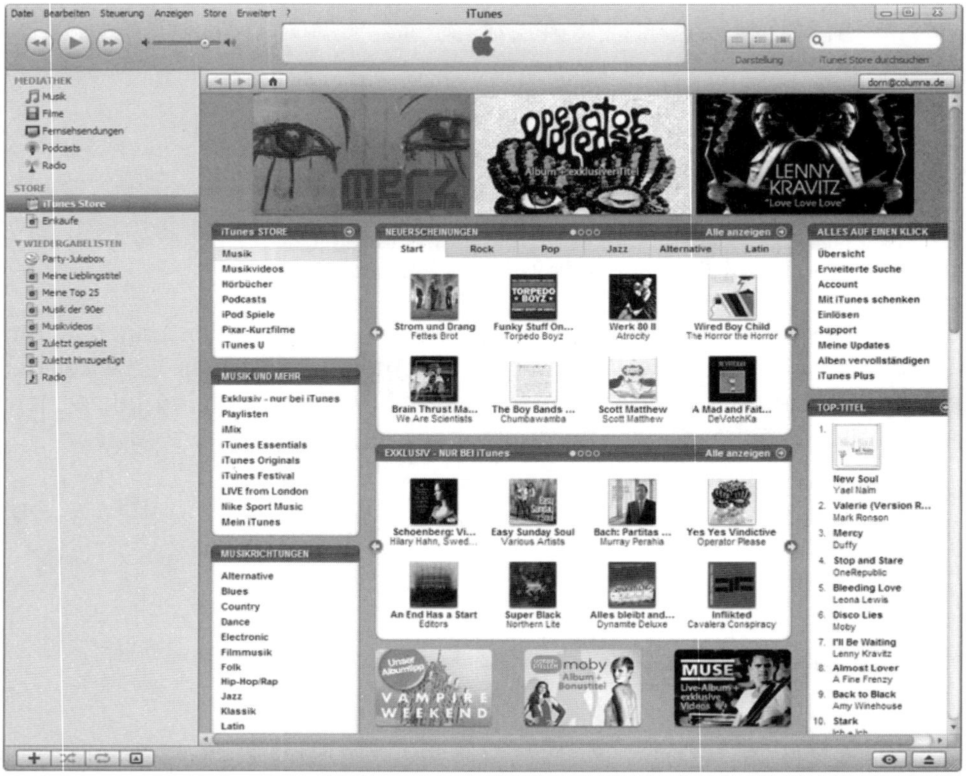

Bild 2.26 Sehr übersichtlich: Das Angebot und die Startseite des iTunes Store ändern sich täglich.

Sind Sie noch nicht fündig geworden, können Sie auch einfach nach Ihrem Lieblingsinterpreten suchen. Geben Sie einen Suchbegriff im Suchfenster ein und klicken Sie auf die Schaltfläche *Suchen*.

Mit einem Mausklick können Sie die gewünschten Titel kaufen und auf Ihren PC laden. Genauso wie Musik können Sie auch ein Video beliebig oft abspielen, auf fünf PCs nutzen und auf eine Daten-CD brennen. Im Fall eines Video-iPod kann ein Video natürlich auch auf das Gerät übertragen werden, damit Sie unterwegs ein werbefreies Video, das sich ohne lästige Aussetzer abspielen lässt, genießen können.

Bild 2.27 Die Suche nach »Alice Cooper« ergab 150 Treffer. Haben Sie nach einem Interpreten gesucht, können Sie nun die entsprechenden Titel vorhören oder gleich per Klick kaufen.

Bild 2.28 Wer nicht den *1-Click*-Modus beim Kaufvorgang aktiviert hat, muss jeden Kauf explizit bestätigen.

Wird ein Musik- oder Videostück gekauft, wird es auf den PC geladen. Abhängig von der Größe der Datei sowie der Bandbreite der Internetverbindung dauert das einen Moment. Der Status der Übertragung wird im oberen Bereich des iTunes-Fensters angezeigt.

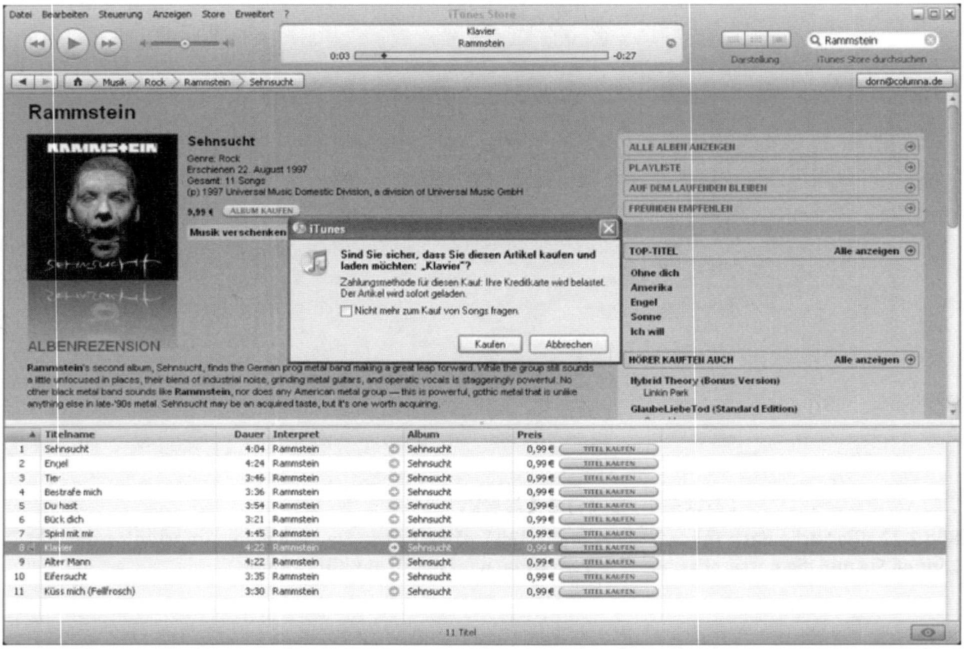

Bild 2.29 Während des Downloads können Sie weiter einkaufen – die gekauften Stücke werden der Reihe nach abgearbeitet.

Ist das gewünschte Stück heruntergeladen, wird es im Ordner *Gekaufte Musik* abgelegt. Von dort können Sie die Musikstücke einfach per Maus in andere Wiedergabelisten ziehen. Entfernen Sie das Musikstück aus einer Wiedergabeliste, ist die gekaufte Musik dennoch in der iTunes-Musik-Mediathek weiterhin vorhanden.

Bild 2.30 Praktisch und übersichtlich: Für die gekaufte Musik existiert in iTunes eine eigene Wiedergabeliste.

iTunes Plus – Musik ohne DRM

Alle | iTunes | Mac OS X | Windows

Seit Mitte 2007 ist über den iTunes Store auch ein DRM-freies Download-Angebot zu finden. Diese auch als iTunes Plus bezeichneten Songs sind zu einem Preis von 1,29 Euro pro Stück erhältlich, während die DRM-geschützten Musiktitel weiterhin mit 99 Cent berechnet werden. Die DRM-freien Songs sind mit einer Bitrate von 256 KBit/s im AAC-Format codiert und lassen sich nun nicht nur auf dem iPod bzw. iPhone, sondern auch auf anderen MP3-Playern und Musikhandys, die das AAC-Format ohne Kopierschutz unterstützen, abspielen.

Doch wer glaubt, nach dem Kauf eines DRM-freien Musiktitels damit machen zu dürfen, was ihm beliebt, irrt: Auch hier gilt das Urheberrecht mit allen Tücken und Gefahren. Tabu ist es auch hier, diese Songs der Allgemeinheit – etwa über Tauschbörsen – zur Verfügung zu stellen. Zudem hat Apple auch bei DRM-freien Songs persönliche Informationen in der AAC-Datei untergebracht, die sich im Handumdrehen ans Tageslicht bringen lassen – wer also gekaufte Musik verteilt, dem ist nicht zu helfen. Welche Informationen in den Dateien untergebracht sind, lässt sich zunächst über iTunes selbst herausfinden:

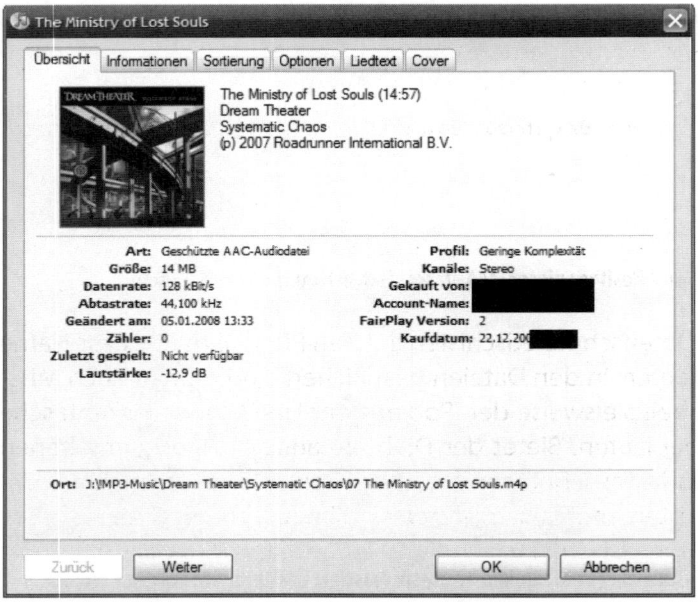

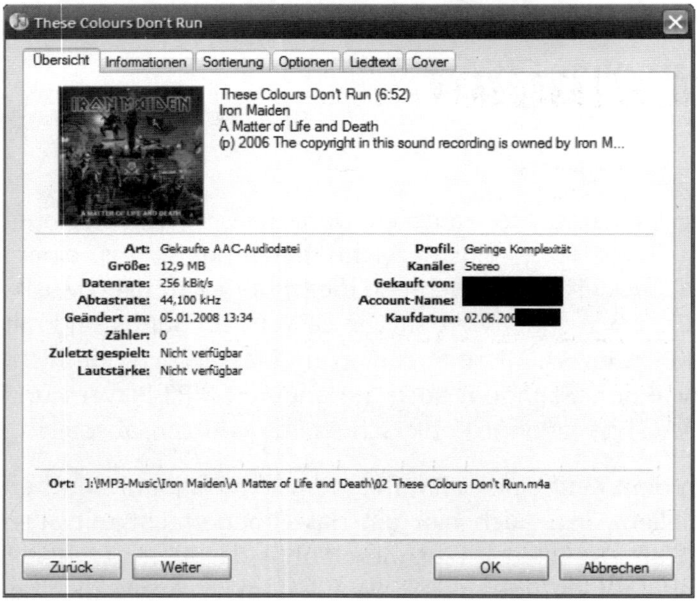

Bild 2.31 Zwei im iTunes Store gekaufte AAC-Dateien: Während die DRM-AAC-Datei (oben im Bild) als geschützte AAC-Audiodatei geführt wird, werden DRM-freie Songs (unten im Bild) als gekaufte AAC-Audiodateien gelistet.

Alternativ lässt sich unter Mac OS X auch die Konsole nutzen. Per *strings*-Befehl durchforsten Sie die AAC nach einem bestimmten Suchmuster:

```
Macintosh:Desktop mg$ strings 02\ These\ Colours\ Don\'t\ Run_2.m4a | grep name
nameDamien
Macintosh:Desktop mg$
```

Bild 2.32 Treffer: Der Käufer und Besitzer dieser M4A-Datei lässt sich im Nu herausfinden.

Dies ruft natürlich die Datenschutzfetischisten auf den Plan: Dadurch, dass Name und Mailadresse des Käufers in den Dateien gespeichert sind, ist hier auch Missbrauch möglich. Wird beispielsweise der iPod aus der Hand- oder Jackentasche gestohlen, kann es übel laufen. Bietet der Dieb die auf dem iPod enthaltenen Musikdaten im Internet in Tauschbörsen an, ist der Bestohlene erst mal in Erklärungsnot. Hier sind Juristen uneins darüber, ob und inwieweit das Speichern der Daten überhaupt rechtens ist. Denn neben der Apple ID des iTunes-Kunden ist unter anderem der volle Name sowie seine Mailadresse enthalten. Um hier etwas Datenschutz einfließen zu lassen, hilft das Freeware-Tool Privatunes.

Bild 2.33 Per Klick auf *Anonymize it!* überschreibt Privatunes die Namens- und ID-Felder mit Leerzeichen. Somit bleibt die Länge von Apple ID und Mailadresse erkennbar.

Privatunes entfernt persönliche Einträge und andere Daten, die eigentlich nicht in eine Audiodatei gehören. Es ist dennoch nicht ausgeschlossen, dass noch in weiteren Bereichen der AAC-Dateien individuelle Merkmale versteckt sind. Apple hat darauf reagiert: Neuere Songs lassen sich mit der alten Privatunes-Version nicht mehr wie gehabt anonymisieren – ob und wann die Privatunes-Entwickler darauf reagieren, ist offen. Doch wer nicht darauf warten möchte, für den steht eine Alternative bereit. Mit einem kleinen Kniff über einen Umweg lassen sich persönliche Informationen auch anderweitig entfernen: mit dem Brennen und erneuten Rippen der Songs.

Gekaufte iTunes-Musik legal konvertieren

Alle | iTunes | Windows

Wer über iTunes neue Songs kauft, der kann die gekauften Titel nicht in das Wunschformat konvertieren, um die entsprechenden Stücke auch auf einen alternativen MP3-Player oder ein Musikhandy zu übertragen.

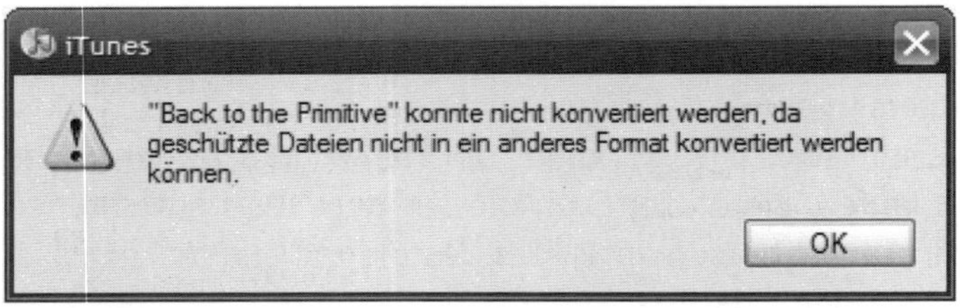

Bild 2.34 Ärgerlich: Geschützte Musik lässt sich mit iTunes nicht in das gewünschte Format umwandeln.

Hier muss der Umweg über die Brennfunktion von iTunes gegangen werden, um anschließend die gebrannte CD abermals zu rippen. Setzen Sie dafür einen wiederbeschreibbaren Rohling ein, so kostet dies kein zusätzliches Geld und ist dazu noch umweltbewusst.

Umweg über Virtual CD

Wer hingegen in eine zusätzliche Software wie Virtual CD (*www.virtualcd.de*) investiert, der kann diese iTunes-Einschränkung aushebeln: Über einen virtuellen CD-Brenner im System werden die gewünschten Songs zunächst »gebrannt« und anschließend wieder in iTunes im gewünschten Format importiert oder direkt auf den gewünschten MP3-Player kopiert. Nach der Installation von Virtual CD legen Sie zunächst einen Laufwerkbuchstaben für ein virtuelles CD-Laufwerk sowie für einen virtuellen Brenner fest.

Bei einem virtuellen CD-Laufwerk lassen sich erstellte CD-Images als Laufwerk mounten, und somit wird dem Betriebssystem eine »echte« eingelegte CD/DVD vorgegaukelt. Ähnlich ist die Herangehensweise beim virtuellen Brenner: Hier wird dem Betriebssystem bzw. iTunes ein Brennerlaufwerk samt eingelegtem Rohling präsentiert, was beide auch anstandslos akzeptieren.

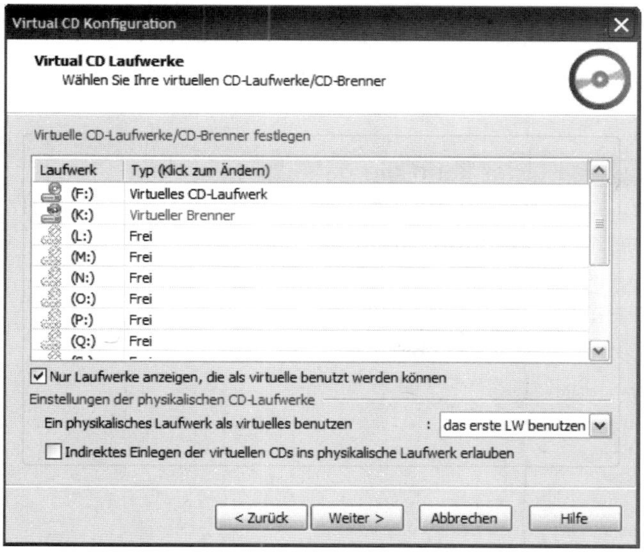

Bild 2.35 Bereits bei der Installation von Virtual CD lässt sich ein virtueller Rohling erzeugen. In diesem Beispiel wird Laufwerk *(K:)* als *Virtueller Brenner* genutzt.

Von Virtual CD zu iTunes

Hier richten Sie zunächst Virtual CD ein: Öffnen Sie die Virtual-CD-Toolbox und wählen Sie bei *Hauptaufgaben* die Option *Neuen Rohling erzeugen und einlegen* aus.

Bild 2.36 Ist der Rohling angelegt, konfigurieren Sie diesen im nächsten Dialog als *CD-R 700 MB* und klicken auf die *Erstellen*-Schaltfläche. Anschließend steht für iTunes der 700-MByte-Rohling zum Brennen einer Audio-CD zur Verfügung.

Ist Virtual CD installiert und der Rohling eingerichtet, stellen Sie in iTunes über *Bearbeiten/Einstellungen/Erweitert* im Register *Brennen* den *CD/DVD-Brenner* auf das virtuelle Brennerlaufwerk um.

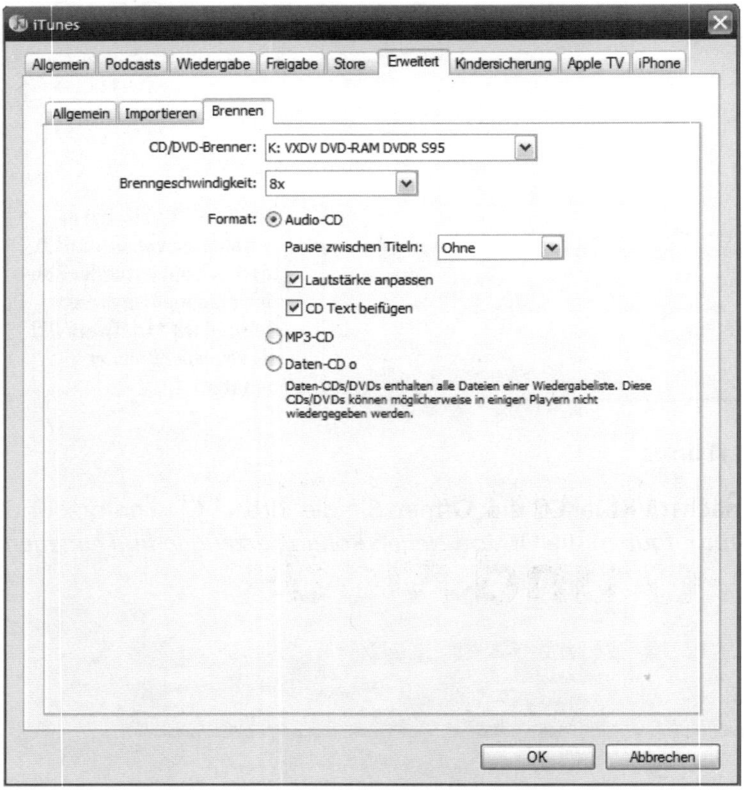

Bild 2.37 Kleiner Eingriff: In diesem Dialog konfigurieren Sie den virtuellen Brenner von Virtual CD im Bereich *CD/DVD-Brenner* als Standardgerät.

Anschließend erstellen Sie über iTunes eine neue Wiedergabeliste und fügen die gewünschten Songs hinzu, die »gebrannt« bzw. in ein alternatives Format gebracht werden sollen. Anschließend klicken Sie im unteren Bereich auf die Schaltfläche *Brennen* – iTunes startet umgehend den Brennvorgang. Nach dem erfolgreichen Brennvorgang mounten Sie das gebrannte CD-Image als virtuelles CD-Laufwerk, um die Audio-CD via iTunes im gewünschten Format zu importieren. Wer hier stattdessen ein alternatives Format nutzen möchte, der bekommt im Abschnitt »Rock my iPod – MP3 selbst gemacht: Wissen kontra Krach« auf Seite 207 weitere wertvolle Hinweise dazu.

3 iPhone und iPod – Hacks und Mods

Das iPhone ist frisch ausgepackt und eingeschaltet. Um es in Betrieb zu nehmen, sind verschiedene Dinge notwendig. Zunächst muss es aktiviert werden, denn ohne die Aktivierung geht gar nichts. Ist eine SIM-Karte eingelegt, können nur Notrufnummern gewählt werden; nicht einmal die iPod-Funktion zum Musikhören kann genutzt werden. Auf dem offiziellen Weg erfolgt die Aktivierung über iTunes, was in Deutschland jedoch einen Vertrag mit T-Mobile erforderlich macht. Außerdem lässt es sich im Auslieferungszustand nicht mit beliebiger Software nachrüsten. Erst mit dem SDK (Software Development Kit) für das iPhone erlaubt Apple die Installation von entsprechender Software.

Wer darauf nicht warten möchte, erledigt dies selbst, hebt die Nachrüstsperre auf und spielt die gewünschte Software ein. Ist im Internet von einem OOB- bzw. OTB-iPhone die Rede, meinen diese Abkürzungen »out of the box«, also frisch aus der Verpackung. Jedes iPhone im Originalzustand direkt nach Öffnen der Verpackung und ohne Modifikation durch den Nutzer kann je nach installierter Firmware, Modem-Firmware und Bootloader-Version relativ schnell und einfach aktiviert, entsperrt und nachgerüstet werden. Hier gibt es verschiedene Wege zum Aufheben der Apple-Fesseln, aber auch zum Wiederbeleben von scheinbar zerstörten iPhones, die nach fehlgeschlagenen Hackversuchen nicht mehr starten wollen.

Der iPod ist nicht nur ein simpler MP3-Player, er kann noch viel mehr. Dank der breit gefächerten Ausstattung und dem Zubehör, das nachträglich gekauft werden kann, bleiben nur wenige Wünsche unerfüllt. Schnell und einfach passen Sie den iPod an Ihre Bedürfnisse an. So lässt sich der iPod nicht nur aus der iTunes-Umklammerung lösen, sondern Sie können auch mit einem Trick Radio aufnehmen und automatisiert auf den iPod spielen. Vor allem die ältere iPod-Generation lässt sich problemlos mit Linux ergänzen, falls zusätzliche Spiele und Programme mit auf die Reise gehen sollen.

Besondere Aufmerksamkeit hat Apple in seinen Topmodellen auch dem Thema Video gewidmet. Hier in diesem Kapitel steht alles, was Sie zu diesem Thema wissen müssen. Das Internet liefert eine erstaunlich breite Palette an Tools, Programmen und Erweiterungen für iTunes und iPod. Angefangen bei der Wikipedia-Enzyklopädie über einen Routenplaner bis hin zu Karaoke-Funktionen ist alles dabei. Nicht nur beim Sport oder beim Bahnfahren ist der iPod ein idealer Reisebegleiter, sondern auch im Auto stehen Ihnen zig Möglichkeiten offen, den Player einzusetzen. Genug Voraussetzungen also, den iPod besser kennenzulernen und mehr aus ihm herauszuholen.

3.1 iPod- & iPhone-Hacking: Risiken und Nebenwirkungen

Das Wichtigste vorab: Funktioniert der iPod oder das iPhone reibungslos und sind Sie mit dem gewünschten Funktionsumfang zufrieden, brauchen Sie sich nicht mit Dingen wie Firmware-Upgrade, Aktivierung und Entsperren und vielen Dingen mehr zu beschäftigen. Wer jedoch das eine oder andere Feature vermisst oder wen die iTunes-zu-iPod-Dateneinbahnstraße etc. nervt, der legt selbst Hand an.

Gerade bei neuen Modellen wie iPod touch oder iPhone lässt sich noch ein Mehr an Komfort und Nutzen herausholen. Egal um welches iPod-Modell und welchen Jahrgang es sich handelt: Im Internet gibt es inzwischen zahlreiche Webseiten mit Anleitungen, Tipps und Tricks, Programmen und Tools sowie Verfahren, die die Apple-Sperren beseitigen oder austricksen. Grundsätzlich sollten Sie hier nicht zu euphorisch sein und umgehend loslegen, sondern vielmehr auf weiteren einschlägigen Webseiten und Foren zusätzlich Rat und Informationen einholen.

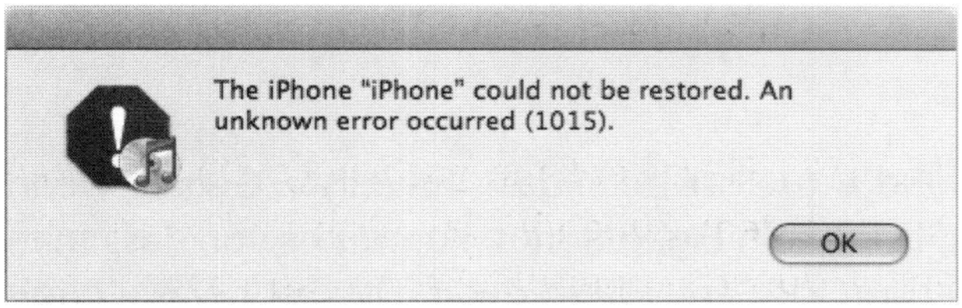

Bild 3.1 Alarm: Manche Entsperrverfahren sorgen für Fehlermeldungen, die jedoch »dazugehören«. In der Regel lässt sich ein softwareseitiger Eingriff in das Innenleben des iPod/iPhone auch rückgängig machen und der Ursprungszustand wiederherstellen.

HINWEIS!

Rechtlicher Hinweis

Der Autor und der Verlag übernehmen für die in diesem Buch beschriebenen Verfahren keine Verantwortung. Sie als Leser führen diese Schritte auf eigenes Risiko aus. Die Workshops sind mehrfach getestet und nach bestem Wissen und Gewissen dokumentiert. Dennoch ist es nicht auszuschließen, dass die genannten Verfahren für andere iPhone-Modelle nicht funktionieren oder sich grundlegende Parameter ändern, beispielsweise durch eine neue Firmware und andere Sicherungsmechanismen.

Gehört Ihr Gerät zu den umrüstfähigen Modellen und möchten Sie trotz der Warnhinweise fortfahren: Bevor Sie loslegen, lesen Sie am besten den entsprechenden Abschnitt komplett durch, damit Sie wissen, worauf es ankommt und welche Voraussetzungen für den entsprechenden Eingriff erfüllt sein müssen. Grundsätzlich sollten Sie immer genügend Zeit und Ruhe mitbringen – für die meisten beschriebenen Hacks ist zudem ein Breitband-DSL-Anschluss samt WLAN-Router zu empfehlen bzw. zwingend notwendig.
Oft vergessen: Achten Sie zudem auch auf eine ausreichende Stromversorgung für den iPod oder das iPhone. Stellen Sie sicher, dass das Gerät vollständig aufgeladen ist, damit ein etwaiger Stromausfall keine irreparablen Auswirkungen nach sich zieht.

3.2 iTunes zu frisch? – Sperre umgehen und ältere Version installieren

Alle

Nicht immer ist das neueste und aktuellste auch das sinnvollste: Gerade wenn man einen iPod touch oder iPhone sein Eigen nennt, kommt es vor, dass man mit der aktuellsten iTunes-Version ins Schleudern gerät. Dies ist gerade dann der Fall, wenn der iPod touch bzw. das iPhone via Jailbreak von den Apple-Fesseln befreit ist. Hier kommt es nach einem Upgrade von iTunes 7.5 auf eine aktuellere Version unter Umständen vor, dass iTunes sich selbst automatisch aktualisiert und – falls ebenfalls aktiviert – iPod touch und iPhone gleich mit.

In diesem Fall wird der Jailbreak-Hack restlos vom Gerät entfernt und kann im Extremfall das Gerät lahmlegen. Wer hier auf Nummer sicher gehen möchte, der lässt eine Aktualisierung von Version 7.5 erst einmal nicht zu, bis in der einschlägigen Szene Workarounds und Problemlösungen zur Verfügung stehen.

Wer bereits die »gute« iTunes-Version 7.5 aktualisiert hat, kann die aktualisierte Version deinstallieren und Version 7.5 erneut einspielen. Abhängig vom verwendeten Betriebssystem lauern hier jedoch einige Fallstricke. Achten Sie vorsichtshalber darauf, dass die iTunes-Nutzdaten wie Musik, Podcasts, Videos etc. gesichert sind und im Notfall auch wieder zur Verfügung stehen.

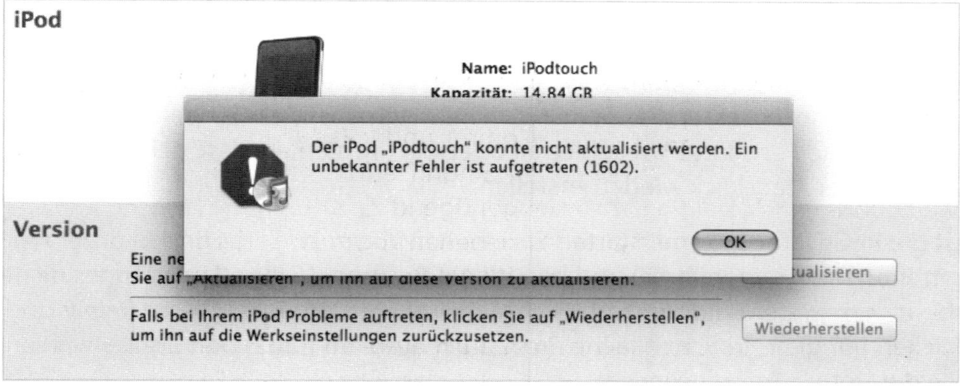

Bild 3.2 Nicht mit mir: Hier ist die passende iTunes-Version nötig, die sich nach der Deinstallation der alten iTunes-Version aufspielen lässt.

Manueller Eingriff notwendig – iTunes 7.5 auf Mac OS X installieren

Mac OS X

Wer bereits die aktuellste iTunes-Version auf seinem Mac installiert hat, der muss nun etwas Hand anlegen. Zunächst besorgen Sie sich die iTunes-Version 7.5 für den Mac – wer die Version bereits als DMG-Datei auf der Festplatte hat, braucht diese Datei natürlich nicht herunterzuladen. Standardmäßig stellt Apple nur die aktuellsten Versionen zur Verfügung, mit einem Kniff laden Sie die ältere Version 7.5 auf die Festplatte. Über den nachfolgend aufgeführten Link steht diese Version im Internet zur Verfügung.

```
http://appldnld.apple.com.edgesuite.net/content.info.apple.com/
iTunes7/Mac/061-3899.20071105.Vg7Tg/iTunes7.5.dmg
```

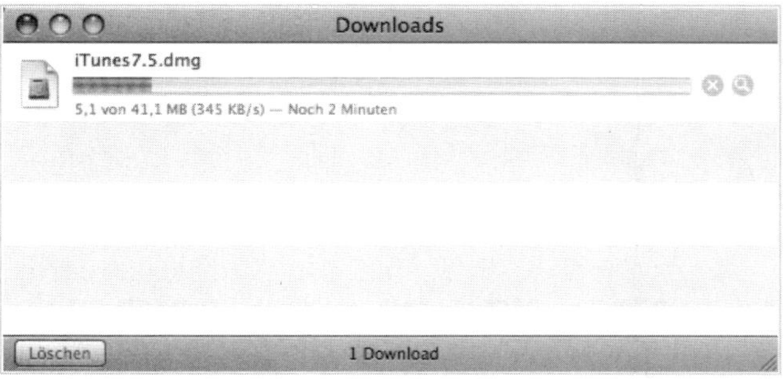

Bild 3.3 Unmittelbar nach Eingabe des oben angegebenen Hyperlinks startet der Download der Datei *iTunes7.5.dmg*.

Im nächsten Schritt löschen Sie über den Finder die Datei *iTunesX.pkg*, die sich im Verzeichnis */Library/Receipts/* befindet. Sicherheitsbewusste löschen diese Datei jedoch nicht, sondern verschieben sie einfach in einen temporären Ordner – oder noch besser: Per Time Machine machen Sie ein komplettes Backup von der Mac-Festplatte. Im Fehlerfall oder bei Problemen lässt sich so der alte Zustand per Mausklick wiederherstellen.

Ist die PKG-Datei entfernt, starten Sie die *Aktivitätsanzeige* (zu finden unter *Programme/Dienstprogramme*) und beenden den *iTunes Helper*, damit iTunes nicht mehr vom System blockiert ist. Hier markieren Sie zunächst *iTunes Helper* und klicken auf die rote Schaltfläche *Prozess beenden*. Im folgenden Dialog wählen Sie die Option *Sofort beenden*.

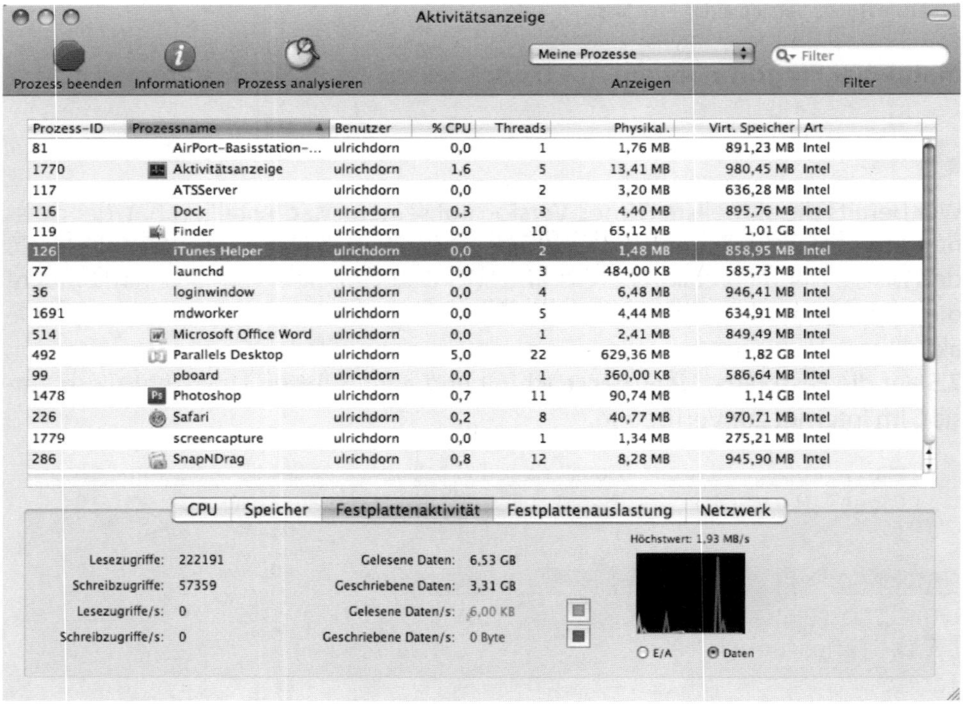

Bild 3.4 ***iTunes Helper*** **wird in der** ***Aktivitätsanzeige*** **markiert und gelöscht.**

Anschließend kann die *Aktivitätsanzeige* geschlossen werden. Je nach zu deinstallierender iTunes-Version und Mac OS X-Version sollten folgende Dateien und Verzeichnisse (nach vorherigem Backup!) entfernt werden:

```
~/Library/Preferences/com.apple.iTunes.eq.plist
~/Library/Preferences/com.apple.iTunes.plist
~/Library/Preferences/com.iTunesHelper.plist
~/Library/Cache/QCCompositionRepository-com.apple.iTunes.cache
/Library/Receipts/iTunesAccess.pkg
/Library/Receipts/iTunesX.pkg
/Library/Receipts/AppleMobileDeviceSupport.pkg
/System/Library/PrivateFrameworks/MobileDevice.framework
/System/Library/PrivateFrameworks/iTunesAccess.framework
/Programme/iTunes.app
```

Die Deinstallation von iTunes erfolgt anschließend wie gewohnt: einfach über *Macintosh HD* im Finder in das Programmverzeichnis gehen und das iTunes-Programm (APP-Datei) in den Papierkorb schieben. Nach dem Leeren des Papierkorbs lässt sich nach dem Öffnen von *iTunes7.5.dmg* das iTunes-Symbol in das Programmverzeichnis kopieren.

In diesem Schritt werden auch die notwendigen Frameworks-Module angepasst, die für den iTunes-Betrieb notwendig sind. Nun ist die alte iTunes-Version 7.5 auf dem Mac installiert bzw. wiederhergestellt.

Über die Systemsteuerung – iTunes unter Windows »downgraden«

Windows

Unter Windows ist die Deinstallation von iTunes in der Regel ebenfalls unproblematisch. Hier wird iTunes am besten über die Systemsteuerung deinstalliert. Bockt iTunes bei der automatischen Deinstallation, prüfen Sie im Windows Task-Manager, ob noch iTunes-Prozesse laufen. Diese tragen Namen wie *iTunesHelper.exe, AppleMobileDeviceService.exe* oder *iPodService.exe.*

Beenden Sie diese per Klick auf die Schaltfläche *Prozess beenden*, sollte kein Prozess mehr laufen, der mit iTunes zu tun hat. Wer auf Nummer sicher gehen möchte, der prüft anschließend in der Registry im Ast

```
[HKEY_LOCAL_MACHINE\SOFTWARE\Apple Computer, Inc.]
```

sowie unter

```
[HKEY_CURRENT_USER\Software\Apple Computer, Inc.]
```

ob dort noch iTunes-Einträge vorhanden sind. Diese können (müssen jedoch nicht) manuell gelöscht werden. Auch hier sollte aus Gründen der Wiederherstellung eine vorherige Sicherung der Einträge erfolgen: Dafür markieren Sie im Registrierungs-Editor den entsprechenden Teilschlüssel und exportieren ihn via Kontextmenü der rechten Maustaste in ein temporäres Verzeichnis. Diese REG-Datei kann im Erfolgsfall gelöscht werden. Bei Problemen spielen Sie diese einfach per Doppelklick wieder in die Registry ein.

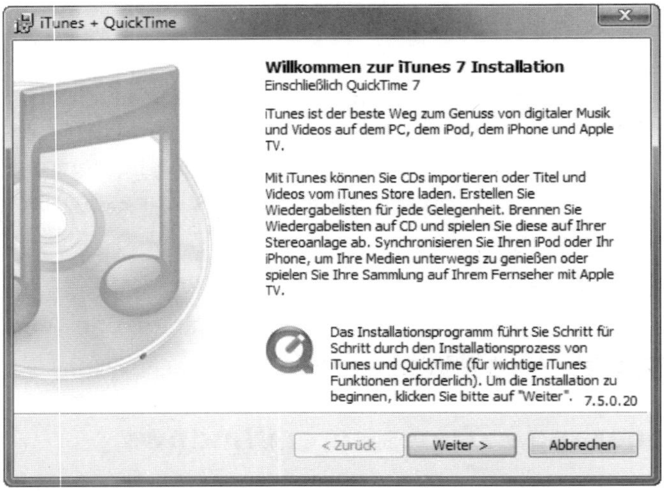

Bild 3.5 Nach dem Download starten Sie den gewohnten Installationsprozess. Läuft die Installation problemlos durch, testen Sie die »neuen« alten Funktionen, bevor Sie die Sicherungsdateien ins Nirvana verschieben.

Tipp: iTunes-interne Einstellungen wie Ablagepfad der Musik, Codiereinstellungen etc. müssen nach der Neuinstallation unter Umständen nochmals angepasst werden. Prüfen Sie deshalb vor der Installation auch die Einstellungen von iTunes und notieren Sie diese gegebenenfalls auf ein Blatt Papier.

Die »alte« iTunes-Version 7.5 für Windows XP und Vista (32 Bit) steht im Internet bei Apple unter

```
http://appldnld.apple.com.edgesuite.net/content.info.apple.com/
iTunes7/Win/061-3902.20071105.G6edS/iTunes75Setup.exe
```

zur Verfügung. Nach dem »Durchklicken« der Installation sollte diese anstandslos durchlaufen: iTunes 7.5 ist auf den Windows-Desktop zurückgekehrt.

iTunes Library anpassen

Oft vergessen: Jede neue iTunes-Version nutzt in der Regel auch eine neue Binärdatei der entsprechenden iTunes Library. Wer eine ältere iTunes-Version installiert, sollte auch einen Blick in das Verzeichnis werfen, in dem sich die Datei *iTunes Library* befindet.

Bild 3.6 Tritt diese Fehlermeldung auf, löschen Sie einfach die Binärdatei.

Dort ist ein weiteres Verzeichnis mit dem Namen *Previous iTunes Libraries* vorhanden, in dem die älteren Versionen gespeichert sind. Hier nutzen Sie entweder die »alte« Version, oder besser: Sie löschen die Binärdatei und importieren die XML-Datei der Mediathek erneut.

3.3 Immer nützlich – Softwarearchiv anlegen

iPod touch iPhone 1G

Egal ob Sie das iPhone oder den iPod touch jetzt oder irgendwann später freischalten möchten – es ist sinnvoll, so früh wie möglich die dafür notwendigen Programme, Tools und benötigten Firmwareversionen auf der Festplatte zu haben. Denn manche Programme »ziehen« oft um, sind nach wenigen Wochen oder Monaten gar nicht mehr verfügbar oder werden durch neue Versionen abgelöst, die nicht mehr den vorherigen Funktionsumfang bieten.

Deshalb sollten Sie regelmäßig nach entsprechenden Änderungen Ausschau halten und die neuen Versionen ebenfalls nach dem Veröffentlichungszeitpunkt sichern. Damit ersparen Sie sich nicht nur langwieriges Suchen, sondern sind im Falle eines Falles für jeden Einsatzzweck gerüstet. Die Softwaregrundausstattung in Sachen iPhone ist in der nachstehenden Tabelle zusammengefasst:

Beschreibung	Web	Betriebssystem
iTunes (aktuelle Version)	www.apple.de/itunes	Windows/Mac OS X
iTunes (ältere Versionen)	www.oldapps.com/itunes.htm	Windows
iTunes (ältere Versionen)	www.oldapps.com/download_iTunes_mac.php	Mac OS X
Winscp	www.winscp.com/	Windows
PuTTY	www.chiark.greenend.org.uk/~sgtatham/putty/download.html	Windows
Cyberduck	http://cyberduck.ch/	Mac OS X
Firmware 1.1.1	http://appldnld.apple.com.edgesuite.net/content.info.apple.com/iPhone/061-3883.20070927.ln76t/iPhone1,1_1.1.1_3A109a_Restore.ipsw	Windows/Mac OS X
Firmware 1.1.2	http://appldnld.apple.com.edgesuite.net/content.info.apple.com/iPhone/061-4037.20071107.5Bghn/iPhone1,1_1.1.2_3B48b_Restore.ipsw	Windows/Mac OS X

Gerade die verfügbaren Versionen von iTunes wechseln recht häufig auf der Apple-Webseite: Was heute aktuell ist, ist morgen schon wieder veraltet. So zickt beispielsweise die iTunes-Version 7.6 manchmal mit einem angeschlossenen iPhone und will dieses partout auf die Firmwareversion 1.1.3 aktualisieren. In dem Fall ist es sinnvoll, auf die zusätzliche Funktionalität (Filmkauf etc.) zu verzichten und stattdessen die ältere Version 7.5 zu verwenden.

Wer bereits auf eine aktuelle Version von iTunes umgestiegen ist und auf eine ältere Version zurückgehen möchte, den erwarten manchmal Hürden. Worauf es hier ankommt und wie der Umstieg problemlos möglich ist, lesen Sie im Abschnitt »iTunes zu frisch? – Sperre umgehen und ältere Version installieren« auf Seite 60. Windows-Anwender finden ältere iTunes-Versionen auf verschiedenen Seiten im Internet – *www.oldapps.com/itunes.htm* bietet dazu eine Übersicht.

Für das Freischalten des iPhone für den Betrieb mit anderen Mobilfunkprovidern, für das Ausführen von sogenannten ThirdParty-Anwendungen und vieles mehr sind die genannten Programme die Grundausstattung. Doch für jeden Einsatzzweck und jedes verwendete Betriebssystem gibt es noch weitere Spezialprogramme, die mithelfen, das iPhone hinterher auch nach Wunsch betreiben zu können.

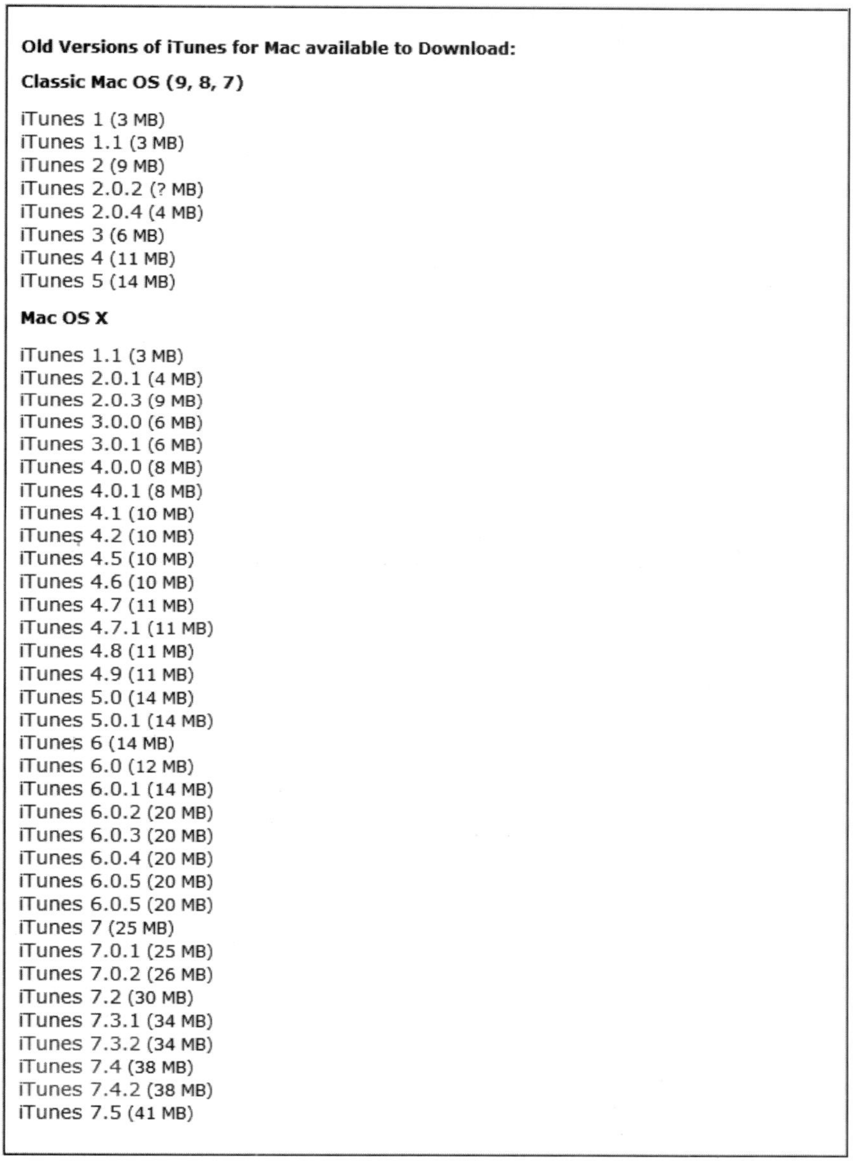

Old Versions of iTunes for Mac available to Download:

Classic Mac OS (9, 8, 7)

iTunes 1 (3 MB)
iTunes 1.1 (3 MB)
iTunes 2 (9 MB)
iTunes 2.0.2 (? MB)
iTunes 2.0.4 (4 MB)
iTunes 3 (6 MB)
iTunes 4 (11 MB)
iTunes 5 (14 MB)

Mac OS X

iTunes 1.1 (3 MB)
iTunes 2.0.1 (4 MB)
iTunes 2.0.3 (9 MB)
iTunes 3.0.0 (6 MB)
iTunes 3.0.1 (6 MB)
iTunes 4.0.0 (8 MB)
iTunes 4.0.1 (8 MB)
iTunes 4.1 (10 MB)
iTunes 4.2 (10 MB)
iTunes 4.5 (10 MB)
iTunes 4.6 (10 MB)
iTunes 4.7 (11 MB)
iTunes 4.7.1 (11 MB)
iTunes 4.8 (11 MB)
iTunes 4.9 (11 MB)
iTunes 5.0 (14 MB)
iTunes 5.0.1 (14 MB)
iTunes 6 (14 MB)
iTunes 6.0 (12 MB)
iTunes 6.0.1 (14 MB)
iTunes 6.0.2 (20 MB)
iTunes 6.0.3 (20 MB)
iTunes 6.0.4 (20 MB)
iTunes 6.0.5 (20 MB)
iTunes 6.0.5 (20 MB)
iTunes 7 (25 MB)
iTunes 7.0.1 (25 MB)
iTunes 7.0.2 (26 MB)
iTunes 7.2 (30 MB)
iTunes 7.3.1 (34 MB)
iTunes 7.3.2 (34 MB)
iTunes 7.4 (38 MB)
iTunes 7.4.2 (38 MB)
iTunes 7.5 (41 MB)

Bild 3.7 Hier stehen sämtliche iTunes-Versionen für den Mac bis hin zu iTunes 1.0 zum Download zur Verfügung (*www.oldapps.com/download_iTunes_mac.php*).

Aktivieren und freischalten – iPhone & iPod touch

Während Programme wie iNdependence (Mac OS X) bzw. iBrickr (Windows) für das Abschalten der SIM-Sperre, aber auch für das Aufheben des Sperrbildschirms nach dem Firmware-Downgrade notwendig sind, sorgen Anwendungen wie AppSnapp und Touchfree dafür, vorhandene Sicherheitslücken auszunutzen, um überhaupt weitere Programme und Tools auf dem iPhone installieren zu können.

Beschreibung	Web	Betriebssystem
iNdependence	http://code.google.com/p/independence	Mac OS X
iBrickr	http://cre.ations.net/creation/ibrickr	Windows (bei iPhone-Firmware 1.0.2–1.1.2)
Carneval	www.hackint0sh.org/forum/showthread.php?t=12867	Windows (bei iPhone-Firmware 1.1.1)
AppSnapp	http://jailbreakme.com/	Online-Jailbreak (bei iPhone-Firmware 1.1.1)
Touchfree	http://conceitedsoftware.com/iphone/1.1.2-jailbreak.zip	Jailbreak (bei iPhone-Firmware 1.1.2)
iPhuc	http://code.google.com/p/iphucwin32/	Windows
	http://code.google.com/p/iphuc/	Mac OS X

Aber auch um die lästige Providersperre loszuwerden, liefert das Internet die passenden Lösungen ins Haus:

Beschreibung	Web	Betriebssystem
anySIM (1.1.1)	http://conceitedsoftware.com/iphone/site/anysim11.html	iPhone-Firmware 1.1.1
turboSIM	http://bladox.com/	iPhone-Firmware 1.1.1 und älter
Unlock.app	www.freeiphoneunlock.com/unlock	iPhone-Firmware 1.0.2

Doch bevor Sie die heruntergeladenen Dateien entpacken und »ausprobieren«, sollten Sie zunächst in Ruhe die folgenden Seiten lesen, damit Sie wissen, welches Werkzeug für welchen Zweck taugt und wann der Einsatz sinnvoll ist.

3.4 iPhone für alle – Apple-Fesseln lösen

iPhone 1G

In diesem Kapitel werden Möglichkeiten vorgestellt, um die Aktivierung des iPhone unter Umgehung von iTunes vorzunehmen. Hier nutzen Sie Werkzeuge wie iNdependence (Mac OS X) und iBrickr (Windows), iDemocracy (Windows) und andere, wie im Abschnitt »iPhone aktivieren und Jailbreak durchführen« auf Seite 87 beschrieben.

Aber auch der lästige SIM-Lock lässt sich aushebeln. Dafür nutzen Sie anySIM, was den SIM-Lock des iPhone entfernt und den anschließenden Gebrauch jeder beliebigen SIM-Karte möglich macht. Grundvoraussetzung dafür ist jedoch, dass das iPhone »gejailbreakt« ist. Mit dem Jailbreak-Verfahren – zu Deutsch Gefängnisausbruch – wird das Dateisystem für den Zugriff von außen geöffnet. Hier gibt es im Internet zig Verfahren über PC oder Mac, um dieses zu bewerkstelligen.

In diesem Buch wird das bewährte Onlineverfahren via *www.jailbreakme.com* verwendet, wie im Abschnitt »iPhone für Drittanwendungen freischalten« auf Seite 82 beschrieben.

Um das iPhone anschließend auf dem aktuellen Firmwarestand zu halten, sorgt ein zusätzliches Werkzeug namens OktoPrep dafür, dass auf dem iPhone mit Firmwareversion 1.1.1 nach dem Upgrade auf Version 1.1.2 der Jailbreak weiterhin aktiv bleibt. Ist der Zugriff auf das Dateisystem über die WLAN-Schnittstelle des iPhone möglich, lassen sich entweder über SSH, wie im Abschnitt »Praktisch und sicher – Zugriff über SSH« auf Seite 138 beschrieben, oder über den eingebauten Installer weitere Programme auf dem iPhone installieren. Der Installer ist nichts anderes als eine einfache und übersichtliche Benutzeroberfläche, über die sich weitere Programme herunterladen, installieren und aktualisieren lassen. Wie das funktioniert, lesen Sie im Abschnitt »Software finden und installieren« auf Seite 146.

iPhone-Firmware: Was geht, was geht nicht?

In Deutschland ist derzeit die installierte Firmwareversion 1.1.2 am verbreitetsten. Im Januar 2008 hat Apple die Version 1.1.3 veröffentlicht. Nach Informationen aus Insiderkreisen wird deren Nachfolger 1.1.4 auch nicht mehr lange auf sich warten lassen. Und es ist anzunehmen, dass im Laufe des Jahres noch weitere hinzukommen. Deshalb keine Panik: Kommt Zeit, kommt Rat – mit der Zeit ist es den Hackern in diesem Katz-und-Maus-Spiel immer wieder gelungen, eine Sicherheitslücke für ihren Zweck zu finden.

Das Aushebeln der Apple-Sperren ist jedoch mehr oder weniger umständlich, je aktueller die installierte Firmwareversion ist. Denn es kommen nicht nur neue Features und Anwendungen mit der neuen Firmwareversion hinzu, sondern es werden auch Sicherheitslöcher gestopft, die in der alten Version den Jailbreak-Hack erst ermöglichten. Deshalb sollten sich Besitzer eines bereits entsperrten iPhone mit einer neuen Firmwareversion Zeit lassen und die notwendigen Informationen einholen.

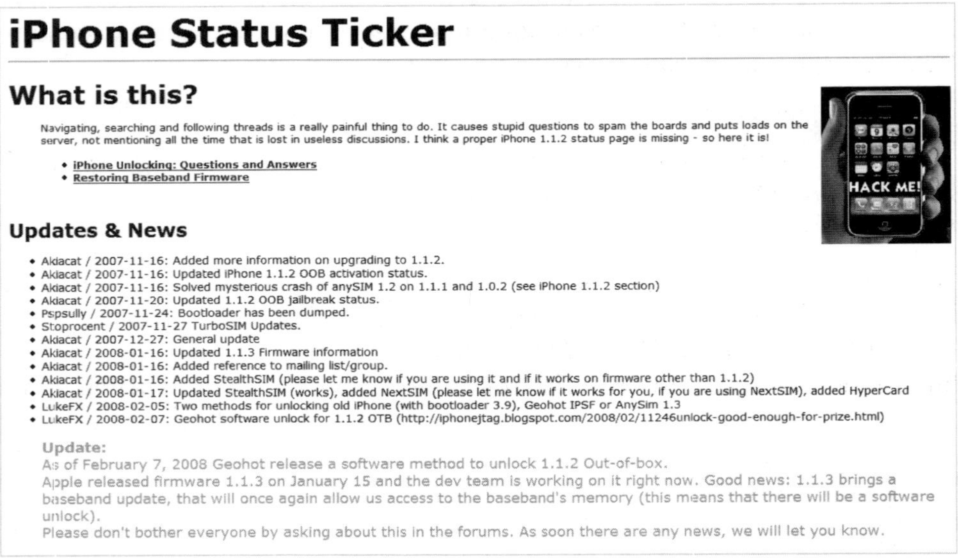
iPhone Status Ticker

What is this?

Navigating, searching and following threads is a really painful thing to do. It causes stupid questions to spam the boards and puts loads on the server, not mentioning all the time that is lost in useless discussions. I think a proper iPhone 1.1.2 status page is missing - so here it is!

- iPhone Unlocking: Questions and Answers
- Restoring Baseband Firmware

Updates & News

- Akiacat / 2007-11-16: Added more information on upgrading to 1.1.2.
- Akiacat / 2007-11-16: Updated iPhone 1.1.2 OOB activation status.
- Akiacat / 2007-11-16: Solved mysterious crash of anySIM 1.2 on 1.1.1 and 1.0.2 (see iPhone 1.1.2 section)
- Akiacat / 2007-11-20: Updated 1.1.2 OOB jailbreak status.
- Pspsully / 2007-11-24: Bootloader has been dumped.
- Stoprocent / 2007-11-27 TurboSIM Updates.
- Akiacat / 2007-12-27: General update
- Akiacat / 2008-01-16: Updated 1.1.3 Firmware information
- Akiacat / 2008-01-16: Added reference to mailing list/group.
- Akiacat / 2008-01-16: Added StealthSIM (please let me know if you are using it and if it works on firmware other than 1.1.2)
- Akiacat / 2008-01-17: Updated StealthSIM (works), added NextSIM (please let me know if it works for you, if you are using NextSIM), added HyperCard
- LukeFX / 2008-02-05: Two methods for unlocking old iPhone (with bootloader 3.9), Geohot IPSF or AnySim 1.3
- LukeFX / 2008-02-07: Geohot software unlock for 1.1.2 OTB (http://iphonejtag.blogspot.com/2008/02/11246unlock-good-enough-for-prize.html)

Update:
As of February 7, 2008 Geohot release a software method to unlock 1.1.2 Out-of-box.
Apple released firmware 1.1.3 on January 15 and the dev team is working on it right now. Good news: 1.1.3 brings a baseband update, that will once again allow us access to the baseband's memory (this means that there will be a software unlock).
Please don't bother everyone by asking about this in the forums. As soon there are any news, we will let you know.

Bild 3.8 Hier finden Sie die aktuellsten Informationen zum Firmwarestatus des iPhone (*http://docs.google.com/View?docid=dgzw9xs_0gfhxns*).

Auf der Website »iPhone Status Ticker« haben Sie die wichtigsten Informationen auf einen Blick. Beachten Sie, dass hier zwischen zweierlei iPhones bzw. deren Firmware unterschieden wird: Die Abkürzung OOB bzw. OTB bezeichnet »out of the box«-iPhones, die frisch aus der Schachtel mit der entsprechenden Firmwareversion vorinstalliert sind. Beim Entsperren besteht ein Unterschied zu den iPhones, die von einer älteren Firmwareversion aktualisiert wurden. Diese iPhones werden entsprechend mit *Upt./Update* nach der jeweiligen Firmwareversion bezeichnet.

In diesem Fall kommt es nämlich vorwiegend auf die Modem-Firmware bzw. auf den Bootloader an, ob und was sich mit dem iPhone anstellen lässt und was nicht. Wie Sie diese herausfinden, lesen Sie im folgenden Abschnitt »iPhone-Bootloader – welcher ist der »richtige«?«. Auf der iPhone Status Ticker-Webseite wird regelmäßig aktualisiert – hier bekommen Sie zu den unterschiedlichen Firmwareversionen auch eine Übersicht dazu, was derzeit mit den unterschiedlichen iPhone-Geräten möglich ist und was (noch) nicht.

iPhone-Bootloader – welcher ist der »richtige«?

Für das Entsperren sind neben der installierten Firmwareversion die Versionen des Basebands sowie des Bootloaders wichtig. Das sogenannte Baseband regelt unter anderem die Zusammenarbeit zwischen der eingelegten SIM-Karte und dem GSM-Chip des iPhone und stellt somit die Schnittstelle zum Netz des Mobilfunkanbieters dar.

Um also das iPhone für alternative Anbieter nutzen zu können, muss beim Aushebeln der SIM-Sperre das Baseband entsprechend modifiziert werden. Wie sich die Baseband-Version einfach per Fieldtest herausfinden lässt, lesen Sie im Abschnitt »Hinter den Verbindungskulissen – Fieldtest starten« auf Seite 109.

Steht dort im Bereich *Version* beispielsweise der Eintrag *04.01.13_G*, kommt das iPhone mit Firmware 1.1.1, während der Eintrag *04.02.13_G* auf die iPhone-Firmware 1.1.2 hinweist. Die im Januar 2008 erschienene Firmwareversion 1.1.3 hat hier den Eintrag *04.03.13_G*. Schneller geht es über das iPhone-Menü:

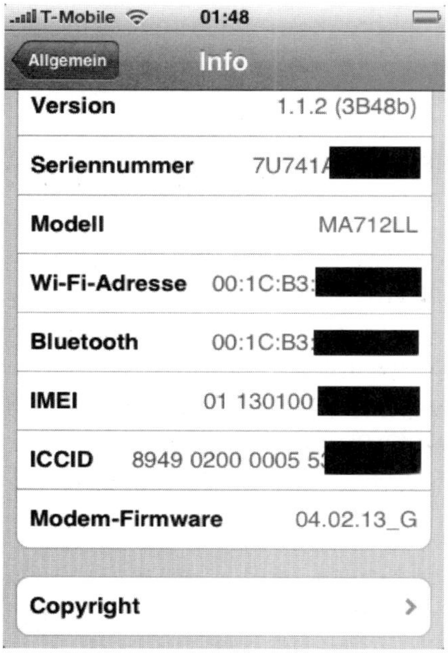

Bild 3.9 Die installierte Firmwareversion des iPhone sowie die des Modems lässt sich über *Einstellungen/Allgemein/Info* bzw. bei einem englischen Menü über *Settings/General/About* herausfinden.

Neben der »richtigen« Firmware und Modem-Firmware ist auch der passende Bootloader wichtig, um das iPhone nicht nur für Fremdanwendungen, sondern auch in Sachen SIM-Lock freischalten zu können. Damit sich der SIM-Lock softwareseitig aushebeln lässt, ist hier Version 3.9 (oder älter) des Bootloaders notwendig, da die neuere Bootloader-Version 4.6 bisher noch nicht geknackt ist und das Abschalten der SIM-Sperre blockiert. Welche Bootloader-Version sich nun auf dem iPhone befindet, lässt sich anhand der Seriennummer des iPhone mit hoher Sicherheit erahnen.

iPhones mit einer Seriennummer im Format 7v746xxxxxx sind im Besitz des Bootloaders in der Version 4.6. In diesem Fall bringt die genannte anySIM-Lösung nichts. Hier lassen sich nur Original-SIM-Karten, aber auch SIM-Hacks wie TurboSIM nutzen. Wie im Hackint0sh-Forum zu lesen ist, deutet die 46 in der Seriennummer 7v746xxxxxx auf die Produktionskalenderwoche hin – hier wurde auch der Bootloader in der Version 4.6 erstmalig veröffentlicht. So sind mit großer Wahrscheinlichkeit nur iPhones mit einem Produktionsdatum älter als KW 46/2007 (Seriennummer 7v745xxxxxx und abwärts) mit der Bootloader-Version 3.9 bestückt.

Hack per Klick – All-in-one-Lösung mit ZiPhone

Seit Mitte Februar 2008 ist mit ZiPhone (*www.ziphone.org*) eine All-in-one-Anwendung verfügbar, mit der sich die Nachrüstsperre, die Aktivierung und der SIM-Lock sämtlicher iPhone-Modelle bis einschließlich der derzeit aktuellen Firmware 1.1.3 entfernen lässt. Dieser »echte« Jailbreak verspricht ein schnelles und unkompliziertes Lösen der Apple-Fesseln.

Zwar ist dieser Weg gerade für den Einsteiger recht simpel gehalten, diese Herangehensweise hat jedoch auch Risiken: Im ungünstigsten Fall kann das Gerät abstürzen oder in einer Dauerschleife verharren. Hier hilft aber das Wiederherstellen per iTunes, um zu den Werkeinstellungen zurückzukehren.

ZiPhone wird ständig weiterentwickelt und ist, wie der Name schon vermuten lässt, primär auf die iPhone-Unterstützung fixiert. So lassen sich zwar (manche) iPod touch-Modelle zumindest jailbreaken, andere Modelle werden in eine Endlosschleife geschickt. Ist dieser Fall eingetreten, sorgt der Abschnitt »ZiPhone-Bug – Probleme mit dem iPod touch lösen« auf Seite 75 für Abhilfe.

Der Grund: Je nach Version von ZiPhone, Firmware und Modell des iPod touch funktioniert diese Herangehensweise nicht immer, sodass man auf den manuellen Weg zum Entsperren des iPod touch angewiesen ist. Gerade wer sein bereits entsperrtes Gerät versehentlich via iTunes auf die Original-Firmwareversion

1.1.3 über die *Aktualisieren*-Schaltfläche gebracht hat, für den ist das Downgrade auf Version 1.1.1 bzw. 1.1.2 nicht mehr mal so einfach durchführbar.

Hier muss der iPod touch entsprechend vorbereitet und gegebenenfalls iTunes angepasst werden (siehe »iTunes zu frisch? – Sperre umgehen und ältere Version installieren« auf Seite 60), damit sich der iPod touch überhaupt wieder mit einer älteren Firmware bespielen lässt.

Die iPhone-Unterstützung kann sich hingegen sehen lassen: So lassen sich derzeit sämtliche Modelle, unabhängig von Baseband-/Bootloader-Versionen, mit wenigen Klicks entsperren und aktivieren, und der lästige SIM-Lock lässt sich ebenfalls abschalten – bei allen bisherigen Firmwareversionen 1.0.2, 1.1.1, 1.1.2 sowie den erst Ende Januar 2008 veröffentlichten Versionen 1.1.3. Erste Anwenderberichte in den einschlägigen Foren bestätigen die ordnungsgemäße Funktion der Software. Im Rahmen dieses Buches wurden mit Version 2.4 sowohl ein US-AT&T- als auch ein T-Mobile-iPhone erfolgreich modifiziert.

iPhone und iPod touch mit ZiPhone entsperren

Da das ZiPhone-Werkzeug zunächst für die iPhone-Modellreihe entwickelt wurde, war die iPod touch-Unterstützung zunächst auf das 8-GByte-Modell beschränkt. Hier war folgendes Vorgehen erfolgreich, um den iPod mit Firmwareversion 1.1.3 zu entsperren:

Zunächst wird der iPod touch via USB-Kabel angeschlossen und über iTunes eingerichtet. Wer möchte, klickt anschließend auf die Schaltfläche *Wiederherstellen*, um ein »jungfräuliches« Gerät zu erhalten. Wichtig ist nur, dass Sie kein eventuell vorhandenes Backup einspielen. Anschließend öffnen Sie das geladene ZiPhone-Paket und starten in der Konsole *Ziphone.exe* (Windows) bzw. *ziphone* (Mac OS X). Die Syntax von ZiPhone ist selbsterklärend:

```
ZiPhone

Usage: ziphone [-u] [-a] [-j] [-i imei]

-b: Downgrade bootloader to 3.9 !

-u: Unlock (4.6 AND 3.9 BL !)

-a: Activate

-j: Jailbreak

-i: Change imei (4.6 AND 3.9 BL !)

-v: Verbose boot (debug)

-e: iErase BL 3.9 baseband
```

Grundsätzlich sollten der *Debug Mode* immer aktiviert sein. Dafür ist am Ende der Befehlskette der Parameter *-v* (Verbose) anzuhängen. Anschließend sind auf dem iPod touch/iPhone die Statusmeldungen zu sehen.

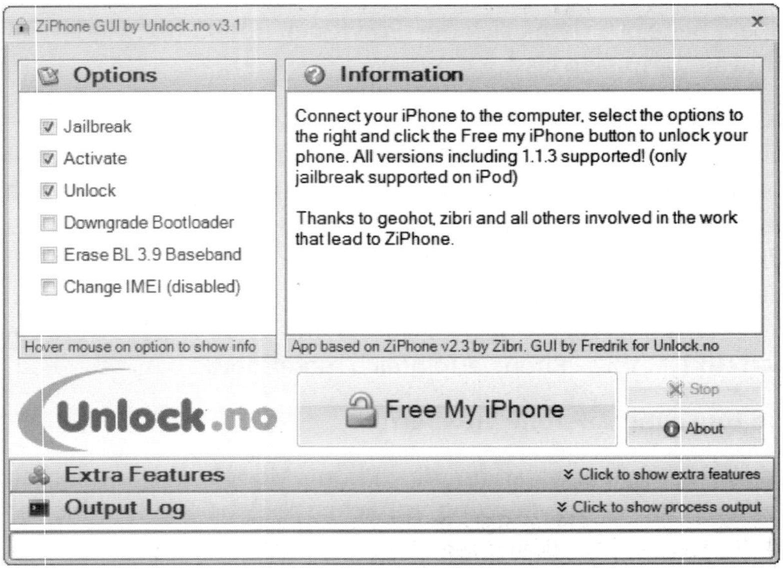

Bild 3.10 Unter Windows werden für das Aushebeln der iPhone-Sperren drei Häkchen gesetzt. Wer ein 1.1.2/1.1.3-OTB-iPhone sein Eigen nennt, kann darüber hinaus per Klick auf *Downgrade Bootloader* diesen von Version 4.6 auf 3.9 bringen.

Wem die Kommandozeile nicht behagt, der besorgt sich unter Windows die *ZiPhoneGUI.exe*. Empfehlenswerter ist jedoch der Einsatz der beigelegten Datei *FULL AUTOMATIC.bat*. Hier erscheint im *cmd*-Fenster folgende Meldung:

```
Loading zibri.dat.
i386
Searching for iPhone...
Entering recovery mode.
Working...
Please wait 45.
```

Bei der GUI-Version braucht hier für das Entsperren des iPod touch nur das Häkchen bei *Jailbreak* gesetzt zu werden. Bei einem iPhone sind es neben *Jailbreak* auch die Häkchen bei *Unlock* und *Activate*. Anschließend starten Sie das Programm, und es sollte im Statusfenster folgender Text zu sehen sein:

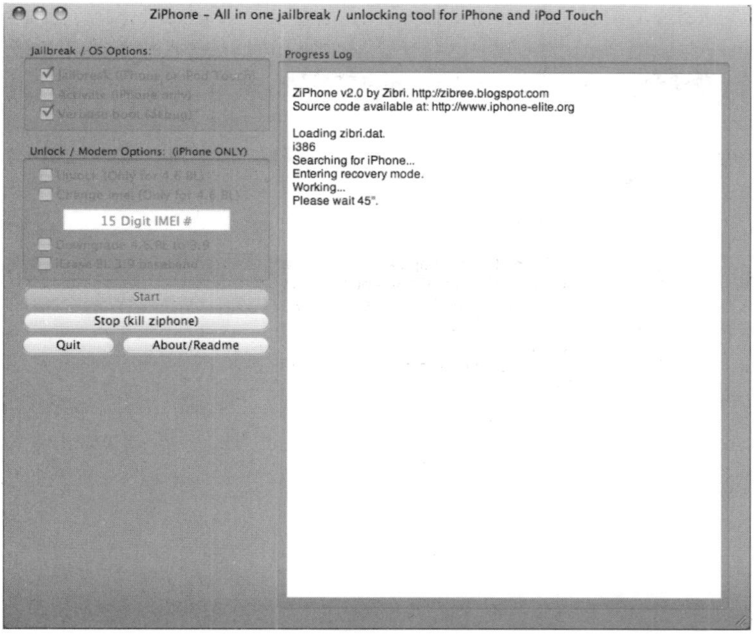

Bild 3.11 Auch beim Entsperren des iPod touch ist erst mal Geduld angesagt – bei den neuen 16-/32-GByte-Modellen funktioniert dieser Kniff jedoch nicht zuverlässig.

Nach über einer Dreiviertelstunde startet das iPhone bzw. der iPod touch neu. Hat alles geklappt, lässt sich das Gerät wie gewohnt unter iTunes einrichten und anschließend in Betrieb nehmen.

Doch manchmal kommt es auch anders: Hat man das Kleingedruckte nicht gelesen, die Warnhinweise ignoriert oder sich einfach verklickt, bleibt das Display nach dem Entsperrvorgang erst mal schwarz. Schlägt es über Dauerblinken Alarm oder lässt sich das Gerät gar nicht mehr starten, sollten Sie zunächst tief durchatmen. In der Regel lässt sich das Gerät über den *Wiederherstellen*-Dialog von iTunes wieder zum Leben erwecken. Ganz harte Nüsse lassen sich mit dem Werkzeug iPhuc knacken, wie im Abschnitt »Firmware-Downgrade mit iPhuc erzwingen« auf Seite 174 beschrieben.

ZiPhone-Bug – Probleme mit dem iPod touch lösen

Zu voreilig: Wer ZiPhone auf einem iPod touch einsetzt, der sollte zunächst auf das Modell achten. In den einschlägigen Foren wird gerade bei den »großen« Modellen mit 16 oder 32 GByte vor dem ZiPhone-Einsatz gewarnt. Hier hängt sich ZiPhone bzw. der iPod touch nach dem Start von ZiPhone mit einer BSD *root: md0, major 2, minor 0*-Dauerschleife auf.

In diesem Fall geht erst einmal gar nichts mehr: Jetzt hilft (siehe hierzu auch den Abschnitt »Blinken und dauerbooten – DFU Mode hilft« auf Seite 104) der Wartungsmodus, in dem Sie die *Home-* und die Ein-/Ausschalttaste so lange gedrückt halten, bis sich der iPod touch ausschaltet. Anschließend ziehen Sie den iPod touch vom USB-Kabel ab und schalten diesen mit gleichzeitig gedrückten *Home-* sowie An-/Ausschaltern wieder an.

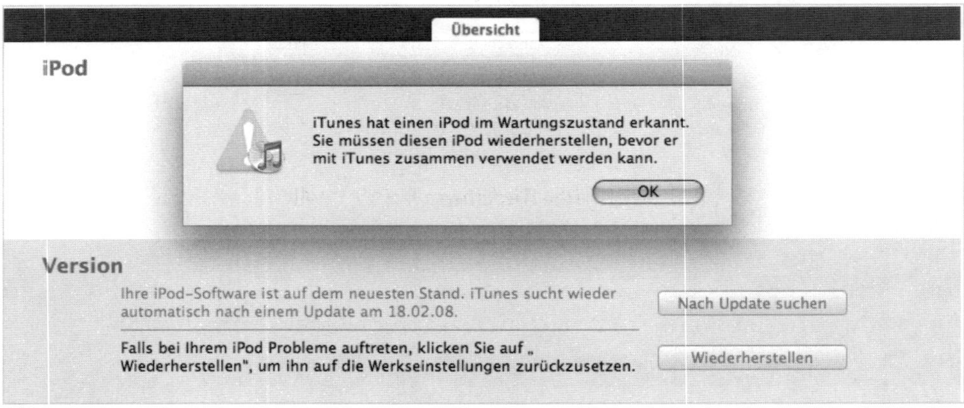

Bild 3.12 Ist das Apfel-Symbol auf dem iPod touch-Display zu sehen, lassen Sie die An-/Ausschalttaste los, stecken den iPod an das USB-Kabel und halten die *Home*-Taste so lange gedrückt, bis das Gerät von iTunes als iPod im Wartungsmodus erkannt wird.

Im Wartungszustand lässt sich die Wiederherstellung in iTunes durchführen und der iPod touch wieder mit Firmware 1.1.3 zum Leben erwecken.

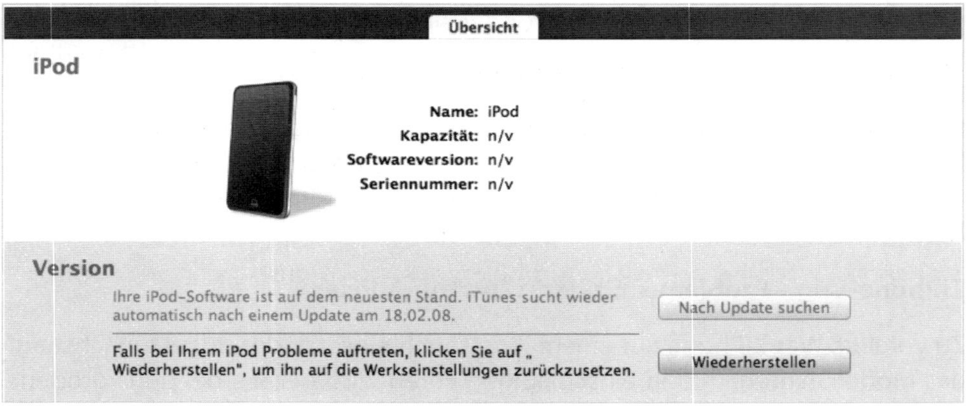

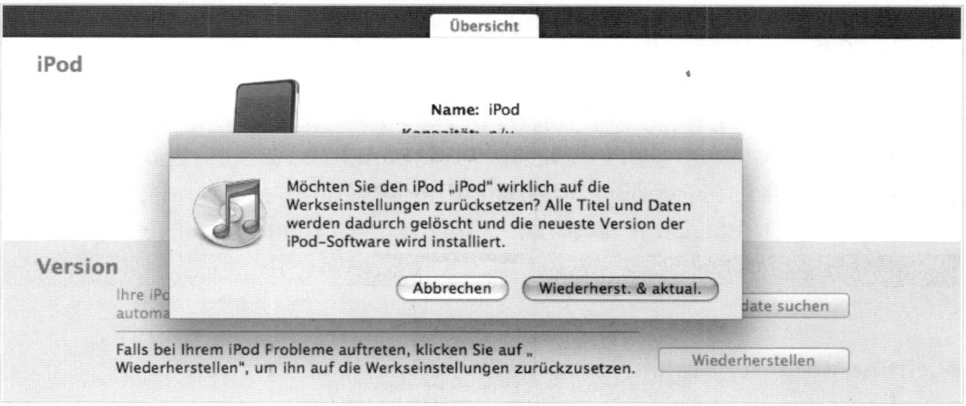

Bild 3.13 Nach dem Klick auf die Schaltfläche *Wiederherst. & aktual.* stellt iTunes die zuvor installierte Firmware auf dem Gerät wieder her.

Nach dem Wiederherstellen des iPod touch halten Sie in unregelmäßigen Abständen auf der Webseite des ZiPhone-Autors nach einer funktionierenden Version Ausschau oder gehen wie folgt vor:

Zunächst spielen Sie die Firmwareversion 1.1.1 (eventuell Downgrade von Firmware 1.1.3 auf 1.1.1) ein und entsperren diese (siehe hierzu »Jailbreak-Voraussetzung: iPod touch wiederherstellen«, Seite 118).

Anschließend wird auf Firmware 1.1.2 aktualisiert (siehe hierzu »Mit iTunes: iPod touch auf Firmware 1.1.2 aktualisieren«, Seite 131) und diese wiederum per Jailbreak (siehe hierzu »Vorbereitungen abschließen und Jailbreak durchführen«, Seite 134) entsperrt.

US-Modelle entsperren – auf die Firmware kommt es an!

Nachfolgendes Verfahren ist für iPhones aus dem amerikanischen Apple Store das richtige, falls das iPhone mit der Firmwareversion 1.0.2 mit Baseband/Modem-Firmware 03.14.08_G oder mit Firmware 1.1.1 mit Baseband/Modem-Firmware 04.01.13_G bestückt ist. Nur in diesem Fall sollten Sie das nachstehende Verfahren in Erwägung ziehen, ansonsten droht »rien ne va plus« – nichts geht mehr.

ACHTUNG!

Garantieverlust droht

Das in diesem Beitrag beschriebene Verfahren ist eine Tuningmaßnahme. Durch den Eingriff kann nicht nur das iPhone zerstört werden, Sie verlieren auch auf jeden Fall die Garantie. Technisch Ungeübte sollten von diesem Eingriff ausdrücklich die Finger lassen!

Wichtige Vorbereitungen – automatische Sperre abschalten

Bevor Sie hier loslegen, sollten Sie sich vergewissern, dass das iPhone aufgeladen und der WLAN-Zugriff, wie im Abschnitt »Ab ins Netz – WLAN-Zugriff einrichten« auf Seite 123 beschrieben, eingerichtet ist. Entfernen Sie auch die unter Umständen eingelegte SIM-Karte von AT&T. Sie lässt sich mit einer gerade gebogenen Büroklammer an der iPhone-Oberseite (neben dem Ein-/Ausschalter) herausnehmen.

Aus Sicherheitsgründen schalten Sie auch die automatische Sperre unter *Einstellungen/Allgemein/Automatische Sperre/Nie* ab. Bei der amerikanischen Version ist dies der Schalter *Settings/General/Auto-Lock/Never.* Sind die Vorbereitungen getroffen, kann es losgehen.

iPhone freischalten

Zunächst verbinden Sie das iPhone per mitgeliefertes USB-Kabel mit dem PC. Achten Sie darauf, dass keine iTunes-Prozesse laufen, und beenden Sie diese gegebenenfalls mithilfe des Windows Task-Managers. Anschließend ist etwas Suchen im Internet angesagt. Für diese Methode benötigen Sie das Softwarepaket *iphoneUnlock.rar*, das Sie bei Rapidshare (*http://rapidshare.com/files/55095610/iphoneUnlock.rar.html*) finden.

Alternativ verwenden Sie Google. Wie Sie schnell und einfach passende Dateien finden, wird im Abschnitt »Besser googlen – Zeit und Nerven sparen« auf Seite 154 erklärt.

Nach dem Download entpacken Sie die RAR-Datei in einen temporären Ordner auf der Festplatte. Lassen Sie den iPod am PC eingesteckt und starten Sie die Datei *AppTappInstaller.exe*, die sich im ausgepackten Archiv befindet.

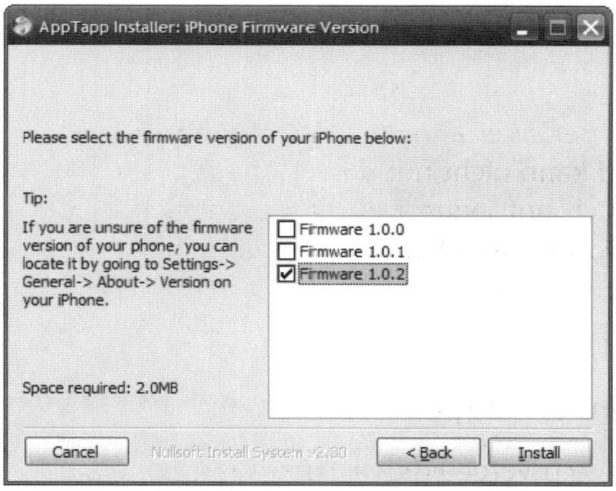

Bild 3.14 Nach dem Setzen des Häkchens bei *Firmware 1.0.2* klicken Sie auf die Schaltfläche *Install*, um den Jailbreak durchzuführen.

Ist der Jailbreak-Vorgang gestartet, dauert dieser einen Moment. Haben Sie Geduld und Sie warten so lange, bis auf dem iPhone das Installer-Symbol auf dem Display zu sehen ist.

Im nächsten Schritt öffnen Sie im temporären Ordner den Unterordner *Aktivierung*. Dort finden Sie eine BAT-Datei mit dem Namen *activate.bat*. Führen Sie diese per Doppelklick aus, um das iPhone zu entsperren. Nach dem Durchlaufen der Datei können Sie das iPhone neu starten.

iPhone hacken über WLAN

Ist das iPhone neu gestartet, stecken Sie es vom PC ab und prüfen die WLAN-Einstellungen. Bei dieser Gelegenheit sollten Sie, sofern noch nicht geschehen, die IP-Adresse des iPhone notieren. Diese finden Sie über *Settings/WiFi/IP-Address* heraus.

Starten Sie nun auf dem iPhone per Fingertipp den Installer und installieren Sie die Anwendungen *Community Sources*, *BSD Subsystem* und *OpenSSH*. Dabei baut das iPhone eine Verbindung ins Internet auf (über WLAN) und lädt die Dateien herunter.

Damit sind die Voraussetzungen geschaffen, den PC via SSH mit dem iPhone zu verbinden. Anschließend bauen Sie eine SSH-Verbindung via PuTTY, WinSCP oder Cyberduck zum iPhone auf, wie im Abschnitt »Praktisch und sicher – Zugriff über SSH« auf Seite 138 beschrieben.

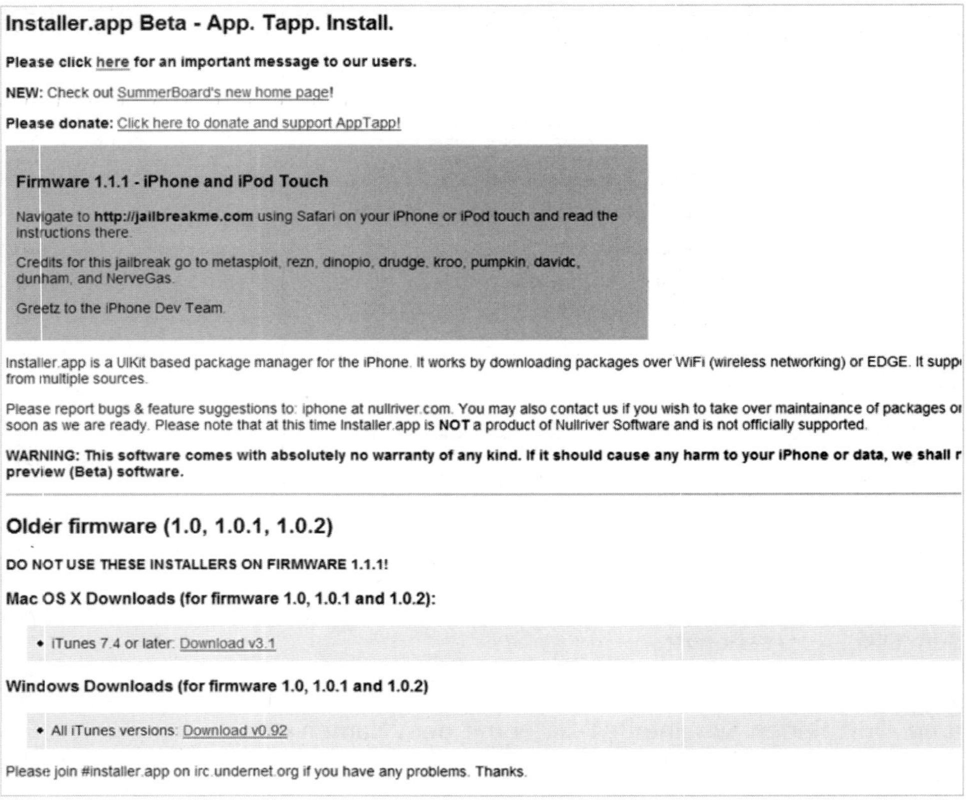

Installer.app Beta - App. Tapp. Install.

Please click here for an important message to our users.

NEW: Check out SummerBoard's new home page!

Please donate: Click here to donate and support AppTapp!

Firmware 1.1.1 - iPhone and iPod Touch

Navigate to **http://jailbreakme.com** using Safari on your iPhone or iPod touch and read the instructions there.

Credits for this jailbreak go to metasploit, rezn, dinopio, drudge, kroo, pumpkin, davidc, dunham, and NerveGas.

Greetz to the iPhone Dev Team.

Installer.app is a UIKit based package manager for the iPhone. It works by downloading packages over WiFi (wireless networking) or EDGE. It supp from multiple sources.

Please report bugs & feature suggestions to: iphone at nullriver.com. You may also contact us if you wish to take over maintainance of packages o soon as we are ready. Please note that at this time Installer.app is **NOT** a product of Nullriver Software and is not officially supported.

WARNING: This software comes with absolutely no warranty of any kind. If it should cause any harm to your iPhone or data, we shall r preview (Beta) software.

Older firmware (1.0, 1.0.1, 1.0.2)

DO NOT USE THESE INSTALLERS ON FIRMWARE 1.1.1!

Mac OS X Downloads (for firmware 1.0, 1.0.1 and 1.0.2):

- iTunes 7.4 or later: Download v3.1

Windows Downloads (for firmware 1.0, 1.0.1 and 1.0.2)

- All iTunes versions: Download v0.92

Please join #installer.app on irc.undernet.org if you have any problems. Thanks.

Bild 3.15 Dort laden Sie sich den AppTapp-Installer für das iPhone herunter (*http://iphone.nullriver.com/beta/*).

Nebenbei laden Sie am PC die Datei *unlock.app.zip* von der Webseite *www.free-iphoneunlock.com/unlock* herunter und entpacken diese ebenfalls in ein temporäres Verzeichnis.

Diesen entpackten Ordner übertragen Sie via WinSCP oder Cyberduck in den Ordner *\Applications*, der sich unter dem Root-Ordner befindet. Nach dem Kopiervorgang prüfen Sie die Zugriffsrechte sämtlicher Dateien (müssen auf *Octal 0755* stehen), was sich per Kontextmenü der rechten Maustasten über *Properties* bzw. *Eigenschaften* erledigen lässt. Danach können Sie die SSH-Verbindung trennen und das WinSCP beenden.

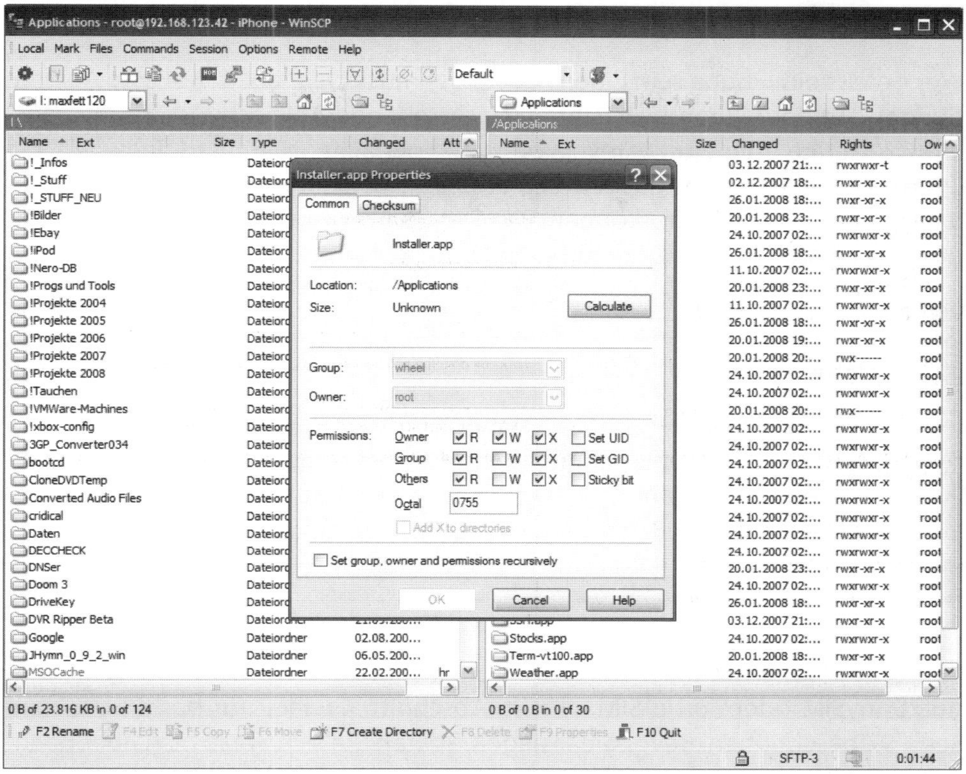

Bild 3.16 Über das Kontextmenü der rechten Maustaste lassen sich im Bereich *Permissions* die Rechte im Feld *Octal* auf *0755* setzen.

Schalten Sie nun das iPhone aus und wieder ein. Nach dem Neustart erscheint das Symbol *Unlock*. Nach einem Fingertipp auf das Symbol wird das iPhone komplett entsperrt. Nach ca. 25 Minuten ist dieser Vorgang abgeschlossen – die Erfolgsmeldung mit *Completed. Enjoy* gibt Ihnen grünes Licht.

Jetzt können Sie Ihre deutsche SIM-Karte einlegen. Kommt das iPhone nicht sofort damit zurecht, starten Sie das Gerät nochmals neu. Nach dem Booten mit der neuen SIM-Karte kommt die Meldung *SIM Locked*. Das ist jedoch normal, per Fingertipp auf *Unlock* geben Sie die passende PIN ein.

Nun können Sie das iPhone wieder mit dem PC verbinden und unter iTunes als iPod konfigurieren. Wer das schnelle Internet außerhalb seiner Wohnung nutzen möchte, der konfiguriert Edge. Wie das funktioniert und wie sich dies nachrüsten lässt, lesen Sie im Abschnitt »iPhone unterwegs – mit EDGE/GPRS ins Internet« auf Seite 166.

iPhone für Drittanwendungen freischalten

Wer bereits ein iPhone sein Eigen nennt, der muss nicht auf ThirdParty-Anwendungen auf dem iPhone verzichten. Nachstehende Anleitung ist für Vertrags-iPhone-Geräte mit Firmwareversion 1.1.2 gedacht. Hier wird lediglich die iPhone-Sicherheitslücke ausgenutzt, um zusätzliche, nützliche Programme auf das iPhone installieren zu können. Die SIM-Sperre wird hierbei nicht aufgehoben – die T-Mobile-SIM-Karte funktioniert anschließend wie vor dem Eingriff.

ACHTUNG!

Garatieverlust droht

Das in diesem Beitrag beschriebene Verfahren ist eine Tuningmaßnahme. Durch den Eingriff kann nicht nur das iPhone zerstört werden, sondern Sie verlieren auf jeden Fall die Garantie. Technisch Ungeübte sollten von diesem Eingriff ausdrücklich die Finger lassen!

Wer sein iPhone mit einer fremden Nicht-T-Mobile-Karte nutzen möchte, der nutzt anySIM oder Turbo-SIM, wie im Abschnitt »Freiheit für das iPhone« auf Seite 97 beschrieben. Bevor Sie loslegen, sollten Sie sich vorsichtshalber nochmals vergewissern, welche Firmwareversion sich auf dem iPhone befindet: Über *Einstellungen/Allgemein/Info* ist unter *Version* die Versionsnummer der auf dem iPhone installierten Firmware zu sehen.

Bild 3.17 Entweder über iTunes oder über das iPhone selbst lässt sich die auf dem iPhone installierte Version der Firmware herausfinden.

HINWEIS!

Aktive WLAN-Verbindung sicherstellen

Im Verlauf des Jailbreak-Vorgangs wird eine WLAN-Verbindung benötigt. Stellen Sie also sicher, dass der WLAN-Router über eine Internetverbindung verfügt und der DHCP-Server aktiviert ist, damit das iPhone auch eine IP-Adresse bekommt. Worauf Sie hier achten müssen, lesen Sie im Abschnitt »Ab ins Netz – WLAN-Zugriff einrichten« auf Seite 123. Zudem sollten Sie vorsichtshalber die PIN-Abfrage für die SIM-Karte vorübergehend deaktivieren – dies lässt sich am besten auf einem Zweithandy vornehmen. Ist der Entsperrvorgang des iPhone erfolgreich verlaufen, können Sie die PIN-Abfrage wieder aktivieren.

Wichtige Vorbereitungen: Firmware und Tools besorgen

Nachstehend sehen Sie sämtliche Tools und Programme sowie die notwendigen Firmwareversionen nochmals im Überblick. Falls noch nicht geschehen, laden Sie sich diese Schritt für Schritt auf Ihre Festplatte.

Beschreibung	Web
Firmwareversion 1.1.2	http://appldnld.apple.com.edgesuite.net/content.info.apple.com/iPhone/061-4037.20071107.5Bghn/iPhone1,1_1.1.2_3B48b_Restore.ipsw
Firmwareversion 1.1.1	http://appldnld.apple.com.edgesuite.net/content.info.apple.com/iPhone/061-3883.20070927.In76t/iPhone1,1_1.1.1_3A109a_Restore.ipsw
iBrickr (Windows)	http://cre.ations.net/creation/ibrickr
iNdependence (Mac OS X)	http://code.google.com/p/independence
Jailbreak 1.12	http://conceitedsoftware.com/iphone/site/112jb.html
für Windows ggf. Java	www.java.com/de/download/
Jailbreak-Software	http://conceitedsoftware.com/iphone/site/112jb.html

Sind sämtliche Downloads abgeschlossen, kann es losgehen.

Manchmal notwendig: iPhone mit DFU Mode wiederherstellen

Manchmal ist es notwendig, das iPhone wieder in seinen Auslieferungszustand zu befördern. Gerade wenn das Gerät mit einer zu frischen Firmware ausgestattet ist, muss zunächst der Auslieferungszustand hergestellt werden, damit es sich anschließend überhaupt mit einer älteren Firmwareversion »downgraden« lässt.

ACHTUNG!

Verlust sämtlicher Hacks

Beachten Sie hier, dass das Gerät auf die ursprünglichen Einstellungen zurückgesetzt wird – es verschwinden sämtliche vorgenommenen Hacks, und das iPhone lässt sich möglicherweise nicht mehr für den gewünschten Provider nutzen. Ist das iPhone beispielsweise aus den USA importiert, wird es auf die US-amerikanischen Einstellungen zurückgesetzt. Erst mit dem Entsperren und Jailbreaken des Geräts offenbart es anschließend wieder die gewünschten Funktionen.

Ist einmal eine ältere Firmwareversion erfolgreich auf dem Gerät installiert, ist die Anwendung weiterer Tools ein Kinderspiel. Diese nutzen die »Sicherheitslücken« der »alten« Firmwareversion aus und ermöglichen das Betanken des iPhone mit den gewünschten Anwendungen und dem Einsatz des gewünschten Mobilfunkanbieters.

Um beispielsweise ein frisches iPhone mit Firmwareversion 1.1.2 auf die ältere Version 1.1.1 zu bringen, muss dieses zunächst in den sogenannten DFU Mode gebracht werden. Der DFU Mode (Device Firmware Upgrade) ist ein spezieller Modus, bei dem das Gerät eingeschaltet, aber die Firmware nicht geladen ist und sich somit bearbeiten lässt.

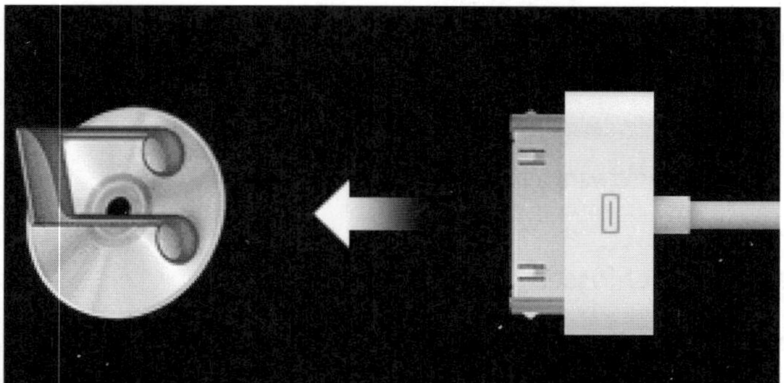

Bild 3.18 Erscheint dieses Symbol auf dem iPhone, starten Sie iTunes.

Hierzu drücken Sie an der Oberseite die Ein-/Aus- und die *Home*-Taste in der Mitte des iPhone so lange, bis das iPhone neu gestartet wird und das Apple-Logo auf dem Display erscheint. Erst dann lassen Sie die Ein-/Ausschalttaste los und halten nur noch die *Home*-Taste gedrückt, bis das *Connect to iTunes*-Symbol auf dem iPhone erscheint. Nun lässt sich die neue Firmware einspielen.

Downgrade auf Firmwareversion 1.1.1

Um die für den Jailbreak-Hack notwendige Firmwareversion 1.1.1 auf das iPhone zu bekommen, nutzen Sie den Firmware-Aktualisierungsmodus von iTunes. Achten Sie zunächst darauf, dass Sie die iTunes-Version 7.5 verwenden – ist dies der Fall, stecken Sie den iPhone am PC bzw. am Mac ein. Ist das iPhone an PC oder Mac angeschlossen, öffnen Sie iTunes, sofern es nicht automatisch gestartet wurde.

HINWEIS!

Stromversorgungsprobleme ausschließen

Wer diesen Vorgang auf einem Notebook oder einem Macbook/Macbook Pro vornimmt, sollte zudem darauf achten, dass das Gerät am Netzteil angeschlossen ist, um etwaige Stromversorgungsprobleme auszuschließen.

Bild 3.19 Ist das iPhone eingesteckt, öffnet sich in der Regel iTunes automatisch und zeigt das Gerät in der Übersichtsseite an.

Anschließend nutzen Sie die Schaltfläche *Wiederherstellen*. Achten Sie darauf, dass Sie beim Klick darauf die [Alt]-Taste (beim Mac) bzw. die [⇧]-Taste (beim Windows-PC) drücken, damit hier anschließend ein *Öffnen*-Dialog erscheint, über den sich die vorher heruntergeladene *ipsw*-Datei mit der Firmwareversion 1.1.1 auswählen lässt.

Bevor es jedoch so weit ist, fragt iTunes zunächst nach, ob die aktuellen Einstellungen gesichert werden sollen oder nicht. Haben Sie bereits eine Komplettsicherung der iPhone-Daten angelegt, braucht dies nicht erneut zu erfolgen. Sicherheitsfetischisten klicken hier auf die Schaltfläche *Sichern* und lassen iTunes die Einstellungen auf die Festplatte sichern.

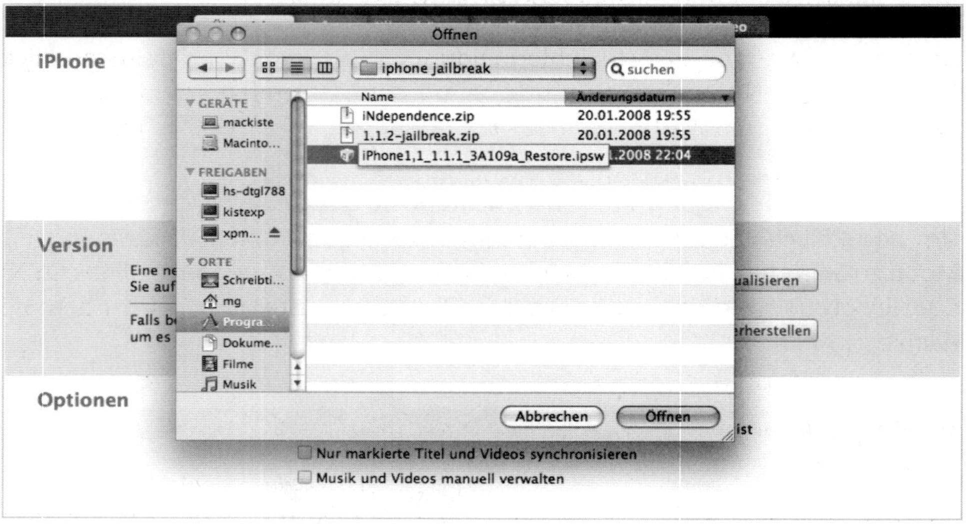

Bild 3.20 Ist die Datei *iPhone1,1_1.1.1_3A109a_Restore.ipsw* markiert, klicken Sie auf die Schaltfläche *Öffnen*.

Anschließend wählen Sie im *Öffnen*-Dialog die heruntergeladene Firmwareversion 1.1.1 aus. Achten Sie hier auf die Dateiendung *.ipsw*. Unter Windows ist gegebenenfalls die Anzeige *Dateityp Alle Dateien *.** auszuwählen.

Ist die Datei *iPhone1,1_1.1.1_3A109a_Restore.ipsw* markiert, klicken Sie auf die Schaltfläche *Öffnen*. Damit beginnt die Wiederherstellung, und alle auf dem iPhone befindlichen Daten werden im nächsten Schritt gelöscht. Die nachfolgenden Schritte erfolgen hier automatisch.

Zunächst wird die Archivdatei *iPhone1,1_1.1.1_3A109a_Restore.ipsw* in ein temporäres Verzeichnis extrahiert. Ist der Wiederherstellen-Vorgang einmal gestartet, sollten Sie die Finger von Maus und Tastatur lassen. Anschließend spielt iTunes die »neue« Firmwareversion auf das iPhone ein. Dieser Vorgang dauert wenige Minuten.

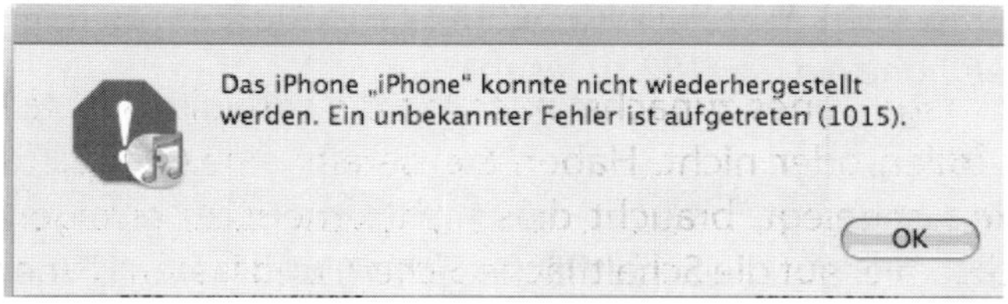

Bild 3.21 Nicht wundern: Erscheint nach der Installation des Downgrades eine Fehlermeldung, sind Sie trotzdem auf dem richtigen Weg: Das iPhone besitzt nun Version 1.1.1.

Nun erscheint oben gezeigte Fehlermeldung: Diese sorgt auf den ersten Blick für aufgestellte Nackenhaare, ist jedoch mit den passenden Werkzeugen, um das iPhone aus dem Wartungsmodus herauszubekommen, kein Problem.

iPhone aktivieren und Jailbreak durchführen

Um das iPhone wieder in Betrieb nehmen zu können und den lästigen DFU Mode zu beenden, benötigen Sie nun das Werkzeug iNdependence (Mac OS X) oder iBrickr (Windows). Lassen Sie das iPhone eingesteckt und beenden Sie iTunes.

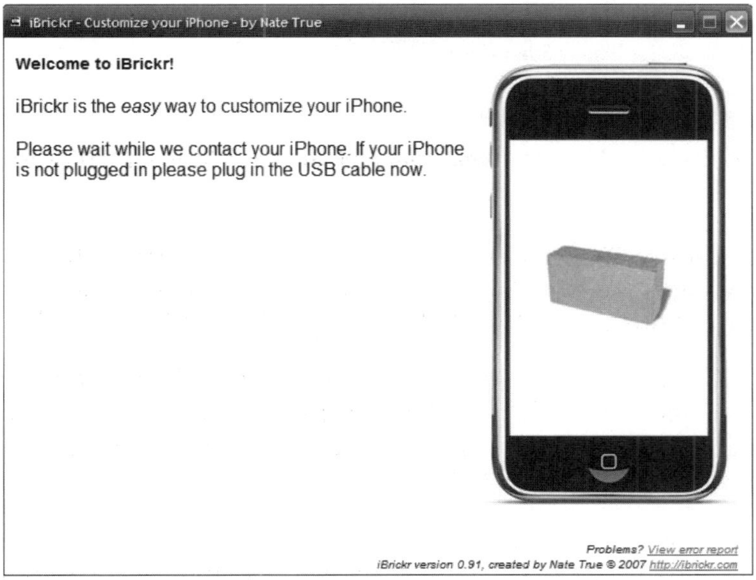

Bild 3.22 Nach dem Start von iBrickr stecken Sie das iPhone ein.

Für den Einsatz von iNdependence unter Mac OS X ist hier eventuell noch ein kleiner Zwischenschritt notwendig. Es wird bei einer älteren Version von iNdependence zusätzlich das MobileDevice 7.4.2 Framework benötigt, das bei Rapidshare (*http://rapidshare.com/files/68410680/MobileDevice_7_4_2.framework.zip.html*) zum Download zur Verfügung steht. Wie Sie iNdependence in diesem Fall feineinstellen, ist auf *www.apfelphone.net/?p=182* zu lesen.

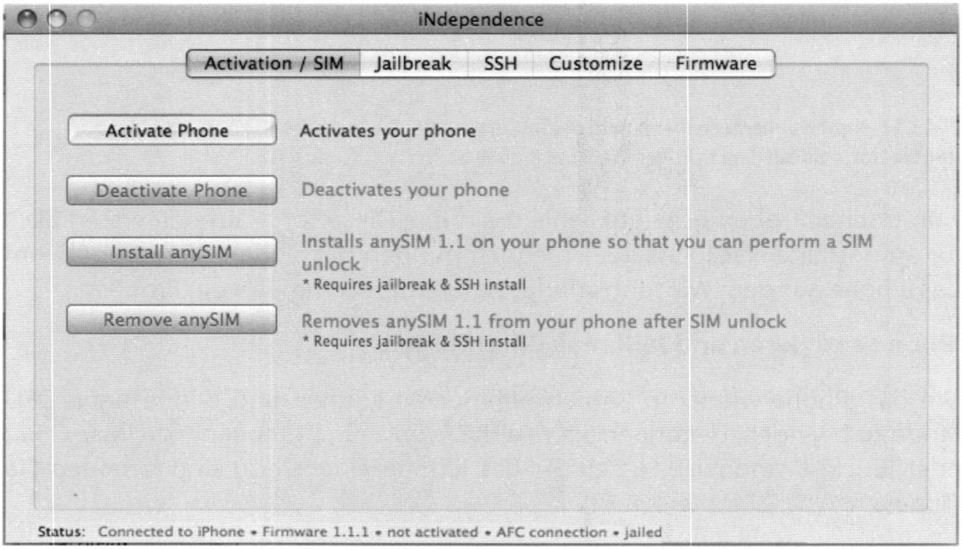

Bild 3.23 Das Schweizer Taschenmesser zum Freischalten des iPhone. Per Klick auf die Schaltfläche *Activate Phone* hebeln Sie die lästige iPhone-Sperre aus.

Vorbereitend entpacken Sie die geladene Archivdatei (vorher in ZIP-Datei umbenennen) der iPhone-Firmware in einen temporären Ordner. Nach dem Klick auf *Activate Phone* fordert iNdependence diesen Ordner der (ausgepackten) Firmware an. Der Aktivierungsprozess läuft anschließend vollautomatisch ab und dauert weniger als fünf Minuten. Ist das iPhone per iBrickr oder iNdependence neu gestartet, erscheint auf dem iPhone der *slide for emergency*-Dialog. Klappt dies nicht auf Anhieb, stecken Sie einfach das iPhone ab und noch mal an den USB-Anschluss an.

Bild 3.24 Nicht wundern: Erscheint nach der Installation des Downgrades eine Fehlermeldung, sind Sie trotzdem auf dem richtigen Weg.

Schieben Sie nun den Regler nach rechts und entsperren Sie das iPhone. Dafür gehen Sie folgendermaßen vor: Wählen Sie auf den Wähltasten die Nummer **#307#* und drücken Sie die *Call*-Anruftaste.

Bild 3.25 Ist die Nummer eingetippt, ruft sich das iPhone selbst an – nehmen Sie das Gespräch nicht an.

Per *Zurück/Back*-Schaltfläche löschen Sie die letzte Eingabe, geben nun *0* ein und drücken abermals die *Call*-Anruftaste. Nun klingelt das iPhone erneut. Dieses »Gespräch« nehmen Sie an und drücken auf die *Hold/Halten*-Schaltfläche.

Nach einem kurzen Moment klingelt das iPhone wieder, und Sie drücken die *Decline/Ablehnen*-Schaltfläche.

Nun öffnen Sie die Kontaktliste unter *All Contacts*. Erzeugen Sie einen neuen Kontakt mit einem Pseudonamen und tragen Sie bei *URL* den Eintrag *prefs://1F* ein. Speichern Sie diesen Eintrag per *Save*-Schaltfläche und wählen Sie anschließend die *Add new URL*-Schaltfläche aus. Dort tragen Sie die URL *http://jailbreakme.com* ein und speichern die Änderungen. Im nächsten Schritt gelangen Sie per Klick auf den ersten Link (*prefs://1F*) in das *Eigenschaften/Preferences*-Menü des iPhone. Dort konfigurieren Sie die WLAN-Verbindung.

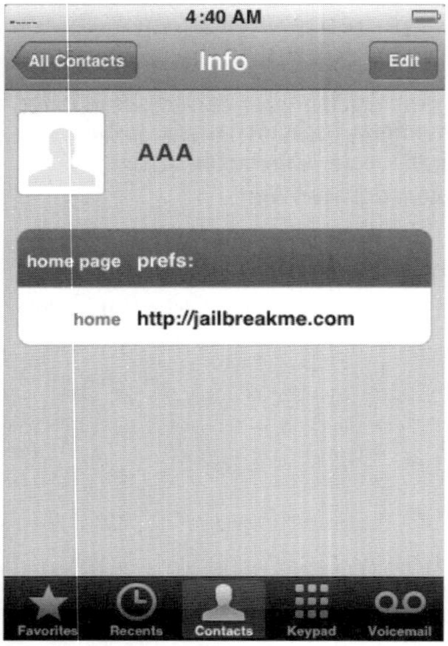

Bild 3.26 Ist die URL *http://jailbreakme.com* eingetragen, fahren Sie mit dem Jailbreak fort.

Hat das Eintragen der WLAN-Parameter geklappt und ist mit dem iPhone der WLAN-Zugriff möglich, können Sie mit dem Jailbreaken fortfahren. Die Hacker-Gemeinde stellt dafür speziell angepasste Webseiten zur Verfügung, mit deren Hilfe die iPhone-Sicherheitslücke geöffnet und eine spezielle AppSnapp-Anwendung auf dem iPhone installiert werden kann.

Diese Webseite haben Sie schon unter *Contacts* eingetragen. Sie erreichen die Website über das Telefonbuch. Drücken Sie die *Home*-Taste in der Mitte des iPhone und wählen Sie über das Anruffeld die *0* an. Anschließend nehmen Sie den Anruf wieder an, drücken die *Hold/Halten*-Schaltfläche und anschließend *Decline*, um wieder in das Telefonbuch zu gelangen.

Nun öffnen Sie den zweiten URL-Eintrag (*www.jailbreakme.com*), der sich dank der zuvor eingerichteten WLAN-Verbindung jetzt »öffnen« lässt. Hier öffnet sich jedoch nicht Safari, sondern das iPhone stürzt zunächst scheinbar ab, bis es nach einiger Zeit selbstständig wieder neu startet.

Anschließend befindet sich das iPhone im Schlafmodus. Nach dem Aufwachen entsperren Sie wie gewohnt den Lock-Bildschirm. Nun ist auf dem Display eine weitere Anwendung – der Installer – zu sehen.

Für Firmware-Upgrade 1.1.2: OktoPrep installieren

Ist die Installer-Anwendung installiert, ist die Installation weiterer Anwendungen und Tools ein Kinderspiel. Hinter dem sogenannten Installer verbirgt sich eine mächtige Anwendung, die für die Installation und Deinstallation sämtlicher ThirdParty-, also Nicht-Apple-Programme, zuständig ist. Stellen Sie sicher, dass die WLAN-Verbindung funktioniert, und starten Sie den Installer.

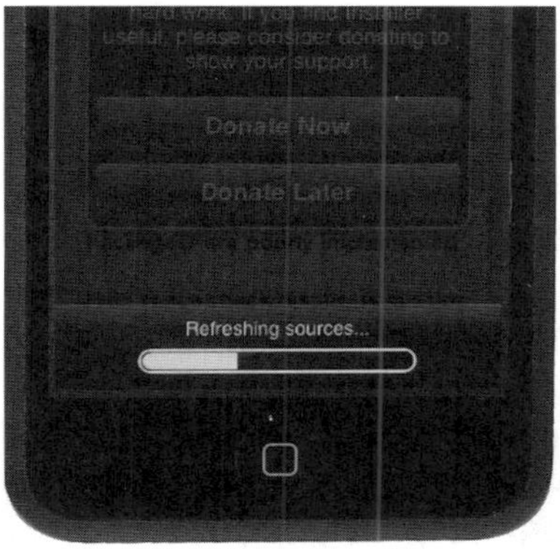

Bild 3.27 Beim erstmaligen Start des Installers werden zunächst sämtliche Quellen aktualisiert.

Ähnlich wie ein Linux-Paketmanager aufgebaut, ist hier die zur Verfügung stehende Software in verschiedene Rubriken eingeteilt. Um das iPhone auf die aktuellere Firmwareversion 1.1.2 zu aktualisieren, installieren Sie die Anwendung OktoPrep.

Ist das iPhone auf Firmwareversion 1.1.2 aktualisiert, können Sie zusätzliche freie Software nutzen, die explizit für Firmwareversion 1.1.2 vorgesehen ist. Wählen Sie im unteren Displaybereich *Install*. Anschließend scrollen Sie mit dem Finger zu dem Ordner *Tweaks 1.1.1*.

Dort sind Erweiterungen für die Modelle mit Firmwareversion 1.1.1 gelistet. Hier ist auch OktoPrep versteckt, gegebenenfalls müssen Sie mit dem Finger etwas herunterscrollen.

Bild 3.28 Gefunden: Markieren Sie *OktoPrep*, um zum Installationsdialog zu gelangen.

Nun öffnet sich ein neuer Dialog, in dem Sie nähere Informationen zum Paketinhalt von OktoPrep erhalten. Wie dort in der Beschreibung zu lesen, sorgt erst OktoPrep dafür, dass das iPhone tatsächlich gejailbreakt wird. Ist das OktoPrep-Paket geöffnet, lässt sich per *Install*-Schaltfläche im rechten oberen Bereich die Anwendung auf dem iPhone installieren. Anschließend erscheint eine Nachfrage dazu, ob das ausgewählte Programm auch wirklich installiert werden soll oder nicht. Per Fingertipp auf *Install* wird die Installation des OktoPrep-Pakets auf dem iPhone gestartet. Nun verdunkelt sich kurz der Bildschirm, um die Erlaubnis für die Installation von OktoPrep einzuholen. Anschließend ist nochmals ein Fingertipp auf die *OK*-Schaltfläche erforderlich – nun wird endlich das OktoPrep-Paket via WLAN-Verbindung auf das iPhone übertragen.

Bild 3.29 Installation erfolgreich. Erscheint diese Bildschirmmeldung, wurde OktoPrep erfolgreich installiert.

Nun sind die Grundvoraussetzungen dafür geschaffen, dass sich das iPhone mit der Firmwareversion 1.1.2 aktualisieren lässt, ohne dass der Jailbreak-Hack entfernt wird.

Via iTunes: Firmware-Upgrade auf Version 1.1.2 einspielen

Wird nun iTunes wieder gestartet, erwartet Sie eine kleine Falle: Ist das iPhone angeschlossen, erscheint bei iTunes ein Dialog, um auf die neueste Firmware zu aktualisieren. Dieser Vorgang ist unbedingt abzubrechen, da hier Version 1.1.3 oder höher eingespielt werden soll. Sie benötigen jedoch das Update auf Version 1.1.2, das manuell installiert werden muss. Spätestens an dieser Stelle laden Sie zunächst passende Firmware herunter und installieren diese über die Schaltfläche *Wiederherstellen*.

Hier achten Sie wie gewohnt darauf, dass Sie beim Klick darauf die [Alt]-Taste (beim Mac) bzw. die [⇧]-Taste (beim Windows-PC) drücken, damit anschließend der *Öffnen*-Dialog erscheint, über den sich die gewünschte *ipsw*-Datei mit der Firmwareversion 1.1.2 auswählen lässt.

Ist die Firmwareversion 1.1.2 installiert, startet das iPhone neu. Nach der erfolgreichen Wiederherstellung erscheint das iPhone erneut in iTunes. Hier ist es wichtig, dass es als neues iPhone eingerichtet wird. Ein eventuell vorhandenes Backup ist hier egal.

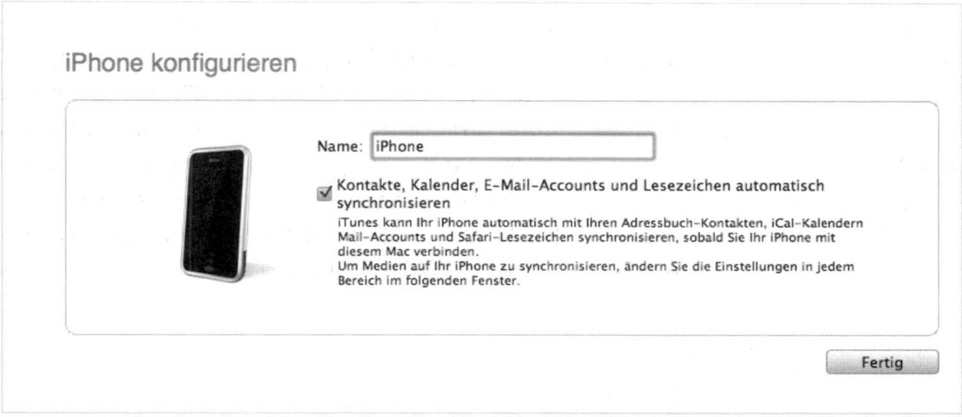

Bild 3.30 Wie frisch nach dem Kauf: Das iPhone wird unter iTunes eingerichtet und benötigt nur seinen persönlichen Namen. Hier können Sie Ihren Wunschnamen eintragen.

Nach dem Eintragen des iPhone-Namens klicken Sie auf die Schaltfläche *Fertig*, die optionale Möglichkeit der Registrierung bei Apple ist nicht notwendig. Anschließend ist das Wiederherstellen des iPhone abgeschlossen. Sie können nun iTunes beenden und das USB-Kabel vom iPhone abziehen.

Nacharbeiten notwendig: Firmwareversion 1.1.2 hacken

Dieser Abschnitt ist mit dem Jailbreaken des iPod touch nahezu identisch: Wundern Sie sich also nicht, wenn hier die gleiche Vorgehensweise beschrieben ist, sind doch beide Geräte in Sachen Technik recht ähnlich. Ist das iPhone erneut gestartet, lassen Sie dieses am PC/Mac angeschlossen – iTunes ist für den nachfolgenden Jailbreak-Vorgang jedoch nicht mehr notwendig.

Unter Mac OS X schließen Sie einfach iTunes über *iTunes beenden* – unter Windows ist neben dem Schließen von iTunes das Abschießen zweier iTunes-Prozesse notwendig. Bevor Sie fortfahren, beenden Sie die Prozesse *iPodService.exe* sowie *iTunesHelper.exe* per Task-Manager.

Hier sollte kein Prozess mehr laufen, der mit iTunes zu hat. Das war es zunächst. Jetzt wird der iPhone-Jailbreak auf das iPhone endgültig durchgeführt. Falls noch nicht geschehen, laden Sie das Java-Programm Jailbreak (1.1.2) von Conceited Software (*http://conceitedsoftware.com/iphone/site/112jb.html*) herunter und entpacken es in ein temporäres Verzeichnis.

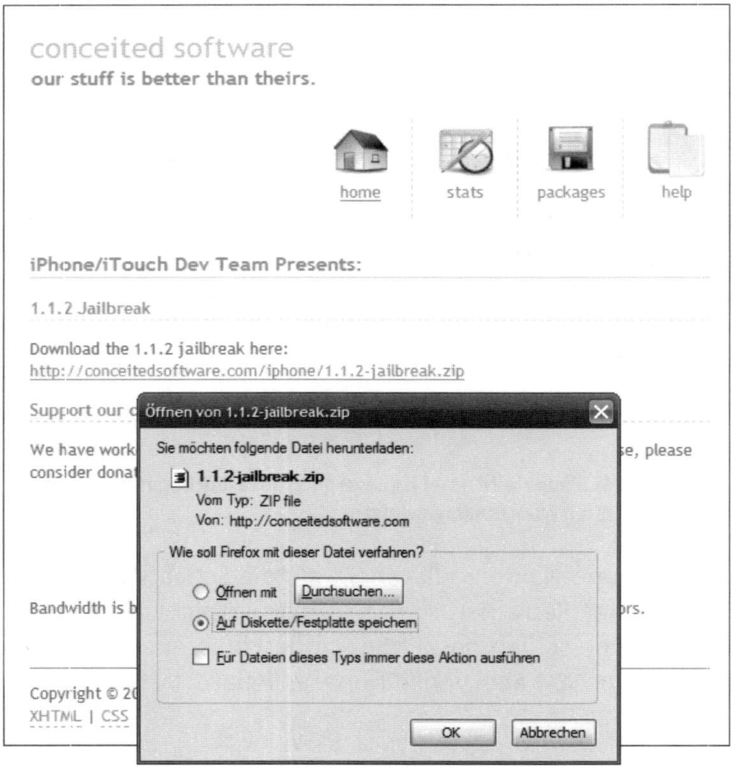

Bild 3.31 Nach dem Herunterladen extrahieren Sie die ZIP-Datei in ein temporäres Verzeichnis.

Egal ob Sie Windows oder Mac OS X einsetzen – hier starten Sie einfach die in diesem Archiv enthaltene JAR-Datei. Für Windows erfolgt dies am einfachsten per Klick auf die Datei *windows.bat* – bei Mac OS X wechseln Sie über den Finder in das temporäre Verzeichnis und wählen dort über den *Öffnen mit*-Dialog den *Jar Launcher* aus.

Bild 3.32 Per Kontextmenü starten Sie den *Jar Launcher*, um die *jailbreak.jar* zu öffnen.

Egal ob Windows Vista oder Windows XP, das Java-Programm wird immer über die mitgelieferte BAT-Datei gestartet.

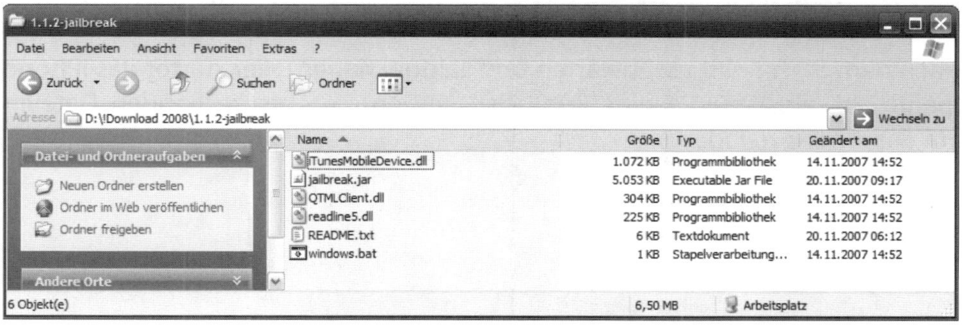

Bild 3.33 Die BAT-Datei macht nichts anderes, als die JAR-Datei über *java -jar jailbreak.jar* zu starten.

Anschließend erscheint der *Jailbreak*-Dialog. Unter Windows wie auch unter Mac OS X sieht dieser gleich aus.

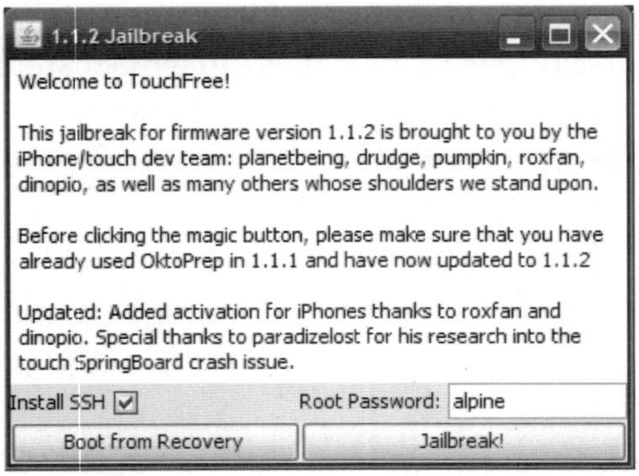

Bild 3.34 Wer SSH nutzen möchte, der setzt das Häkchen bei *Install SSH*. Das *Root Password* lautet standardmäßig *alpine* und kann in diesem Dialog geändert werden.

Der Jailbreak wird nun einfach per Klick auf die Schaltfläche *Jailbreak!* gestartet.

Bild 3.35 Unter Mac OS X: Nach dem Klick auf die Schaltfläche *Jailbreak!* startet der Jailbreak-Prozess.

Nach dem Start heißt es: abwarten und Geduld haben. Hier startet das iPhone mehrmals selbstständig neu. Zunächst werden die entsprechenden Dateien auf das iPhone geladen.

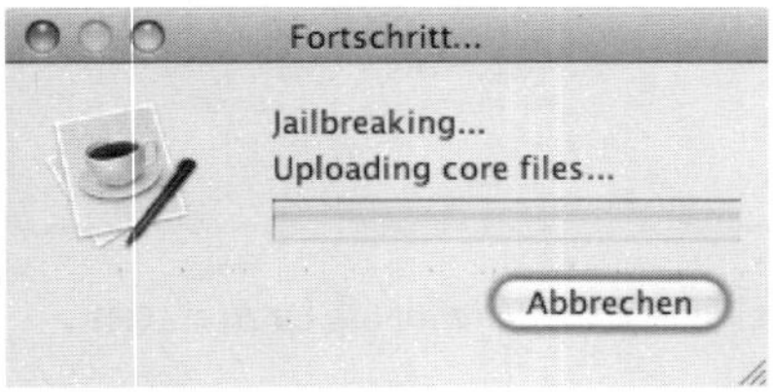

Bild 3.36 Bei jedem Schritt gibt der Jailbreak-Hack darüber Auskunft, was gerade auf dem iPhone passiert.

Anschließend wird das Gerät neu gestartet.

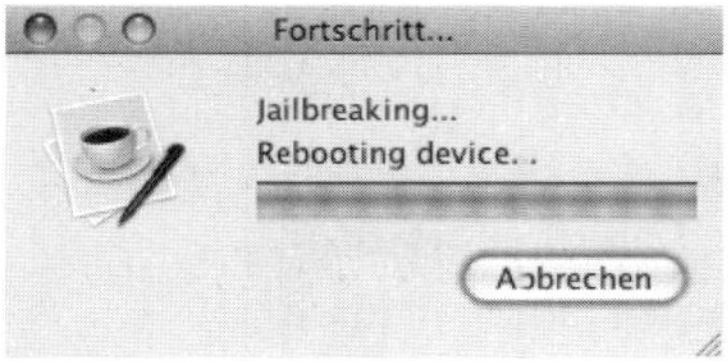

Bild 3.37 Auch hier gilt: Finger weg. Ist der Installationsprozess einmal gestartet, sollte die Erfolgsmeldung abgewartet werden.

Nach rund fünf Minuten ist es endlich so weit: Das Installationsprogramm meldet die erfolgreiche Durchführung des Jailbreak-Hacks. Anschließend wird aller Voraussicht nach das iPhone selbstständig mehrmals rebootet, um die geladene Software zu installieren und zu konfigurieren.

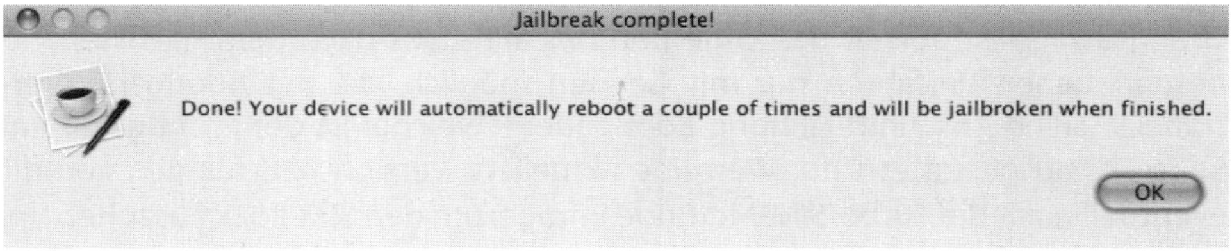

Bild 3.38 Eingriff erfolgreich. Nun startet das iPhone mehrmals neu.

Nach der Installation kann das iPhone vom Kabel getrennt werden. Nach dem Einschalten und Entriegeln sind weitere Anwendungen auf dem iPhone zu finden. Nun können Sie nach Belieben schalten und walten – neben Telefonfunktion und Musik kann das iPhone auch zusätzliche Programme und nützliche Tools aufnehmen, wie im Abschnitt »Software finden und installieren« auf Seite 146 beschrieben.

Freiheit für das iPhone

Das iPhone arbeitet frisch aus der Verpackung nur mit SIM-Karten von Mobilfunkprovidern zusammen, mit denen Apple die entsprechenden Rahmenverträge geschlossen hat. Wer nun kein entsperrtes iPhone aus der österreichischen Penny-Filiale, aus Frankreich oder aus dem kurzzeitig in Deutschland erhältlichen 999-Euro-T-Mobile-Angebot sein Eigen nennt, der muss die lästige Sperre aushebeln. Dies trifft vor allem auf importierte Modelle aus den USA zu, da sonst ziemlich teure Roaming-Gebühren auflaufen könnten.

ACHTUNG!

Garantieverlust droht

Das in diesem Beitrag beschriebene Verfahren ist eine Tuningmaßnahme. Durch den Eingriff kann nicht nur das iPhone zerstört werden, sondern Sie verlieren auf jeden Fall die Garantie. Technisch Ungeübte sollten von diesem Eingriff ausdrücklich die Finger lassen!

Aber wenn Sie auch im Ausland Ihr iPhone mit einer günstigen Prepaid-Karte weiter nutzen möchten, um damit Roaming-Gebühren beim Telefonieren nach Deutschland zu sparen, empfiehlt sich das Aufheben des SIM-Lock.

Grundsätzlich ist derzeit das Entfernen des SIM-Lock nach dem nachstehend beschriebenen Verfahren nur mit Geräten möglich, die mit Bootloader-Version 3.9 (siehe Abschnitt »iPhone-Bootloader – welcher ist der »richtige«?« auf Seite 71) ausgestattet sind. Wer eine aktuellere Version hat, für den kommt eventuell noch die Turbo-SIM-Methode infrage, um den SIM-Lock auszuhebeln.

Außerdem muss das iPhone gejailbreakt sein, damit sich via Installer das Entsperrwerkzeug anySIM installieren und nutzen lässt. Wie der Jailbreak funktioniert und worauf Sie achten müssen, lesen Sie im Abschnitt »iPhone für Drittanwendungen freischalten« auf Seite 82. Damit beim Entfernen des SIM-Lock nichts schiefläuft, stellen Sie sicher, dass das iPhone vollständig geladen ist. Besser noch: Schließen Sie es während diesen Vorgangs an die Stromversorgung an.

SIM-Lock entfernen mit anySIM

Nach dem Entsperren über die Jailbreak-Methode stellen Sie zunächst sicher, dass das BSD-Subsystem installiert ist, was sich über den Eintrag *System* nachrüsten lässt. Wie über den Installer Software installiert wird, wird im Abschnitt »Software finden und installieren« auf Seite 146 beschrieben.

Wählen Sie für die installierte Firmwareversion auf Ihrem iPhone über den Installer die jeweilige *anySIM*-Version aus. Starten Sie die installierte *anySIM*-Version und willigen Sie bei der Installationswarnung ein, damit über *Install* anySIM auf das iPhone übertragen werden kann.

Danach beenden Sie den Installer, legen die gewünschte SIM-Karte (O2, Vodafone etc.) ein und öffnen anschließend anySIM. Nun tippen Sie mit dem Finger auf die *OK*-Schaltfläche und *slide to unlock*. Nach dem Lesen und Akzeptieren der Lizenzvereinbarung scrollen Sie zu *OK, Unlock My Phone*. Nun geht es los – anySIM schaltet im nächsten Schritt das iPhone frei.

Bild 3.39 Zunächst wählen Sie über *All Packages* im Installer das für die iPhone-Firmware passende *anySIM*-Paket aus.

Vorsicht bei Firmware-Updates

Manchmal kritisch – viele Benutzer wollen immer das Neueste haben. Achten Sie bei einem freigeschalteten iPhone darauf, dass die neu einzuspielende Firmwareversion auch wirklich mit dem entsperrten iPhone zurechtkommt. Bügelt iTunes selbstständig die neueste Firmwareversion auf das iPhone, ist nicht nur der Installer, sondern auch der SIM-Lock weg. In diesem Fall hilft ein erneutes Downgrade auf die alte Firmware, um den Jailbreak sowie den SIM-Lock erneut durchführen zu können.

Neue Firmwareversionen im Anmarsch? – Nicht verzagen!

Mit jeder Veröffentlichung einer neuen Firmwareversion kommen neue Funktionen hinzu. Zeitgleich werden etwaige Sicherheitslücken gestopft, die die Anwendung der in diesem Buch beschriebenen Verfahren erschweren oder gar unmöglich machen. Deshalb sollten Sie auch hier etwas Geduld haben und nicht umgehend auf die neueste Firmwareversion aktualisieren – schon gar nicht über iTunes. Es ist empfehlenswert, sich auf den einschlägigen Seiten im Internet zu informieren und Erfahrungsberichte einzuholen.

So liefern inoffizielle Entwicklergruppen wie das iPhone Dev Team (*iphone.fiveforty.net*), aber auch Seiten wie *jailbreakme.com* oder *iphone.nullriver.com* laufend aktuelle Wasserstandsmeldungen darüber, was möglich ist und was nicht.

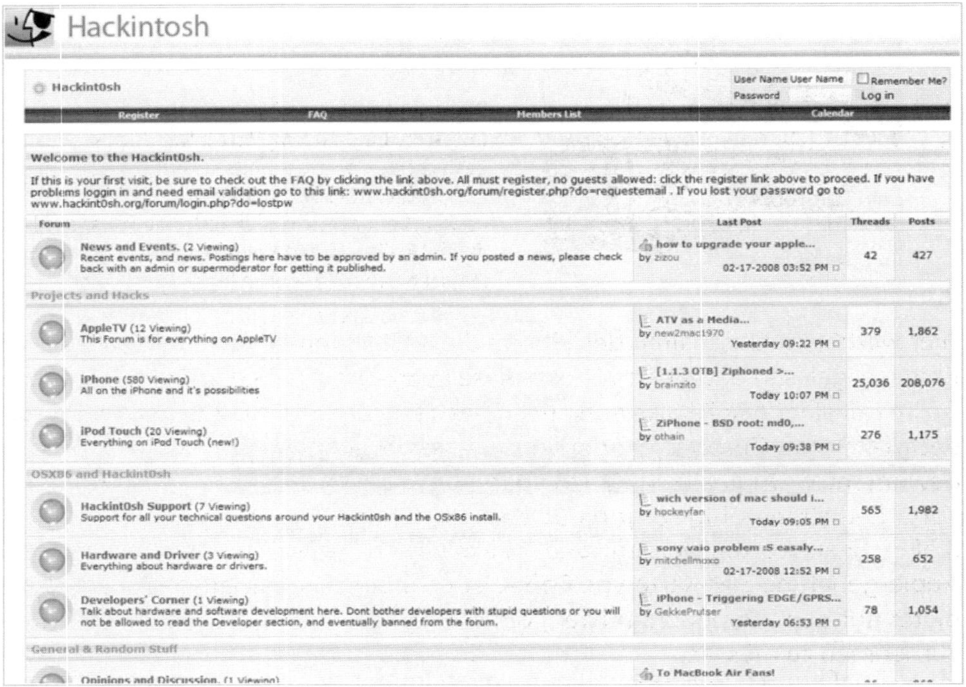

Bild 3.40 Hier sind die aktuellsten Informationen, Gerüchte und Quellen zum Thema iPhone und iPod zu finden (*www.hackint0sh.org*).

Eigentlich veraltet seit der Veröffentlichung der ZiPhone-Methode (siehe Abschnitt »Hack per Klick – All-in-one-Lösung mit ZiPhone«, Seite 72), doch mit einer neuen Firmwareversion kann der Einsatz der nachstehend beschriebenen Lösung doch wieder erfolgversprechend sein, falls Apple mit einer zukünftigen Firmwareversion schwerere Geschütze auffährt und die ZiPhone-Software nicht mehr funktioniert.

NEXT SIM/Turbo-SIM – wenn es nicht anders geht

Diese Methode war bis zur Veröffentlichung von ZiPhone der letzte Rettungsanker für 1.1.2/1.1.3-OTB-iPhone-Modelle, die sich nicht über den traditionellen Weg in Sachen SIM-Lock zur Zusammenarbeit mit einem alternativen Anbieter umbauen ließen. Die Hardwarealternative Turbo-SIM stammt von dem tschechischen Hersteller Bladox (*www.bladox.com*) und ist nichts anderes als ein Aufsatz für die einzulegende SIM-Karte, die den eingebauten SIM-Lock des iPhone nicht entfernt, sondern den originalen simuliert.

Bild 3.41 Hauchdünn: Da die Turbo-SIM-Karte neben der Original-SIM-Karte in das iPhone gesteckt werden muss, muss die Original-SIM-Karte entsprechend beschnitten werden. Im Lieferumfang befindet sich dafür auch eine Schablone, damit Sie die SIM-Karte sauber mit einem Teppichmesser bearbeiten können (*www.bladox.com*).

Hier wird beim Einschalten des iPhone die IMSI-Nummer der eingelegten SIM-Karte ausgelesen und überprüft, ob diese auch eine AT&T- oder T-Mobile-Karte ist. Im Fall einer AT&T-Karte entspricht dies der 08390114X0XXXXXXXX im Hexadezimalformat. Turbo-SIM oder Alternativen wie NEXT SIM werden mit der gewünschten Original-SIM-Karte in das iPhone gesteckt. Der auf der Turbo-SIM-Karte enthaltene Chip sorgt dafür, dass die iPhone-IMSI-Anfragen auch AT&T-mäßig beantwortet werden, und gaukelt dem iPhone somit eine Original-Apple-genehme SIM-Karte vor. Damit ist es möglich, alternative Mobilfunkanbieter auf dem iPhone zu nutzen, ohne einen Eingriff in die iPhone-Software vornehmen zu müssen.

Bild 3.42 Die Turbo-SIM-Karte kostet rund 40 Euro, die NEXT SIM-Karte ist bei eBay schon für 29 Euro erhältlich.

Prinzipiell ist es egal, für welche Lösung Sie sich entscheiden. Während die NEXT SIM- wie auch die Turbo-SIM-Lösung den Betrieb von alternativen Mobilfunkanbietern möglich macht, ist die NEXT SIM-Karte auf US-amerikanische iPhones beschränkt. Die etwas teurere Turbo-SIM-Lösung lässt sich hingegen auch mit europäischen OTB-iPhones verwenden und ist darüber hinaus updatefähig. Kommt also in naher Zukunft eine neue Version der iPhone-Firmware, muss eventuell mit der NEXT SIM-Lösung auf das Firmware-Update verzichtet werden.

3.5 Virginize it – Auslieferungszustand wiederherstellen

iPhone 1G

Achtung: Das in diesem Beitrag beschriebene Verfahren ist im Rahmen dieses Buchs nur für iPhone-Modelle mit der Bootloader-Version 3.9 erfolgreich geprüft worden. Ist eine aktuellere Version auf dem iPhone installiert, sollten Sie von diesem Eingriff ausdrücklich die Finger lassen!

Zwischen einem gewöhnlichen Wiederherstellungsvorgang (Restore) und dem sogenannten Virginizing besteht ein kleiner, aber feiner Unterschied: Während beim Restore-Vorgang die Firmware über iTunes auf den ursprünglichen Zustand gebracht wird und dabei lediglich die Daten und Einstellungen, nicht aber die Modem-Firmware sowie der Bootloader aktualisiert werden, wird beim Virginizing auch die Modem-Firmware neu geschrieben. Aus diesem Grund sollten Anwender, die das iPhone von Firmwareversion 1.0.2 auf 1.1.1 oder von Version 1.1.1 auf 1.1.2 aktualisieren möchten, das iPhone zunächst – wie der Name schon sagt – in den »jungfräulichen« Auslieferungszustand bringen.

anySIM im Einsatz? – SIM-Lock reaktivieren

Wer das iPhone mit anySIM bereits entsperrt hat, muss ebenfalls bei einem Firmwarewechsel vorher »virginizen«. Hier ist es nicht nur ratsam, sondern zwingend erforderlich, den SIM-Lock zunächst erneut zu aktivieren und erst nach dem Firmware-Update wieder via anySIM abzuschalten, da sonst der Fall auftreten kann, dass das iPhone anschließend nur noch als iPod touch verwendbar ist.

Bild 3.43 Die installierten Firmwareversionen des iPhone sowie des Modems lassen sich über *Einstellungen/Allgemein/Info* bzw. bei einem englischen Menü über *Settings/General/About* herausfinden.

Um die SIM-Sperre wieder zu aktivieren, nutzen Sie Tools wie Baseband Downgrader oder The Virginizer, die über den Installer verfügbar sind. Falls nicht, fügen Sie im Bereich *Sources* die Quelle *i.unlock.no* hinzu, was anschließend für den neuen Eintrag *Unlocking Tools* sorgt.

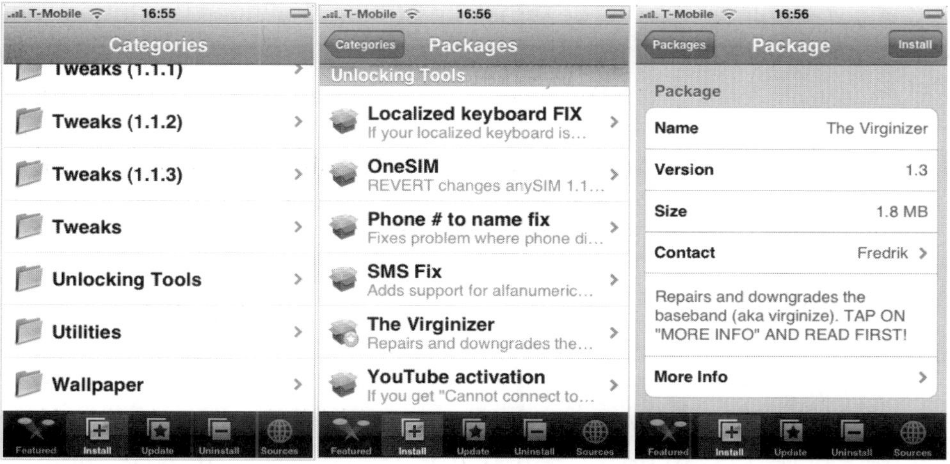

Bild 3.44 Über den Installer wählen Sie den zur jeweiligen Modem-Firmware passenden Baseband Downgrader oder The Virginizer aus.

Bevor Sie eines der beiden Tools installieren und »scharf« machen, lesen Sie über den Installer die *More Info*-Beschreibung des Pakets, falls Sie nicht genau wissen, welches Werkzeug für welchen Zweck das richtige ist.

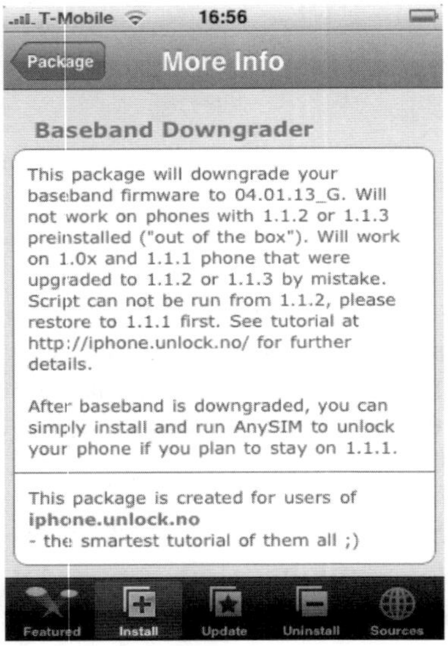

Bild 3.45 Laut Beschreibung sollte das *Baseband Downgrader*-Werkzeug nur mit iPhone-Modellen mit Original-Firmware 1.0.X und 1.1.1 eingesetzt werden.

Anschließend kann das iPhone zurückgesetzt werden. Wer dann ein Firmware-Upgrade vornehmen möchte, der erhält im Abschnitt »iPhone für Drittanwendungen freischalten« auf Seite 82 die notwendigen Informationen zu diesem Thema.

Blinken und dauerbooten – DFU Mode hilft

Im Rahmen der Tests für dieses Buch kam es auch vor, dass das iPhone nach dem Neustart dauernd blinkte und sich in einer Bootschleife befand. Dieses Problem wurde per manueller Wiederherstellung über den DFU-Modus behoben.

Um in den DFU-Modus zu gelangen, wird das iPhone an den Mac bzw. PC angeschlossen und iTunes geöffnet. Anschließend hilft das gleichzeitige Drücken der Ein-/Ausschalttaste sowie der *Menü*-Taste, bis sich das iPhone neu startet. Hier warten Sie rund 10 bis 15 Sekunden, lassen dann die Ein-/Ausschalttaste los und warten, bis iTunes das iPhone im Wiederherstellungsmodus erkennt.

Manchmal muss dieser Kniff mehrmals wiederholt werden, bis das iPhone über iNdependence oder iBrickr bzw. *jailbreak.jar* aus dem Wiederherstellungsmodus gebracht werden kann.

Ist der iPod oder das iPhone »verkonfiguriert« und helfen Werkzeuge wie iNdependence oder iBrickr nicht mehr, um iPod oder iPhone neues Leben einzuhauchen, lässt sich das Gerät mit iPhuc sowohl unter Windows als auch unter Mac OS X noch retten.

3.6 Nummernspiele am iPhone – GSM-Codes aufgedeckt

iPhone 1G

Als GSM-Codes (Global System for Mobile Communication) werden einheitliche Steuercodes für PIN/PUK, Rufumleitungen, Sperren etc. bezeichnet. Diese GSM-Codes sind weltweit gültig und werden von sämtlichen Mobilfunkbetreibern unterstützt. Daneben existieren noch sogenannte USSD-Codes (Unstructured Supplementary Service Data Codes) als Steuercodes für bestimmte Funktionen, die zudem großteils netzanbieterspezifisch sind.

Die verwendeten USSD-Codes und deren Nutzen legen die Netzbetreiber individuell fest, sie lassen sich manchmal, falls die Roamingverträge entsprechend formuliert sind, aber auch im Ausland nutzen. Egal ob GSM- oder USSD-Code: Auch das Telefoniemodul des iPhone lässt sich mit solchen Codes steuern, zudem hat es noch weitere versteckte Funktionen und Informationen, die sich per Steuercode anzeigen lassen.

Nummer bitte: Abfrage der eigenen Rufnummer

Die meisten Steuercodes lassen sich nicht nur beim iPhone, sondern auch bei einem »normalen« Handy, beispielsweise von Sony Ericsson, Motorola, Nokia, Samsung und anderen Herstellern, nutzen. Wer gern seine eigene Telefonnummer vergisst, kann diese einfach abfragen.

Eingabe	Bemerkung
*135#[ANRUF]	Eigene Rufnummer abfragen

Nach Eingabe des Steuercodes drücken Sie die Anruftaste – also diejenige, die nach Eingabe der Telefonnummer für den Wählvorgang verwendet wird.

Bild 3.46 Wird beim iPhone die grüne Anruftaste gedrückt, erscheint die Telefonnummer der SIM-Karte.

Ist die Telefonnummer bekannt, lässt sich diese bei einem Anruf ein- und ausschalten, ohne die Nummer jeweils kompliziert über die Einstellungen des Telefons konfigurieren zu müssen. Für diesen Fall, aber auch für die manchmal lästige Anklopffunktion stehen passende Steuercodes zur Verfügung.

Ist da wer? – Anklopfen und Rufnummernanzeige

Gerade im Geschäftsumfeld sind Konferenzen nichts Ungewöhnliches mehr – mit einem passenden Steuercode holen Sie sich die passenden Informationen. Mit dem Steuercode **#43#* zeigt das iPhone beispielsweise den aktuell konfigurierten Status für die Anklopffunktion an.

Eingabe	Bemerkung
*#43#[ANRUF]	Statusabfrage für Anklopfen
*43#[ANRUF]	Anklopfen einschalten
#43#[ANRUF]	Anklopfen ausschalten
*#30#[ANRUF]	Statusabfrage für ankommende Rufnummernanzeige (CLIP)
*#31#[ANRUF]	Statusabfrage für abgehende Rufnummernanzeige (CLIP)
*31#[ANRUF]	Rufnummer für diesen Anruf übertragen
#31#[ANRUF]	Rufnummer für diesen Anruf unterdrücken

Möchte man schnell mal jemanden anrufen, ohne beim Anruf seine Handynummer zu hinterlassen, kann man einen passenden Steuercode verwenden. Jedoch: Wer jetzt bei seiner Schwiegermutter anruft und böse Wünsche hinterlässt, der sei gewarnt: Dieser Steuercode unterdrückt die Anzeige beim angerufenen Endteilnehmer – für die Telefongesellschaft sowie für Strafverfolgungsbehörden ist sie nach wie vor sichtbar.

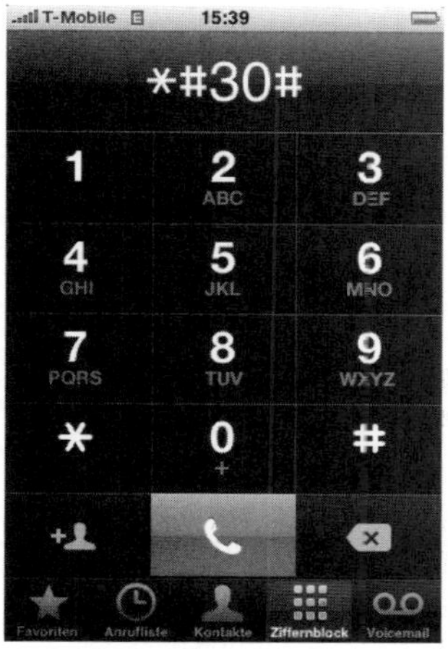

Bild 3.47 Der Steuercode **#30#* prüft, ob die Anruferidentifizierung (Clipfunktion) im iPhone aktiviert ist oder nicht.

Zudem wirkt der Steuercode nur für den nächsten, sprich aktuellen, Anruf. Grundsätzlich gelten die Einstellungen im iPhone, die dort für die Rufnummernübermittlung konfiguriert sind. Wer also die Rufnummernübermittlung dauerhaft abschalten möchte, muss dies in den Einstellungen tun.

Kein Anschluss unter dieser Nummer – Rufumleitung einschalten

Die Rufumleitung, auch Call Forwarding (CF) genannt, leitet einen eingehenden Anruf an eine zuvor konfigurierte Telefonnummer weiter. Das ist beispielsweise sinnvoll, wenn Sie die auf dem iPhone ankommenden Gespräche an einem anderen Telefon entgegennehmen möchten.

Bild 3.48 In diesem Beispiel werden sämtliche Anrufe an die Telefonnummer *04012345* weitergeleitet.

Achten Sie darauf, dass dafür zusätzliche Kosten entstehen können. Wer jedoch seiner Sache sicher ist, der kann hier die Rufumleitung mit Steuercodes nach seinen Wünschen einrichten.

Eingabe	Bemerkung
**21*Rufnummer#[ANRUF]	Rufumleitung: Automatisch setzen
**61*Rufnummer#[ANRUF]	Rufumleitung: Nichtentgegennahme setzen (Standard 15 s)
**62*Rufnummer#[ANRUF]	Rufumleitung: Nichterreichbarkeit setzen
**67*Rufnummer#[ANRUF]	Rufumleitung: Besetzt setzen
**67*Rufnummer*11#[ANRUF]	Rufumleitung für Telefonie aktivieren
**67*Rufnummer*13#[ANRUF]	Rufumleitung für Faxdienst aktivieren
**67*Rufnummer*20#[ANRUF]	Rufumleitung für Datendienst aktivieren
**002*Rufnummer#[ANRUF]	Gleichzeitiges Aktivieren aller Rufumleitungen; netz-/geräteabhängig.
**004*Rufnummer#[ANRUF]	Gleichzeitiges Aktivieren aller bedingten Rufumleitungen; netz-/geräteabhängig
*21#[ANRUF]	Einschalten bereits prog. Rufumleitung: Automatisch zur letzten Rufnummer
*61#[ANRUF]	Einschalten bereits prog. Rufumleitung: Nichtentgegennahme zur letzten Rufnummer
*62#[ANRUF]	Einschalten bereits prog. Rufumleitung: Nichterreichbar zur letzten Rufnummer
*67#[ANRUF]	Einschalten bereits prog. Rufumleitung: Besetzt zur letzten Rufnummer
*004#[ANRUF]	Einschalten aller prog. bedingten Rufumleitungen zur letzten Rufnummer; geräteabhängig
#21#[ANRUF]	Ausschalten einer bereits programmierten Rufumleitung: Automatisch
#61#[ANRUF]	Ausschalten einer bereits programmierten Rufumleitung: Nichtentgegennahme
#62#[ANRUF]	Ausschalten einer bereits programmierten Rufumleitung: Nicht erreichbar
#67#[ANRUF]	Ausschalten einer bereits programmierten Rufumleitung: Besetzt
#004#[ANRUF]	Ausschalten aller bedingten Rufumleitungen; geräteabhängig
*#...#[ANRUF]	Statusabfragen für Rufumleitung (Beispiel: Statusabfrage Besetzt *#67# [ANRUF])

Eingabe	Bemerkung
##21#[ANRUF]	Rufumleitung: Automatisch deaktivieren
##61#[ANRUF]	Rufumleitung: Nichtentgegennahme deaktivieren
##62#[ANRUF]	Rufumleitung: Nicht erreichbar deaktivieren
##67#[ANRUF]	Rufumleitung: Besetzt deaktivieren
##002#[ANRUF]	Gleichzeitiges Löschen aller Rufumleitungen
##004#[ANRUF]	Gleichzeitiges Löschen aller bedingten Rufumleitungen

Doch nicht nur Anrufweiterleitung, Anklopffunktion und Rufnummernanzeige lassen sich via Steuercode beeinflussen, sondern es lassen sich mit einem geheimen Steuercode weitere technische Informationen mithilfe des iPhone herausfinden.

Hinter den Verbindungskulissen – Fieldtest starten

In der Praxis für den Normalanwender nutzlos, für verspielte Zeitgenossen jedoch einen Blick wert: Der im iPhone eingebaute Fieldtest wirft nach der Eingabe des Steuercodes **3001#12345#** und dem Drücken der grünen Anruftaste zahlreiche Systeminformationen des iPhone und des Netzbetreibers aus.

Bild 3.49 Steuercode eintippen und die grüne Anruftaste drücken.

Anschließend erscheint ein Übersichtsdialog. Von dort kann in die Untermenüs navigiert werden, in denen Informationen wie Firmwareversion, GPRS-/PDP-Informationen samt Cell-ID und Location-ID ausgelesen werden können.

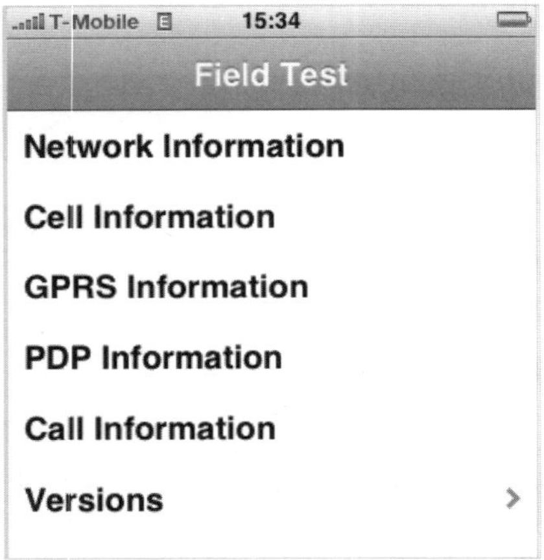

Bild 3.50 Für Netzwerkenthusiasten: In diesem Dialog erhalten Sie weitere Informationen über das aktuelle GSM-Netz.

So lässt sich beispielsweise per Auswahl von *Versions* die sogenannte Baseband-Firmwareversion herausfinden.

Bild 3.51 *Firmware version 04.02.13_G*: Diese Information ist gerade für jene, die das iPhone für »Fremdanbieter« nutzen möchten, wichtig.

So entspricht Baseband 03.14.08_G der iPhone-Firmware 1.02, Baseband 04.01.13_G der iPhone-Firmware 1.1.1 und Baseband 04.02.13_G der iPhone-Firmware 1.1.2. Die im Januar 2008 veröffentlichte Version 1.1.3 ist als Baseband 04.03.13_G gekennzeichnet.

Voicemail einrichten mit Steuercode

Jeder Anbieter hat in jedem Land eine andere Voicemail-Nummer – für T-Mobile ist dies beispielsweise die 3311, für E-Plus die 9911, für Vodafone die 5500 und für O2 die 333.

Im Ausland sind diese wieder ganz anders – beispielsweise hat in Österreich A1 die Nummer 66477. In der Schweiz verwendet man für Sunrise/Orange den Steuercode *5005*86*YYY# und für Swisscom den Steuercode *5005*86*+4186YYY (YYY entspricht jeweils der Handynummer). Erkundigen Sie sich zunächst bei Ihrem Anbieter, wie die Voicemail-Nummer lautet.

Bild 3.52 Zunächst geben Sie den gewünschten Steuercode ein. Ist die Voicemail-Nummer aktiv, können Sie über die Schaltfläche *Voicemail* (rechts unten im Bild) Ihre Voicemailbox anrufen und gegebenenfalls konfigurieren.

Geben Sie den Steuercode **5005*86*xxx#* ein. Hier steht das *xxx* für die entsprechende Voicemail-Nummer – für T-Mobile ist das beispielsweise *5005*86*3311#.

Danach drücken Sie die grüne Anruftaste, damit der Code gespeichert wird. Jetzt ist diese Einstellung dauerhaft im iPhone gespeichert. Durch das Antippen der Voicemail-Funktion werden Sie nun automatisch mit dem Voicemail-Service verbunden.

Zugriff auf die SIM-Karte – PIN/PUK ändern

Die vierstellige PIN (Personal Identification Number) schützt die im iPhone eingelegte SIM-Karte vor unbefugtem Zugriff. Wer einen Handyvertrag frisch abgeschlossen hat und eine neue SIM-Karte erstmalig nutzt, der bekommt auch eine neue PIN.

Möchte man seine Lieblings-PIN weiter nutzen, kann man dies natürlich tun. Voraussetzung dafür ist die Eingabe der »alten«, aktuellen PIN, um die SIM-Karte mit der neuen PIN zu aktivieren. Die Änderung der PIN kann über das iPhone vorgenommen werden, wer es schneller mag, der verwendet einfach den nachstehenden Steuercode:

Eingabe	Bemerkung
**04*[altePIN]*[neuePIN]*[neuePIN]#	PIN ändern
**042*[altePIN2]*[neuePIN2]*[neuePIN2]#	PIN2 ändern

Wie die PIN, so lässt sich auch die PUK-(Personal Unblocking Key-)Nummer, die umgangssprachlich auch Super- oder Master-PIN genannt wird, einfach per Steuercode ändern:

Eingabe	Bemerkung
**05*[altePUK]*[neuePIN]*[neuePIN]#	Gesperrte PIN mit PUK entsperren
**052*[altePUK2]*[neuePIN2]*[neuePIN2]#	Gesperrte PIN2 mit PUK2 entsperren oder PIN2 aktivieren

Grundsätzlich dient die PUK dem Entsperren der SIM-Karte, falls beispielsweise der PIN-Code mehr als dreimal falsch eingegeben wurde.

IMEI-Nummer des iPhone herausfinden

Manchmal ist es praktisch, die IMEI-Nummer (International Mobile Equipment Identity) des iPhone zu kennen. Die IMEI-Nummer ist quasi eine 15-stellige Seriennummer, anhand deren das Gerät identifiziert werden kann, wenn es sich in ein Mobilfunknetz einbucht.

Eingabe	Bemerkung
*#06#	IMEI des Geräts anzeigen

Grundsätzlich sollten Sie sich die IMEI-Nummer zu Hause notieren: Falls das iPhone mal gestohlen wird, lässt es sich mithilfe der IMEI-Nummer beim Netzbetreiber sperren, der die IMEI-Nummer in eine »schwarze Liste« von gestohlenen Mobiltelefonen einpflegt. Ist dies erfolgt, lässt sich das Gerät nicht mehr mit einer anderen SIM-Karte nutzen – so die graue Theorie. In der Praxis lässt sich die IMEI-Nummer jedoch ändern, deshalb sollte man diesem Sperrverfahren nicht allzu viel Vertrauen entgegenbringen.

Eine Telefonnummer – mehrere SIM-Karten im Einsatz

Abhängig vom Handyprovider gibt es noch weitere praktische Steuercodes, gerade bei T-Mobile die Steuerung der sogenannten MultiSIM. Wer mehrere Handys im Einsatz hat – beispielsweise neben dem iPhone noch ein Autotelefon, der nutzt die MultiSIM-Funktion. Damit lässt sich festlegen, mit welcher SIM-Karte SMS- und MMS-Funktionen genutzt werden soll.

Eingabe	Bemerkung
*222#[ANRUF]	Code, der auf dem Handy eingegeben werden muss, auf dem SMS und MMS empfangen und gesendet werden sollen
*221#[ANRUF]	Code für die Statusabfrage »aktiv oder inaktiv«

Setzen Sie den Steuercode *222# mit der grünen Anruftaste über das iPhone ab, kommen zukünftig sämtliche SMS und MMS auf dem iPhone an. Um dies auf einem anderen Handy mit einer zweiten SIM-Karte (aber gleicher Rufnummer) einzurichten, verwenden Sie dort ebenfalls den gleichen Steuercode.

3.7 iPod touch freischalten

iPod touch

Im Jahr 2007 war das iPhone die Erfindung des Jahres. Wer jedoch bereits ein modernes Handy besitzt und die Telefoniefunktionen des iPhone nicht benötigt, für den ist der iPod touch die Alternative aus dem Hause Apple. Die Bedienung erfolgt über das Touchdisplay ebenso intuitiv wie beim iPhone. Hier steuern Sie Ihre Musik, Ihre Fotos und Videos mit dem Finger, und dank der integrierten WLAN-Antenne lässt sich mit dem Mini-Safari-Browser im Internet surfen.

Doch um den iPod touch wohl aus politischen Gründen mehr vom iPhone abzugrenzen, fehlt diesem ein Mailprogramm oder auch das praktische Google Maps, mit dem sich nicht nur der Stadt- und Umgebungsplan, sondern auch eine Routenplaner-Funktionalität auf den iPod touch bringen lässt.

Mit einem kostenpflichtigen Update ist dies seit Firmwareversion 1.1.3 möglich. Es gibt jedoch auch Auswege, um diese Beschränkungen auszuhebeln. Dazu wird es im Laufe des Jahres 2008 von Apple das im Jahr 2007 angekündigte SDK für Softwareentwickler für iPhone und iPod touch geben. Damit wird es möglich sein, eigene Programme für beide Geräte zu entwickeln.

Jailbreak für den iPod touch – der Hintergrund

Wer schon jetzt den iPod touch von der lästigen Kastration befreien möchte, kann eine in Insiderkreisen bekannte Sicherheitslücke des iPod touch nutzen, um nicht nur Apple-eigene Programme, sondern auch praktische Fremdanwendungen (Homebrew) hinzuzufügen und zu nutzen. Die Durchführung selbst ist dank diverser Hacker-Seiten im Internet prinzipiell auch für ungeübte Anwender machbar.

Doch aufgrund der teilweise mangelnden Qualität und Masse der entsprechenden Seiten ist es für viele trotzdem ein Wagnis und ein Glücksspiel. Zudem sind viele Quellen in englischer Sprache verfasst und manchmal missverständlich. Ist der iPod touch von seinen Apple-Fesseln befreit, stehen zusätzlich zahlreiche Anwendungen bereit. Wie Sie den iPod touch für solche Anwendungen freischalten können, lesen Sie auf den nächsten Seiten.

ACHTUNG!

Garantieverlust droht

Das in diesem Beitrag beschriebene Verfahren ist eine Tuningmaßnahme. Durch den Eingriff kann nicht nur der iPod zerstört werden, sondern Sie verlieren auf jeden Fall die Garantie. Technisch Ungeübte sollten von diesem Eingriff ausdrücklich die Finger lassen!

iPod touch-Jailbreak – Möglichkeiten und Voraussetzungen

Die nachfolgend beschriebene Anleitung nutzt eine Sicherheitslücke des iPod touch aus, die von Apple mit der Firmwareversion 1.1.2 behoben wird. Wer einen iPod touch mit Firmwareversion 1.1.2 oder höher sein Eigen nennt, muss deshalb zunächst ein Firmware-Downgrade auf Firmwareversion 1.1.1 durchführen, um die notwendige Installer-Anwendung auf den iPod touch zu übertragen. Ist dies geschehen, lässt sich der iPod touch mit den gewünschten Anwendungen aus der Homebrew-Szene aber prinzipiell auch mit den Apple-eigenen iPhone-Anwendungen wie Mail, Google Maps etc. nachrüsten. Zunächst überprüfen Sie deshalb, welche Firmwareversion sich auf dem iPod touch befindet.

Bei »älteren« Geräten ist statt der notwendigen Firmwareversion 1.1.1 noch Version 1.1 installiert, auch hier muss der iPod touch auf Version 1.1.1 aktualisiert werden. Dies ist auch für modernere Modelle mit Version 1.1.2 notwendig. Nach Durchführung des Hacks kann der iPod touch problemlos wieder auf die aktuellere Firmwareversion 1.1.2 aufgerüstet werden, die Homebrew-Funktionalität bleibt hierbei erhalten.

Bild 3.53 Ist der iPod touch eingeschaltet, prüfen Sie über *Einstellungen/Allgemein/Info* die Firmwareversion. In diesem Fall ist die Version 1.1 installiert, ein Upgrade auf Version 1.1.1 ist notwendig, um den Hack durchführen zu können.

Bild 3.54 Nicht 1.1.2 oder 1.1: Für das Einspielen des Firmware-Hacks wird zwingend die Firmwareversion 1.1.1 auf dem iPod touch benötigt.

Kommt der iPod touch mit einer aktuelleren Firmwareversion als 1.1.2, heißt es zunächst, etwas zu warten und die einschlägigen Foren zu beobachten, ob dieser Eingriff auch funktioniert. Es ist eine Frage der Zeit, bis die Szene eine Möglichkeit zur Verfügung stellt, die eine Sicherheitslücke ausnutzt. Es ist jedoch anzunehmen, dass das beschriebene Firmware-Downgrade auch mit den zukünftigen Firmwareversionen funktioniert, da es sich bei der Firmwareversion 1.1.1 um ein offizielles iPod-Update von Apple handelt.

iTunes und Werkzeuge besorgen

Eine weitere Voraussetzung neben der iPod-Firmwareversion 1.1.1 ist die iTunes-Version 7.5. Zusätzlich benötigen Windows-Nutzer noch das Java-Paket von Sun Microsystems, um JAR-Dateien auf dem PC ausführen zu können. Die Java-Funktionalität ist unter Mac OS X bereits eingebaut – nur iTunes muss auf dem aktuellen Stand sein.

Beschreibung	Quelle
iTunes 7.5	http://appldnld.apple.com.edgesuite.net/content.info.apple.com/iTunes7/Win/061-3902.20071105.G6edS/iTunes75Setup.exe
iPod-Update Version 1.1.1	http://appldnld.apple.com.edgesuite.net/content.info.apple.com/iPod/SBML/osx/bundles/061-3932.20070927.p23dD/iPod1,1_1.1.1_3A110a_Restore.ipsw
für Windows ggf. Java	www.java.com/de/download/
Jailbreak-Software	http://conceitedsoftware.com/iphone/site/112jb.html

Abhängig davon, unter welchem Betriebssystem der Hack durchgeführt wird, können kleinere Stolpersteine auftreten. Unter Windows ist die Installation von Java zwar schnell erledigt, die Ausführung von Java-Programmen ist oftmals jedoch nicht auf Anhieb möglich. In nahezu sämtlichen Fällen liegt es hier an dem fehlenden Java-Eintrag in der *PATH*-Variablen, die gegebenenfalls ergänzt werden muss. Um das zu überprüfen, öffnen Sie unter Windows mit *Start/Ausführen/cmd* ein Konsolenfenster und geben dort den Befehl *java -version* ein.

Unter Mac OS X scheitert es in der Regel daran, dass beim Herunterladen der rund 150 MByte großen Firmwaredatei via Safari der Schalter *»Sichere« Dateien nach dem Laden öffnen* eingeschaltet ist. Wer unter Mac OS X keinen alternativen Browser wie Firefox nutzt, löst dieses Problem unter Safari folgendermaßen:

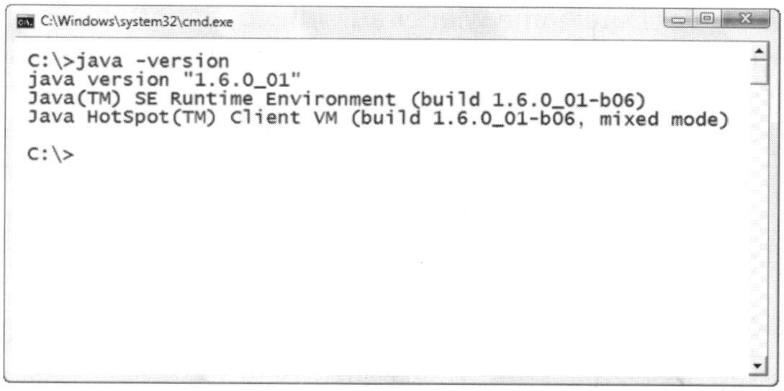

Bild 3.55 Eine erfolgreiche Java-Installation. Liefert der *java -version*-Befehl keine Fehlermeldung zurück, lassen sich auch JAR-Dateien auf dem Windows-PC ausführen.

Vor dem Download deaktivieren Sie den Schalter in den Safari-*Einstellungen* und fügen anschließend die entsprechende Dateinamenserweiterung ein.

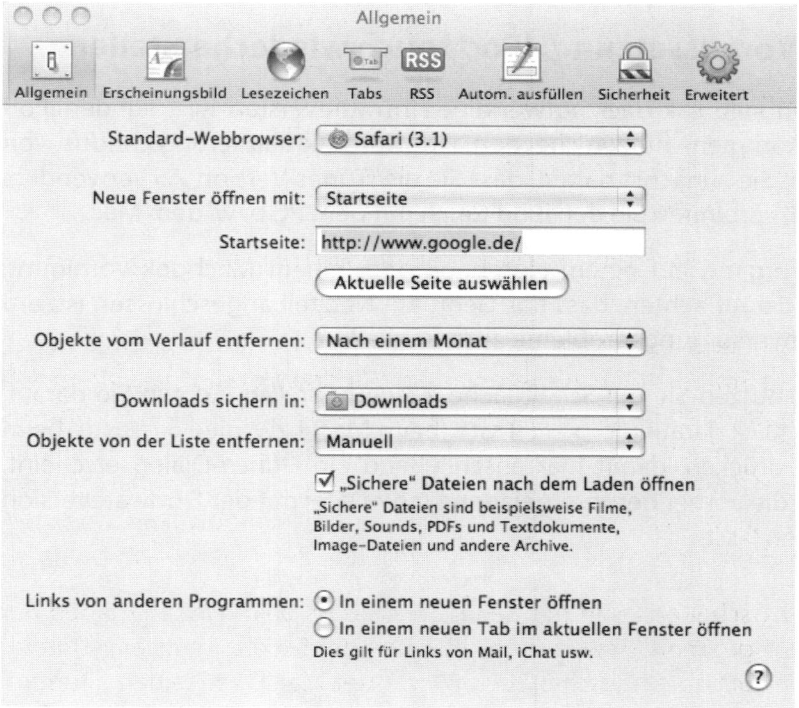

Bild 3.56 Die Option *»Sichere« Dateien nach dem Laden öffnen* muss vor dem Download deaktiviert werden.

Nach dem Download kann der Dateiname wieder auf *.ipsw* geändert werden. Sind sämtliche benötigten Programme heruntergeladen und gegebenenfalls installiert bzw. aktualisiert, muss der iPod touch auf die Werkeinstellungen zurückgesetzt werden.

HINWEIS!

Daten vor dem Zurücksetzen sichern

Wird der iPod, wie in diesem Abschnitt beschrieben, zurückgesetzt, werden sämtliche Daten auf dem iPod gelöscht. Deshalb sollten Sie zunächst die auf dem Gerät vorhandenen Daten auf der Festplatte des PCs oder Mac sichern. Hier können Sie die Daten über iTunes oder aber auch händisch, wie im Abschnitt »Keine Einbahnstraße – Musikdateien vom iPod kopieren« ab Seite 218 beschrieben, übertragen.

Jailbreak-Voraussetzung: iPod touch wiederherstellen

Um die für den Jailbreak-Hack notwendige Firmwareversion 1.1.1 auf den iPod touch zu bekommen, nutzen Sie den Firmware-Aktualisierungsmodus von iTunes. Achten Sie zunächst darauf, dass Sie die iTunes-Version 7.5 verwenden. Ist das der Fall, verbinden Sie den iPod touch mit dem PC bzw. dem Mac.

Wer diesen Vorgang auf einem Notebook oder einem Macbook vornimmt, sollte zudem darauf achten, dass das Gerät am Netzteil angeschlossen ist, um etwaige Stromversorgungsprobleme auszuschließen.

Anschließend nutzen Sie die Schaltfläche *Wiederherstellen*. Achten Sie darauf, dass Sie beim Klick darauf die [Alt]-Taste (beim Mac) bzw. die [⇧]-Taste (beim Windows-PC) drücken, damit hier anschließend ein *Öffnen*-Dialog erscheint, über den sich die vorher heruntergeladene *ipsw*-Datei mit der Firmwareversion 1.1.1 auswählen lässt.

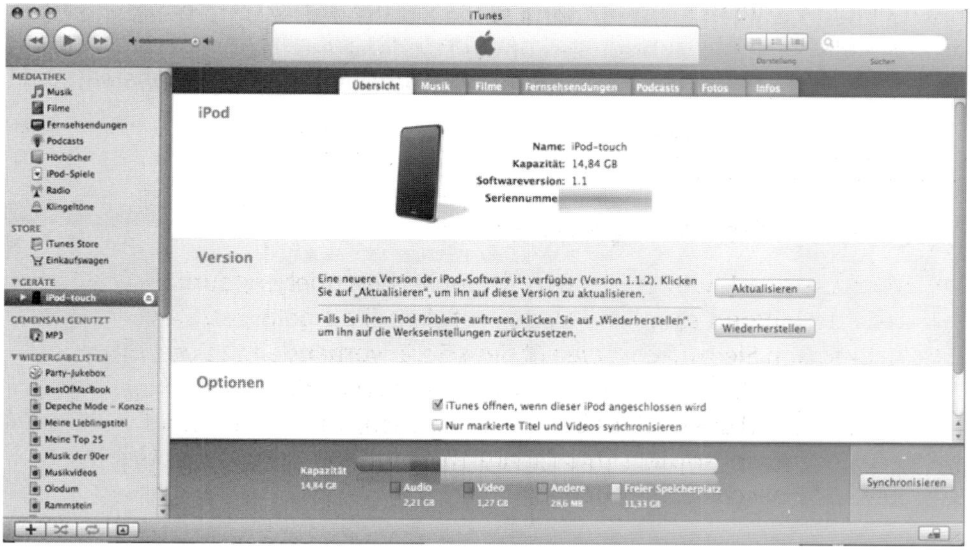

Bild 3.57 Wird der iPod touch mit dem Computer verbunden, öffnet sich in der Regel iTunes automatisch und zeigt das Gerät in der Seitenleiste an.

Bevor es jedoch so weit ist, fragt iTunes zunächst nach, ob die aktuellen Einstellungen erst gesichert werden sollen oder nicht. Haben Sie bereits eine Komplettsicherung der iPod-Daten angelegt, braucht dies nicht erneut zu erfolgen. Sicherheitsfetischisten klicken hier auf die Schaltfläche *Sichern* und lassen iTunes die iPod-Einstellungen auf die Festplatte sichern.

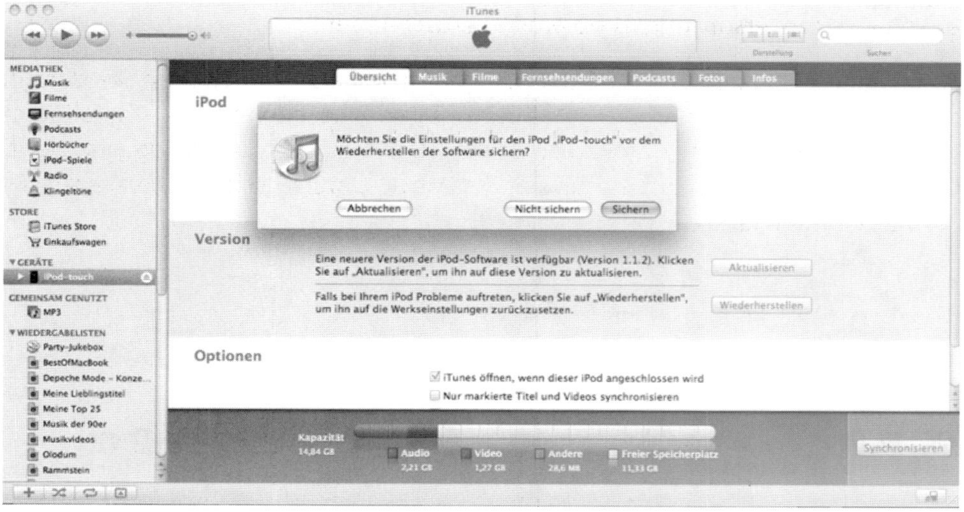

Bild 3.58 Ohne Backup des iPod keine Wiederherstellung: Wer noch keine Sicherung der iPod-Daten auf der Festplatte hat, klickt hier auf die Schaltfläche *Sichern*.

Anschließend wählen Sie über den *Öffnen*-Dialog die heruntergeladene Firmwareversion 1.1.1 aus. Achten Sie auf die Dateiendung *.ipsw* – unter Windows ist hier gegebenenfalls die Anzeige *Dateityp Alle Dateien* *.* auszuwählen.

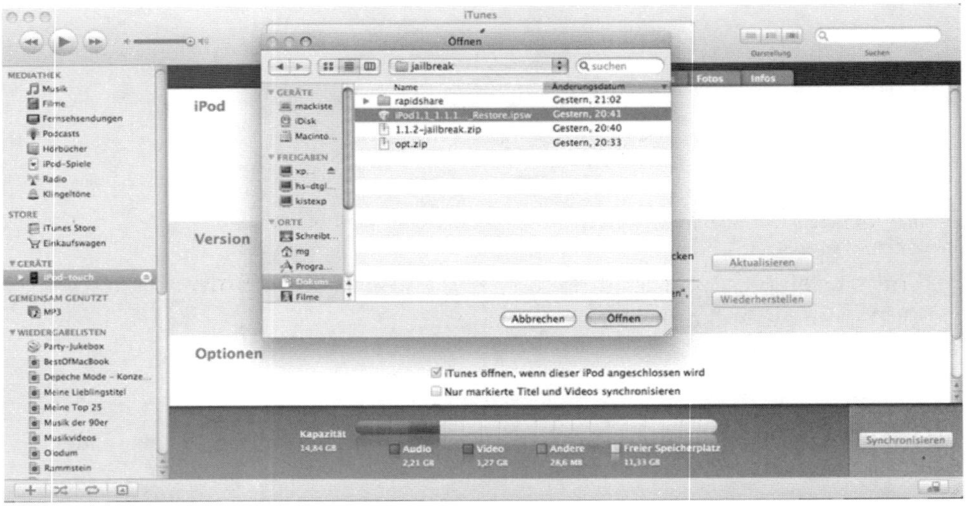

Bild 3.59 Ist die Datei *iPod1,1_1.1.1_3A110a_Restore.ipsw* markiert, klicken Sie auf die Schaltfläche *Öffnen*. Damit beginnt die Wiederherstellung, und alle auf dem iPod touch befindlichen Daten werden im nächsten Schritt gelöscht.

Folgende Schritte erfolgen hier automatisch. Zunächst wird die Archivdatei *iPod1,1_1.1.1_3A110a_Restore.ipsw* von iTunes in ein temporäres Verzeichnis extrahiert.

Bild 3.60 Finger weg! Ist einmal der *Wiederherstellen*-Vorgang gestartet, sollten Sie die Finger von Maus und Tastatur lassen.

Anschließend spielt iTunes die »neue« Firmwareversion auf dem iPod ein.

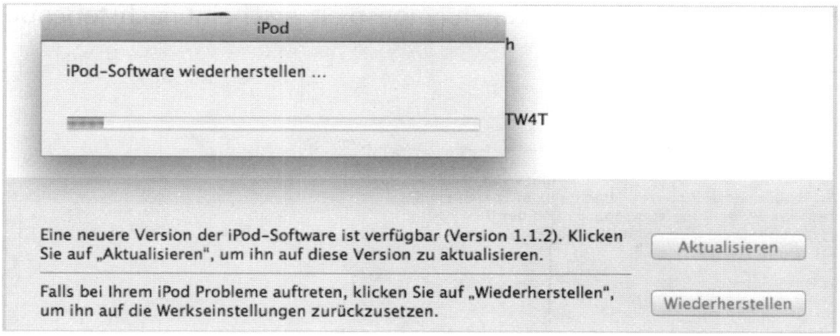

Bild 3.61 Nach dem Extrahieren wird die neue Firmware auf den iPod kopiert.

Nach dem Kopiervorgang prüft iTunes, ob die frische iPod-Firmware auch wirklich für den eingesteckten iPod die richtige ist.

Bild 3.62 Sicherheitsdenken: In diesem Schritt prüft iTunes, ob die zu installierende Firmware auch wirklich für den iPod geeignet ist oder nicht.

Im nächsten Schritt wird die Firmware auf den iPod übertragen. Dieser Vorgang dauert wenige Minuten.

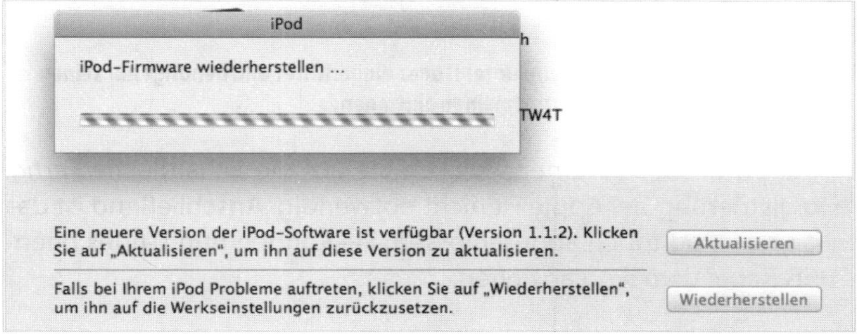

Bild 3.63 Nach dem Wiederherstellen der Firmware erfolgt noch ein kurzer Test, ob die Firmware auch ordnungsgemäß auf den iPod übertragen wurde.

Ist die Firmwareversion 1.1.1 im iPod touch eingespielt, erscheint nachstehende Meldung auf dem Bildschirm.

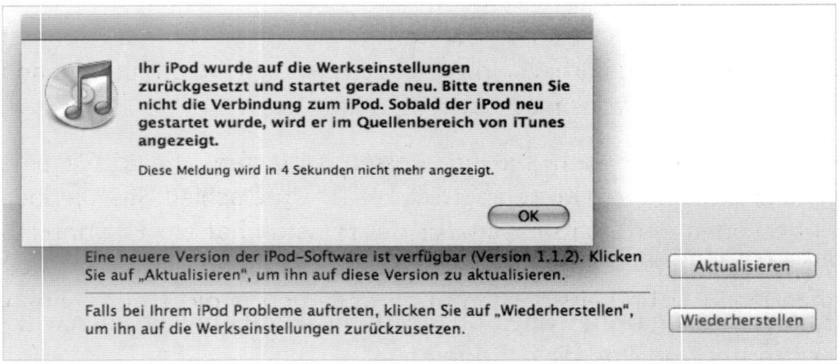

Bild 3.64 Erfolgreich wiederhergestellt: Per Klick auf die *OK*-Schaltfläche wird der iPod neu gestartet und steht in wenigen Augenblicken wieder unter Windows bzw. Mac OS X zur Verfügung.

Nach der erfolgreichen Wiederherstellung erscheint der iPod touch erneut in iTunes. Hier ist es wichtig, dass er als neuer iPod eingerichtet wird. Das bereits vorhandene Backup ist hier obsolet und wird nicht beachtet.

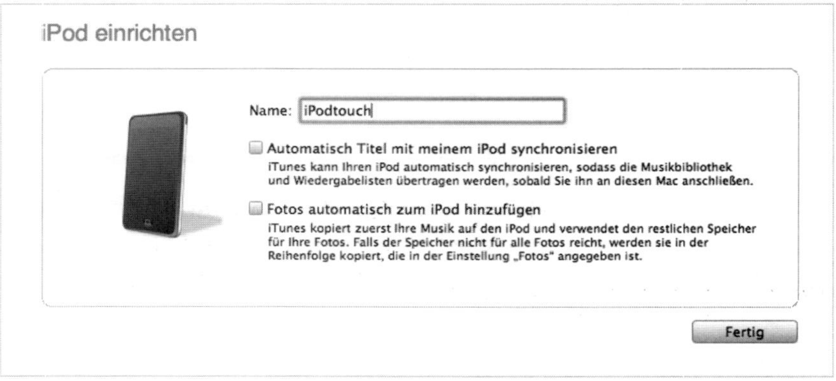

Bild 3.65 Wie frisch nach dem Kauf: Der iPod wird unter iTunes eingerichtet und benötigt nur seinen persönlichen Namen. Hier können Sie Ihren Wunschnamen eintragen.

Nach dem Eintragen des iPod-Namens klicken Sie auf die Schaltfläche *Fertig*, die optionale Registrierung bei Apple ist nicht notwendig. Anschließend ist das Wiederherstellen des iPod touch abgeschlossen. Sie können nun iTunes beenden und das USB-Kabel vom iPod abziehen.

Ab ins Netz – WLAN-Zugriff einrichten

Die Installation eines WLAN ist leichter, als Sie denken. Normalerweise genügen ein Browser und die Eingabe der wichtigsten Standardeinstellungen, und schon kann es losgehen mit dem kabellosen Surfvergnügen. Doch wer auf Nummer sicher gehen will, der macht vorher sein WLAN-Netzwerk dicht, damit niemand anderer als Sie selbst über das Funknetz arbeiten kann.

Denn viele Schmarotzer können auf Ihre Kosten mitsurfen. Haben Sie eine Flatrate, macht es zwar, was die Kosten betrifft, keinen Unterschied. Steht jedoch eines Tages bei Ihnen der Staatsanwalt vor der Haustür, hat ein Eindringling möglicherweise über Ihren Internetanschluss Unfug getrieben. Deshalb sollten Sie die vorhandenen Sicherheitsmechanismen des Routers nicht nur kennen, sondern auch nutzen.

Bild 3.66 Ist vor dem erkannten Netzwerk ein Häkchen gesetzt, hat der iPod touch die Verbindung zum gewünschten Netzwerk erfolgreich hergestellt. Das Schloss weist darauf hin, dass es sich hier um eine gesicherte Verbindung handelt.

Das Wichtigste bei einer sicheren WLAN-Konfiguration: eine aussagekräftige SSID (Service Set Identifier). Mit der SSID ist nach Abschluss der Konfiguration das WLAN für die Umgebung sichtbar.

Jeder, der sich am Netz anmelden möchte, benötigt diesen Namen, und sämtliche WLAN-Geräte müssen diesen Netzwerknamen (SSID) kennen. Funknetze werden in der Standardeinstellung mit dieser Kennung angezeigt, die Kennung wird sozusagen mitgesendet. Das in der Abbildung oben gezeigte Netz hat die SSID »Rummelfliege«, mit einer unsichtbaren SSID kommt der iPod (noch) nicht zurecht.

Bild 3.67 Abhängig von der im WLAN-Router genutzten Verschlüsselungstechnik tippen Sie hier mit den Fingerspitzen das Passwort ein und wählen anschließend *Verbinden*.

Nun können Sie im Hauptmenü den Safari-Webbrowser erstmalig starten. Hier tippen Sie zunächst in der Adresszeile die gewünschte URL-Adresse ein und lassen sich diese auf dem iPod anzeigen.

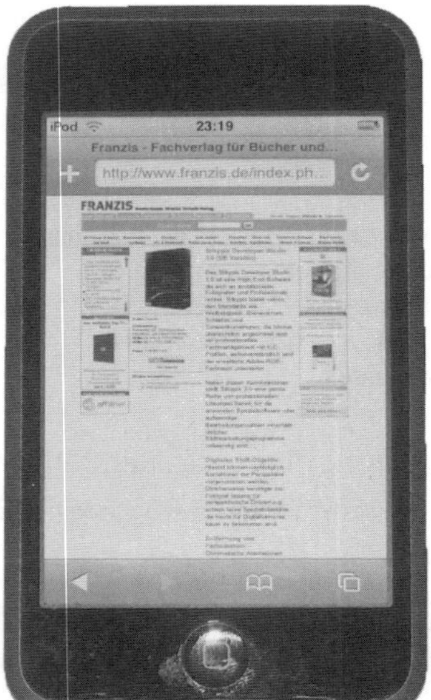

Bild 3.68 Verbindungstest: Ist der iPod touch ordnungsgemäß konfiguriert, testen Sie zunächst den Safari-Browser und surfen ein bisschen im Internet.

Klappt das Surfen mit dem iPod touch ohne weitere Probleme oder Verbindungsabbrüche, können Sie mit dem Jailbreaken fortfahren. Die Hacker-Gemeinde stellt dafür speziell angepasste Webseiten zur Verfügung, mit deren Hilfe die iPod-Sicherheitslücke geöffnet und eine spezielle AppSnapp-Anwendung auf dem iPod touch installiert werden kann. Damit stehen dem iPod sogenannte ThirdParty-Anwendungen zur Verfügung – also auch Anwendungen, die nicht aus dem Hause Apple kommen, lassen sich installieren und betreiben.

WLAN-Hack einspielen

Tragen Sie nun in der Adresszeile von Safari die Adresse *http://www.jailbreakme.com* ein und lesen Sie sich die Hinweise auf der Seite aufmerksam durch. Je nach zukünftiger Firmwareversion des iPod touch kann es hier unterschiedliche Versionen des AppSnapp Installers geben – vergewissern Sie sich, dass Sie die zum iPod passende Version verwenden.

Bild 3.69 Auch für faule Zeitgenossen empfehlenswert: Die Hinweise auf der Webseite sollten Sie nicht nur überfliegen, sondern aufmerksam durchlesen.

Aktuell steht hier der AppSnapp Installer für die iPod touch-Firmwareversion 1.1.1 zur Verfügung. Wer eine höhere Version auf seinem touch installiert hat, der nutzt in diesem Fall ein Firmware-Downgrade und spielt die Firmwareversion 1.1.1 ein, wie bereits im Abschnitt »Jailbreak-Voraussetzung: iPod touch wiederherstellen« auf Seite 118 beschrieben.

Ist sichergestellt, dass auf dem iPod touch die richtige Firmware installiert ist, kann auf der Webseite an das Ende zur Option *Install AppSnapp* navigiert werden.

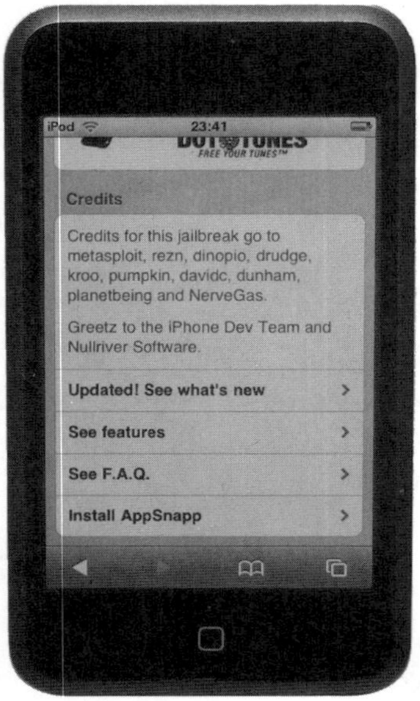

Bild 3.70 Per Fingertipp auf *Install AppSnapp* starten Sie den Installationsprozess.

Ist der Installationsprozess gestartet, heißt es, etwas zu warten. Drücken Sie währenddessen weder die *Home*- noch die Ein-/Ausschalttaste des iPod touch, sondern orientieren Sie sich an den Hinweisen, die auf dem Display zu sehen sind.

Bild 3.71 Sicherheitslücke geknackt: Hier schleicht sich die zusätzliche Software in das Betriebssystem des iPod touch ein.

Die Prozedur dauert nur wenige Minuten. Anschließend befindet sich der iPod touch im Schlafmodus, nach dem Aufwachen entsperren Sie wie gewohnt den Lock-Bildschirm. Nun ist im Hauptmenü des iPod touch eine weitere Anwendung, der Installer, zu sehen.

Bild 3.72 Jailbreak erfolgreich: Ist die Installer-Anwendung installiert, ist die Installation weiterer Anwendungen und Tools ein Kinderspiel.

Hinter dem sogenannten Installer verbirgt sich eine mächtige Anwendung, die für die Installation und Deinstallation sämtlicher ThirdParty-, also Nicht-Apple-Programme zuständig ist.

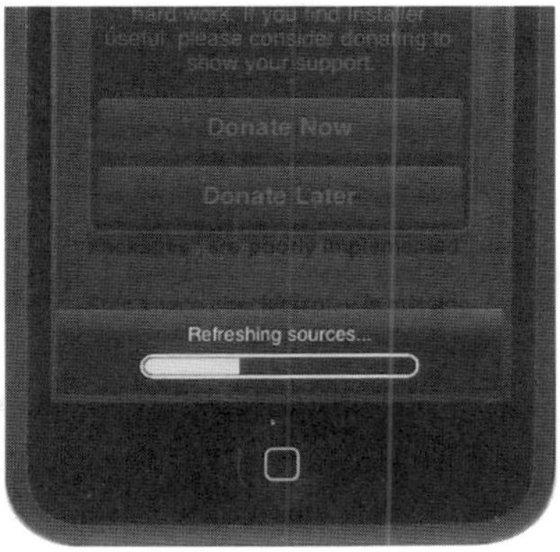

Bild 3.73 Beim erstmaligen Start des Installers werden zunächst sämtliche Quellen aktualisiert.

Ähnlich wie ein Linux-Paketmanager aufgebaut, ist hier die zur Verfügung stehende Software in verschiedene Rubriken eingeteilt.

Notwendig für Firmware-Upgrade 1.1.2: OktoPrep installieren

Um den iPod später auf die aktuellere Firmwareversion 1.1.2 upgraden zu können, ist zunächst die Installation der Anwendung OktoPrep erforderlich. Ist der iPod touch später auf Firmwareversion 1.1.2 aktualisiert, lässt sich zusätzliche freie Software nutzen, die explizit für Firmwareversion 1.1.2 vorgesehen ist.

Aber auch Anwendungen wie Mail oder Google Maps, die bisher exklusiv für das iPhone zur Verfügung standen, lassen sich nach diesem Eingriff ebenfalls auf einem iPod touch ausführen und nutzen.

Öffnen Sie nun per Fingertipp den Installer und »tippen« Sie im unteren Displaybereich auf *Install*. Anschließend scrollen Sie mit dem Finger zu dem Ordner *Tweaks 1.1.1*. Dort sind Erweiterungen für die Modelle mit Firmwareversion 1.1.1 aufgelistet.

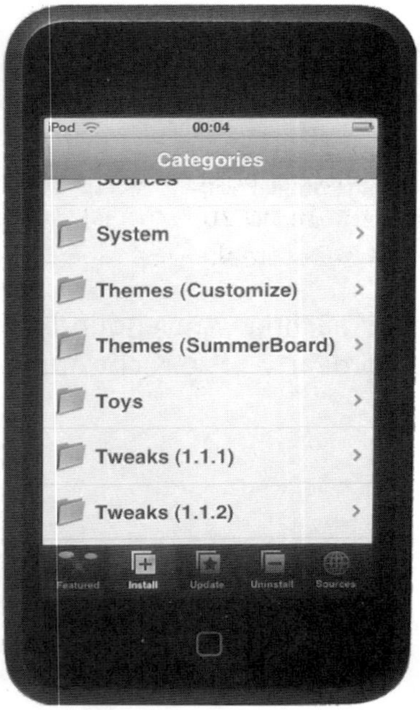

Bild 3.74 Öffnen Sie den Ordner *Tweaks (1.1.1)* per Fingertipp.

Im Ordner *Tweaks (1.1.1)* ist OktoPrep versteckt, gegebenenfalls müssen Sie mit dem Finger etwas herunterscrollen.

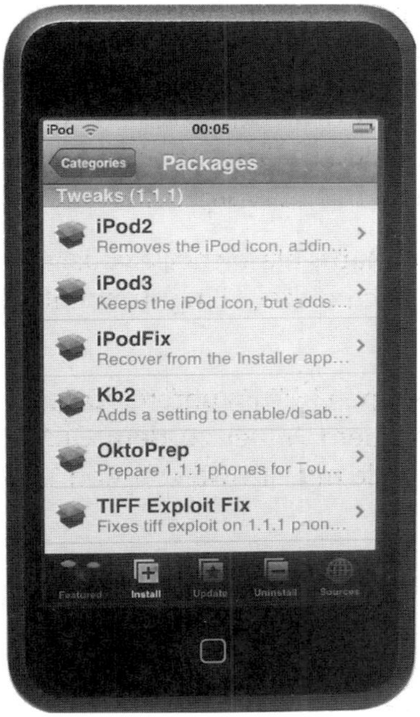

Bild 3.75 Gefunden: Markieren Sie nun *OktoPrep*, um zum Installationsdialog zu gelangen.

Nun öffnet sich ein neuer Dialog, in dem Sie nähere Informationen zum Paketinhalt von OktoPrep erhalten. Wie dort in der Beschreibung zu lesen ist, sorgt erst OktoPrep dafür, dass der iPod touch tatsächlich gejailbreakt wird.

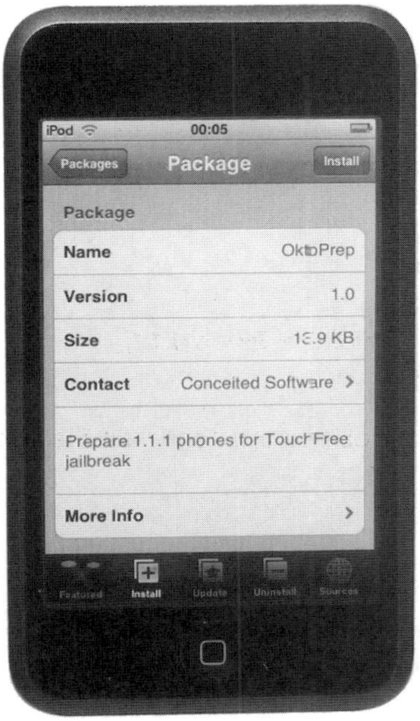

Bild 3.76 Ist das OktoPrep-Paket geöffnet, lässt sich per *Install*-Schaltfläche im rechten oberen Bereich die Anwendung auf dem iPod touch installieren.

Anschließend erscheint die Nachfrage, ob das ausgewählte Programm auch wirklich installiert werden soll oder nicht. Per Fingertipp auf *Install* wird die Installation des OktoPrep-Pakets auf dem iPod touch gestartet.

Bild 3.77 Wie unter Windows Vista: Es verdunkelt sich kurz der Bildschirm, um die Erlaubnis für die Installation von OktoPrep einzuholen.

Anschließend ist nochmals ein Fingertipp auf die *OK*-Schaltfläche erforderlich. Nun wird endlich das OktoPrep-Paket via WLAN-Verbindung auf den iPod touch übertragen.

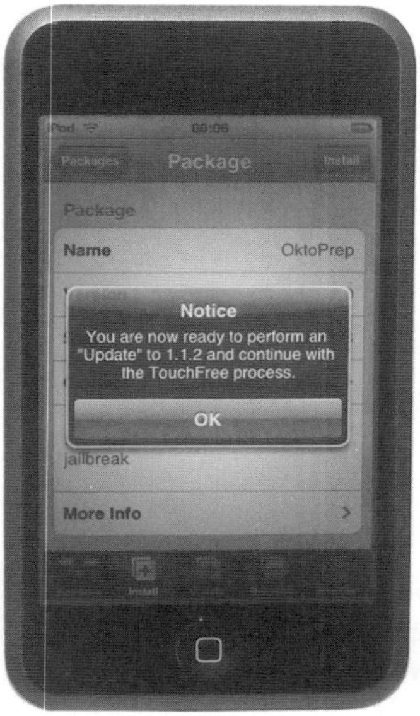

Bild 3.78 Installation erfolgreich. Erscheint diese Bildschirmmeldung, wurde OktoPrep erfolgreich installiert.

Nun sind die Grundvoraussetzungen geschaffen, um den iPod touch mit einer neuen Apple-Firmware aktualisieren zu können, ohne dass dies dafür sorgt, dass der Jailbreak-Hack dabei entfernt wird.

Mit iTunes: iPod touch auf Firmware 1.1.2 aktualisieren

Bevor Sie nun zusätzliche Anwendungen auf dem iPod touch installieren, aktualisieren Sie die Firmware des iPod erneut. In diesem Schritt wird die Firmwareversion 1.1.1 durch die aktuellere Version 1.1.2 ersetzt.

Drücken Sie zunächst die *Home*-Taste auf dem iPod touch, um zum Hauptmenü zu gelangen. Jene, die bereits einen Mailzugang über den iPod touch eingerichtet haben, deaktivieren zunächst das automatische Abrufen von E-Mails, indem der Mailabruf auf *Manuell* umgestellt wird.

Anschließend verbinden Sie den iPod touch wieder mit PC bzw. Mac und starten iTunes manuell, sofern es nicht automatisch gestartet wird.

Ist der iPod touch angeschlossen, erscheint in iTunes ein Dialog, um auf die aktuellste Firmware zu aktualisieren. Brechen Sie den Vorgang ab. Sie benötigen das Update auf Version 1.1.2, das manuell eingespielt werden muss. Falls noch nicht geschehen, laden Sie zunächst diese Firmware

```
http://appldnld.apple.com.edgesuite.net/content.info.apple.com/
iPod/SBML/osx/bundles/061-4036.20071107.9g3DF/
iPod1,1_1.1.2_3B48b_Restore.ipsw
```

herunter und installieren sie über die Schaltfläche *Wiederherstellen*. Achten Sie erneut darauf, dass Sie beim Klick darauf die [Alt]-Taste (beim Mac) bzw. die [⇧]-Taste (beim Windows-PC) drücken, damit anschließend der *Öffnen*-Dialog erscheint, über den sich die vorher heruntergeladene *ipsw*-Datei mit der Firmwareversion 1.1.2 auswählen lässt.

Wer heiße Füße bekommen hat – der Klick auf *Wiederherstellen* sorgt dafür, dass der Jailbreak-Vorgang rückgängig gemacht wird.

Um den Installationsprozess zu starten, erscheint zunächst das übliche Frage- und Antwortspiel. Dieses geschieht in wenigen Schritten. Zunächst übergehen Sie die Versionshinweise per Klick auf die *Weiter*-Schaltfläche.

Bild 3.79 Neue Firmware für den iPod touch: In diesem Fall klicken Sie die Schaltfläche *Laden und installieren* an.

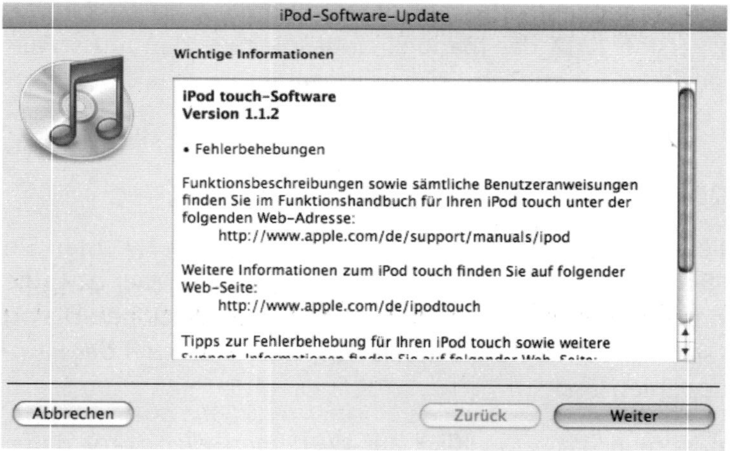

Bild 3.80 Nach dem Start des Installationsprogramms klicken Sie auf *Weiter*, um zum nächsten Schritt zu gelangen.

Wie gewohnt, hat jede Software ihre Lizenzbedingungen. Per Klick auf *Akzeptieren* gelangen Sie zum nächsten Schritt. Nun wird das Update extrahiert und auf dem iPod installiert.

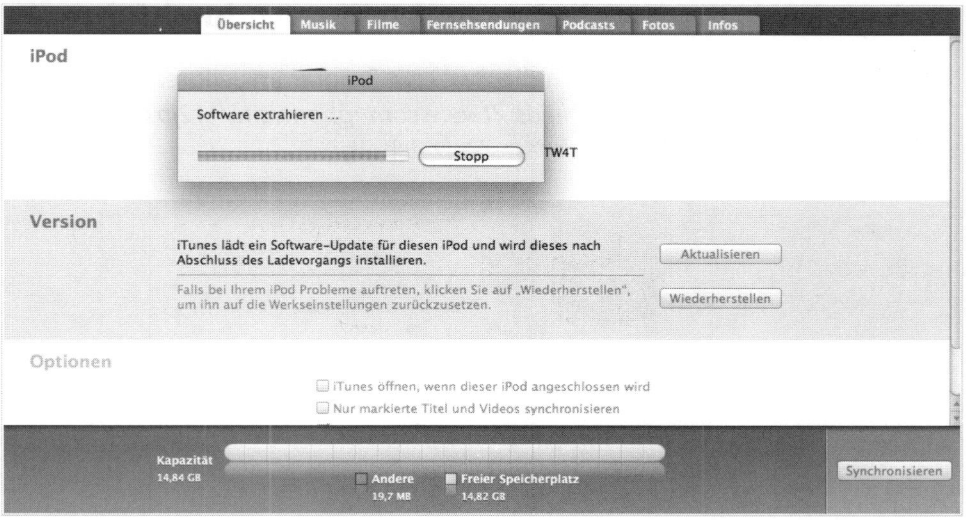

Bild 3.81 Wie gewohnt: Nach dem Extrahieren der Firmware wird diese überprüft und anschließend auf den iPod übertragen.

Ist der iPod touch nun aktualisiert, startet sich dieser automatisch neu. Sie können den iPod am USB-Kabel angesteckt lassen.

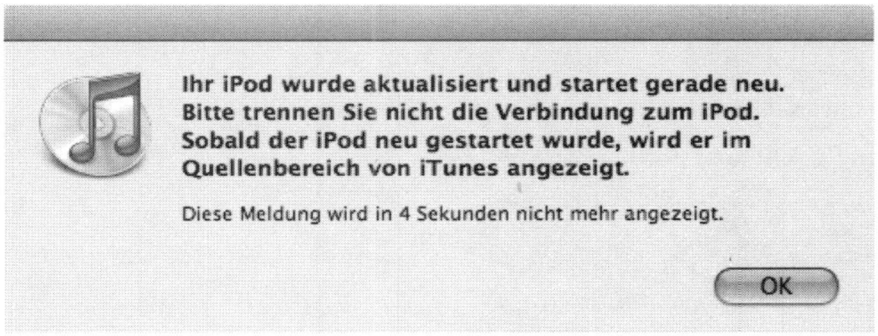

Bild 3.82 Nach dem Einspielen der neuen Firmware 1.1.2 wird der iPod touch neu gestartet.

Ist der iPod erneut gestartet, lösen Sie die Verbindung mit dem Rechner noch nicht – iTunes ist für den nachfolgenden Jailbreak-Vorgang jedoch nicht mehr notwendig.

Unter Mac OS X schließen Sie einfach iTunes über *iTunes beenden* – unter Windows ist neben dem Schließen von iTunes das Abschießen zweier iTunes-Prozesse notwendig.

Bevor Sie fortfahren, beenden Sie die Prozesse *iPodService.exe* sowie *iTunes-Helper.exe* per Task-Manager. Hier sollte kein Prozess mehr laufen, der mit iTunes zu hat. Das war es zunächst. Jetzt wird der iPod-Jailbreak auf dem iPod touch scharf gemacht.

Vorbereitungen abschließen und Jailbreak durchführen

Falls noch nicht geschehen, laden Sie das Java-Programm Jailbreak (1.1.2) von Conceited Software (*http://conceitedsoftware.com/iphone/site/112jb.html*) herunter und entpacken es in ein temporäres Verzeichnis.

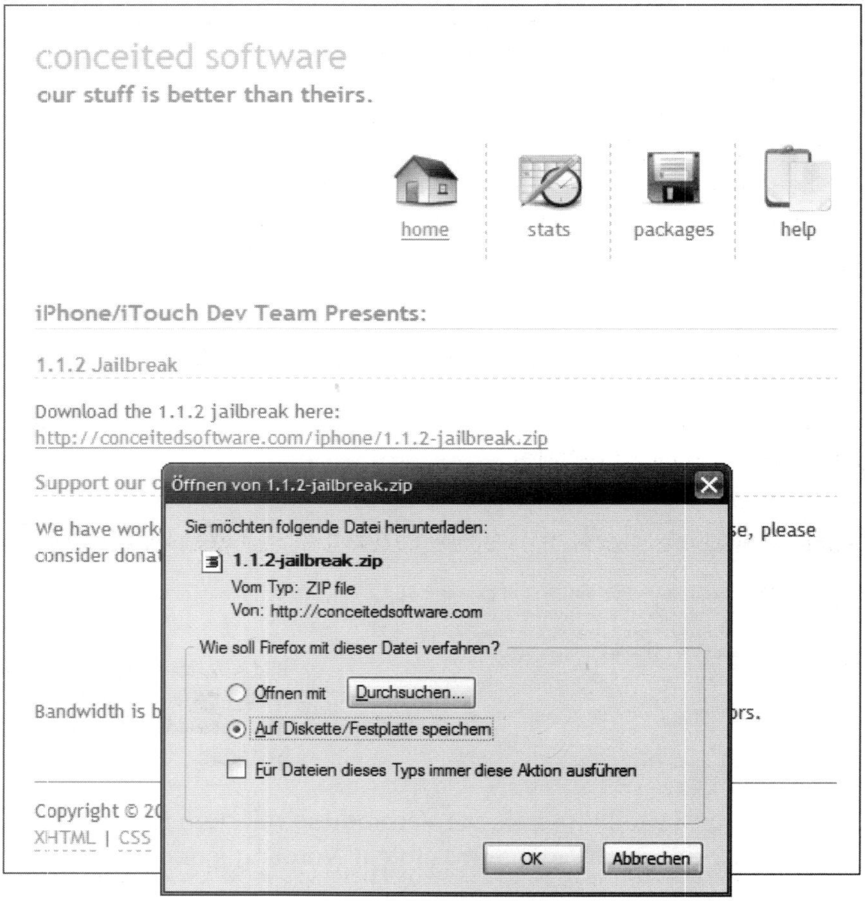

Bild 3.83 Nach dem Herunterladen extrahieren Sie die *1.1.2-jailbreak.zip*-Datei in ein temporäres Verzeichnis.

Egal ob Sie Windows oder Mac OS X einsetzen – starten Sie einfach die in diesem Archiv enthaltene JAR-Datei. Für Windows erfolgt dies am einfachsten per Klick auf die Datei *windows.bat* – bei Mac OS X wechseln Sie über den Finder in das temporäre Verzeichnis und wählen dort über *Öffnen mit* den *Jar Launcher.app* aus.

Bild 3.84 Per Kontextmenü starten Sie den *Jar Launcher*, um die *jailbreak.jar* zu öffnen.

Egal ob Windows Vista oder Windows XP, das Java-Programm wird immer über die mitgelieferte BAT-Datei gestartet.

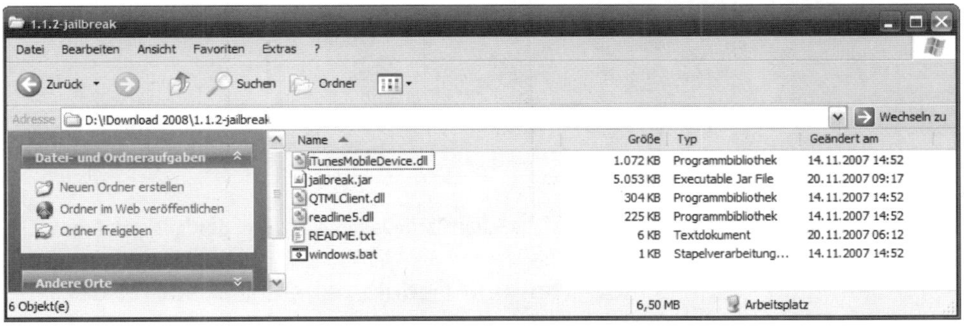

Bild 3.85 Die BAT-Datei macht nichts anderes, als die JAR-Datei über *java -jar jailbreak.jar* zu starten.

Anschließend erscheint der *Jailbreak*-Dialog. Er sieht unter Windows genauso aus wie unter Mac OS X.

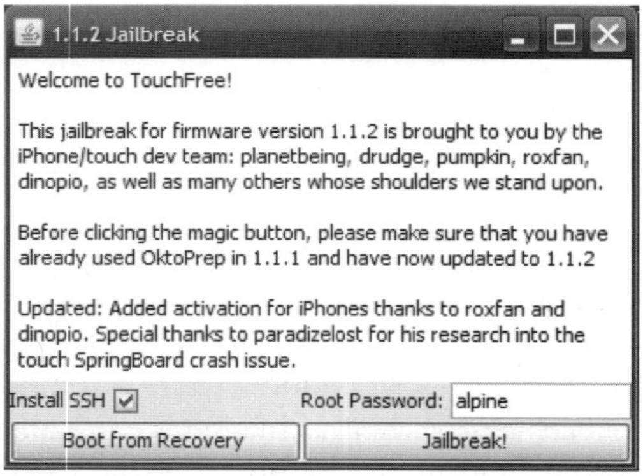

Bild 3.86 Wer SSH nutzen möchte, der setzt das Häkchen bei *Install SSH*. Das *Root Password* lautet standardmäßig *alpine* und kann in diesem Dialog geändert werden.

Der Jailbreak wird nun einfach per Klick auf die Schaltfläche *Jailbreak!* gestartet.

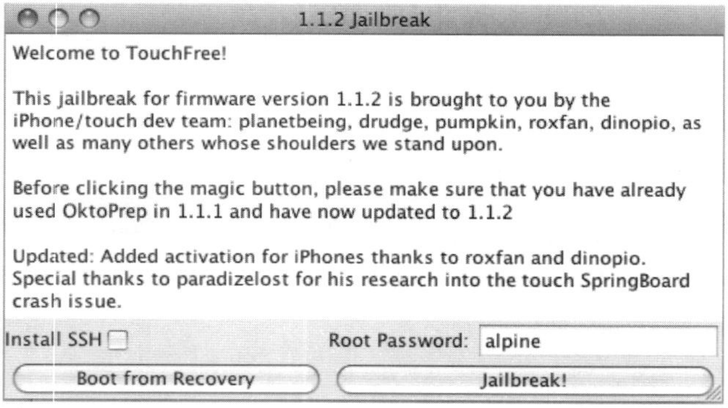

Bild 3.87 Unter Mac OS X: Nach dem Klick auf die Schaltfläche *Jailbreak!* startet der Jailbreak-Prozess.

Nach dem Start heißt es: abwarten und Geduld haben. Hier startet der iPod touch mehrmals selbstständig neu. Zunächst werden die entsprechenden Dateien auf den iPod touch hochgeladen.

Bild 3.88 Bei jedem Schritt gibt der Jailbreak-Hack darüber Auskunft, was gerade auf dem iPod touch passiert.

Anschließend wird das Gerät neu gestartet.

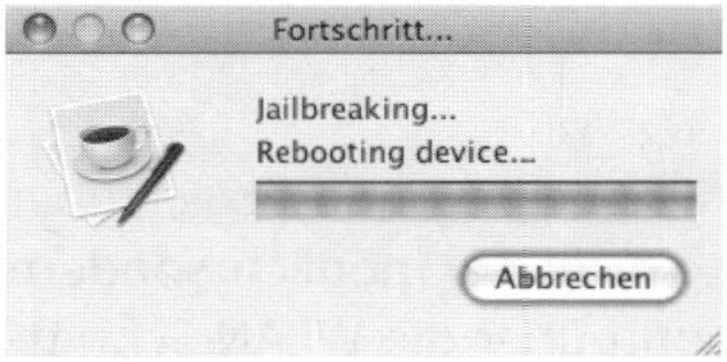

Bild 3.89 Auch hier gilt: Finger weg. Ist der Installationsprozess einmal gestartet, sollte die Erfolgsmeldung abgewartet werden.

Nach rund fünf Minuten ist es endlich so weit. Das Installationsprogramm meldet die erfolgreiche Durchführung des Jailbreak-Hacks. Anschließend wird aller Voraussicht nach das iPhone selbstständig mehrmals rebootet, um die geladene Software zu installieren und zu konfigurieren.

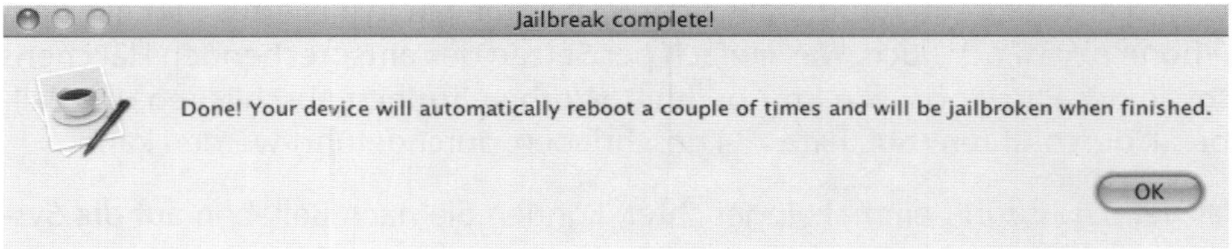

Bild 3.90 Eingriff erfolgreich. Nun startet der iPod touch mehrmals neu.

Im Anschluss an die Installation kann der iPod touch vom Kabel getrennt werden. Nach dem Einschalten und Entriegeln sind weitere Anwendungen auf dem iPod touch zu finden.

Bild 3.91 Nach dem Einspielen des iPod touch-Hacks befinden sich mit dem Installer und SSH zwei weitere Anwendungen auf dem iPod touch.

3.8 Praktisch und sicher – Zugriff über SSH

iPod touch iPhone 1G

Ein besonders sicherer Zugriff auf iPod touch oder iPhone ist grundsätzlich über eine sogenannte sichere, verschlüsselte Verbindung nicht nur möglich, sondern auch dringend zu empfehlen. Gerade weil der Zugriff über die WLAN-Schnittstelle erfolgt, gilt dies umso mehr. So wird nicht nur das WLAN im Allgemeinen durch eine sichere Routerkonfiguration mit dem Einsatz von WPA/WPA2 sicherer, auch der Zugriff via SSH sorgt für eine zusätzliche Sicherheit, damit Unbefugte keinen Unsinn auf dem iPhone bzw. iPod touch anstellen können.

Grundvoraussetzung für den SSH-Zugriff ist selbstverständlich ein installierter SSH-Client auf dem PC oder auf dem Mac sowie ein installiertes SSH auf dem iPhone bzw. iPod touch, was einfach per Setzen des entsprechenden Häkchens sowie des Passworts, wie im Abschnitt »Vorbereitungen abschließen und Jailbreak durchführen« auf Seite 134 beschrieben, durchgeführt werden kann.

Ist der SSH-Zugriff einmal eingerichtet, können Sie nach Belieben auf die System- und Nutzerdaten auf iPhone und iPod touch zugreifen, Daten hin- und herkopieren und vieles mehr.

Keine Installation notwendig – Windows-Zugriff über PuTTY

Windows

Falls noch nicht geschehen: Laden Sie sich ein SSH-Clientprogramm auf den PC, um damit den sicheren Zugriff auf das iPhone bzw. den iPod touch zu ermöglichen. PuTTY ist für Puristen der Kommandozeile eine wahre Freude, wer lieber in der Fensterwelt arbeiten möchte, für den steht mit WinSCP (*www.winscp.com/*) ein entsprechendes Werkzeug zur Verfügung.

Nach dem Herunterladen von PuTTY bzw. WinSCP stellen Sie die Verbindung mit dem iPhone oder iPod touch her. Selbstverständlich muss bei dem Apple-Gerät die WLAN-Einrichtung bereits vorgenommen worden sein. Worauf es hier ankommt, lesen Sie im Abschnitt »Ab ins Netz – WLAN-Zugriff einrichten« auf Seite 123.

Befindet sich das iPhone bzw. der iPod touch im heimischen WLAN-Netz, dann prüfen Sie zunächst mit dem Befehl *ping*, ob sich das Gerät überhaupt per Netzwerk erreichen lässt.

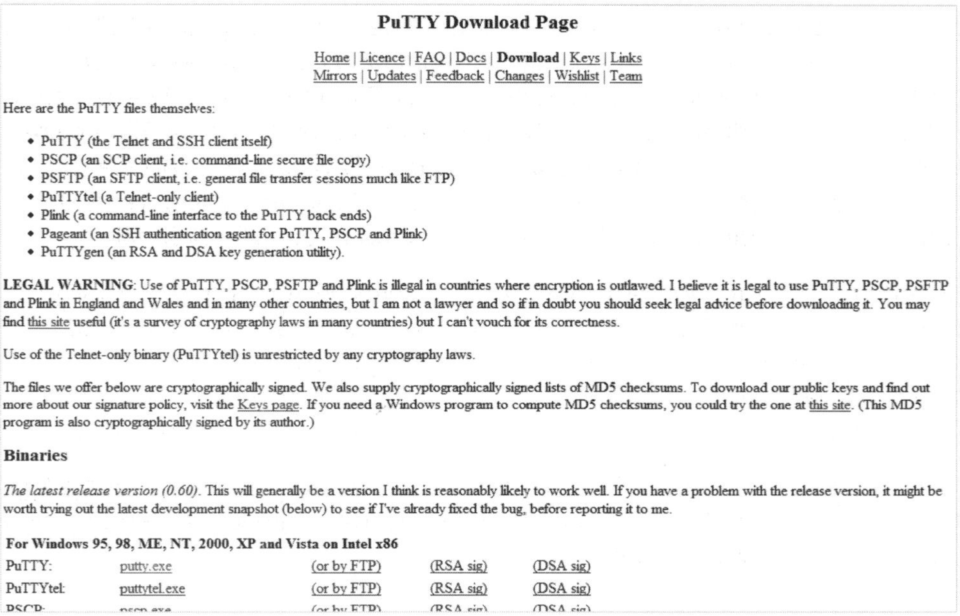

PuTTY Download Page

Home | Licence | FAQ | Docs | **Download** | Keys | Links
Mirrors | Updates | Feedback | Changes | Wishlist | Team

Here are the PuTTY files themselves:

- PuTTY (the Telnet and SSH client itself)
- PSCP (an SCP client, i.e. command-line secure file copy)
- PSFTP (an SFTP client, i.e. general file transfer sessions much like FTP)
- PuTTYtel (a Telnet-only client)
- Plink (a command-line interface to the PuTTY back ends)
- Pageant (an SSH authentication agent for PuTTY, PSCP and Plink)
- PuTTYgen (an RSA and DSA key generation utility).

LEGAL WARNING: Use of PuTTY, PSCP, PSFTP and Plink is illegal in countries where encryption is outlawed. I believe it is legal to use PuTTY, PSCP, PSFTP and Plink in England and Wales and in many other countries, but I am not a lawyer and so if in doubt you should seek legal advice before downloading it. You may find this site useful (it's a survey of cryptography laws in many countries) but I can't vouch for its correctness.

Use of the Telnet-only binary (PuTTYtel) is unrestricted by any cryptography laws.

The files we offer below are cryptographically signed. We also supply cryptographically signed lists of MD5 checksums. To download our public keys and find out more about our signature policy, visit the Keys page. If you need a Windows program to compute MD5 checksums, you could try the one at this site. (This MD5 program is also cryptographically signed by its author.)

Binaries

The latest release version (0.60). This will generally be a version I think is reasonably likely to work well. If you have a problem with the release version, it might be worth trying out the latest development snapshot (below) to see if I've already fixed the bug, before reporting it to me.

For Windows 95, 98, ME, NT, 2000, XP and Vista on Intel x86

PuTTY:	putty.exe	(or by FTP)	(RSA sig)	(DSA sig)
PuTTYtel:	puttytel.exe	(or by FTP)	(RSA sig)	(DSA sig)

Bild 3.92 Hier erhalten Sie das praktische Werkzeug PuTTY, um per Kommandozeile auf UNIX/Linux-basierte Geräte zugreifen zu können (*www.chiark.greenend.org.uk/~sgtatham/putty/download.html*).

Erreichbarkeitstest mit dem ping-Befehl

Unter Windows Vista klicken Sie dafür auf *Start/Ausführen* und geben im Feld *Öffnen* den Befehl *cmd* ein. Es erscheint das Konsolenfenster *Eingabeaufforderung*. Geben Sie hier den Befehl wie folgt ein:

```
ping IP-ADRESSE
```

Ist alles richtig eingestellt, sollten sich die Rechner im Heimnetz gegenseitig erfolgreich »anpingen« können. In diesem Beispiel geben Sie den Befehl

```
ping 192.168.0.1
```

ein. Ist bei Windows Vista der *Ausführen*-Befehl im Startmenü ausgeblendet, können Sie diesen per Mausklick, wie nachfolgend beschrieben, aktivieren.

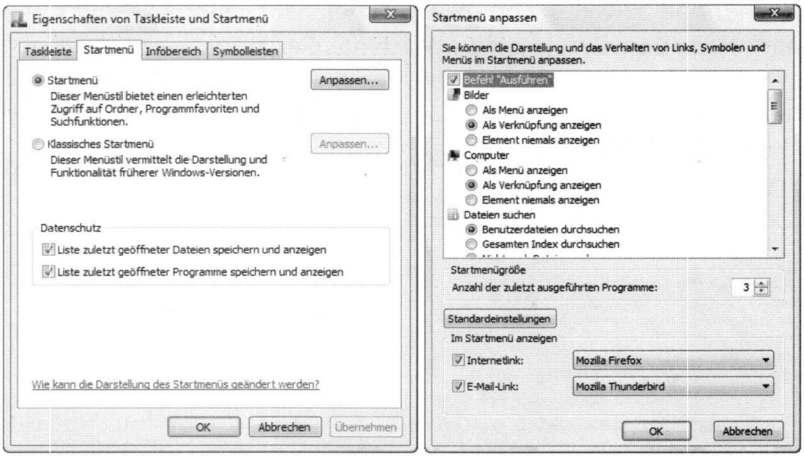

Bild 3.93 Über die *Eigenschaften von Taskleiste und Startmenü* und Klick auf die Schaltfläche *Anpassen* aktivieren Sie im Dialogfeld *Startmenü anpassen* den *Befehl »Ausführen«*.

ping-Befehl bei Vista freischalten

Klappt das Anpingen eines Vista-PCs trotz richtiger IP-Konfiguration nicht, liegt dies in der Regel an der Firewall von Windows Vista. Diese ignoriert in der Standardeinstellung sämtliche eingehenden Ping-Anfragen.

Um der Vista-Firewall die Annahme des *ping*-Befehls im Heimnetz zu erlauben, öffnen Sie die Windows Vista-Firewall über das Startmenü. Im Suchfeld des Startmenüs geben Sie den Befehl *firewall* ein. Es erscheint das Dialogfeld *Windows-Firewall mit erweiterter Sicherheit*.

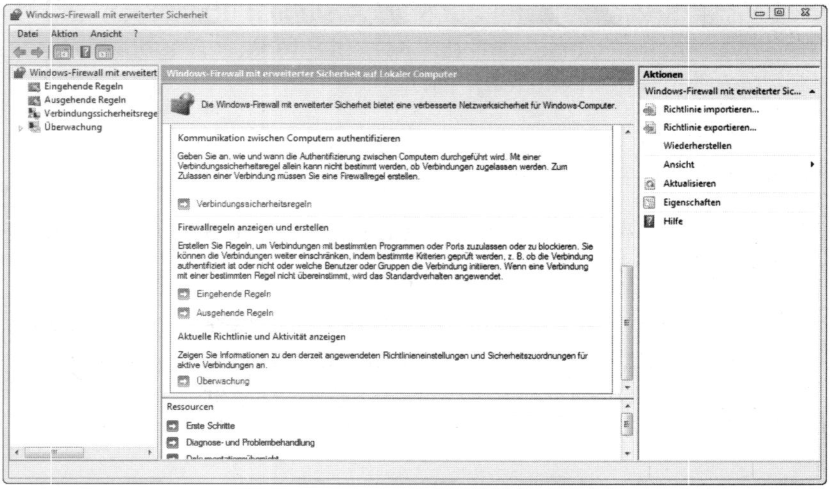

Bild 3.94 Das Dialogfeld *Windows-Firewall mit erweiterter Sicherheit*.

Dort wählen Sie *Eingehende Regeln* und aktivieren im nächsten Dialogfeld die Regel *Datei- und Druckerfreigabe (Echoanforderung – ICMPv4 eingehend)*. Falls diese Regel mehrmals zu sehen ist, schalten Sie Ping für das gewünschte Netzwerkprofil (im Heimnetz die Domäne *Privat*) frei. Ist das »Anpingen« nun erfolgreich, geht es weiter mit dem Netzwerkbau.

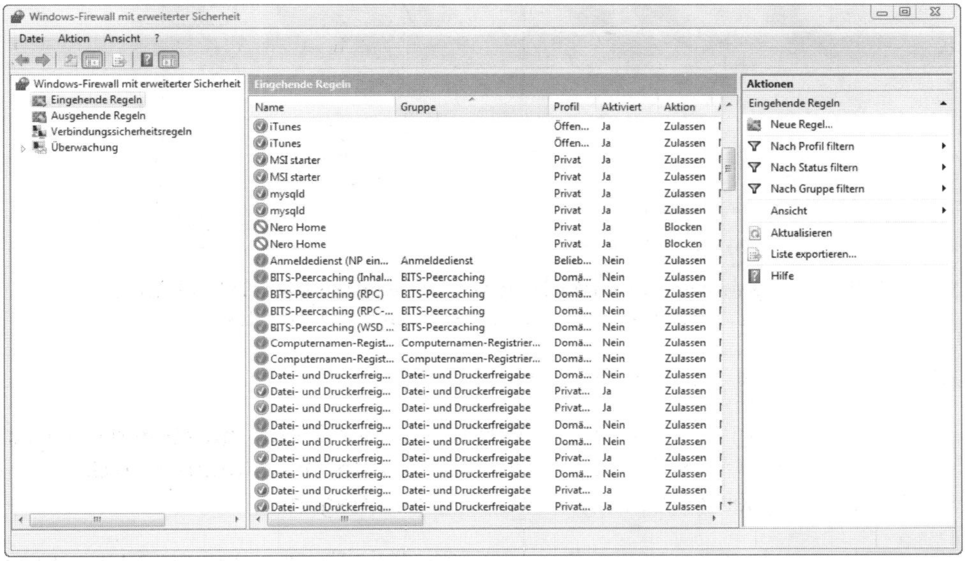

Bild 3.95 Aktivieren der Regel *Datei- und Druckerfreigabe (Echoanforderung – ICMPv4 eingehend)*.

SSH-Zugriff auf iPhone bzw. iPod touch

Zwei Passwörter für den *root*- und den *mobile*-Account wurden von gewieften Hackern geknackt: *alpine* für User *mobile* und *dottie* für User *root* heißen hier die Zauberwörter, sofern das SSH-Passwort nicht beim Entsperren, wie im Abschnitt »Vorbereitungen abschließen und Jailbreak durchführen« (iPod touch) auf Seite 134 bzw. »Nacharbeiten notwendig: Firmwareversion 1.1.2 hacken« (iPhone) auf Seite 94 beschrieben, geändert wurde.

In diesem Fall nutzen Sie selbstverständlich das persönliche SSH-Passwort, das Sie in diesem Dialog für den *root*-User konfiguriert haben.

Anschließend können Sie nach Belieben Dateien hin- und herkopieren, Zugriffsrechte setzen und vieles mehr. Detaillierte Hinweise und Tricks finden Sie im Verlauf dieses Buches – das Wichtigste haben Sie an dieser Stelle erfolgreich gemeistert: Der Zugriff auf das iPhone bzw. den iPod touch ist via SSH eingerichtet.

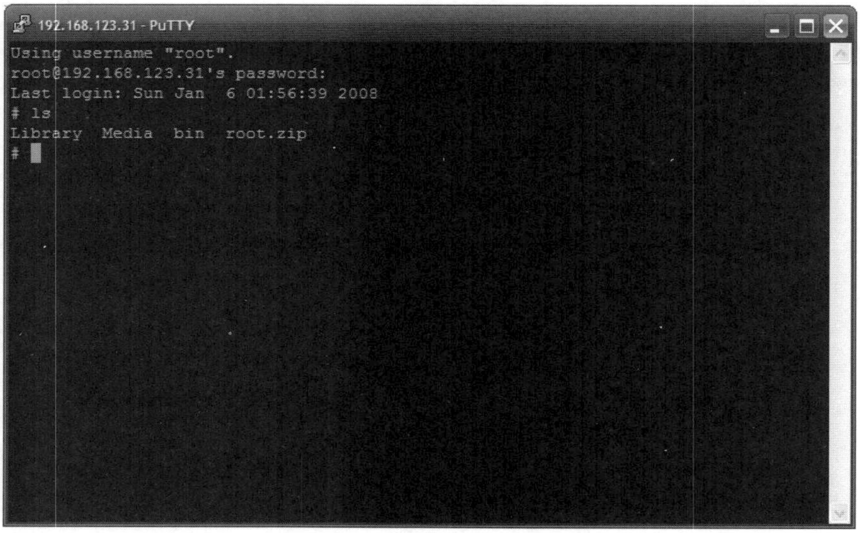

Bild 3.96 Nach dem erstmaligen Login via SSH verschaffen Sie sich mit dem *ls*-Befehl zunächst einen Überblick.

Mac OS X-Zugriff über Konsole oder Cyberduck

Mac OS X

Wie unter Windows ist auch für Mac OS X-Anwender der Zugriff via SSH auf das iPhone bzw. den iPod touch möglich. Während bei Windows der SSH-Client noch installiert werden muss, ist hier der Kommandozeilenzugriff bereits im Betriebssystem eingebaut. Also ist nur noch das Öffnen eines Terminalfensters über *Programme/Dienstprogramme/Terminal* nötig, dann lässt sich per Befehl

```
ssh root@IP-ADRESSE
```

der Zugriff auf das iPhone bzw. den iPod touch herstellen. Nach Eingabe des Passworts steht das Dateisystem des Apple-Geräts zur Verfügung.

Wer es hier etwas bequemer mag, holt sich die Freeware Cyberduck, mit der Sie einfach per Drag & Drop Dateien und ganze Verzeichnisse vom Mac zum iPod touch oder iPhone hin- und herschieben können.

Vor dem Verbindungsaufbau konfigurieren Sie Cyberduck, wie in der vorherigen Abbildung zu sehen, mit dem SFTP-Protokoll und tragen bei *Server* die IP-Adresse des iPhone/iPod touch ein. Die Standardeinstellung für *Port* ist *22* und braucht nicht geändert zu werden.

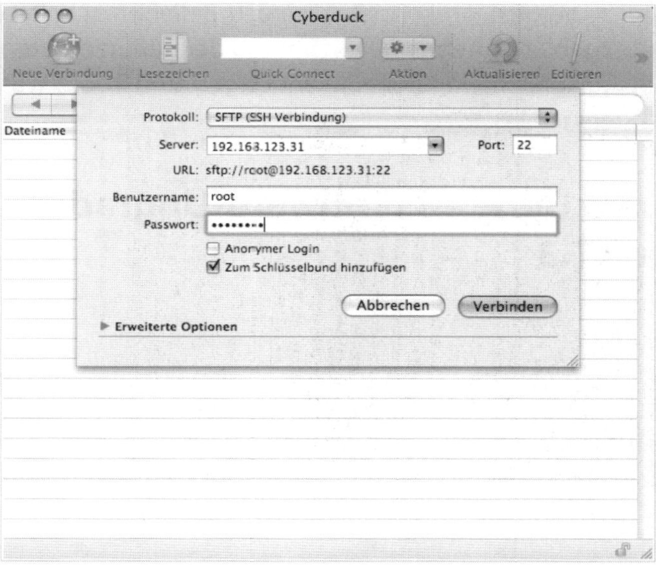

Bild 3.97 Nach Download, Installation und Start von Cyberduck stellen Sie zunächst eine Verbindung per Klick auf *Neue Verbindung* her.

Für *Benutzername* verwenden Sie *root*, das *Passwort* ist standardmäßig *dottie*. Funktioniert das nicht, probieren Sie *alpine*. Haben Sie das root-Passwort bereits geändert, verwenden Sie selbstverständlich das persönliche Passwort.

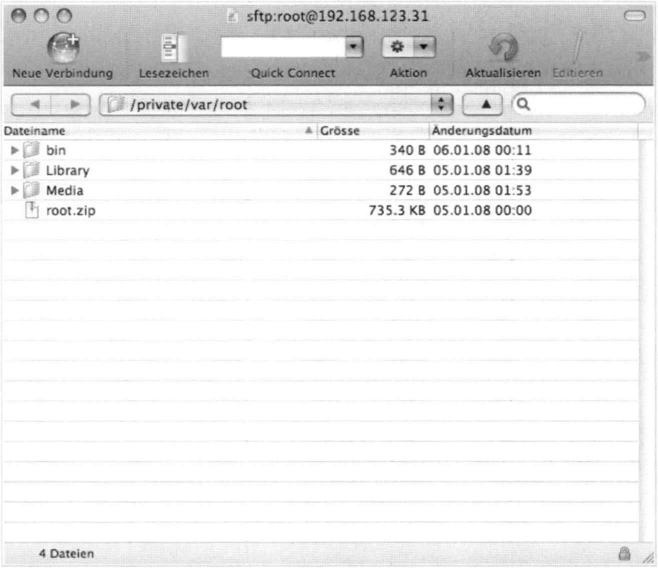

Bild 3.98 Ist Cyberduck via SSH verbunden, können Sie einfach per Maus im Dateisystem navigieren.

Ist der SSH-Zugriff erfolgreich hergestellt, können Sie nach Belieben schalten und walten: Das Haupteinsatzgebiet ist neben der Sicherung der Benutzerdaten des iPhone/iPod touch das Aufspielen weiterer Anwendungen und Tools, was sich nun ruck, zuck bewerkstelligen lässt.

3.9 Für entsperrte Geräte – Firmware-Upgrade auf Version 1.1.3

iPhone 1G | iPod touch

Im Gegensatz zu den beschriebenen Verfahren zum Lösen der Apple-Sperren, die über den PC bzw. den Mac die Sicherheitslücken im Betriebssystem des iPhone bzw. des iPod touch ausnutzen, erfolgt bei dieser Methode das eigentliche Aushebeln direkt auf dem Gerät.

> **ACHTUNG!**
> Dieses Verfahren ist ausschließlich für bereits entsperrte Geräte mit installierter Firmwareversion 1.1.1 und 1.1.2 vorgesehen.

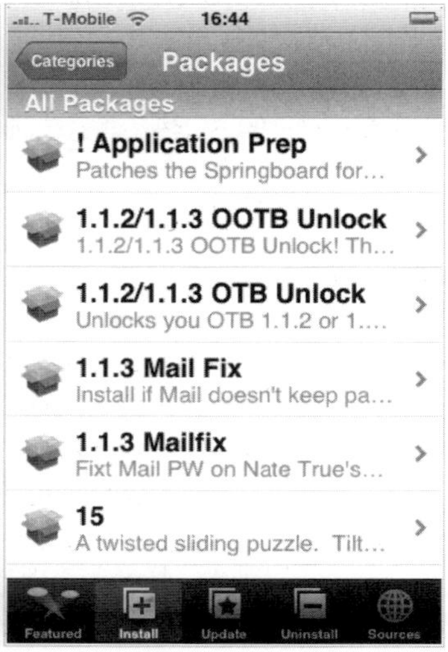

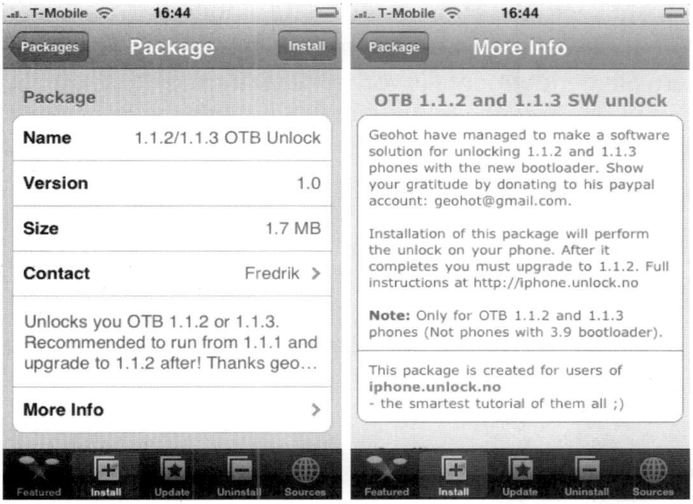

Bild 3.99 Nur für gejailbreakte iPhones mit aktivem SIM-Lock: Ist die Quelle *i.unlock.no* hinzugefügt, steht der Eintrag *Unlocking Tools* im Installer-Hauptmenü zur Verfügung. Dort ist unter *1.1.2/1.1.3 OTB Unlock* das Firmware-Update zu finden.

Hier wird über den Installer die Firmwaredatei heruntergeladen und entpackt, und nur jene Komponenten werden auf dem iPhone bzw. iPod touch installiert, die auch wirklich gebraucht werden. Das Besondere dabei: Diese Methode lässt das bereits erfolgte Aktivieren sowie den SIM-Lock des iPhone unangetastet.

Bild 3.100 Im Installer unter *System* ist der *Official 1.1.3 Upgrader* zu finden.

Nach dem Starten über *Install* wird das Firmware-Update eingespielt. Beachten Sie hier, dass bereits vorhandene Daten wie Kontakte, Bilder, Musik, Filme etc. entfernt werden – sichern Sie gegebenenfalls vorher die Daten.

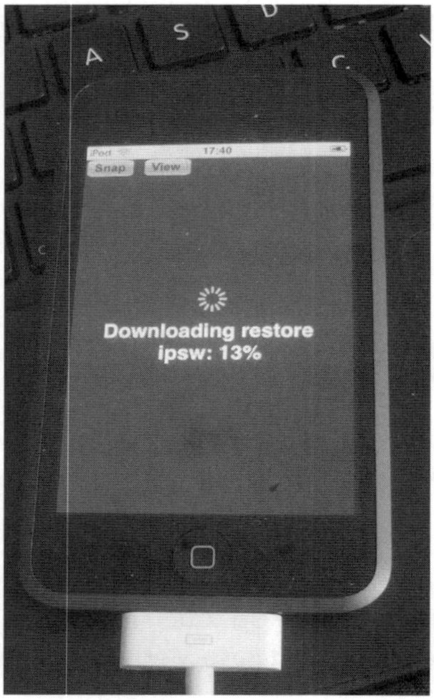

Bild 3.101 Nach der Installation des gehackten Firmware-Updates bleiben die ausgehebelten Sperren im Ursprungszustand.

Die ganze Prozedur dauert über 45 Minuten. Achten Sie hier auf ausreichende Stromversorgung des iPod touch bzw. des iPhone. Auf der sicheren Seite sind Sie, wenn das Gerät über das USB-Kabel am PC oder Mac angeschlossen ist.

3.10 Software finden und installieren

iPod touch | iPhone 1G

Ist der iPod touch oder das iPhone erfolgreich gejailbreakt, ist zunächst alles nahezu wie vorher: Damit wurde nur die Voraussetzung dafür geschaffen, dass sich auf dem iPod touch bzw. auf dem iPhone Anwendungen, Tools und weitere Spiele installieren lassen. Doch woher nehmen?

Zum Glück gibt es im Internet auf diversen »Fanseiten« sowie in diversen Foren wie *apfelphone.net*, *http://iphone-forums.de*, *www.hackint0sh.org* und zig anderen viele Hinweise und Links, über die Sie erfahren, wo überhaupt welche Software und welche Tools zur Verfügung stehen und wie sie sich installieren lassen. Es lohnt sich, unregelmäßig vorbeizusurfen und sich zu informieren.

Von Haus aus ist der Installer auf einem gejailbreakten iPhone bzw. iPod touch bereits mit einer ausreichenden Basis an Quellen ausgestattet. Wie Sie diese nutzen und worauf es hier ankommt, lesen Sie im folgenden Abschnitt.

Unkompliziert: eingebaute Quellen des Installers nutzen

iPod touch iPhone 1G

Über den Installer lässt sich auf iPod touch oder iPhone beliebige Software installieren, aktualisieren, aber auch wieder deinstallieren – vorausgesetzt, das Gerät ist gejailbreakt. Diese Programme, Tools und Fixes kommen aus unterschiedlichen Quellen – auf der sicheren Seite ist man mit den offiziellen (Official Sources), die das Notwendigste zur Verfügung stellen.

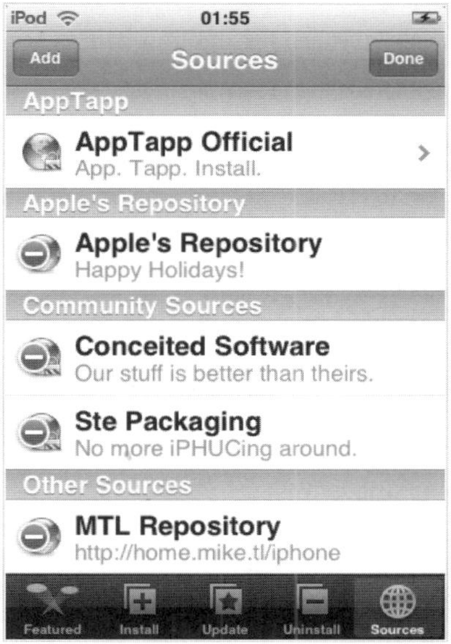

Bild 3.102 Übersichtlich: Der Installer lässt sich per Auswahl von *Add* in Sachen Quellverzeichnisse nachrüsten.

Von Haus aus hat der *AppTapp*-Installer einige Quellen eingetragen. Wer mehr »Wunschsoftware« sucht, der benötigt weitere Quellen für das Software-Repository – in den Foren auch »repo« oder »repos« genannt.

Ist der Installer gestartet, klicken Sie in der rechten unteren Ecke auf die Schaltfläche *Sources*. Um weitere Quellen hinzuzufügen, wählen Sie anschließend in der rechten oberen Ecke die Schaltfläche *Edit* und dann in der oberen linken Ecke die Schaltfläche *Add* aus, um weitere Quellen eintragen zu können.

Official Sources	Adresse: http://
AppTapp Official	repository.apptapp.com
Conceited Software	conceitedsoftware.com/iphone
Ste Packaging	psmxy.org/iphone-apps

Die inoffiziellen Quellen (Inofficial Sources) sollten ein wenig mit Vorsicht genossen werden – ist es doch denkbar, dass sich schwarze Schafe hier einen Zugriff auf das iPhone bzw. den iPod touch verschaffen könnten.

Fügen Sie eine inoffizielle Quelle hinzu, dann vergewissern Sie sich vorher in den einschlägigen Foren und Webseiten, ob die gewünschte Quelle auch als verlässlich und demnach als »sicher« gilt.

	Adresse: http://
AlohaSoft 1.0.2	homepage.mac.com/reinholdpenner/102.xml
AlohaSoft 1.1.1	homepage.mac.com/reinholdpenner/111.xml
AlohaSoft 1.1.2	homepage.mac.com/reinholdpenner/112.xml
Apogee LTD	apogeeltd.com
aXP	lostsoul.aeroxp.org/iphone/index.xml
BigBoss	markmon.mine.nu:90/iphone/repo/repo.plist
CedSoft	prog.cedsoft.free.fr (iSnake/Bounce)
CopyCoders	homepage.mac.com/hartsteins/copycoders/copycoders.xml
Death to Design	iphone.deathtodesign.com
HighTymes	hightymes.org/iphone/plist/index.xml
iApp-a-Day	iappaday.com/install
Imagine09	home.twcny.rr.com/imagine09/Imagine09.xml
iBlackjack	iphonefanclub.com/native
iSpazio.tk	spaziocellulare.com/ispazio.xml
iSwitcher	web.mac.com/iswitcher2/list.xml
iUnlock	i.unlock.no
Limited Edition iPhone	limitededitioniphone.com/lei.xml
Loring Studios	loringstudios.com/iPhone-schnapps/index.xml
Mateo	bblk.net/iphone (BeatPhone)

	Adresse: http://
Mobile Stacks	mobilestack.googlecode.com/svn/repository/internal.plist
ModMyiFone.com	modmyifone.com/installer.xml
MTL Repository	home.mike.tl/iphone
Shai's Apps	ride4.org/shai.xml
R4m0n	iphone.r4m0n.net/repos (iPhysics)
scummVM	urbanfanatics.com/scummvm.xml
Sones'o Repository	soneso.com/iphone
Studded	studded.net/installer/index.xml
Surge	iphonesurge.com/iphonesurge.xml
Swell	lyndellwiggins.com/Swell.xml
weiPhone	app.weiphone.com/installer
Unlocking Tools	i.unlock.no

Möchten Sie weitere Sprachen hinzufügen, nutzen Sie die folgenden Quellen. Hier sind auch entsprechend angepasste Tools und Programme zu finden.

Quellen für weitere Sprachen	Adresse: http://
Arabic	apps.iphoneislam.com
Chinese	iphone.org.hk/repository.plist
Danish	iphone.vildmedmac.dk/install
FrenchIphone	rep.frenchiphone.com
Greek	www.greek-iphone.com/grloc
Hebrew	ihebrew.net
Norwegian – iFon	install.ifon.no
Polish iPolish	krzak.net/iphone
Russian iPhone	russianiphone.ru/beta
Russian Tools (in English)	russianiphone.ru/beta/en
Spanish Phyros iPhone-ES	iphone.frickr.es/index.xml
Swedish iFun.se	ifun.se/swe
Taiwanese	iphone4.tw/unlock
Vietnamese	iphone.billydragon.net

Ist eine Quelle eingetragen, dauert es immer einen Moment, bis die Quellen automatisch aktualisiert sind. Ist ein Link bzw. eine Quelle nicht mehr gültig, wird diese nicht in der *Sources*-Liste eingetragen, der *AppTapp*-Installer bricht ab.

Um eine bereits installierte Software wieder vom iPhone/iPod touch zu entfernen, gehen Sie wie gewohnt vor. Starten Sie den Installer und wählen Sie im unteren rechten Bereich die *Uninstall*-Schaltfläche aus.

ACHTUNG!

Halt! Urheberrechtlich bedenklich

Da die Inhalte inoffizieller Seiten und Quellen oft wechseln und manchmal sogar urheberrechtlich Bedenkliches verteilen, sind diese auch oft nicht lange online. Hier sind Sie selbst dafür verantwortlich, welche Software Sie auf Ihren iPod touch und Ihr iPhone übertragen und welche nicht. Aus diesem Grunde distanzieren sich Autor und Verlag an dieser Stelle ausdrücklich von diesen angegebenen Quellen.

Spielhölle immer dabei – NES-Emulator

iPod touch | iPhone 1G

Um die alten Nintendo-Klassiker wie Donkey Kong, PacMan und andere auf iPhone oder iPod touch zu bringen, ist natürlich ein gehacktes Gerät notwendig. Erst dadurch lässt sich ein Emulator für die Nintendo NES-ROMs installieren, der diese in einem entsprechenden Spielfenster auf dem iPhone bzw. iPod touch darstellt.

Der NES-Emulator ist unter dem Eintrag *NES* im Bereich *Games* im Installer zu finden. Achtung: Wer also noch die alten NES-Spiele in einem Schuhkarton im Keller hat, holt sich die entsprechenden ROMs aus dem Internet.

Die für den NES-Emulator notwendigen ROMs unterliegen in der Regel dem Urheberrecht – achten Sie darauf. Verfügbare ROMs übertragen Sie am besten via SSH und kopieren die ROM-Datei des Spiels in den Ordner */private/var/root/Media/ROMs/NES* auf dem iPhone bzw. iPod touch.

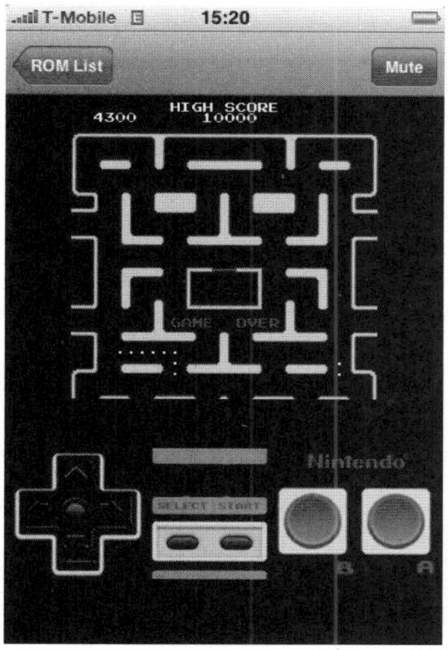

Bild 3.103 PacMan und mehr: Abhängig von den installierten ROMs lassen sich nahezu alle NES-Spieleklassiker auf iPhone und iPod touch bringen.

Damit die Spiele anschließend vom NES-Emulator genutzt werden können, passen Sie die Zugriffsrechte der ROM-Dateien auf *Oktal 0666* an.

Anwendungen installieren

iPod touch

Für viele ist der iPod touch ein abgespecktes iPhone ohne Telefoniefunktionalität. Tatsächlich fehlen dem iPod touch zusätzlich nicht nur die eingebaute Kamera sowie die Edge- und Bluetooth-Funktionalität, sondern auch weitere Anwendungen wie beispielsweise Google Maps, Mail, Notizen sowie Aktien- und Wetter-Widgets. Mit der Veröffentlichung der Firmware 1.1.3 im Januar 2008 hat Apple diese Ungleichbehandlung beendet: Wer jetzt einen iPod touch bei Apple bezieht, der hat die aktuellste Firmware an Bord – samt den iPhone-Anwendungen. Besitzer eines iPod touch bekommen das Firmware-Update 1.1.3 kostenlos, allerdings in einer abgespeckten Version.

Dafür sind oben genannte vom iPhone bekannte Anwendungen, bereits vorinstalliert, mit an Bord. Wer hingegen zu den Erstkäufern des iPod touch gehört und sein Geld für die iPhone-Anwendungen sparen möchte, der muss sich anderweitig helfen.

Bild 3.104 Wer ein vollwertiges Firmware-Update haben möchte, der muss dafür im iTunes-Onlineshop bezahlen.

Um Anwendungen wie Google Maps, Mail, Notizen sowie Aktien- und Wetter-Widgets nachträglich zu installieren, müssen Sie sich diese entweder vom iPhone kopieren oder aus dem Internet besorgen und händisch installieren, was ebenso wie die Installer-Methode über inoffizielle Quellen urheberrechtlich zumindest für Bauchschmerzen sorgt.

Datei/Ordner	iPhone (Quelle)	iPod touch (Ziel)
GMM.framework	/System/Library/Frameworks/	/System/Library/Frameworks/
N45AP.plist	/System/Library/CoreServices/ SpringBoard.app/	/System/Library/CoreServices/ SpringBoard.app/
MobileMailSettings. bundle	/System/Library/Preference-Bundles/	/System/Library/Preference-Bundles/
MobileMail.app	/Applications	/Applications
Weather.app	/Applications	/Applications
Stocks.app	/Applications	/Applications
Maps.app	/Applications	/Applications
MobileNotes.app	/Applications	/Applications

Anschließend lassen sich diese Anwendungen via SSH auf den iPod touch übertragen und in Betrieb nehmen. Wer neben dem iPod touch ein iPhone sein Eigen nennt, der geht folgendermaßen vor:

Zunächst kopieren Sie die notwendigen Dateien und Ordner vom iPhone, sichern diese auf der Festplatte und übertragen sie anschließend in das gleichnamige Verzeichnis auf dem iPod touch.

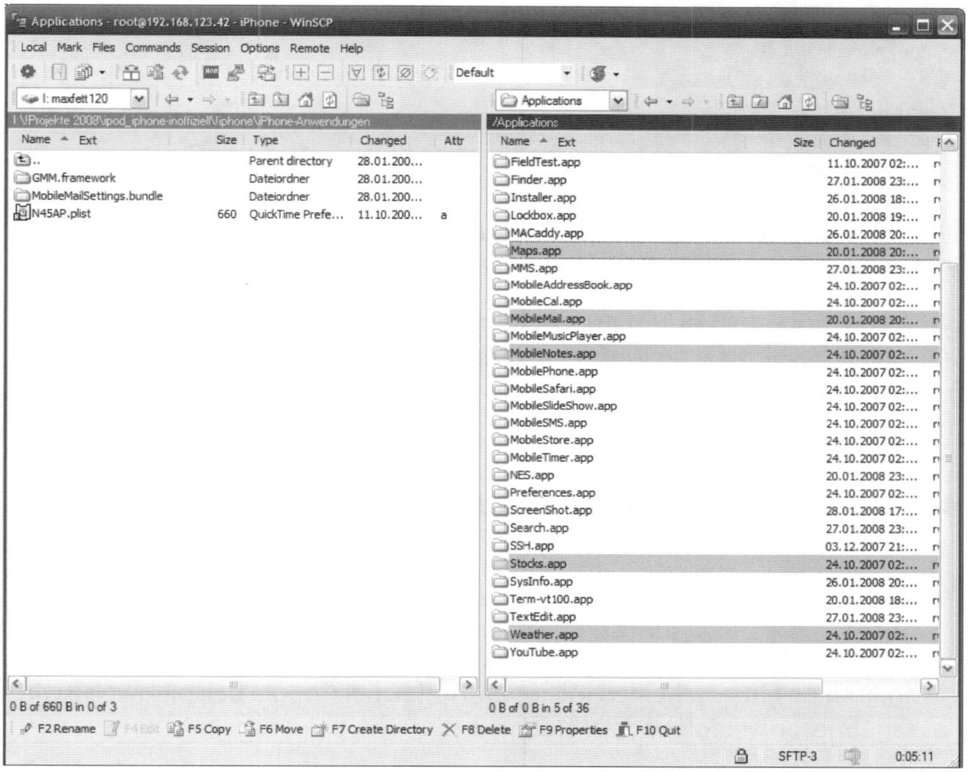

Bild 3.105 Über SSH kopieren Sie die gewünschten Dateien und Ordner zunächst auf die Festplatte.

Liegen die Daten auf die Festplatte, nehmen Sie eine SSH-Verbindung zum iPod touch auf und kopieren die gesicherten Dateien und Ordner in die entsprechenden Zielverzeichnisse. Anschließend schalten Sie den iPod touch aus und starten ihn neu, damit das Springboard die neuen Anwendungen initialisieren kann.

Bild 3.106 Bunte Logowelt: Nach dem Neustart des iPod touch stehen nun die gewünschten iPhone-Anwendungen wie Mail und Google auf dem Springboard zur Verfügung.

Wer kein iPhone zur Verfügung hat, muss wohl oder übel auf diesen Kopierkniff verzichten, doch manche Webseiten enthalten auch Hinweise und geben inoffizielle Quellen an, um die iPhone-Anwendungen auf dem iPod touch nachzurüsten.

Besser googlen – Zeit und Nerven sparen

iPod touch iPhone 1G

Geben Sie die Begriffe *iPhone*, *Software* und *Download* in das Suchfenster einer Suchmaschine ein, erscheinen Millionen Treffer. Bei Google beispielsweise wirft das Ergebnisfenster folgende Meldung aus:

```
Ergebnisse 1 - 10 von ungefähr 6.030.000 für iphone software
download. (0,34 Sekunden)
```

Wer viel Freizeit und Geduld hat, forstet die Treffer schrittweise durch. Doch mit der richtigen Suchstrategie und Technik kommen Sie schneller ans Ziel: Kennen Sie den genauen Namen des Programms, setzen Sie die Suchwörter in Anführungszeichen ("").

In diesem Fall gibt Google nur die Trefferseiten zurück, in denen die Suchwörter exakt so vorkommen, wie im Suchfenster eingegeben. Weiter lässt sich die Suche mit dem Minuszeichen einschränken.

Wer beispielsweise nach Software für den iPod touch, nicht aber für das iPhone suchen möchte, der nutzt den Suchbegriff *-iPhone "iPod touch"*. In diesem Fall werden nur Treffer angezeigt, die mit dem iPod touch, nicht aber mit dem iPhone zu tun haben.

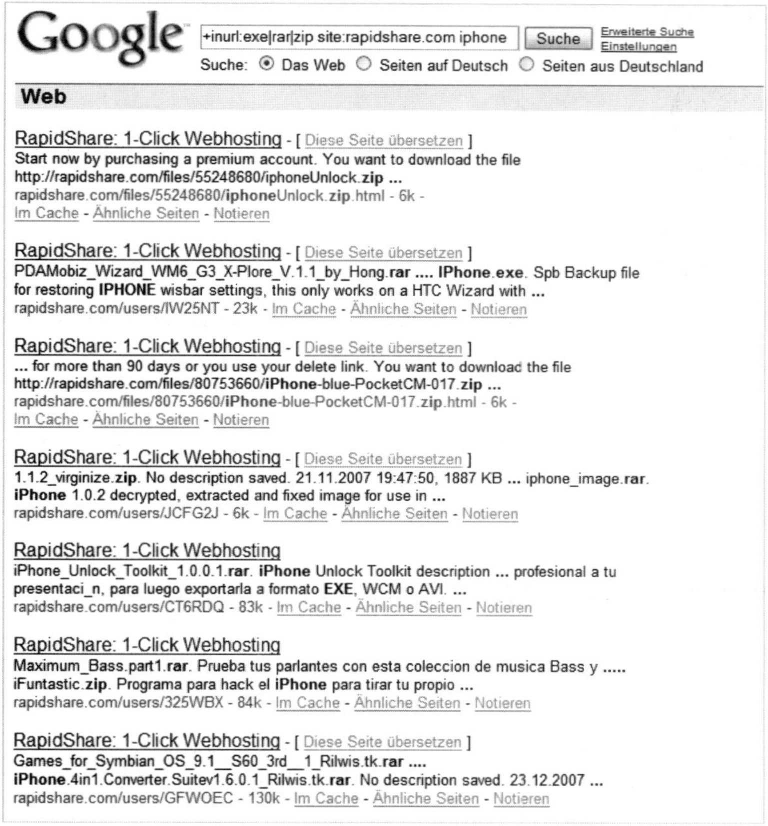

Bild 3.107 Suchen wie die Profis: Wer die Suche nach bestimmten Dateitypen mit den passenden Schlagwörtern kombiniert, kommt schneller ans Ziel.

Besonders bei Begriffen wie iPhone oder iPod liefert Google zu viele und internationale Suchtreffer. Um die Suche auf bestimmte Sprachen bzw. Inhalte einzugrenzen, fügen Sie dem Suchbegriff den *site*-Parameter hinzu. Steht im Suchfenster

```
-iPhone "iPod touch" site:de
```

ist die Google-Suche schon mal auf rund 650.000 Treffer zusammengeschmolzen. Wer nach einem bestimmten Dateityp die Suche einschränken möchte, nutzt den Operator *filetype:* – mit *filetype:zip* werden nur ZIP-Dateien angezeigt, die zu dem Suchbegriff passen.

Bild 3.108 Jede Menge legale und illegale Software für iPhone und iPod touch ist bei bekannten Filehostern zu finden.

Bei der Suche auf Filehoster-Seiten wie Rapidshare, auf denen sich allerhand Legales und Illegales in Sachen iPhone und iPod touch-Software tummelt, ist die Einschränkung der Suche mit dem *inurl*:-Operator zielführender. Mit dem Suchbefehl

```
+inurl:exe|rar|zip site:rapidshare.com iphone
```

schmilzt die Suchanfrage auf ungefähr 37 Treffer zusammen, die sich bequem und schnell überprüfen lassen. Möchten Sie die Suchergebnisse noch mehr verfeinern, können Sie auf Wunsch weitere Einschränkungen vornehmen. Wählen Sie bei Google die *Erweiterte Suche* aus, sind Ihrer Kreativität keine Grenzen gesetzt.

3.11 Geheime Schalter: iPhone-Features nutzen

iPhone 1G

Ist das iPhone nach Wunsch freigeschaltet und betriebsbereit, haben Sie alle Möglichkeiten. Doch oft sind noch kleinere Hürden zu umschiffen, um verschiedene Dinge wie selbst gemachte Klingeltöne, MMS-Funktionen und vieles mehr auf dem iPhone nutzen zu können. Oder die Auto-Korrektur-Funktion auf dem iPhone wird lästig und lässt sich nicht abschalten – auch dazu finden Sie in diesem Abschnitt die passende Lösung.

Klingeltöne selbst gemacht: geizen und nachrüsten

Das ewige Thema Klingeltöne. War es früher die Abzocke der privaten Fernsehsender, die zu horrenden Preisen Lieblingsklingeltöne unter die Kundschaft brachten, werden heutzutage andere Methoden genutzt, um den iPhone-Besitzern das Geld aus der Tasche zu ziehen. Rund ein Euro ist für einen Klingelton fällig. Wer schlau ist und mit einer Audiobearbeitungssoftware umzugehen weiß, legt hier selbst Hand an.

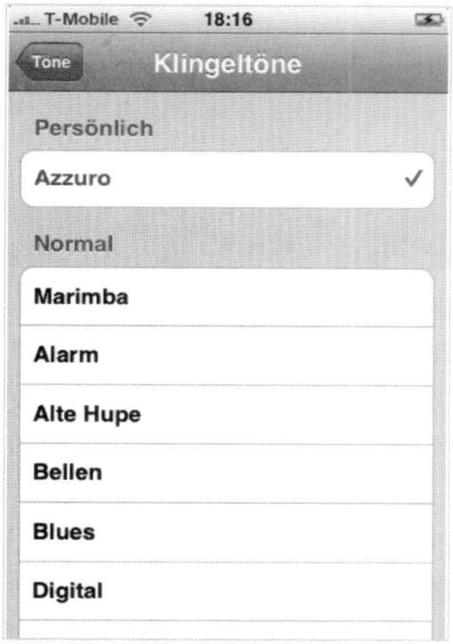

Bild 3.109 So soll es sein: der persönliche Klingelton auf dem iPhone.

Haben Sie das gewünschte Musikstück im MP3-Format vorliegen, nutzen Sie eine beliebige Schnittsoftware, um aus diesem Musikstück einen Schnipsel herauszuschneiden, der die gewünschte Dauer des Klingeltons festlegt. Anschließend konvertieren Sie diesen via iTunes und übertragen ihn auf das iPhone.

MP3 auswählen und bearbeiten

Um eine vorliegende MP3-Datei zu bearbeiten und sie auf die Dauer eines Klingeltons zu bringen, nutzen Sie unter Windows beispielsweise die Freeware mp3DirectCut (*http://mpesch3.de1.cc/*), Programme von Magix oder Nero tun es auch.

Für Mac OS X ist das Softwareangebot in Sachen Musikangebot ebenfalls umfangreich. Hier reicht ein Programm wie MP3 Trimmer (*www.versiontracker.com/dyn/moreinfo/macosx/20938*).

Bild 3.110 Ist der Klingeltonschnipsel aus der gewünschten Datei ausgewählt, speichern Sie ihn unter einem neuen Namen auf der Festplatte ab.

Egal ob Sie unter Windows oder Mac OS X arbeiten – mit den Schneidewerkzeugen ist es kein Problem, Teile aus MP3-Dateien herauszuschneiden und in einer neuen Datei zu speichern. Achten Sie darauf, dass die Klingeltondatei nicht zu lang wird, da sie ja als Klingelton und nicht als »normale« Musikdatei genutzt werden soll. Rund 20 bis 30 Sekunden, je nach Geschmack und Art des Klingeltons, sind in Ordnung.

MP3 in iTunes importieren

Anschließend konvertieren Sie mit iTunes die erstellte MP3-Datei in das AAC-Format. Ist das iPhone am PC/Mac eingesteckt, prüfen Sie zunächst, ob bei iTunes die Klingeltöne aktiviert sind oder nicht. In der iPhone-Übersicht sollte ein entsprechendes Register sichtbar sein, falls nicht, setzen Sie über *Bearbeiten/Einstellungen/Allgemein* das entsprechende Häkchen bei *Klingeltöne*.

Bild 3.111 Wird das Register *Klingeltöne* beim Einstecken des iPhone nicht angezeigt, muss in den iTunes-Einstellungen noch das passende Häkchen gesetzt werden.

Anschließend fügen Sie die Klingelton-MP3-Datei der iTunes-Mediathek hinzu. Dies erledigen Sie einfach per Drag & Drop der Datei in das iTunes-Fenster. Anschließend wird die Datei automatisch in iTunes importiert und in der Musikdatenbank eingepflegt.

Bild 3.112 Erfolgreich importiert: In der iTunes-Wiedergabeliste *Zuletzt hinzugefügt* ist der Klingelton im MP3-Format zu sehen.

MP3 nach AAC konvertieren

Ist standardmäßig der MP3-Codec als Import-Codec festgelegt, ist hier noch das Konvertieren in das Apple-freundliche AAC-Format notwendig. Wählen Sie in der Mediathek oder einfach über den Eintrag *Zuletzt importiert* die entsprechende Klingelton-MP3-Datei aus und klicken Sie im Kontextmenü der rechten Maustaste auf den Eintrag *Auswahl konvertieren in AAC*.

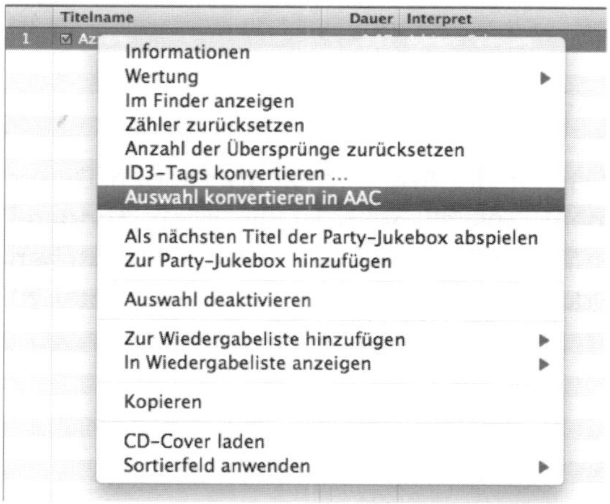

Bild 3.113 Titel markieren und per Kontextmenü konvertieren.

Steht dort stattdessen *Auswahl konvertieren in MP3*, liegt das an den falschen Importeinstellungen. In diesem Fall öffnen Sie die iTunes-Einstellungen und hier das Register *Erweitert*. Öffnen Sie den Bereich *Importieren* und markieren Sie in der Liste *Importieren mit* den Eintrag *AAC-Codierer*. Die Qualität legen Sie im Bereich *Einstellung* fest. Hier reicht *Hohe Qualität (128 kBit/s)*.

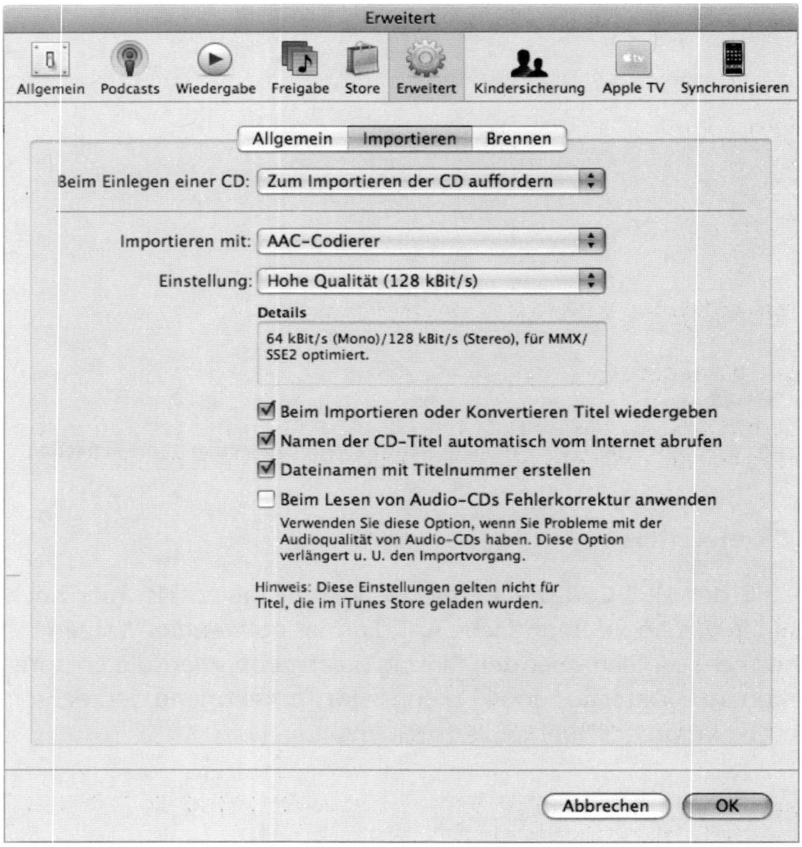

Bild 3.114 Sind die Importeinstellungen angepasst, beenden Sie den Dialog mit *OK*.

Nun lässt sich die gewünschte MP3-Datei in das AAC-Format übertragen. Dieser Vorgang dauert einen kurzen Moment, anschließend ist die Klingeltondatei doppelt in der Übersicht sichtbar. Um Verwechslungen auszuschließen, löschen Sie nun diejenige, die unter *Informationen* auch eindeutig als MP3-Datei zu identifizieren ist – die AAC-Datei bleibt vorerst vorhanden.

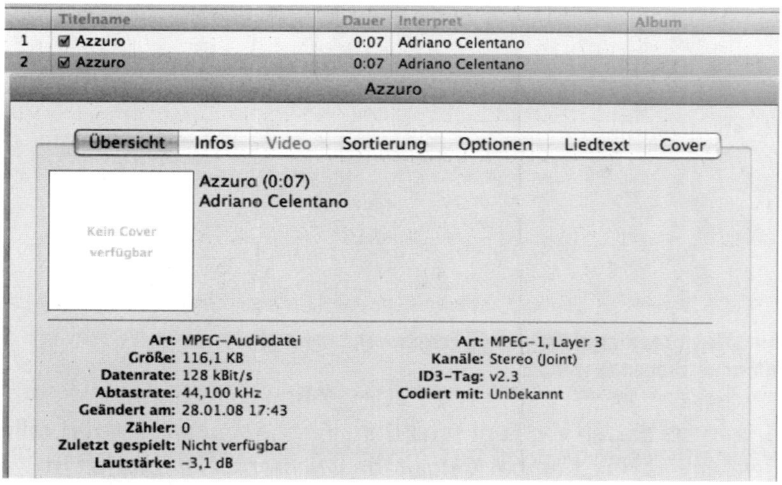

Bild 3.115 Einsatzzweck erfüllt: Die MP3-Datei kann nun in den Papierkorb verschoben werden.

Dateierweiterung anpassen

Im nächsten Schritt ändern Sie einfach die Dateierweiterung der Klingelton-AAC-Datei von *m4a* auf *m4r*, die als Standardformat für iPhone-Klingeltöne definiert ist.

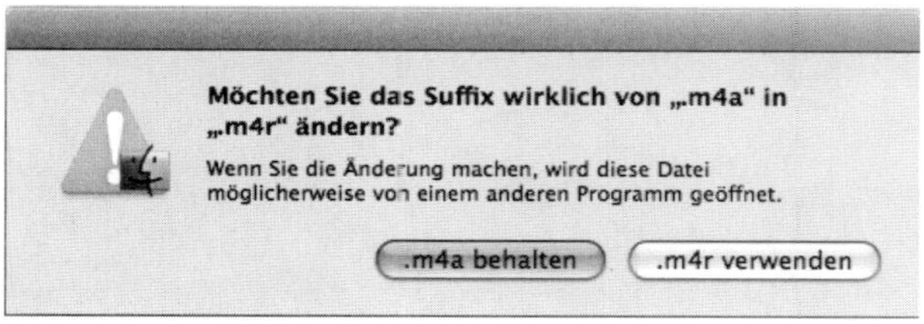

Bild 3.116 Warnung: Bevor die Datei umbenannt werden kann, erscheint unter Mac OS X diese Nachfrage. In diesem Fall klicken Sie auf die Schaltfläche *.m4r verwenden*.

Entweder ziehen Sie hier die Datei per Drag & Drop auf den Schreibtisch (Mac OS X) bzw. auf den Desktop (Windows) und ändern anschließend die Dateierweiterung, oder Sie ändern diese direkt über den Finder (Mac OS X) bzw. den Explorer (Windows) im entsprechenden Ablageordner der *Mediathek Musik*.

Klingelton auf iPhone übertragen

Das war's: Nach dem Umbenennen der Klingeltondatei in das M4R-Format ziehen Sie diese Datei per Drag & Drop abermals nach iTunes. Markieren Sie zuvor in der iTunes-Seitenleiste den Eintrag *Klingeltöne*.

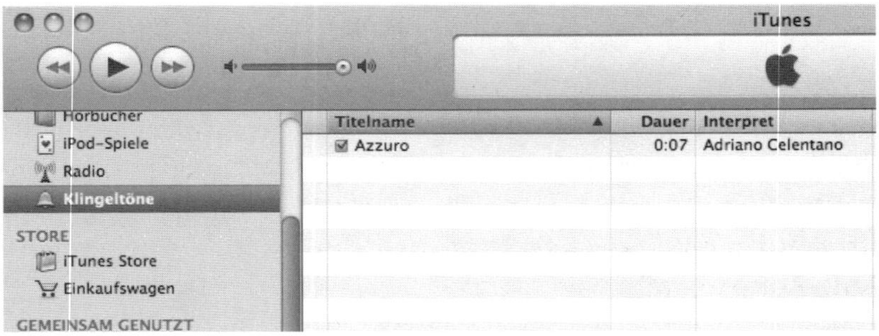

Bild 3.117 Wie gewohnt: Liegt der Klingelton im M4R-Format vor, braucht dieser nur in den Bereich *Klingeltöne* geschoben zu werden.

Anschließend können Sie diesen via iTunes mit dem iPhone synchronisieren, falls im Register *Klingeltöne* das Häkchen bei *Klingeltöne synchronisieren* gesetzt ist.

Bild 3.118 Sind die entsprechenden Häkchen gesetzt und der gewünschte Klingelton ausgewählt, klicken Sie auf die Schaltfläche *Anwenden*.

Nach dem erfolgreichen Synchronisieren steht der Klingelton auf dem iPhone unter *Einstellungen/Töne/Klingeltöne* im Bereich *Persönlich* zur Verfügung.

Nur für importierte iPhones: Auto-Korrektur abschalten

Wer ein aus dem Ausland importiertes iPhone in Deutschland nutzt, der wird sich schon mehr als einmal über die automatische Rechtschreibkorrektur geärgert haben. Fehlt beispielsweise beim Schreiben einer SMS oder E-Mail das gewünschte Wort, schlägt die Korrektur ein passendes Wort vor. Gehen einem die Wortvorschläge auf den Wecker, hilft das Tunen der Tastatureinstellungen, damit sich die Auto-Korrektur abschalten lässt.

Bild 3.119 Vorher und nachher: Nach dem XML-Eingriff ist der Auto-Korrektur-Eintrag in den Tastatureinstellungen enthalten.

Zunächst stellen Sie via SSH eine Verbindung zum iPhone her und kopieren aus dem iPhone-Verzeichnis */Applications/Preferences.app/* die Datei *Keyboard.plist* auf die Festplatte. Sicherheitsbewusste legen noch eine Sicherheitskopie an, bevor diese Datei in das XML-Format umgewandelt und bearbeitet wird.

Über die Kommandozeile: plist-Format in XML konvertieren

Mit der Einführung von Mac OS X 10.4 hat Apple das neue *plist*-Dateiformat eingeführt. Seitdem ist es nicht mehr möglich, eine solche verschlüsselte Datei einfach in einem Editor wie TextEdit zu öffnen, sondern sie muss aufgrund des Binärformats zunächst in das XML-Format konvertiert werden.

Glücklicherweise steht für Mac-Anwender in der Konsole mit dem *plutil*-Werkzeug ein entsprechender Lösungsansatz bereit. Windows-Anwender sind hier entweder auf einen Mac-Anwender in der Nachbarschaft angewiesen oder nutzen den Lösungsweg, der im Abschnitt »Und es geht doch: plist-Dateien unter Windows öffnen und bearbeiten« auf Seite 184 beschrieben wird.

Mit *plutil* lassen sich *plist*-Dateien hin- und herkonvertieren. Soll eine XML-Änderung vorgenommen werden, wird die Datei in das XML-Format übertragen, um dies anschließend via TextEdit zu erledigen. Haben Sie beispielsweise die Datei *Keyboard.plist* auf der Festplatte, öffnen Sie ein Konsolenfenster und wechseln in das entsprechende Verzeichnis.

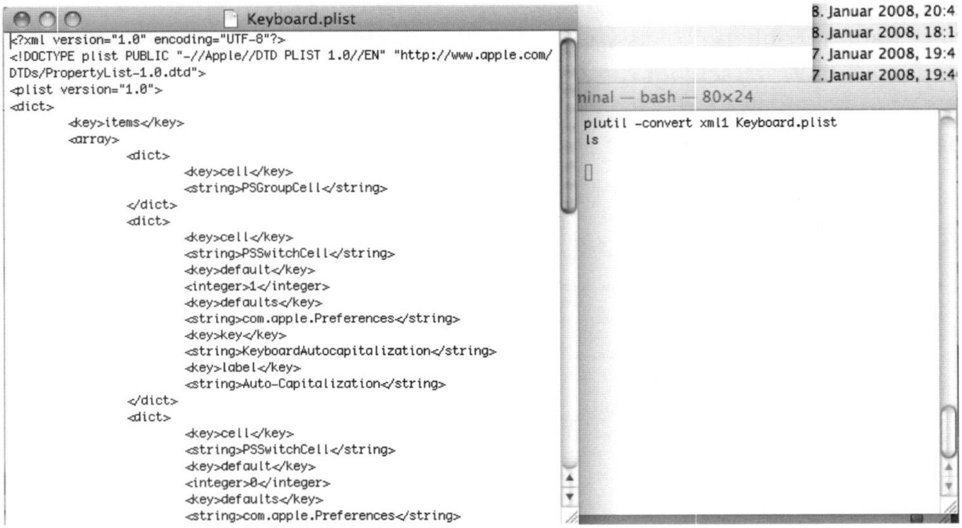

```
Keyboard.plist
<?xml version="1.0" encoding="UTF-8"?>
<!DOCTYPE plist PUBLIC "-//Apple//DTD PLIST 1.0//EN" "http://www.apple.com/DTDs/PropertyList-1.0.dtd">
<plist version="1.0">
<dict>
	<key>items</key>
	<array>
		<dict>
			<key>cell</key>
			<string>PSGroupCell</string>
		</dict>
		<dict>
			<key>cell</key>
			<string>PSSwitchCell</string>
			<key>default</key>
			<integer>1</integer>
			<key>defaults</key>
			<string>com.apple.Preferences</string>
			<key>key</key>
			<string>KeyboardAutocapitalization</string>
			<key>label</key>
			<string>Auto-Capitalization</string>
		</dict>
		<dict>
			<key>cell</key>
			<string>PSSwitchCell</string>
			<key>default</key>
			<integer>0</integer>
			<key>defaults</key>
			<string>com.apple.Preferences</string>

ninal — bash — 80x24
plutil -convert xml1 Keyboard.plist
ls
```

Bild 3.120 ***plutil* gibt keine Bildschirmmeldung aus – die Datei ist umgehend umgewandelt.**

Mit dem Befehl

```
plutil -convert xml1 Keyboard.plist
```

wird die Datei in das XML-Format konvertiert und lässt sich nun mit TextEdit öffnen und bearbeiten.

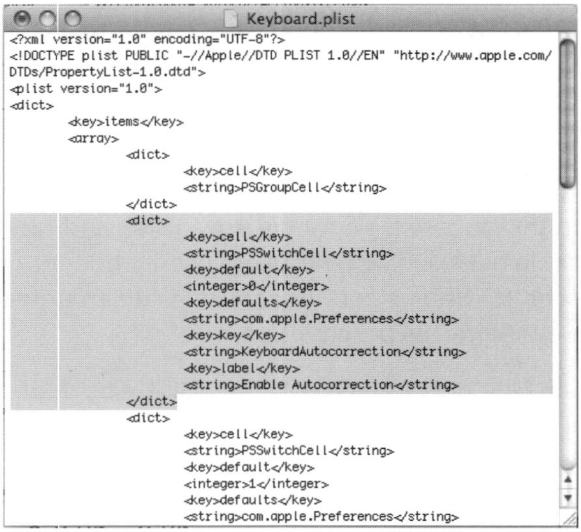

```
Keyboard.plist
<?xml version="1.0" encoding="UTF-8"?>
<!DOCTYPE plist PUBLIC "-//Apple//DTD PLIST 1.0//EN" "http://www.apple.com/DTDs/PropertyList-1.0.dtd">
<plist version="1.0">
<dict>
	<key>items</key>
	<array>
		<dict>
			<key>cell</key>
			<string>PSGroupCell</string>
		</dict>
		<dict>
			<key>cell</key>
			<string>PSSwitchCell</string>
			<key>default</key>
			<integer>0</integer>
			<key>defaults</key>
			<string>com.apple.Preferences</string>
			<key>key</key>
			<string>KeyboardAutocorrection</string>
			<key>label</key>
			<string>Enable Autocorrection</string>
		</dict>
		<dict>
			<key>cell</key>
			<string>PSSwitchCell</string>
			<key>default</key>
			<integer>1</integer>
			<key>defaults</key>
			<string>com.apple.Preferences</string>
```

Bild 3.121 Anschließend tragen Sie die markierten Zeilen ein, um die Auto-Korrektur auf dem iPhone nachzurüsten.

Ist die Datei *Keyboard.plist* geöffnet, fügen Sie der XML-Datei folgende Einträge hinzu. Für mehr Übersicht rücken Sie per [⇥]-Taste die entsprechenden Zeilen ein.

```
<dict>
<key>cell</key>
<string>PSSwitchCell</string>
<key>default</key>
<integer>0</integer>
<key>defaults</key>
<string>com.apple.Preferences</string>
<key>key</key>
<string>KeyboardAutocorrection</string>
<key>label</key>
<string>Enable Autocorrection</string>
</dict>
```

Anschließend speichern Sie die Datei und beenden TextEdit.

Der Weg zurück: XML-Datei in das plist-Format umwandeln

Der Weg zurück in das binäre Format wäre zwar nicht zwingend notwendig, weil das iPhone auch mit *plist*-Dateien im ASCII-Format zurechtkommt. Ordnungsliebende können jedoch auch wieder über die Konsole das *plist*-Format in den Ursprungszustand bringen: Mit dem Befehl

```
plutil -convert binary1 Keyboard.plist
```

wandeln Sie die XML-Datei in das Binärformat um.

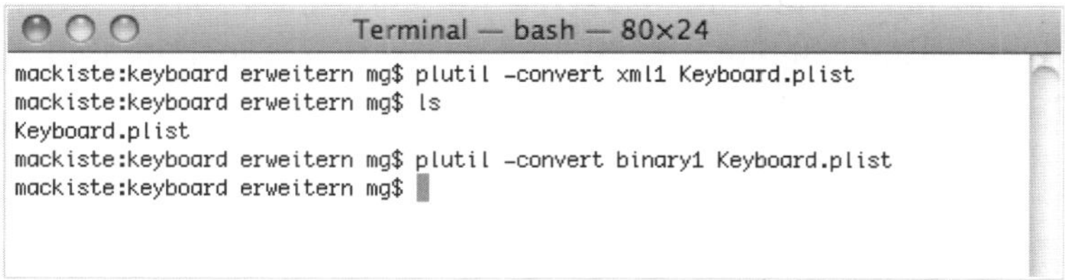

Bild 3.122 Nicht wundern: Auch nach dem Umwandeln in das Binärformat erscheint keine Erfolgsmeldung in der Konsole.

Zu guter Letzt stellen Sie anschließend wieder per SSH eine Verbindung zum iPhone her und übertragen die bearbeitete Datei *Keyboard.plist* in das Verzeichnis */Applications/Preferences.app/*.

Bild 3.123 Lästige Korrektur abgeschaltet: Nun erscheint beim Tippen kein Verbesserungsvorschlag mehr.

Die Auto-Korrektur finden Sie über *Einstellungen/Allgemein/Tastatur*. Per Setzen der entsprechenden Option schalten Sie die Auto-Korrektur ab.

iPhone unterwegs – mit EDGE/GPRS ins Internet

Ärgerlich: Surft man mit Safari eine Webseite an, erscheint manchmal die Fehlermeldung *EDGE konnte nicht aktiviert werden: Fehler bei der PDP-Identifizierung*. Diese Fehlermeldung ist nicht ungewöhnlich für jene Geräte, die entweder nicht von T-Mobile kommen (aber im T-Mobile-Netz betrieben werden sollen) oder frisch entsperrt worden sind, um das iPhone mit einer anderen SIM-Karte zu nutzen.

Wer den Internetzugang über das iPhone mit einem alternativen Netzbetreiber verwenden möchte, der hat standardmäßig schlechte Karten. Dies liegt in der Regel an den falschen EDGE-Einstellungen im iPhone, die sich jedoch im Menü bei *EDGE* unter *Einstellungen/Allgemein/Netzwerk* ändern lassen.

Bild 3.124 Über *Einstellungen/Allgemein/Netzwerk* lassen sich die Internetparameter für das iPhone einstellen.

Bei einem Standard-T-Mobile-iPhone sind hier die EDGE-Einstellungen fest für die Complete-Tarife eingetragen und nicht änderbar. Oder der EDGE-Eintrag wird im Menü erst gar nicht angezeigt. Wer hier zu den Einstellungen möchte, muss selbst Hand anlegen.

Bild 3.125 Der EDGE-Eintrag wird nicht angezeigt.

Wer das Handy per Jailbreak-Eingriff freigeschaltet hat, der kann, wie im Abschnitt »Praktisch und sicher – Zugriff über SSH« auf Seite 138 beschrieben, per SSH auf das iPhone zugreifen und anschließend diese Sperre aushebeln. Suchen Sie auf dem iPhone im Verzeichnis

```
/system/library/frameworks/coretelephonyframework/support
```

die Datei

```
TMobile_Germany.plist
```

Laden Sie diese mit Ihrem bevorzugten SSH-Client auf Ihren PC oder Mac und fügen Sie dort folgende Zeilen ein:

```
<key>AllowEDGEEditing</key>
<true/>
```

Anschließend sichern Sie die Datei wieder auf das iPhone zurück.

Anschließend steht unter *Einstellungen/Allgemein/Netzwerk* die Option *EDGE* zur Verfügung. T-Mobile-Anwender (ohne speziellen iPhone-Tarif) stellen für den Internetzugang via EDGE den *APN* auf *internet.t-mobile.de* um. Der *Benutzername* und das *Passwort* lauten hier *tm*.

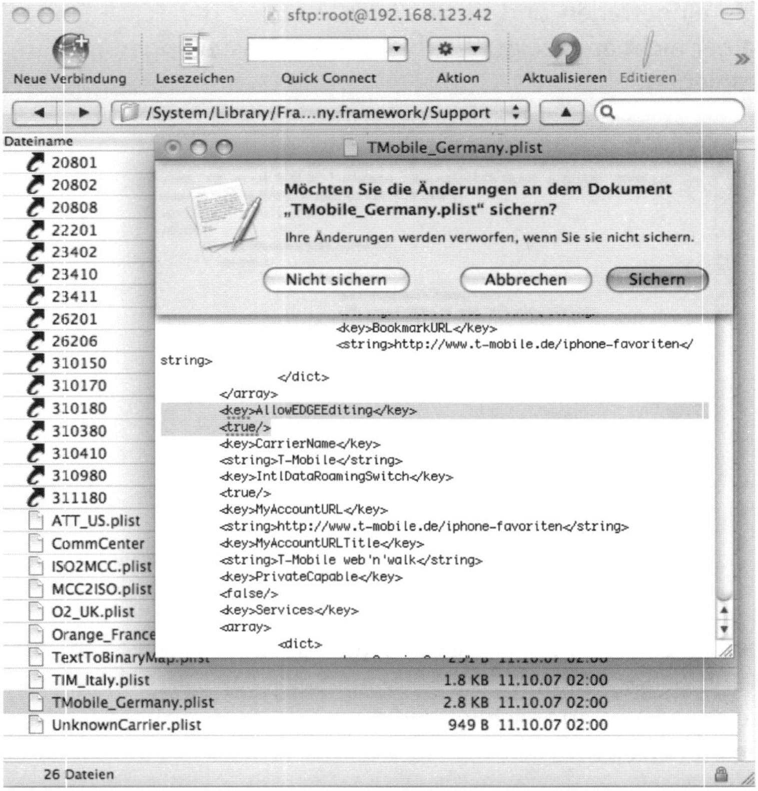

Bild 3.126 Nach dem Eintragen der beiden Zeilen sichern Sie die Datei *TMobile_Germany.plist* und übertragen diese via SSH in das Verzeichnis */system/library/frameworks/coretelephonyframework/support* auf dem iPhone.

Bild 3.127 Schritt für Schritt tragen Sie die EDGE-Einstellungen ein.

Andere Netzanbieter haben folgende Zugangsparameter für den GPRS-Zugang:

Anbieter	E-Plus	T-Mobile	Vodafone	02
APN	internet.eplus.de	internet.t-mobile.de	web.vodafone.de	internet
Benutzer	eplus	tm	vodafone	leer
Passwort	gprs	tm	vodafone	leer

Das war's: Nun können Sie einen ersten Test wagen. Haben Sie ein aktiviertes WLAN, können Sie die WLAN-Funktion im iPhone kurzzeitig abschalten, um zu sehen, ob der EDGE-/GPRS-Zugang auch wirklich funktioniert.

Bild 3.128 Das E-Symbol hinter dem Netzanbieternamen zeigt die erfolgreiche Verbindung: Nach der EDGE-Konfiguration lässt sich über Safari im Internet surfen.

War der Test erfolgreich, dann viel Spaß im Internet – falls nicht, hilft möglicherweise ein spezieller EDGE-Fix für das iPhone. Dieser ist im Internet (*www.sendowski.de/2007/11/30/edge-fix-fur-112-in-deutschland-per-apptapp/*) verfügbar.

EDGE nachrüsten via Installer

Dieser Kniff wird für entsperrte iPhones mit Firmwareversion 1.1.2 empfohlen – hier prüfen Sie zunächst, ob über den Installer in der Kategorie *Tweaks (1.1.2)* das Paket *EDGE_FIX_DE_112* zur Verfügung steht. Für entsperrte iPhone-Modelle mit Firmwareversion 1.1.1 verwenden Sie das Paket *EDGE_FIX_DE_111* in der Kategorie *Tweaks (1.1.1)*.

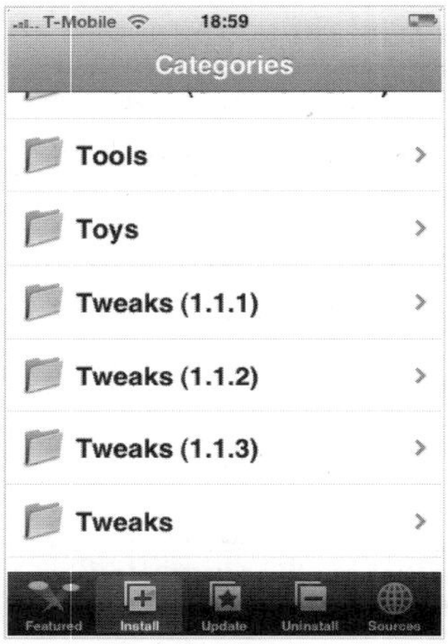

Bild 3.129 Je nach Firmware des iPhone finden Sie im Ordner *Tweaks (1.1.1)* bzw. *Tweaks (1.1.2)* den passenden EDGE-Fix für Ihren Anbieter.

Falls nicht, wählen Sie unten rechts zunächst *Sources* aus, um eine neue Quelle hinzuzufügen. Nun wählen Sie oben rechts *Edit* aus, dann oben links *Add*, um im *Add Source*-Dialog die Adresse *http://www.sendowski.de/iphone* als Quelle einzutragen.

Bestätigen Sie die Quelle mit *OK*, ist nach dem Aktualisieren der Quellen das Paket *EDGE_FIX_DE_112* im Ordner *Tweaks (1.1.1)* bzw. *Tweaks (1.1.2)* vorhanden.

Nach der Installation starten Sie das iPhone neu. Funktioniert es immer noch nicht, entnehmen Sie die eingelegte SIM-Karte und setzen diese erneut ein. Anschließend sollten die EDGE-Einstellungen sichtbar und änderbar sein.

3.12 Per VoIP – Telefonieren mit dem iPod touch

iPod touch

Warum in die Ferne schweifen, wenn das heimische Netz so nah liegt? Gewiefte Hacker und Bastler haben eine Telefonielösung für den iPod touch entwickelt, mit der sich (fast) wie mit einem iPhone telefonieren lässt. Da dem iPod touch ein Mobilfunkmodul fehlt, ist das selbstverständlich nur über die VoIP-Technik via WLAN-Anschluss möglich. So lässt sich nach den Vorstellungen der Entwickler unterwegs über ein geöffnetes, ungesichertes WLAN, zu Hause natürlich verschlüsselt, über den iPod touch telefonieren. Auf der Website *http://home.swipnet.se/ridax/touchmic.htm* erhalten Sie das Mikrofon für den iPod touch.

Hier ist neben einem gejailbreakten iPod touch sowie der entsprechenden VoIP-Anwendung noch ein zusätzliches Aufsteckmikrofon erforderlich, was sich mit etwas Bastelarbeit (*http://rob.tc/index.php/ipod-touch-mics/*) sogar selbst herstellen lässt. Die Entwickler und Nutzer dieser iPod touch-Telefonielösung tauschen sich in einem Blog (*http://touchmods.wordpress.com/*) aus. Wer an einer solchen Lösung interessiert ist, sollte dort vorbeischauen.

3.13 Surfen wie mit dem iPhone – Tarnkappe für Firefox

iPod touch iPhone 1G

So tun, als ob – manche Webseiten sind für iPhone und iPod touch optimiert und lassen sich standardmäßig ausschließlich über das Apple-Gadget anzeigen. Doch wer ein bisschen trickst, kann mit einem Firefox-Plug-in den Webserver überlisten und die Seiten auf dem Mac bzw. PC trotzdem darstellen.

Mithilfe des Firefox-Plug-ins User Agent Switcher erstellen Sie ein neues Agent-Profil für iPhone bzw. iPod touch und stellen anschließend per Mausklick den Firefox-Browser um.

Nach dem Herunterladen und der Installation des User Agent Switcher (*https://addons.mozilla.org/en-US/firefox/addon/59*) legen Sie über *Extras/User Agent Switcher/Options/Options/User Agent* einen neuen Eintrag an.

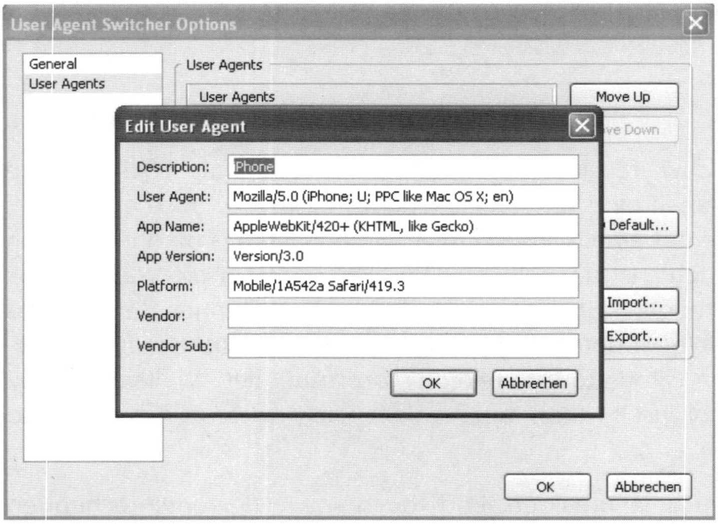

Bild 3.130 Tragen Sie in die Felder die entsprechenden Informationen ein.

Sind die Felder mit den Einträgen befüllt, lässt sich über *Extras/User Agent Switcher* der User Agent auf iPhone umstellen. Anschließend werden Webseiten unter Firefox so dargestellt, als wären sie mit dem iPhone oder iPod touch aufgerufen worden.

Description	iPhone
User Agent	Mozilla/5.0 (iPhone; U; CPU like Mac OS X; en)
App Name	AppleWebKit/420+ (KHTML, like Gecko)
App Version	Version/3.0
Platform	Mobile/1A542a Safari/419.3

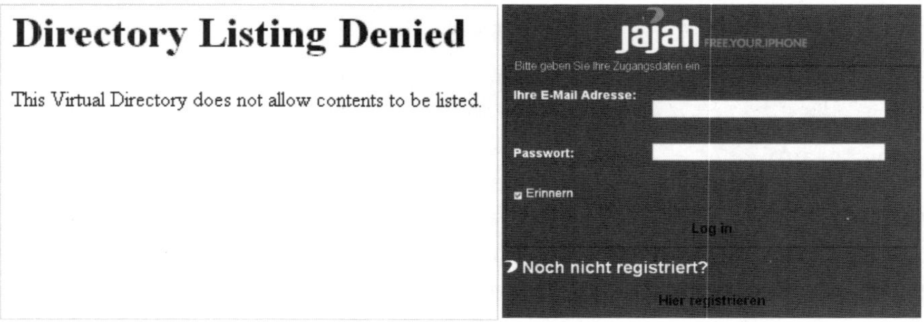

Bild 3.131 Vorher und nachher: Mit dem User Agent Switcher machen Sie iPhone-optimierte Webseiten unter Firefox sichtbar.

3.14 WLAN-Spuren verwischen – Mac-Adresse ändern

iPod touch | iPhone 1G

HINWEIS!

Ungültige Mac-Adresse

Wird eine fehlerhafte oder ungültige Mac-Adresse konfiguriert, ist der WLAN-Zugriff vom bzw. auf das iPhone/den iPod touch nicht mehr möglich, falls der WLAN-/DHCP-Router die Verbindung verweigert.

Mac-Adresse herausfinden und sichern

Bevor Sie diese Anwendung installieren und in Betrieb nehmen, sichern Sie die Original-Mac-Adresse des Geräts. Da die Mac-Adresse nicht in den Standarddialogen zu sehen ist, hilft ein Blick in das Terminal *Term-vt100*. Falls noch nicht auf dem Springboard vorhanden, installieren Sie die Anwendung über den Installer nach. Anschließend öffnen Sie das Terminal *Term-vt100* per Fingertipp und geben folgenden Befehl ein:

```
ifconfig en0
```

Per Spezialwerkzeug: Mac-Adresse ändern

Anschließend ist die Original-Mac-Adresse zu sehen. Schreiben Sie diese vorsichtshalber auf ein Blatt Papier. Um nun die Mac-Adresse zu ändern, benötigen Sie das passende Werkzeug, das Erica Sadun auf der Website *http://ericasadun.com/ftp/Test/MACaddy-0.1.zip* zur Verfügung stellt.

Laden Sie es herunter und entpacken Sie die ZIP-Datei in ein temporäres Verzeichnis auf Ihrer Festplatte. Um das Programm auf den iPod touch bzw. auf das iPhone zu bekommen, brauchen Sie nichts weiter zu tun, als den Ordner *MACaddy.app* in das Verzeichnis *\Applications* zu übertragen.

Nach dem Kopiervorgang prüfen Sie die Zugriffsrechte. Diese sollten sowohl für den Ordner als auch für die darin enthaltenen Dateien auf *Oktal 0755* stehen. Anschließend findet sich das MACaddy-Logo auf dem Springboard. Ist das Werkzeug gestartet, lässt sich die Mac-Adresse anpassen. Um die neue Mac-

Adresse scharf zu machen, nutzen Sie abermals das Terminal *Term-vt100* per Fingertipp und geben nachstehenden Befehl ein:

```
ifconfig en0 lladdr address
```

Anschließend ist die neue Mac-Adresse im iPhone bzw. iPod touch gespeichert.

3.15 Firmware-Downgrade mit iPhuc erzwingen

iPod touch | iPhone 1G

Manchmal ist diese Methode die letzte Rettung. Haben Sie beispielsweise einen iPod touch versehentlich mit einer alten Version des All-in-one-Werkzeugs ZiPhone versucht zu entsperren und scheitert die Wiederherstellung via iTunes, ist etwas Aufwand notwendig, um das Gerät wieder aus dem Koma zu holen.

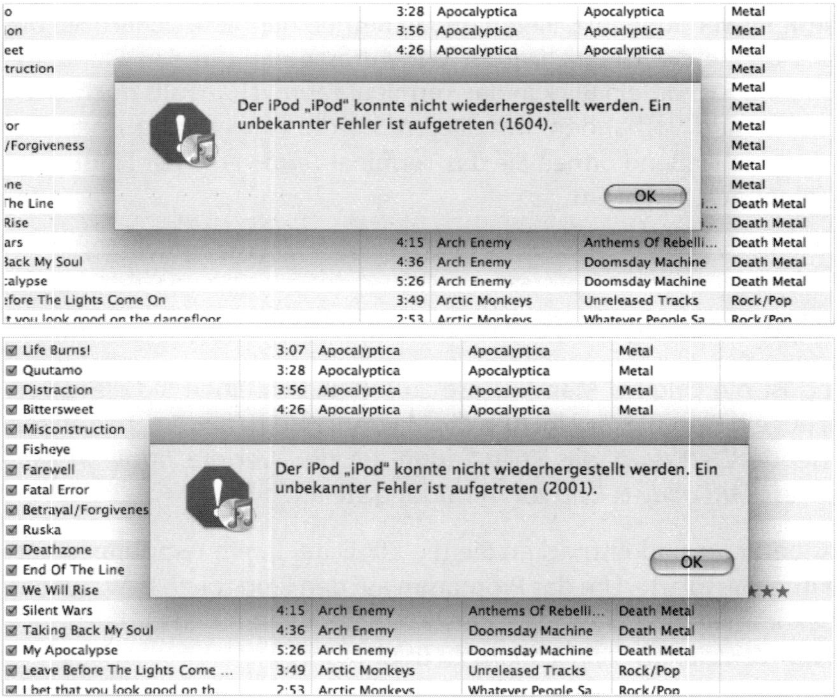

Bild 3.132 Lässt sich über iTunes der iPod touch oder das iPhone nicht mehr wiederherstellen, hilft iPhuc.

Dafür ist das Kommandozeilenwerkzeug iPhuc die Rettung. Es steht sowohl für Windows (*http://code.google.com/p/iphucwin32/*) als auch für Mac OS X (*http://code.google.com/p/iphuc/*) zur Verfügung.

iPhuc in Betrieb nehmen

Am sichersten und aus diesem Grund auch am empfehlenswertesten ist der iPhuc-Einsatz mit der »richtigen« iTunes-Version. Hier verwenden Sie statt einer aktuellen iTunes-Version die etwas ältere Version 7.4 oder 7.4.1, da im Test sowohl unter iTunes 7.5 als auch unter Version 7.6 diverse Fehler auftraten, die auf den jeweilig installierten Apple-MobileDevice-Mechanismus zurückzuführen waren.

Wo Sie die ältere iTunes-Version erhalten und die aktuell installierte am besten ersetzen, erfahren Sie im Abschnitt »iTunes zu frisch? – Sperre umgehen und ältere Version installieren« auf Seite 60. Zudem benötigen Sie die *ipsw*-Datei der gewünschten Firmware. Bezugsquellen finden Sie im Abschnitt »Firmwareversionen für iPhone & iPod touch« auf Seite 340.

Ist iPhuc heruntergeladen und in ein entsprechendes Verzeichnis entpackt, starten Sie es einfach per Doppelklick. Egal ob Windows oder Mac OS X, ein Eingabeaufforderungs- bzw. Konsolenfenster erscheint:

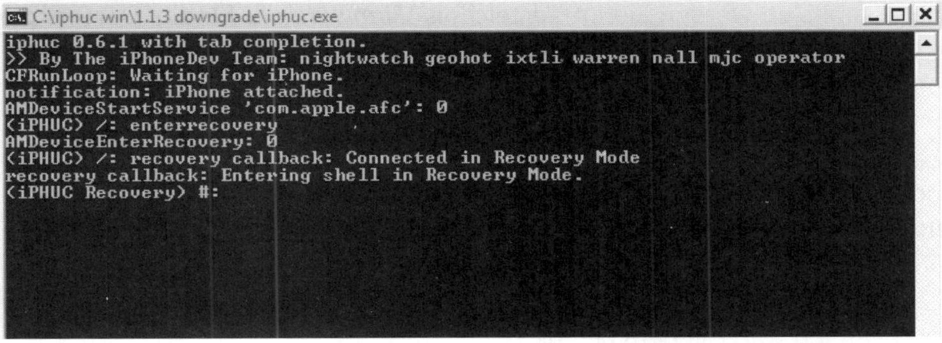

Bild 3.133 Nach dem erstmaligen Start von iPhuc wechseln Sie zunächst per Befehl *enterrecovery* in den Wiederherstellungsmodus.

Nun schicken Sie iPod touch bzw. iPhone per Eingabe des Befehls

```
enterrecovery
```

in den Wiederherstellungsmodus und schließen die iPhuc-Konsole. Anschließend wird der iPod neu gestartet.

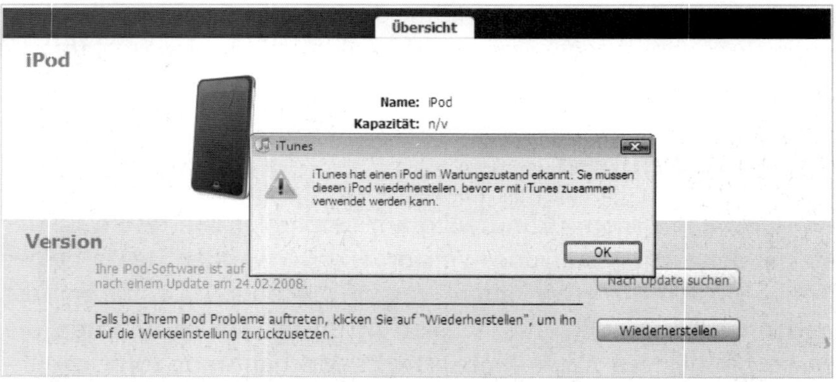

Bild 3.134 Nach dem Neustart erkennt iTunes zumindest einen iPod/ein iPhone im Wartungszustand. Hier lässt sich prinzipiell die bereits vorhandene Firmware wiederherstellen. Wer ein Downgrade machen möchte, muss hier tricksen.

Für ein Downgrade beispielsweise von Firmwareversion 1.1.3 auf 1.1.1, um anschließend die bewährte Jailbreak-Methode zum Entsperren des iPod touch einzusetzen, muss iPhuc dem iPod/iPhone eine zusätzliche Datei unterjubeln. Diese finden Sie in der *ipsw*-Datei der Firmwaredatei.

Zunächst ändern Sie die Dateierweiterung der Firmwaredatei (*iPhone1,1_1.1.1_3A109a_Restore.ipsw* bzw. *iPod1,1_1.1.1_3A110a_Restore.ipsw*) von *ipsw* in *zip*. Danach lässt sich diese Datei mit einem gewöhnlichen Zip-Dekomprimierer entpacken. Nun werden Sie im Verzeichnis *\Firmware\dfu* fündig. Dort ist die Datei *WTF.s5l8900xall.RELEASE.dfu* versteckt. Starten Sie iPhuc erneut, verwenden Sie folgenden Befehl:

```
filecopytophone WTF.s5l8900xall.RELEASE.dfu
```

und bestätigen Sie diesen mit der [↵]-Taste. Anschließend wird die Datei transferiert. iPhuc meldet den erfolgreichen Kopiervorgang:

```
filecopytophone: 0
```

Anschließend wird mit dem Befehl

```
cmd go
```

sowie der [↵]-Taste die Bearbeitung über die iPhuc-Konsole abgeschlossen.

Nun sind die erforderlichen Fundamente gelegt, damit iTunes die gewünschte Firmware einspielen kann.

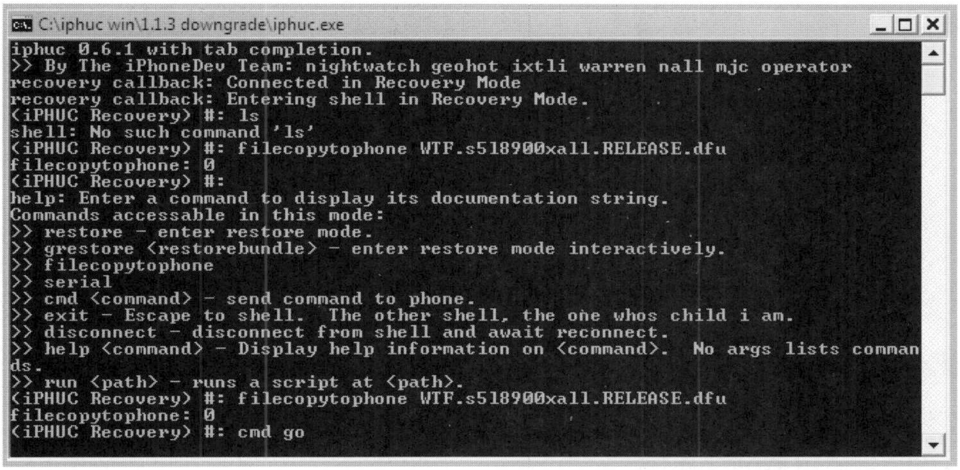

Bild 3.135 Ist die Datei *WTF.s5l8900xall.RELEASE.dfu* kopiert, liefert iPhuc mit der Bildschirmausgabe *filecopytophone: 0* die passende Erfolgsmeldung.

Wie gewohnt: Firmware via iTunes einspielen

Anschließend stellen Sie den iPod touch bzw. das iPhone via iTunes wieder her. Bekanntlich verwendet iTunes dafür Dateien mit der Dateiendung *.ipsw*. Haben Sie diese Datei wie im vorigen Abschnitt beschrieben in das ZIP-Format umbenannt, bringen Sie diese wieder in das *ipsw*-Ausgangsformat zurück.

Wer lieber den iTunes-eigenen Update-Mechanismus nutzt, der sollte darauf achten, dass hier kein Downgrade erfolgt, sondern immer die aktuellste Firmware eingespielt wird. Deshalb achten Sie darauf, dass Sie beim Klick auf *Wiederherstellen* die [Alt]-Taste (beim Mac) bzw. die [⇧]-Taste (beim Windows-PC) drücken, damit anschließend der *Öffnen*-Dialog erscheint, über den sich die gewünschte *ipsw*-Datei (in diesem Beispiel Firmwareversion 1.1.1) auswählen lässt.

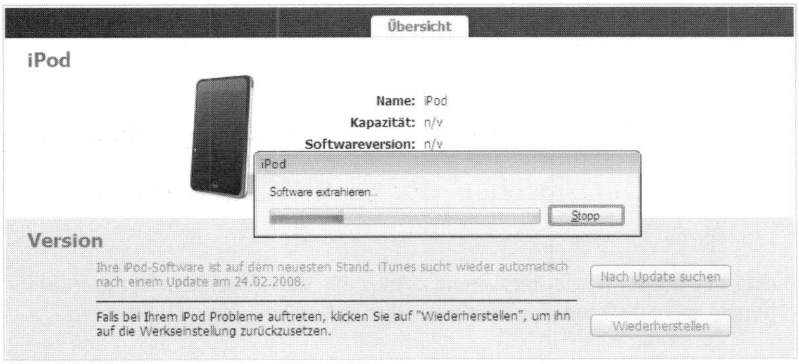

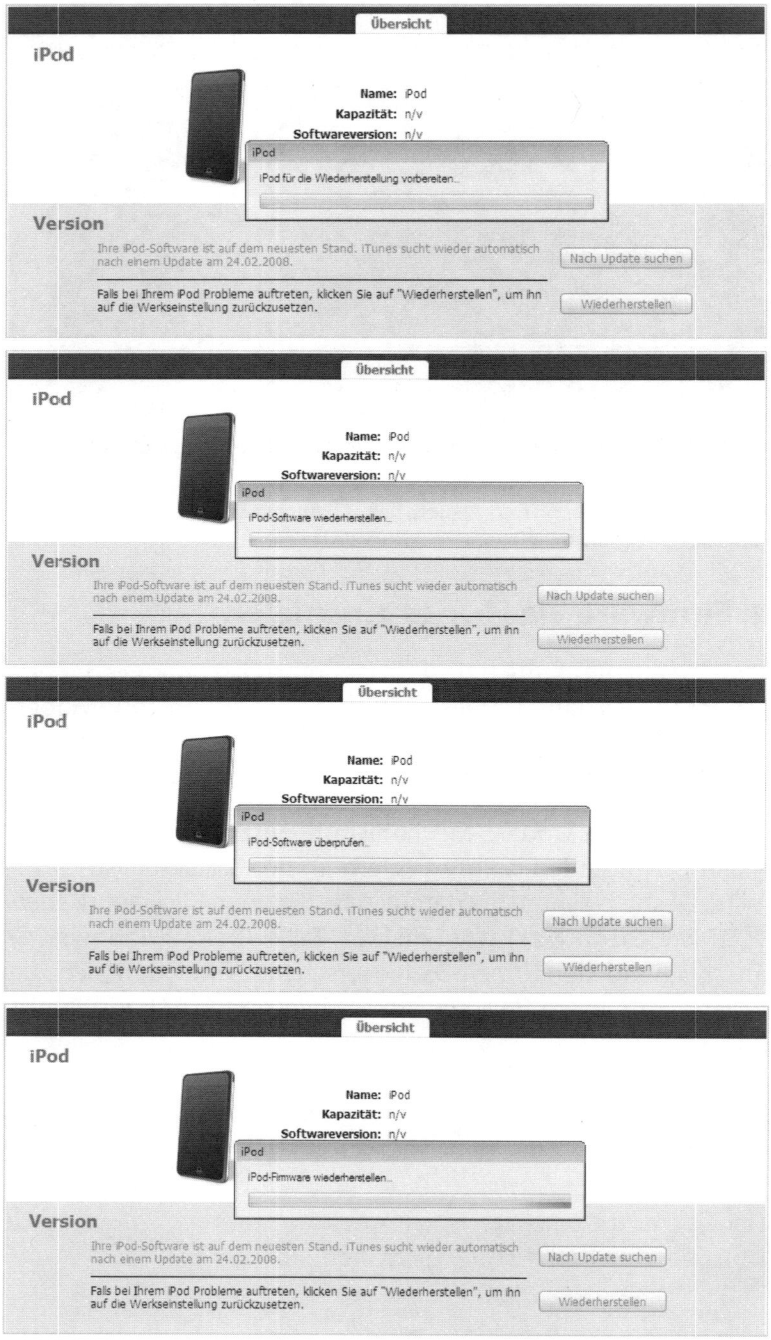

Bild 3.136 Mehrere Schritte sind bei der Wiederherstellung notwendig. Nach Abschluss der Prozedur sollte der iPod bzw. das iPhone im Auslieferungszustand unter iTunes zur Verfügung stehen.

Nach dem Einspielen der Firmware erscheint nachstehende Erfolgsmeldung:

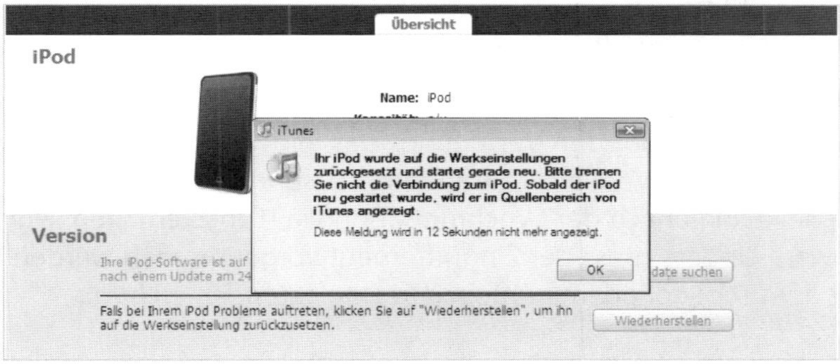

Bild 3.137 Rettung erfolgreich: Erscheint dieses Dialogfenster, war das Einspielen der Firmware erfolgreich.

Nach dem Neustart des iPod bzw. iPhone verhält sich das Gerät nach der Wiederherstellung unter iTunes wie ein fabrikfrisches Gerät und muss auf dem gewohnten Wege eingerichtet werden. Zunächst muss erst einmal der Name eingetragen werden.

Auf Wunsch lässt sich das Gerät hier entsperren und auf eine aktuellere Firmwareversion wie beispielsweise 1.1.2 oder 1.1.3 bringen, wie in den Abschnitten »iPod touch freischalten«, Seite 113, bzw. »iPhone für Drittanwendungen freischalten «, Seite 82, beschrieben.

3.16 Mehr Dröhnung für die Ohren – Lautstärkebegrenzung aufheben

Der iPod ist weltweit gleich, aber dennoch unterschiedlich. Aufgrund gesetzlicher Bestimmungen sind die europäischen Modelle in Sachen Lautstärke beschränkt. Wer selbst auf eine vernünftige Lautstärke für seine Ohren achten kann, der hebelt diese Lautstärkebegrenzung einfach aus. Hier kommt es auf das iPod-Modell an. Während der neue iPod classic keine Lautstärkekastration mehr besitzt, sind die restlichen Modelle in Sachen Lautstärke noch geschützt. Abhängig von Modell und installierter Firmware lässt sich hier jedoch noch etwas machen, um den Lautstärkeschutz auszuhebeln, aber Sie handeln auf eigene Gefahr.

goPod – Lautstärke anheben per Klick

Shuffle 1G | Shuffle 2G | Nano 1G | Video | Mac OS X | Windows

Wer einen iPod älteren Baujahrs besitzt, für den steht unter Mac OS X und Windows ein kleines Freeware-Tool zur Verfügung, das die lästige Lautstärkebeschränkung abschaltet. Im Vergleich zu anderen Lösungen bleibt hier die eingestellte Lautstärke auch nach der Synchronisation via iTunes erhalten. Nur nach einem Firmware-Update muss der Eingriff erneut vorgenommen werden. Dieser erfolgt mit dem Tool goPod (*http://gopod.free-go.net/index_en.htm*).

Bild 3.138 goPod – eine einfache Lösung zum Ausheben der Lautstärkebegrenzung (*http://gopod.free-go.net*).

Nach dem Download entpacken Sie das Programm auf die Festplatte. Starten Sie die Datei *gopod-1.4.exe*. Es erkennt einen angeschlossenen iPod normalerweise auf Anhieb. Erscheint hingegen folgende Fehlermeldung, kann es sein, dass der iPod gerade von iTunes benutzt wird.

Bild 3.139 Erst wenn goPod den iPod gefunden hat, lässt sich die Lautstärkebremse auch ausheben.

In diesem Fall beenden Sie iTunes und versuchen es noch einmal. Klappt es dennoch nicht, starten Sie den iPod im Festplattenmodus, wie im Abschnitt »iPod als Festplatte – Disk Mode aktivieren« auf Seite 186 beschrieben, damit goPod den angeschlossenen iPod finden kann. Klicken Sie nun einfach auf die Schaltfläche *GO*. Nach einem Neustart des iPod bietet dieser nun die volle Lautstärke.

Bild 3.140 Erscheint die Meldung *iPod uncapped*, ist die Lautstärkebegrenzung aufgehoben.

Die Lautstärke lässt sich auf Wunsch über einen erneuten Klick auf *GO* auch wieder zurücksetzen.

Bild 3.141 Mit der Meldung *iPod capped* ist die Lautstärkebegrenzung wieder aktiv.

Das Tool unterstützt die iPod-Modelle der dritten und vierten Generation, den Mini, Photo, Nano (1G/2G), sowie die fünfte Generation (Video-iPod).

iPodVolumeBooster – nichts für aktuelle iPod-Modelle

Mac OS X

> **INFO!**
>
> **iPodVolumeBooster und aktuelle iPods**
>
> Die Anwendung von iPodVolumeBooster wird für die aktuellen iPod-Modelle sowie das iPhone nicht empfohlen. Hier sorgt das Tool für korrupte Musikdateien, was anschließend ein erneutes Aufspielen der Musik erforderlich macht.

Einen weiteren Kniff, um die Lautstärke anzuheben, bietet das Tool iPod-VolumeBooster. iPodVolumeBooster schreibt die Lautstärkewerte für jeden Titel auf den iPod und ist daher im Gegensatz zu goPod etwas umständlicher zu bedienen.

Nach jedem Aufspielen neuer Titel muss dieses Tool erneut gestartet werden – es hilft jedoch bei älteren iPod-Modellen, die nicht von goPod erkannt werden.

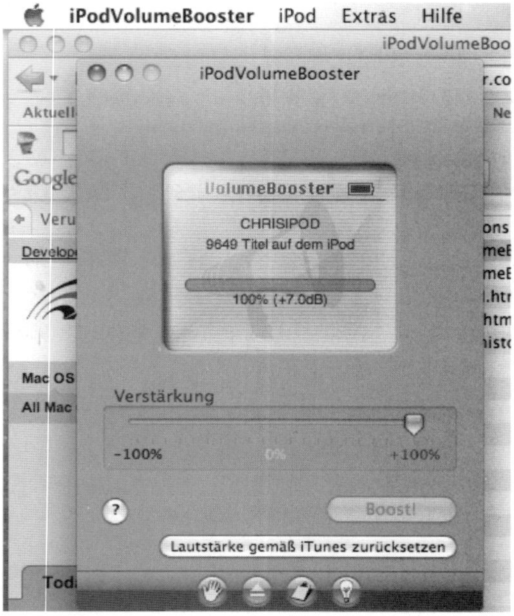

Bild 3.142 iPodVolumeBooster – nur für iPod-Modelle der fünften Generation praktisch.

Der iPodVolumeBooster ist unter *http://volumebooster.tangerine-soft.de* erhältlich. Ist die gewünschte Lautstärke gesetzt, werden sämtliche Musiktitel, die sich auf dem iPod befinden, entsprechend angepasst.

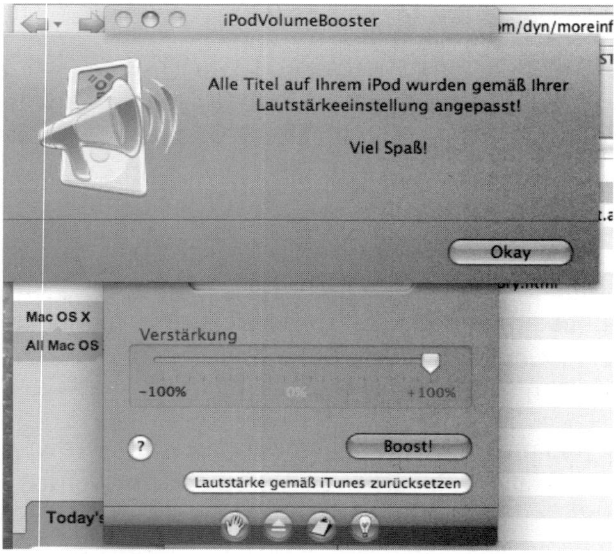

Bild 3.143 Einfach zu bedienen: Wird der Schieberegler auf *100%* geschoben, erhalten die Musiktitel auf dem iPod die maximale Lautstärke.

Lautstärke anpassen per XML-Hack

iPod touch | iPhone 1G

Wer die europäische Lautstärkebegrenzung abschalten möchte, der benötigt einen SSH-Zugriff auf iPhone bzw. iPod touch. Da dies nur bei einem gejailbreakten Gerät möglich ist, muss dieses entsprechend freigeschaltet sein, und dies ist nur bei passenden Modellen möglich, wie im Abschnitt »iPod- & iPhone-Hacking: Risiken und Nebenwirkungen« auf Seite 59 beschrieben. Anschließend lässt sich über den SSH-Client die Konfigurationsdatei für die Lautstärkeeinstellungen herunterladen und bearbeiten.

plist-Datei bearbeiten und Lautstärkebegrenzung ausschalten

Mac OS X

Mac OS X-Anwender holen sich mit Cyberduck per SSH aus dem Verzeichnis */System/Library/Frameworks/Celestial.framework/* die Datei *RegionalVolume-Limits. plist* auf die Mac-Festplatte.

Anschließend wird mithilfe der Konsole die Binärdatei mit dem *plutil*-Werkzeug in das ASCII-Format konvertiert, damit sie sich mit einem Editor wie TextEdit öffnen und bearbeiten lässt. Wie das funktioniert, wird anhand eines Beispiels im Abschnitt »Über die Kommandozeile: plist-Format in XML konvertieren« auf Seite 163 beschrieben.

Ist die Datei *RegionalVolumeLimits.plist* mit TextEdit geöffnet, lässt sich erahnen, dass der Eintrag *<real>0.82999999999999996</real>* für das Drosseln der Lautstärke auf 83 % zuständig ist.

Wird dieser auf 100-%-Lautstärke, also auf den Wert *1* gesetzt, ist die europäische Lautstärkebeschränkung abgeschaltet. Dafür sind sämtliche Werte von *0.82999999999999996* auf den Wert *1* zu setzen. Anschließend speichern Sie die Datei und übertragen sie wieder zurück auf das iPhone bzw. den iPod touch.

Ordnungsliebende können die ASCII-Datei zuvor auch wieder mittels *plutil* in das Binärformat umwandeln. Das ist jedoch nicht zwingend notwendig, da das Gerät auch *plist*-Dateien im ASCII-Format interpretieren kann.

Nach der Änderung muss das iPhone bzw. der iPod touch neu gestartet werden, damit die Änderung auch aktiv werden kann. Dafür schalten Sie ihn zunächst über die gedrückte Ein-/Ausschalttaste und Schieberegler aus, um ihn anschließend wieder einzuschalten.

```
<?xml version="1.0" encoding="UTF-8"?>
<!DOCTYPE plist PUBLIC "-//Apple Computer//DTD PLIST 1.0//EN" "http://www.apple.com/DTDs/PropertyList-1.0.dtd">
<plist version="1.0">
<dict>
        <key>F</key>
        <real>0.82999999999999996</real>
        <key>FD</key>
        <real>0.82999999999999996</real>
        <key>ZD</key>
        <real>0.82999999999999996</real>
        <key>ZG</key>
        <real>0.82999999999999996</real>
        <key>ZG/ZO</key>
        <real>0.82999999999999996</real>
        <key>ZI</key>
        <real>0.82999999999999996</real>
        <key>ZK</key>
        <real>0.82999999999999996</real>
        <key>ZO</key>
        <real>0.82999999999999996</real>
        <key>ZO/ZD</key>
        <real>0.82999999999999996</real>
</dict>
</plist>
```

Bild 3.144 Ist die *plist*-Datei geöffnet, ersetzen Sie in jeder Zeile den Wert *0.82999999999999996* durch den Wert *1*.

Und es geht doch: plist-Dateien unter Windows öffnen und bearbeiten

Windows

Zunächst laden Sie sich über die SSH-Verbindung zum iPhone bzw. iPod touch die Datei *RegionalVolumeLimits.plist* aus dem Verzeichnis */System/Library/Frameworks/Celestial.framework/* auf die Festplatte. Um diese Datei nun auch unter Windows bearbeiten zu können, muss sie zunächst vom Binär- in ein ASCII-Format konvertiert werden. Dies erledigen Windows-Anwender über folgende Webseite:

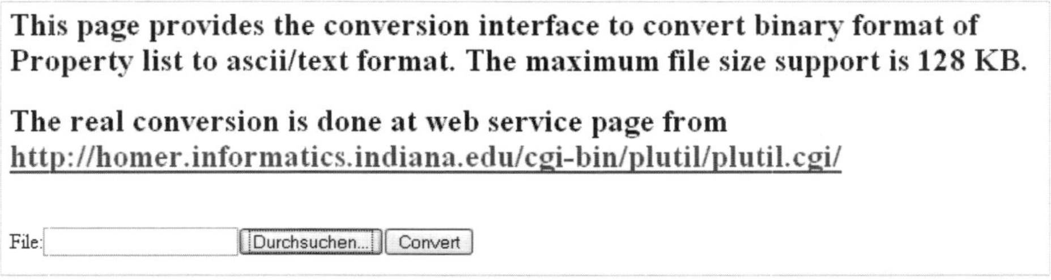

Bild 3.145 Über die *Durchsuchen*-Schaltfläche laden Sie die zu konvertierende *plist*-Datei auf den Server und klicken dann auf die *Convert*-Schaltfläche. Anschließend poppt ein *Herunterladen*-Dialog auf (*http://140.124.181.188/~khchung/cgi-bin/plutil.cgi*).

Nach dem Herunterladen der konvertierten Datei lässt sich diese nun mit einem Texteditor wie UltraEdit öffnen und bearbeiten, wie bereits unter »Über die Kommandozeile: plist-Format in XML konvertieren« auf Seite 163 beschrieben.

Nach dem Eintragen der Änderungen braucht die Datei nicht mehr zurückkonvertiert zu werden. Das iPhone bzw. der iPod touch verarbeitet die *plist*-Dateien auch im ASCII-Format. Zu guter Letzt übertragen Sie die geänderte *plist*-Datei via SSH zurück in das Verzeichnis */Media_sym/System/Library/Frameworks/Celestial.framework/*.

3.17 Oft hilfreich – iPod-Tastenkombinationen

Alle

In einem unvorhersehbaren Moment passiert es: Der iPod hängt sich einfach auf oder lässt sich nicht mehr ausschalten. Oder er bleibt einfach bei der Wiedergabe hängen, und selbst der Anschluss an den PC hilft nicht, ihn wieder zum Leben zu erwecken. Wer nicht die passende, oft geheime iPod-Tastenkombination kennt, muss warten, bis der iPod komplett entleert ist, damit er nach dem Aufladen und einem Reset wieder ordnungsgemäß funktioniert.

Das muss nicht sein: Für jede iPod-Generation gibt es Tastenkombinationen, mit denen ein iPod umgehend wieder Leben eingehaucht bekommt. Doch nicht nur für iPod-Abstürze, sondern auch für verschiedene Kniffe und Hacks sind die passenden Tastaturkombinationen das A und O, um dem iPod auf die Sprünge zu helfen.

iPod hängt sich auf – per Tastendruck zurücksetzen

Alle | iPod touch | iPhone 1G

Lässt sich der iPod nicht einschalten, sollten Sie zunächst darauf achten, dass der *Hold*-Schalter nicht aktiviert ist. Schieben Sie ihn vom Kopfhöreranschluss weg, um die Sperre aufzuheben. Anschließend drücken Sie eine Taste, um den iPod einzuschalten. Lässt er sich dennoch nicht einschalten, etwa weil sich der iPod einfach aufgehängt hat, hilft folgender Trick.

Halten Sie die *Menu*- und die *Auswahl*-Taste für etwa sechs Sekunden gedrückt, um einen Reset durchzuführen. Bei der älteren Generation gehen Sie mit der Tastenkombination *Menu* und *Play* den gleichen Weg. Doch nicht nur für den Reset, sondern auch für einen Neustart – etwa weil noch iPod-Linux installiert ist – ist diese Tastenkombination wichtig. Damit schalten Sie zwischen iPod-Linux und der Apple-Firmware um.

iPod als Festplatte – Disk Mode aktivieren

Classic | Mini | Nano 1G | Nano 2G | Nano 3G | Photo | Video

Wer seinen iPod als mobilen Datenspeicher nutzt, der braucht einen eingeschalteten Disk Mode (Festplattenmodus), damit Windows den iPod als Wechseldatenträger erkennt. Um diesen Disk Mode zu erzwingen, nutzen Sie die Hinweise im Abschnitt »Gut versteckt – alle iPod-Tastenkombinationen im Detail« auf Seite 189. Anschließend wird der iPod als »normales« Laufwerk im Explorer angezeigt und kann als solches genutzt werden.

Aber auch zu Installations- und Reparaturzwecken kann der Festplattenmodus genutzt werden. Er ist Grundvoraussetzung dafür, dass sich iPod-Linux überhaupt installieren lässt und Musik, Fotos, Videos, Kontakte etc. vom iPod auf die Festplatte übertragen oder einfach wichtige Daten auf dem iPod sichern lassen.

Die Modelle iPod touch und iPhone fallen aus dem Rahmen – hier lässt sich der Festplattenzugriff am besten via SSH vornehmen, wie im Abschnitt »Praktisch und sicher – Zugriff über SSH« auf Seite 138 beschrieben.

iPod checken – Diagnostic Mode einschalten

Classic | Mini | Photo | Video

Ist der iPod Diagnostic Mode aktiv, können verschiedene Parameter des iPod geprüft werden. Den Diagnostic Mode erreichen Sie nach einem durchgeführten Reset durch das gleichzeitige Drücken folgender Tasten:

Bild 3.146 Gestartet wird ein Test per *Auswahltaste*, beendet wird dieser mit der *Play*-Taste. Durch das erneute Zurücksetzen des iPod, wie im Abschnitt »iPod hängt sich auf – per Tastendruck zurücksetzenper Tastendruck zurücksetzen« beschrieben, wird der Diagnostic Mode beendet.

Bei der ersten bis dritten Generation verwenden Sie die *Zurück-*, *Vorwärts-* und *Auswahltasten* (Mitte), bei der vierten Generation und neuer die *Zurück-* und die *Auswahltaste*, wie im Abschnitt »Gut versteckt – alle iPod-Tastenkombinationen im Detail« auf Seite 189 beschrieben.

Bei der Durchführung des Diagnosemodus können die unterschiedlichen Tests mit der *Zurück-* und *Vorwärtstaste* ausgewählt werden.

Lassen Sie den Diagnosemodus des iPod laufen, etwa weil er sich des Öfteren »aufgehängt« hat oder einfach abgestürzt ist, ist es möglich, dass nach dem Einschalten des iPod das Symbol für die Volume-Überprüfung (Disk Scan) angezeigt wird. In diesem Fall hat der iPod möglicherweise ein Problem mit der eingebauten Festplatte.

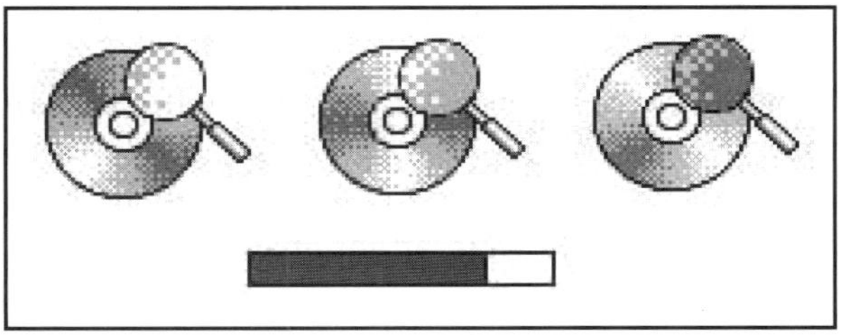

Bild 3.147 Das Symbol für die Volume-Überprüfung. Ähnlich wie Scandisk für Windows arbeitet hier Disk Scan für den iPod. Die Überprüfung kann abhängig von der Größe 15 bis 20 Minuten dauern.

Erscheint das Symbol für die Volume-Überprüfung, braucht es Sie nicht zu beunruhigen. Das interne Diagnoseprogramm überprüft die Festplatte auf Schäden und versucht diese, falls erforderlich, zu beheben. Nach Beendigung der Diagnose können folgende Symbole auf dem Display erscheinen, anhand deren Sie die möglichen Probleme ablesen können. In dieser Übersicht erfahren Sie, was es mit den unterschiedlichen Symbolen auf sich hat.

Symbol	Bemerkung
	Erscheint dieses Symbol, ist die Datenträgerüberprüfung fehlgeschlagen und wird beim nächsten Einschalten oder nach dem Zurücksetzen des iPod wiederholt.
	Nach der Diagnose wurden keine Fehler entdeckt.
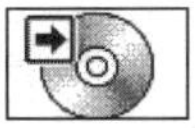	Bei der iPod-Diagnose wurden Probleme mit der Festplatte festgestellt, die jedoch behoben werden konnten. In diesem Fall sollten Sie dem iPod ein Firmware-Update gönnen, wie im Abschnitt »Firmware-Update für den iPod« auf Seite 337 beschrieben.

Symbol	Bemerkung
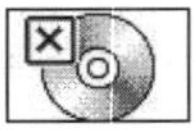	Die Überprüfung des iPod wurde vom Benutzer abgebrochen, weil die mittlere Taste rund drei Sekunden lang gedrückt wurde. Die Überprüfung des iPod wird beim nächsten Einschalten wiederholt.
	Trauriges Symbol: Die Oberflächenprüfung konnte die Festplattendaten nicht wiederherstellen. Erscheint dieses Symbol, hilft ein Hardreset oder ein Firmware-Update (»Firmware-Update für den iPod« auf Seite 337). Bleibt das Symbol, muss der iPod eingeschickt und bei Apple repariert werden.

Zeigt der iPod nach dem Einschalten ein Ordnersymbol mit einem Ausrufezeichen an, gehen Sie wie folgt vor.

Alarmstufe 1: Ordnersymbol mit Ausrufezeichen

Dumm gelaufen: Sie holen den iPod nach langer Zeit aus der Schreibtischschublade, und es erscheint nach dem Einschalten lediglich das Apple-Logo und der iPod-Name oder ein Ordnersymbol mit einem Ausrufezeichen auf dem Display. Dann hilft in den meisten Fällen folgende Herangehensweise:

Bild 3.148 Beim Einschalten des iPod wird ein Ordnersymbol mit einem Ausrufezeichen angezeigt.

Das Problem kann verschiedene Ursachen haben. Zunächst stecken Sie den iPod an einen Stromadapter oder den USB-Anschluss des PCs an und laden die Batterie auf. Bleibt nach dem Aufladen der Fehler bestehen, kann es auch an einer falschen Version der iPod-Firmware liegen.

Einige iPod-Modelle erfordern die Verwendung einer speziellen (oder einer neueren) Firmwareversion. Versuchen Sie, wie im Abschnitt »Firmware-Update für den iPod« auf Seite 337 beschrieben, den iPod mit einer neuen Firmware zu bespielen.

Wer eben erst die Festplatte mit dem HP-Tool formatiert hat (Abschnitt »Wenn nichts mehr geht – iPod formatieren«, Seite 348), dem fehlt das Apple-Betriebssystem. Auch in diesem Fall gehen Sie vor, wie im Abschnitt »Firmware-Update für den iPod« auf Seite 337 beschrieben.

Bleibt das Ausrufezeichen nach dem Einschalten und Aktualisieren der Firmware vorhanden, nehmen Sie einen Hardreset vor (Abschnitt »iPod hängt sich auf – per Tastendruck zurücksetzen«, Seite 185).

Zu guter Letzt hilft die Radikalmethode. Verbinden Sie den iPod mit dem PC und verwenden Sie die Firmwarewiederherstellung:

Bild 3.149 Per Klick auf *Wiederherstellen* wird der iPod komplett gelöscht und auf die Werkeinstellungen zurückgesetzt.

Beim *Aktualisieren* wird die Software des iPod sowie auch die Firmware für die Festplatte des iPod aktualisiert. Auf der Festplatte des iPod abgelegte Musiktitel und Dateien werden durch diesen Vorgang nicht berührt. Beim *Wiederherstellen* wird die gesamte Festplatte gelöscht, und die Werkeinstellungen werden wiederhergestellt. Ist der iPod schon öfter abgestürzt, finden Sie in der nachstehenden Übersicht die passende Tastenkombination für Ihr Modell.

Gut versteckt – alle iPod-Tastenkombinationen im Detail

Classic | Mini | Nano 1G | Nano 2G | Nano 3G | Photo | Video

Während die *Rück*-Taste beim Erscheinen des Apple-Logos gedrückt wird, kann mithilfe eines Bootloaders ein alternatives Betriebssystem auf dem iPod gestartet werden. Doch dieser Kniff ist im Gegensatz zu den nachstehenden Tastenkombinationen nicht Apple-offiziell und wird in der Regel nur gebraucht, um beispielsweise iPod-Linux oder ein verwandtes Produkt wie Wikipedia für den iPod zu starten. Für sämtliche anderen Anwendungsfälle sind folgende Tastenkombinationen für Ihr iPod-Modell relevant.

Um in den Festplattenmodus (Disk Mode) zu kommen, ist es auch ausreichend, den iPod vor dem Starten des PCs anzuschließen. Dann drücken Sie die *Rückwärts-* und *Schnell-Vorwärtstasten,* wenn beim Booten das Apple-Logo zu sehen ist.

iPod-Generation/ Tastenkombination	Hardreset	Disk Mode	Diagnose Mode
1. Generation Scroll Wheel	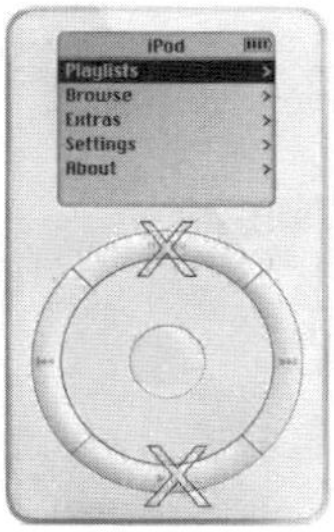	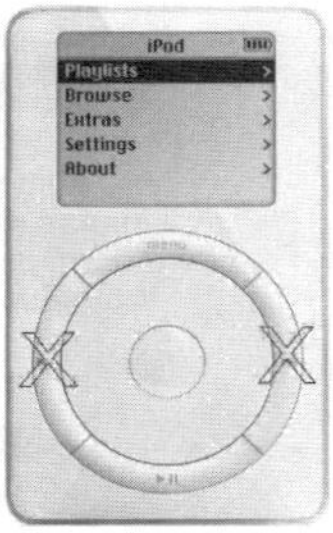	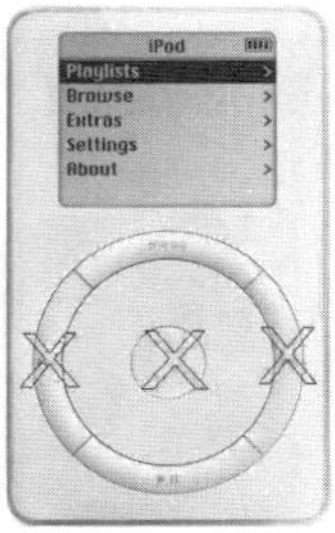
2. Generation Touch Wheel		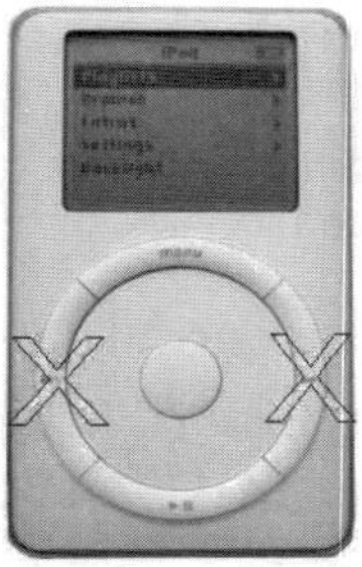	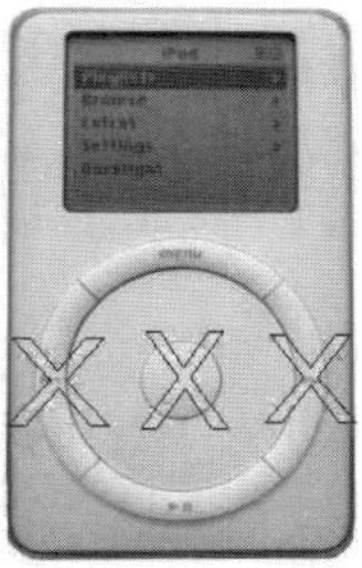
3. Generation Touch Wheel			
4. Generation Click Wheel	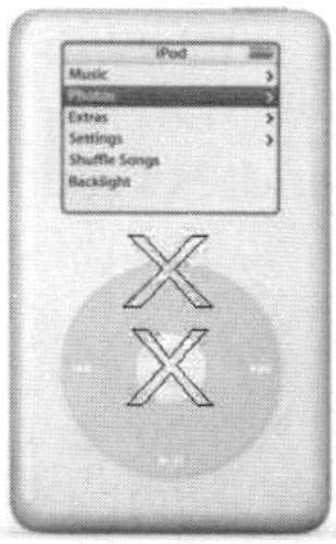		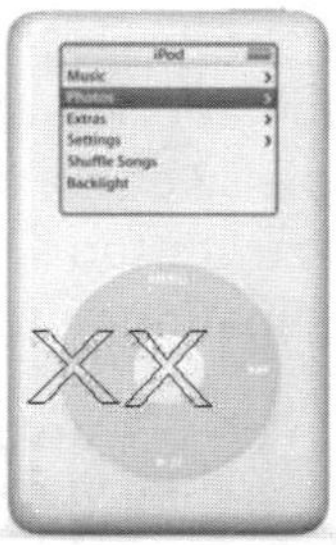

iPod-Generation/ Tastenkombination	Hardreset	Disk Mode	Diagnose Mode
5. Generation Click Wheel bis 80 GByte, Verkauf bis 09/2006			
5.5. Generation Click Wheel (Classic) bis 80 GByte, Verkauf ab 09/2006			
6. Generation Click Wheel (Classic/teilw. Nano)			

3.18 Pinguin unterwegs – Linux auf dem iPod

Video Mini Nano 1G Windows

Wer das Letzte aus seinem iPod herausholen möchte, der installiert Linux. Das Beste: Linux ist auch ohne große Umbaumaßnahmen auf dem iPod möglich, da das Original-Apple-Betriebssystem unangetastet bleibt. Ist Linux installiert, kann es vom iPod geladen und betrieben werden. Dank Linux haben Sie mit dem iPod nicht nur einen Musikplayer, sondern auch die Möglichkeit, Spiele,

Videos und anderes über den iPod laufen zu lassen. Theoretisch stehen sämtliche Möglichkeiten, die Linux bietet, auch auf dem iPod zur Verfügung. In diesem Abschnitt erfahren Sie alles, was Sie wissen müssen, um Linux auf Ihrem iPod zu installieren, zu konfigurieren und zu nutzen.

Linux-Installation – die Vorbereitungen

Im Gegensatz zu anderen Hacks und Umbaumaßnahmen in diesem Buch sind Installation und Betrieb von Linux relativ ungefährlich und lassen sich wieder rückgängig machen, indem der iPod auf die Werkeinstellungen zurückgesetzt wird.

HINWEIS!

Auf Linux-Kompatibilität prüfen

Ist der iPod nicht für Linux geeignet, dann lieber Finger weg. Prüfen Sie zunächst, ob Ihr iPod auch Linux-kompatibel ist, denn sonst funktioniert weder Linux noch der iPod nach der Tuningmaßnahme.

Um Linux auf dem iPod zu installieren, sind folgende Dinge notwendig:

1. ein Linux-tauglicher iPod
2. ein passendes Linux-Image für den iPod
3. iTunes installiert
4. iPod ordnungsgemäß mit dem PC verbunden

Das A und O ist ein Backup der iPod-Daten, egal ob Musik, Videos, Adressbücher, Daten etc. – sichern Sie diese zunächst mit iTunes bzw. kopieren Sie die Daten über den Explorer auf die Festplatte. Wie das funktioniert, lesen Sie im Abschnitt »Keine Einbahnstraße – Musikdateien vom iPod kopieren« auf Seite 218. Bevor es an die Umbaumaßnahme geht, prüfen Sie zunächst, ob das vorliegende iPod-Modell überhaupt für Linux infrage kommt oder nicht.

Detailsuche – welcher iPod ist für Linux geeignet?

Linux für den iPod ist mittlerweile in verschiedenen Revisionen erhältlich. Hier hängt es vom iPod-Modell ab, welches Linux Sie im Endeffekt auf dem Player haben. Haben Sie das passende Linux-Installationsprogramm gefunden, heißt es: herunterladen, Archivdatei entpacken, Linux auf dem iPod installieren und fertig.

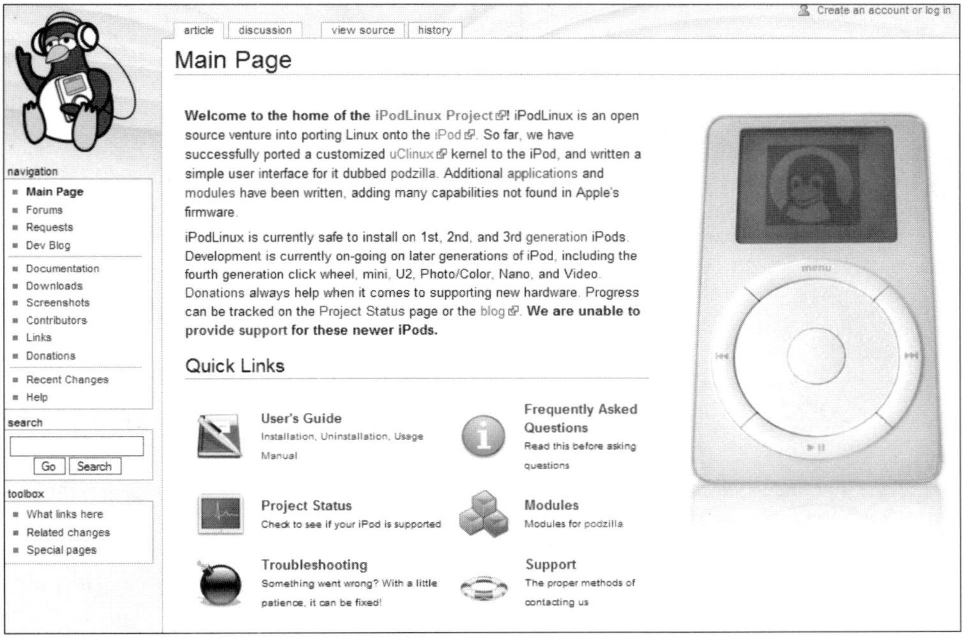

Bild 3.150 Die Anlaufstelle in Sachen Linux auf dem iPod – hier sind alle Informationen rund um Linux auf dem iPod erhältlich (*http://ipodlinux.org*).

Es gibt sogar eine Dokumentation auf Deutsch, die allerdings bei manchen Schritten etwas missverständlich ist. Im Folgenden werden die Schritte beschrieben, die wir vorgenommen haben. Sie unterscheiden sich teilweise nur wenig, allerdings auch entscheidend von der Anleitung unter *http://ipodlinux.org*. Für den iPod gibt es mittlerweile verschiedene Distributionen – alle lassen sich problemlos installieren und betreiben. Lediglich der ältere iPod mini bleibt teilweise noch außen vor. Welcher iPod für Linux problemlos eingesetzt werden kann, ist auf den iPod-Linux-Projektseiten zu sehen:

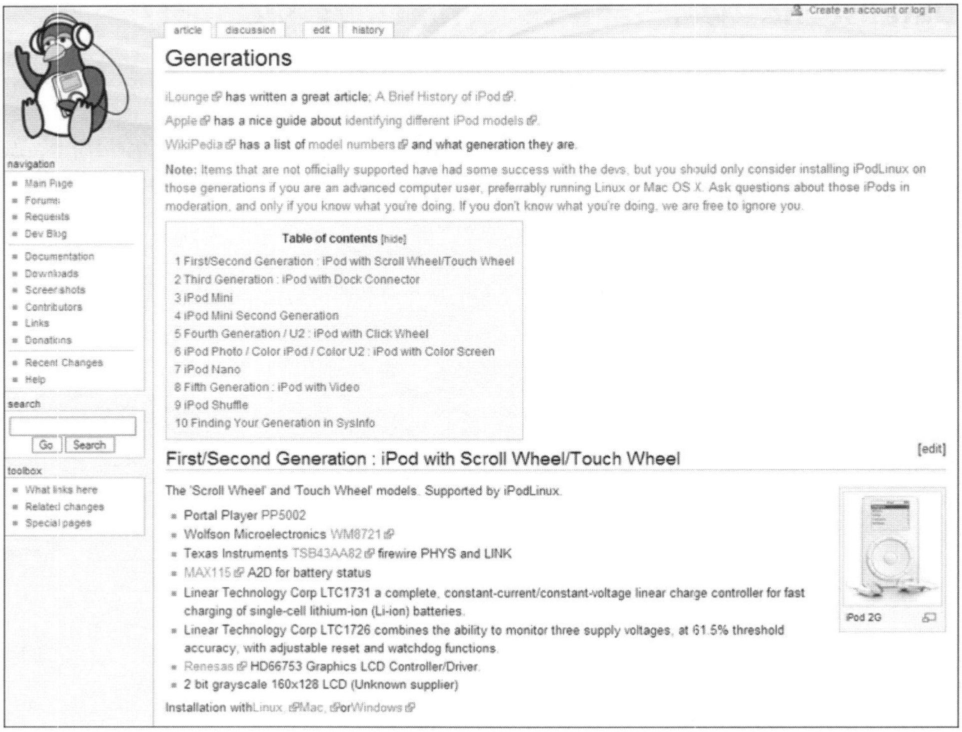

Bild 3.151 Hier finden Sie genaue Informationen darüber, ob der iPod Linux-tauglich ist oder nicht (*http://ipodlinux.org/Generations*).

Auf diesen Projektseiten sind die iPod-Modelle in verschiedene Kategorien eingeteilt. Um herauszufinden, zu welcher iPod-Generation das verfügbare Gerät gehört, können Sie einfach die Systeminformation des iPod zurate ziehen. Schließen Sie den iPod am PC an und öffnen Sie die Datei */iPod_Control/Device/SysInfo* mit einem Editor. Anschließend prüfen Sie den Wert für *boardHwSwInterfaceRev.*

Nun schauen Sie in der nachstehenden Tabelle nach, zu welcher Generation der vorliegende iPod gehört. Da der iPod shuffle kein Display besitzt, ist Linux auf diesen Geräten natürlich sinnlos und nicht in dieser Tabelle vorhanden.

Wert für boardHwSwInterfaceRev	iPod-Generation
0x00010000	1G
0x00020000	2G
0x00030001	3G

Wert für boardHwSwInterfaceRev	iPod-Generation
0x00040012	1G Mini
0x00040013	1G Mini
0x00050012	4G
0x00050013	4G
0x00050014	4G
0x00060000	Photo
0x00060004	Color
0x00070002	2G Mini
0x000B0005	5G (iPod video)
0x000C0005	Nano
0x000C0006	Nano 1GByte

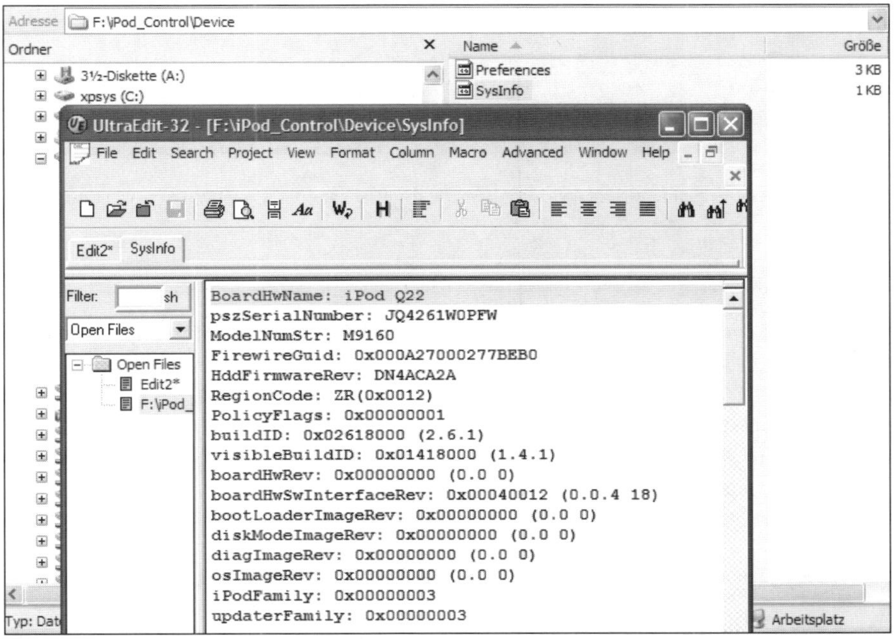

Bild 3.152 iPod-Generationen im Detail: Über die Variable *boardHwSwInterfaceRev* kommen Sie an die genaue Revision des iPod heran.

Damit können Sie für den gewünschten iPod das passende Linux herunterladen.

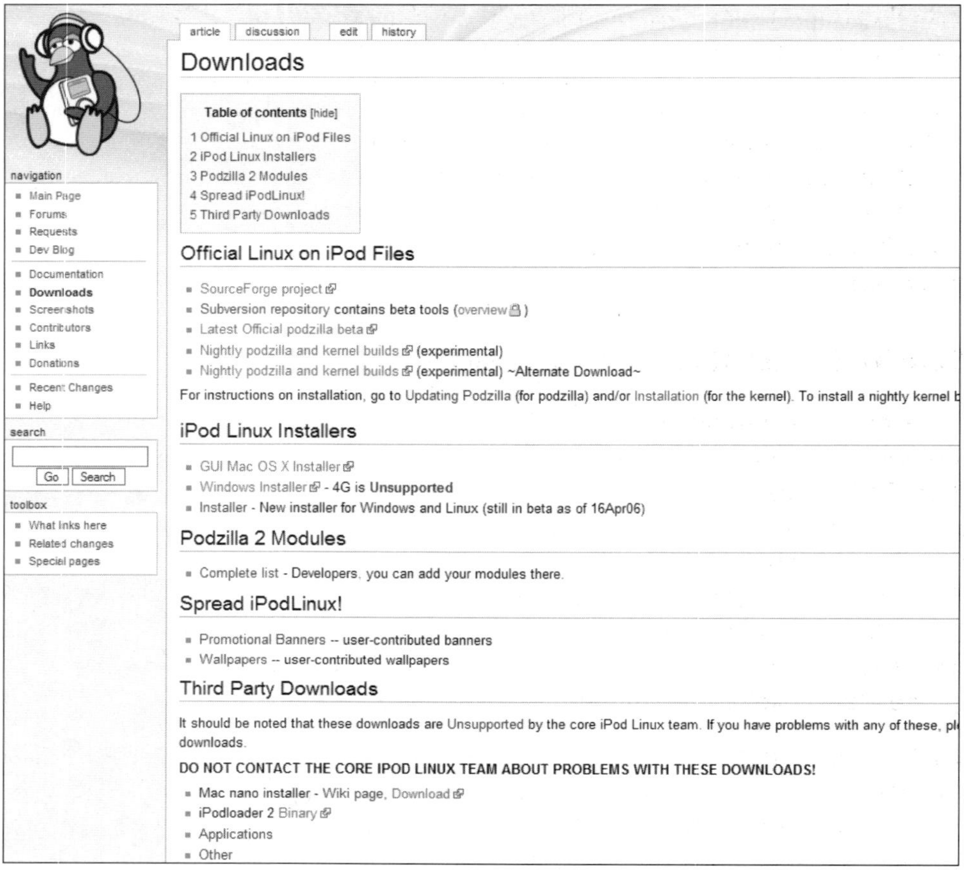

Bild 3.153 Download der entsprechenden Linux-Installationsdatei für Ihren iPod (*http://ipodlinux.org/Downloads*).

Suchen Sie die passende Windows-Installer-Datei für iPod-Linux heraus und achten Sie auf die richtige Version. In der nachfolgenden Installation gehen Sie einfach Schritt für Schritt vor.

Echt einfach – iPod-Linux-Installation Schritt für Schritt

Bevor Sie mit der Linux-Installation beginnen, ist ein Backup der Daten selbstverständlich. Denn im dümmsten Fall, beispielsweise wenn die Linux-Installation fehlschlägt, muss der iPod auf die Werkeinstellungen zurückgesetzt werden. Da die Musikdateien sich in der Regel im iTunes-Musikordner befinden, sind die Daten natürlich nicht ganz verloren – der iPod muss jedoch neu betankt werden. Und das kann bei einem großen iPod schon etwas dauern, selbst mit einem schnellen USB-2.0- oder FireWire-Anschluss.

Die Linux-Installationsroutine bietet das Anfertigen eines Backups an. Da dieses nicht zuverlässig funktioniert, ist es jedoch nicht empfehlenswert: Sichern Sie gegebenenfalls manuell über den Windows-Explorer die Musikordner des iPod, wie im Abschnitt »Keine Einbahnstraße – Musikdateien vom iPod kopieren« auf Seite 218 beschrieben. Sind die Daten gesichert, kann die Linux-Installation beginnen.

Schritt 1: Festplattenmodus aktivieren

Zunächst schließen Sie den iPod wie gewohnt am PC an. Nach einem kurzen Moment erscheint eine *Do not disconnect-* bzw. *Bitte nicht trennen*-Meldung auf dem iPod-Display. In diesem Augenblick wird der iPod als Wechseldatenträger in das Betriebssystem integriert, und nach einem kurzen Moment öffnet sich iTunes automatisch. Abhängig vom iPod-Modell bleibt der iPod als Wechseldatenträger im Explorer vorhanden, manchmal wird er auch nach dem iTunes-Start wieder entfernt. Ist dies der Fall, lässt sich Linux nicht sofort installieren, da der iPod nicht als Laufwerk im Explorer zur Verfügung steht. Hier helfen folgende Möglichkeiten, um diesen Mechanismus auszutricksen.

Trick 1: Bei *iTunes/Einstellungen* den iPod als Festplatte einstellen. Setzen Sie ein Häkchen bei *Verwendung als Festplatte aktivieren*. Anschließend beenden Sie iTunes. Ab sofort muss der iPod zukünftig manuell aktualisiert werden, um Musik mit dem PC zu synchronisieren und auf den iPod zu übertragen.

Trick 2: Den Festplattenmodus manuell per Reset erzwingen, wie im Abschnitt »iPod hängt sich auf – per Tastendruck zurücksetzenper Tastendruck zurücksetzen« auf Seite 185 ausführlich beschrieben. Bei der älteren Generation drücken Sie gleichzeitig die *Menü-* und die *Play/Pause*-Taste für vier Sekunden und anschließend umgehend die *Rückwärts-* sowie die *Vorwärts*-Taste. Für modernere iPod-Modelle drücken Sie gleichzeitig die *Menü-* und die runde *Auswahl*-Taste für sechs Sekunden und anschließend gleichzeitig die runde *Auswahl*-Taste und die *Play/Pause*-Taste, bis der Festplattenmodus auf dem Display angezeigt wird. Falls iTunes gestartet wird, bitte wieder beenden.

Trick 3: Zunächst schließen Sie iTunes. Bevor Sie den iPod einstecken, beenden Sie die Prozesse *iPodService.exe* sowie *iTunesHelper.exe* per Task-Manager. Anschließend schließen Sie den iPod wie gewohnt an.

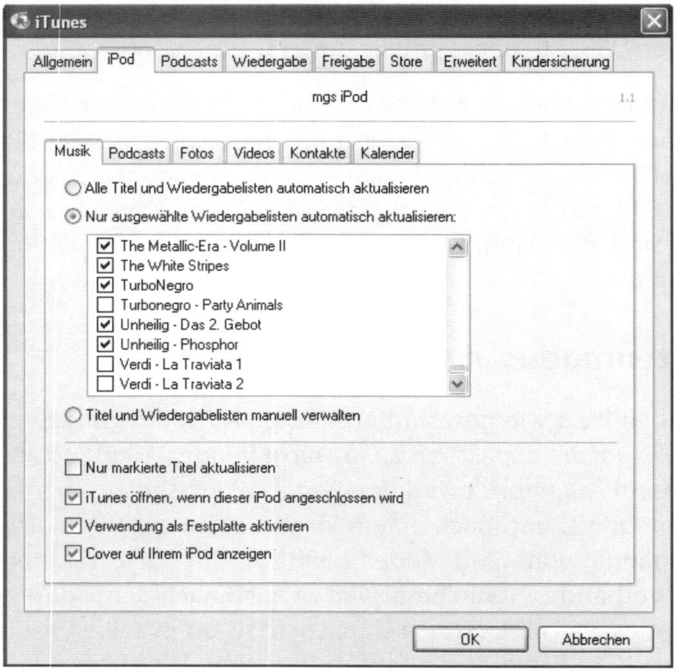

Bild 3.154 Das Setzen des Häkchens bei *Verwendung als Festplatte aktivieren* reicht meistens aus, um den iPod als Wechseldatenträger im Explorer dauerhaft anzuzeigen.

Ist der Festplattenmodus aktiv, kann Linux vorbereitet und installiert werden.

Bild 3.155 Befindet sich der iPod im *Disk Mode*, wird dies im Display angezeigt.

Schritt 2: iPod-Linux vorbereiten

Sie haben das passende und aktuelle Linux für den iPod heruntergeladen. Öffnen Sie die Archivdatei und entpacken Sie sie in einen temporären Ordner.

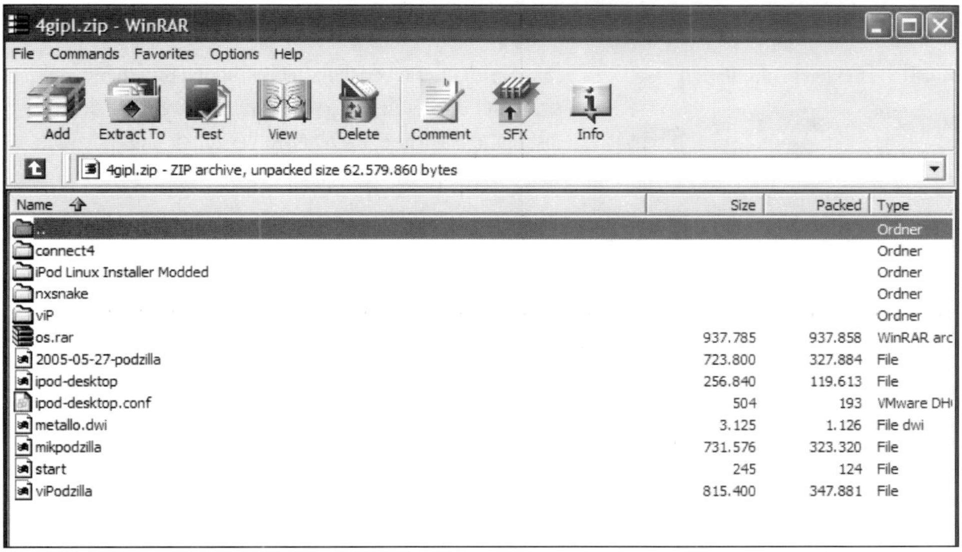

Bild 3.156 Nach dem Download extrahieren Sie die Datei in ein temporäres Verzeichnis.

Achten Sie beim Entpacken darauf, dass auch sämtliche Unterverzeichnisse mit ausgepackt werden.

Schritt 3: iPod-Linux per Windows-Installer installieren

Im Verzeichnis *\Pod Linux Installer Modded* des ausgepackten Archivs finden Sie die Datei *ipodlinux-installer.exe* – per Doppelklick starten Sie die Installation von Linux. Ein Assistent führt anschließend durch die Installation.

Schritt	Bemerkung
Schritt 1: Installation starten 	Nach dem Doppelklick auf die Installationsdatei erscheint der Assistent. Hier können Sie, müssen aber nicht, die Option *Auf Online-Updates überprüfen* aktivieren.

Schritt	**Bemerkung**
Schritt 2: Firewall konfigurieren 	Falls Sie im Internet nach Aktualisierungen prüfen, meldet sich unter Umständen nun eine aktive Firewall. Soll der Installationsassistent nach neuen Versionen Ausschau halten, lassen Sie den Internetzugriff zu.
Schritt 3: Updates herunterladen 	Hat der Assistent ein neues Update gefunden, lassen Sie dieses in diesem Schritt herunterladen. Per Klick auf die *Next*-Schaltfläche gelangen Sie zum nächsten Schritt.
Schritt 4: Standard-Firmware auswählen 	Je nachdem, welches Betriebssystem standardmäßig geladen werden soll, nehmen Sie hier die entsprechende Auswahl vor. Empfehlenswert ist die *Original-Apple-Firmware*, denn Linux ist nur ein Goodie auf dem iPod.
Schritt 5: Backup erstellen 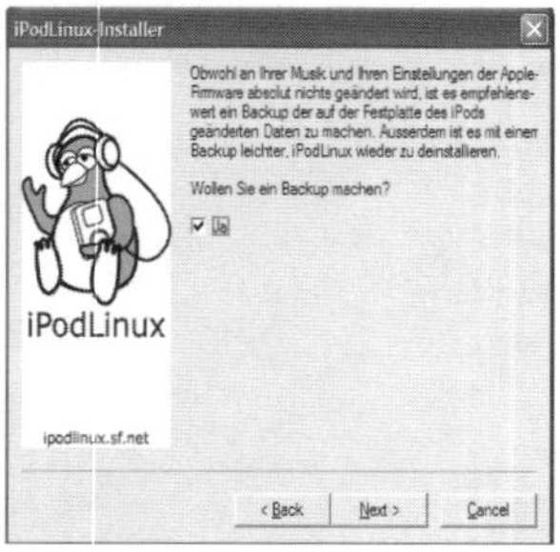	Auf Nummer sicher: Haben Sie bereits ein Backup erstellt, nehmen Sie hier das Häkchen heraus und klicken auf *Next*, um zum nächsten Installationsschritt zu gelangen.

<table>
<tr><th>Schritt</th><th>Bemerkung</th></tr>
<tr><td>Schritt 6: Installation beginnen

</td><td>Klicken Sie nun auf die Next-Schaltfläche, um das Extrahieren der Apple-Firmware und das »Kompilieren« von Linux für den iPod zu starten.</td></tr>
<tr><td>Schritt 7: Installation abschließen

</td><td>Mit dem Klick auf die Schaltfläche Finish beenden Sie die Grundinstallation von Linux auf dem iPod.</td></tr>
</table>

Sind die Dateien auf den iPod kopiert, ziehen Sie diesen vom PC ab und starten ihn neu. Nach dem Neustart sollte er wie gewohnt mit der Apple-Benutzeroberfläche starten.

Bild 3.157 Um Linux zu starten, nehmen Sie einfach einen Reset vor und drücken die *Rück*-Taste, während das Apple-Logo beim Start erscheint.

Nach dem Drücken der *Rück*-Taste bootet der iPod mit dem Linux-Betriebssystem und der Podzilla-Oberfläche.

Bild 3.158 Installation erfolgreich: Ist der iPod-Pinguin beim Startvorgang zu sehen, steht dem Linux-Vergnügen auf dem iPod nichts mehr im Wege.

Mit der als Podzilla bezeichneten grafischen Benutzeroberfläche steuern Sie den iPod ganz bequem wie gewohnt. Das iPod-Linux basiert auf uClinux, zum Einsatz kommt mittlerweile die Kernel-Version 2.4.24. Neu ist, dass nun alle drei iPod-Generationen inklusive Audio, Firewire und Fernbedienung unterstützt werden. Mit Linux und Podzilla auf dem iPod haben Sie deutlich mehr Möglichkeiten als mit dem Standard-Apple-Betriebssystem. Man kann wie gewohnt Musik hören, zusätzlich stehen Ihnen altbekannte Spiele wie Tetris oder gar der Ego-Shooter Doom zur Verfügung.

Weg damit – Linux wieder deinstallieren

Es gibt nach einer erfolgreichen Linux-Installation normalerweise keinen Grund, Linux wieder vom iPod zu entfernen, da es sehr speicherplatzfreundlich ist und für die meisten einen echten zusätzlichen Nutzen bringt. Doch wenn Sie beispielsweise den iPod weiterverkaufen möchten, ist es nicht nur sinnvoll, sondern auch aus Urheberrechtsgründen (Musik auf dem iPod) zu empfehlen, den iPod quasi in seinen Original-Auslieferungszustand zu versetzen. Wie Sie das bewerkstelligen, lesen Sie im Abschnitt »Wenn nichts mehr geht – iPod formatieren« auf Seite 348.

Wer hingegen nur Linux vom iPod entfernen möchte, der geht folgendermaßen vor: Verbinden Sie den iPod mit dem PC und öffnen Sie die Systeminformationen des iPod, die Datei */iPod_Control/Device/SysInfo*, mit einem Editor. Suchen Sie nach der Zeichenfolge *buildID*. Hier ändern Sie einfach den Zahlenwert für die Revision und speichern die Datei ab.

Verbinden Sie den iPod erneut mit dem PC, merkt iTunes, dass die installierte Firmwareversion nicht die aktuelle ist, und schlägt die Durchführung eines iPod-Updates vor.

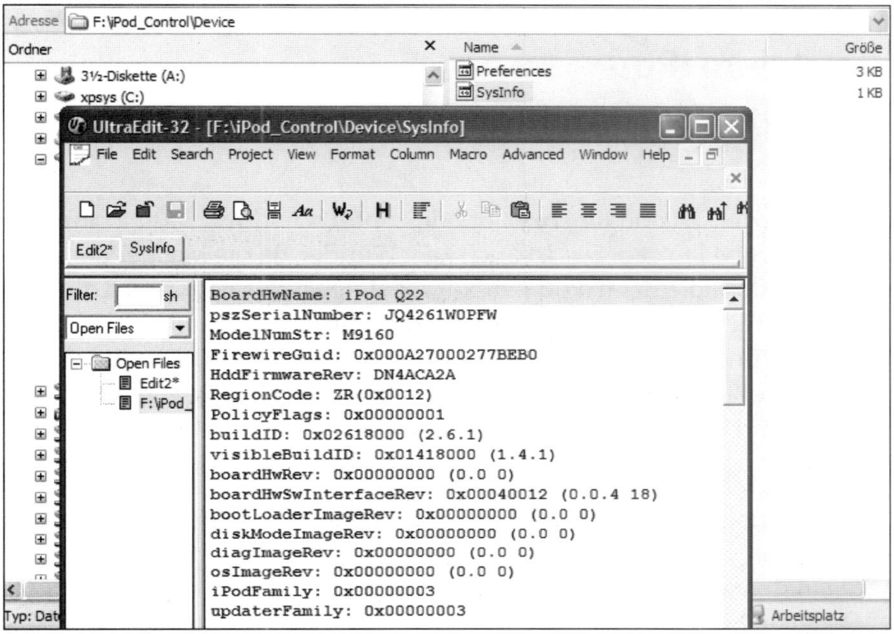

Bild 3.159 iPod-Linux-frei: Ändern Sie zunächst die *buildID*. Nach der Firmwareaktualisierung ist Linux deaktiviert.

In diesem Beispiel ist der Eintrag *0x26180000 (2.6.1.)* vorhanden. Wird dieser auf *0x26080000 (2.6.1.)* geändert, schlägt der iPod-Updater nach dem Speichern der Datei ein iPod-Update vor, nachdem der iPod ab- und wieder eingesteckt wurde.

Führen Sie nun das Apple-Firmware-Update wie gewohnt durch. Durch diesen fehlerhaften Eintrag wird dem Update-Programm eine veraltete Version vorgegaukelt, deshalb aktualisiert es anschließend den iPod. Nach der Aktualisierung der Firmware ist Linux vom iPod deinstalliert.

Wem das Ganze zu umständlich ist, der kann auch folgende Radikalmethode anwenden, um nicht nur Linux, sondern auch den kompletten Speicherinhalt des iPod zu löschen. Dafür ist das HP-USB-Formatter-Tool notwendig, mit dem die Festplatte des iPod formatiert wird. Wo Sie das HP-USB-Tool beziehen können und worauf Sie achten müssen, lesen Sie im Abschnitt »Wenn nichts mehr geht – iPod formatieren« auf Seite 348.

Danach wird der iPod mit dem iPod-Updater aktualisiert – als Ergebnis haben Sie wieder einen iPod im Auslieferungszustand.

3.19 Immer dabei – die Wikipedia-Enzyklopädie auf dem iPod

Video Mini Nano 1G

Die Installation der Wikipedia-Enzyklopädie unter Windows läuft prinzipiell ähnlich wie die von Linux ab. Das ist auch kein Wunder, da die Macher der iPod-Wikipedia-Enzyklopädie beim iPod-Linux-Projekt gewildert haben und die gleiche Bootloader-Technik für Wiki auf dem iPod nutzen. Grundsätzlich zählt auch hier: Prüfen Sie zunächst, ob Ihr iPod-Modell unterstützt wird. Denn die Wikipedia-Enzyklopädie kann nur auf iPods der ersten bis vierten Generation sowie auf iPods mini und Photo-iPods installiert werden.

Bei topaktuellen Modellen kann es sein, dass sich der Installationsassistent weigert, die Installation durchzuführen. In diesem Fall heißt es ein bisschen warten, bis die Community eine passende Version veröffentlicht hat. Alles Weitere dazu finden Sie auf der Projektseite *http://encyclopodia.sourceforge.net/de/index.html*, von der Sie auch die Wikipedia-Enzyklopädie herunterladen können.

Wikipedia-Installation auf dem iPod

Nach dem Download des Installationsassistenten schließen Sie den iPod an Ihren PC an. Wird iTunes automatisch gestartet, weil *iTuneshelper.exe* und *ipodservice.exe* im Task-Manager aktiv sind, klicken Sie nach dem Start von iTunes am unteren Rand des iTunes-Fensters auf *iPod Optionen anzeigen*.

Bild 3.160 Nach dem Klick auf *iPod Optionen anzeigen* öffnen sich die iTunes-*Eigenschaften*.

In den iTunes-*Eigenschaften* prüfen Sie im Register *Übersicht*, ob das Häkchen bei *Verwendung als Volume aktivieren* gesetzt ist.

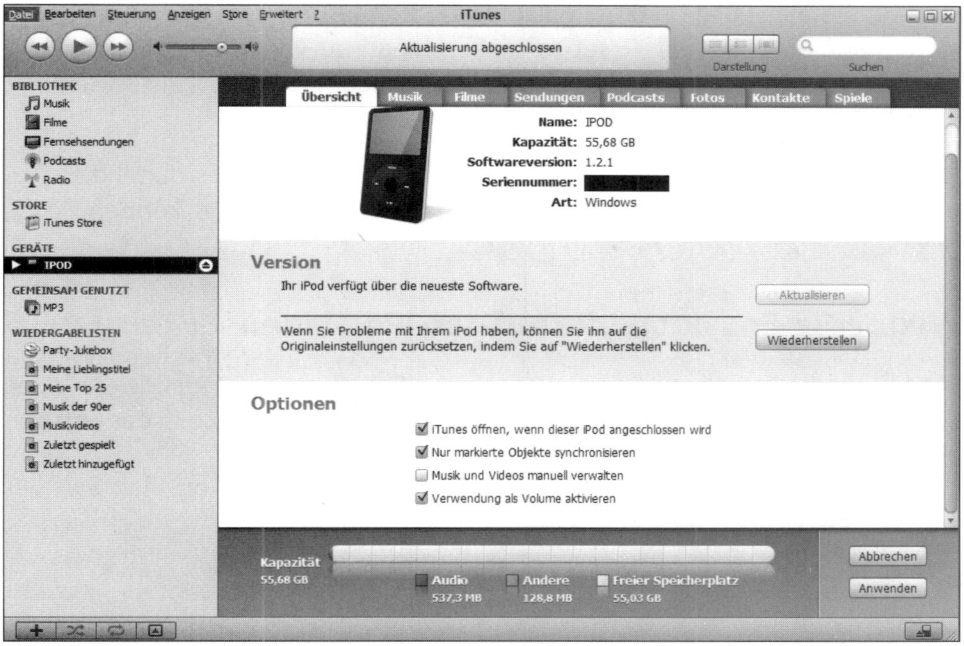

Bild 3.161 Erst wenn der iPod im Festplattenmodus am PC angeschlossen ist, lässt sich die Wikipedia auf dem iPod installieren.

Im nächsten Schritt beenden Sie iTunes und entpacken den Wikipedia-Enzyklopädie-Installationsassistenten. Anschließend starten Sie die Installation per Doppelklick auf *encyclopodia-setup.exe.*

Falls der Festplattenmodus nicht aktiv ist, erscheint eine Fehlermeldung, da das Installationsprogramm nicht auf den iPod zugreifen kann. Klicken Sie in diesem Fall auf *Wiederholen*, bis der Installationsassistent den iPod gefunden hat.

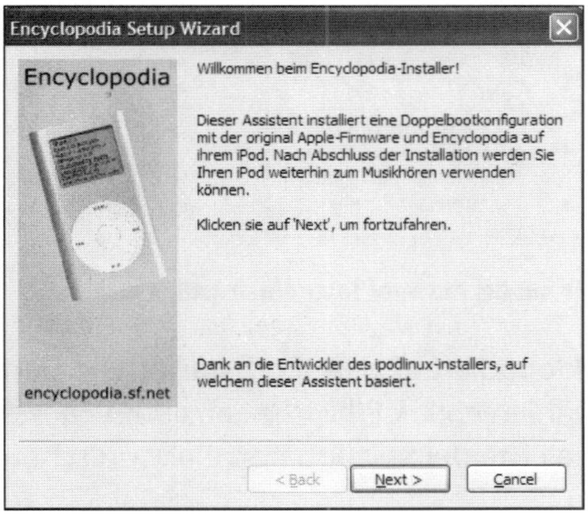

Bild 3.162 Einfach durchklicken: Folgen Sie den Anweisungen des *Encyclopodia Setup Wizard*, bis die Installation abgeschlossen ist.

Nachdem die Installation durchgelaufen ist, trennen Sie den iPod vom PC und starten ihn mithilfe der Reset-Tastenkombination, wie im Abschnitt »iPod hängt sich auf – per Tastendruck zurücksetzenper Tastendruck zurücksetzen«, Seite 185 beschrieben, neu.

Ist das Apple-Logo zu sehen, halten Sie die *Rück*-Taste gedrückt, damit die Wikipedia-Enzyklopädie gestartet werden kann. Wenn es so weit ist, können Sie die Wikipedia-Enzyklopädie mit Daten füllen.

Wikipedia-Enzyklopädie auf den iPod laden

Die Wikipedia-Enzyklopädie ist in mehreren Sprachen verfügbar. Diese laden Sie auf Ihren PC und kopieren die ausgepackten Dateien einfach in das entsprechende Verzeichnis auf dem iPod.

Wikipedia-Enzyklopädie	Download
Deutsche Ausgabe	http://prdownloads.sourceforge.net/encyclopodia/wikipedia_de.epodia?download
Englische Ausgabe	http://prdownloads.sourceforge.net/encyclopodia/wikipedia_en.epodia?download
Italienische Ausgabe	http://prdownloads.sourceforge.net/encyclopodia/wikipedia_it.epodia?download

Die Wikipedia-Bibliothek muss im Verzeichnis *E:\data\encyclopodia\library* vorhanden sein. *E:* steht hier für den Laufwerkbuchstaben des iPod im Explorer. Nach und nach schauen Sie auf der Wikipedia-iPod-Projektseite nach Aktualisierungen. Die iPod-Wikipedia wird etwa zweimal jährlich auf den aktuellen Stand gebracht.

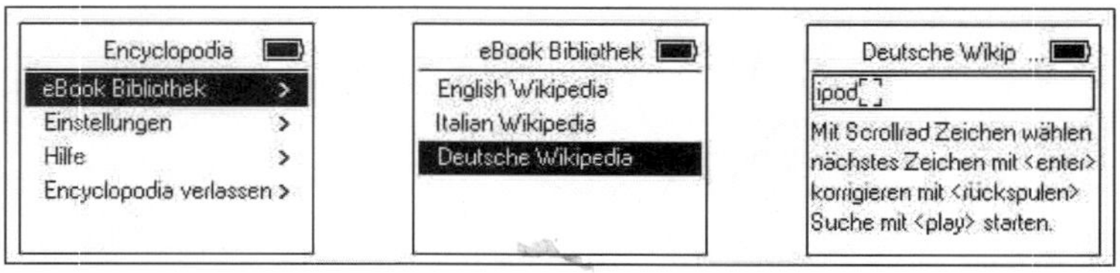

Bild 3.163 Nach der Auswahl der Wikipedia können Sie mit der *Auswahl*-Taste einen Artikel suchen.

Nach dem Kopieren der Wikipedia-Enzyklopädie auf den iPod starten Sie den iPod neu, öffnen die Enzyklopädie und wählen *ebook Bibliothek* aus dem *Encyclopodia*-Hauptmenü. Anschließend ist eine Liste der verfügbaren elektronischen Bücher zu sehen.

3.20 Rock my iPod – MP3 selbst gemacht: Wissen kontra Krach

Alle

Klar, für das Rippen von CDs lässt sich auch iTunes verwenden, und für »Faule« sind zusätzliche Tools dafür unnötig. Wem die Einstellungsmöglichkeiten sowie die verfügbaren Formate von iTunes beim Rippen von Audio-CDs und dem Erstellen von MP3-Dateien aber nicht ausreichen, der schaut sich nach Alternativen um. Denn abhängig von CD-Laufwerk, Audio-CD und verwendetem MP3-Codec gibt es bei MP3-Dateien signifikante Qualitätsunterschiede. Ein DVD-Laufwerk oder Brenner allein reicht nicht aus, um einen perfekten Rip zu erstellen. Erst die richtigen Tools und Tricks verwandeln die Audio-CDs in perfekte MP3-Dateien. Hier die wichtigsten Kniffe in Sachen MP3 und vergleichbare Formate.

CDs rippen – Abschied vom Original

Wenn eine MP3-Scheibe aus Audio-CDs zusammengestellt werden soll, müssen die Audiodaten erst einmal eingelesen werden. Nicht nur möglichst schnell, sondern auch möglichst sauber. Und um eine Audio-CD sauber auszulesen, brauchen Sie eine »saubere« Software. Dummerweise versagt in diesem Punkt häufig selbst die einem Brenner beigepackte Brennersoftware. Oft passiert gar nichts, oder eine Fehlermeldung taucht nach langer Zeit auf, die besagt, dass das DVD-/CD-ROM-Laufwerk nicht für CD-DA geeignet ist.

Komisch, ist das Laufwerk etwa defekt? Hat die Software einen Bug? Fakt ist, dass gerade bei Brennersoftware haarsträubende Fehler an der Tagesordnung sind. Zum Glück gibt es gute Tools aus der Free- und Sharewareszene, die für Abhilfe sorgen.

iTunes-Alternative: Rippen unter Windows

Windows

Eine Grabbersoftware wie Digital Audio Copy (*www.windac.de/*) oder Exact Audio Copy (*www.exactaudiocopy.de/*) ist unter Windows zum Auslesen der Audio-CD notwendig, wenn die Software keine geeigneten Mechanismen zur Verfügung stellt. Die Auslesetools umgehen aber keinen Kopierschutz, sondern scheitern gegebenenfalls daran. Zum Komprimieren der Audiodateien ist ein

Programm bzw. ein Codec Pflicht, und schließlich benötigt man eine Brennersoftware zum Brennen der Dateien auf die Scheibe. Sträubt sich die Abspiel- oder Brennsoftware, vernünftig mit einem CD-ROM-Laufwerk zusammenzuarbeiten, sollte eines der beiden Tools probiert werden. Diese Programme eignen sich vorzüglich zum Audio-Grabben unter Windows, aber auch für einen simplen Leistungstest der Audioleistung des DVD-/CD-ROM-Laufwerks sind sie empfehlenswert.

Falls es auch mit den beiden Tools nicht sauber klappt, ist das CD-ROM-Laufwerk tatsächlich defekt oder nicht für DAE (Digital Audio Extraction) geeignet. Der Vorteil beider Tools: Durch Sektorsynchronisation wird der bei ungenau arbeitenden DVD-/CD-ROM-Laufwerken auftretende Sektorversatz ausgeglichen. So wird eine ungenaue Stelle auf der CD so oft gelesen, bis die Kopie auf der Festplatte mit dem Original übereinstimmt. Dieses Verfahren dauert zwar deutlich länger, bringt aber qualitativ die besten Ergebnisse. Treten beim Auslesen Fehler wie Unterbrechung des Lesevorgangs bei Sektor X auf, ist erst recht die Sektorsynchronisation zu aktivieren. In diesem Fall ist das Laufwerk nicht in der Lage, nach einer Leseunterbrechung den Laser genau an der Stelle zu positionieren, an der fortgefahren werden muss. Ohne Sektorsynchronisation ist möglicherweise ein Knacksen in der Kopie zu hören. In jedem Fall sollten die Audiodateien erst auf die Festplatte gerippt werden – die Umwandlung auf MP3 erfolgt von der Festplatte.

Der Hauptvorteil von MP3 ist eine hervorragende Klangqualität bei gleichzeitig geringem Platzbedarf. Ein Musikstück von fünf Minuten Länge, das auf der Festplatte in unkomprimierter Form rund 100 MByte einnimmt, lässt sich mit MP3 auf rund 8 MByte komprimieren. Der Trick ist einfach: MP3 speichert beim Komprimieren nicht den kompletten Frequenzbereich, sondern nur den für das menschliche Ohr wahrnehmbaren »Mittelwert« der beiden Stereokanäle. Frequenzen, die auf beiden Kanälen vorkommen, werden gemeinsam gespeichert und beim Abspielen wieder auf die Kanäle verteilt.

Dafür brauchen Sie einen MP3-Encoder. Den gibt es umsonst oder kostenpflichtig im Internet: Wer Geld ausgeben will, der greift am besten zum Original-Fraunhofer-Codec. Im kostenlosen Bereich bieten sich LAME oder Blade an, mit denen ebenfalls gute Ergebnisse möglich sind. Die wichtigsten Codecs findet man unter *www.codec-download.de.*

Die Umwandlung geht recht einfach. Nach dem Konfigurieren des Codecs können die gewünschten Stücke erst einmal auf die Festplatte gerippt werden. Wenn Lesefehler so gut wie ausgeschlossen werden sollen, aktivieren Sie bei *Options* im Register *Extraction* bei *Error Recovery Quality* das Dropdown-Feld

High. Nach kurzer Zeit sind die selektierten Stücke auf der Festplatte. Anschließend wählen Sie über *Tools/Compress Wavs* die ausgelesenen WAV-Dateien aus und geben dafür einen Speicherort ein. Nach wenigen Minuten liegen die MP3-Dateien in diesem Ordner.

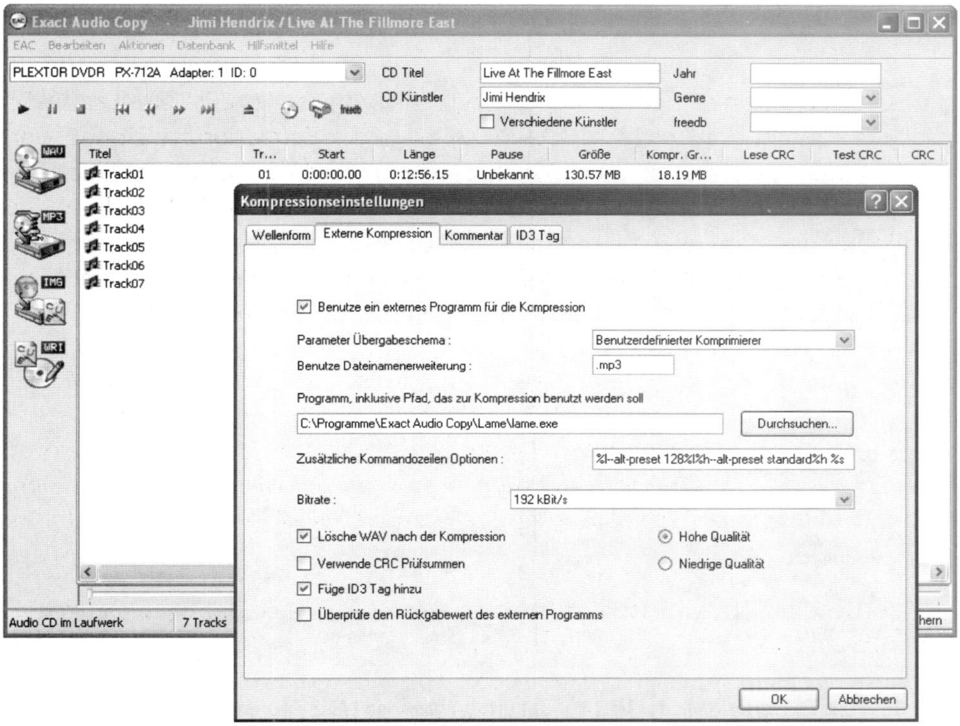

Bild 3.164 Exact Audio Copy arbeitet mit jedem beliebigen Codec zusammen. Je nach Geschmack und Qualität sollten Sie die Bitrate einstellen. Weniger als 128 KBit/s sollte nicht verwendet werden – eine sehr gute Qualität erreichen Sie mit 192 KBit/s.

Max – Audio-CDs perfekt auslesen unter Mac OS X

Mac OS X

Standardmäßig ist bei Mac OS X mit dem vorinstallierten iTunes bereits ein Werkzeug zum Rippen von CDs mit an Bord. Wer jedoch neben den iTunes-Standardformaten wie AAC, AIFF, Apple Lossless und WAV noch weitere Dateiformate wie beispielsweise Ogg Vorbis oder FLAC verwendet, der stößt mit iTunes an die Grenzen.

Hier hilft die Freeware Max (*http://sbooth.org/Max/*), mit der sich zudem auch bestehende Audiodateien in andere Formate konvertieren lassen. Dafür nutzt Max viele Open-Source-Technologien wie beispielsweise LAME (MP3 Encoding), aoTuV (Ogg Vorbis Encoding) und libFLAC (FLAC Encoding), während die Apple-Formate AAC und Apple Lossless über die Audioschnittstelle von Mac OS X erzeugt werden.

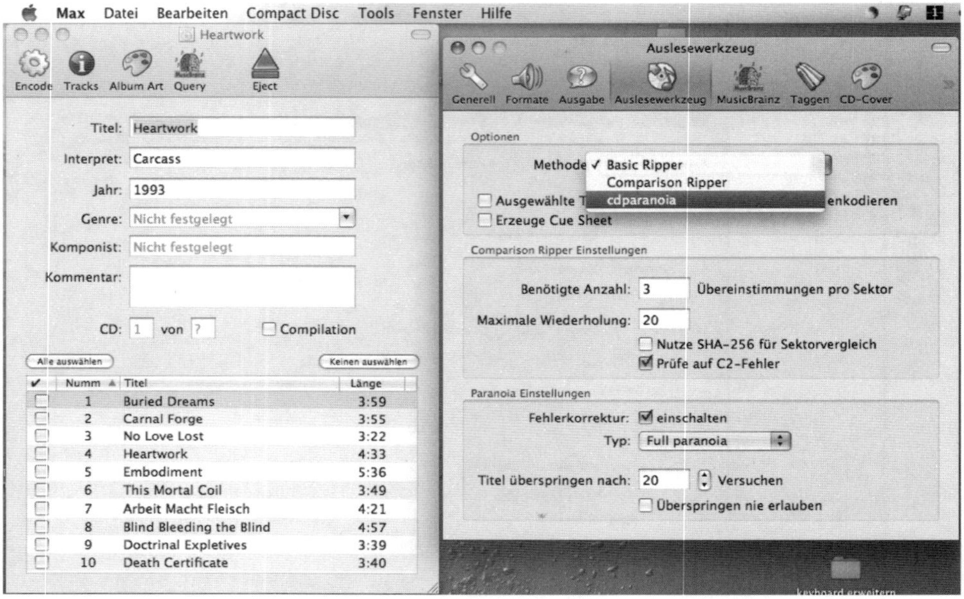

Bild 3.165 Das Konvertieren in das MP3-Format erfolgt über den LAME-Encoder, der vergleichsweise bessere Ergebnisse liefert. Für das Auslesewerkzeug lässt sich die Ripping-Methode auswählen – Hörfetischisten wählen hier die *cdparanoia*-Methode aus.

Wie bei iTunes auch müssen beim Rippen einer Audio-CD Informationen wie Interpret-, Album- und Titelbezeichnungen nicht von Hand eingetragen werden. Dies funktioniert über die eingebaute MusicBrainz-Schnittstelle, die in der Open-Source-Gemeinde ebenfalls weit verbreitet ist.

Hier lässt sich konfigurieren, wie oft jeder Sektor auf der Audio-CD ausgelesen wird – das Ergebnis wird anschließend verglichen. Stimmt die Kopie auf der Festplatte mit dem Original überein, ist davon auszugehen, dass das Auslesen des Sektors in Ordnung war, und Max »springt« zum nächsten Sektor weiter. Dieses Verfahren dauert zwar deutlich länger als mit iTunes, bringt aber qualitativ die besten Ergebnisse unter Mac OS X.

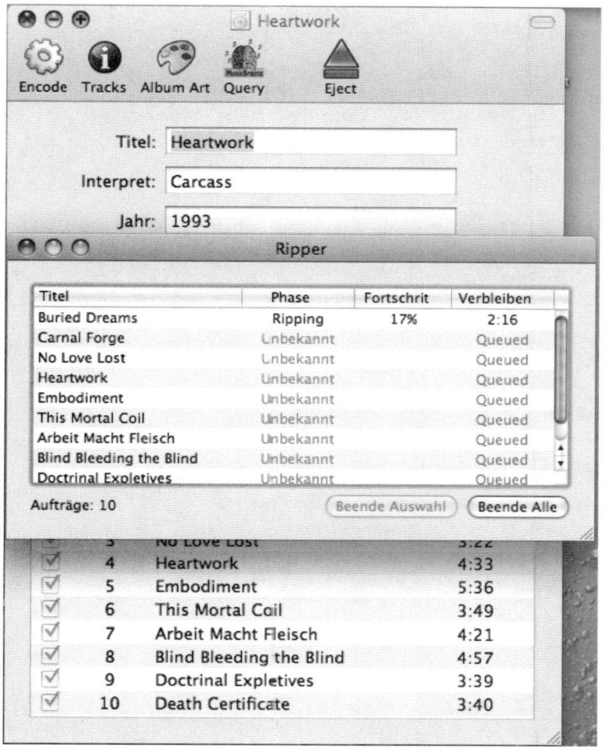

Bild 3.166 Je nach Ripping-Methode dauert das Auslesen der Audiostücke eine gewisse Zeit. Der Lohn für die Wartezeit ist eine bessere Qualität der komprimierten Audiodateien.

MP3 schnell gemacht – Rippen ohne Umwege mit iTunes

Wer öfter Audio-CDs auf seinen portablen iPod übertragen möchte, der kennt das Problem: Mal eben schnell ohne Probleme und mit wenigen Mausklicks die Lieblings-CD auf das platzsparende MP3-Format konvertieren – oft sind dafür mehrere Arbeitsschritte notwendig und verschiedene Programme im Einsatz. Wenn einem das zu aufwendig ist und man ohnehin in Sachen Audioqualität kein gesteigertes Interesse zeigt, nutzt man am besten iTunes.

iTunes beherrscht auch die Lautstärkekorrektur (das Normalisieren der Lautstärke). Beim Normalisieren wird die Lautstärke der MP3-Dateien auf einen einheitlichen Lautstärkelevel gebracht. Dies ist gerade beim Rippen von verschiedenen Audio-CDs sinnvoll, da diese unterschiedlich laut aufgenommen sind.

Ist der MP3-Codierer konfiguriert, stellen Sie die Bitrate für den MP3-Codec ein. Mit der Einstellung *Höhere Qualität* sind Sie zunächst auf der sicheren Seite.

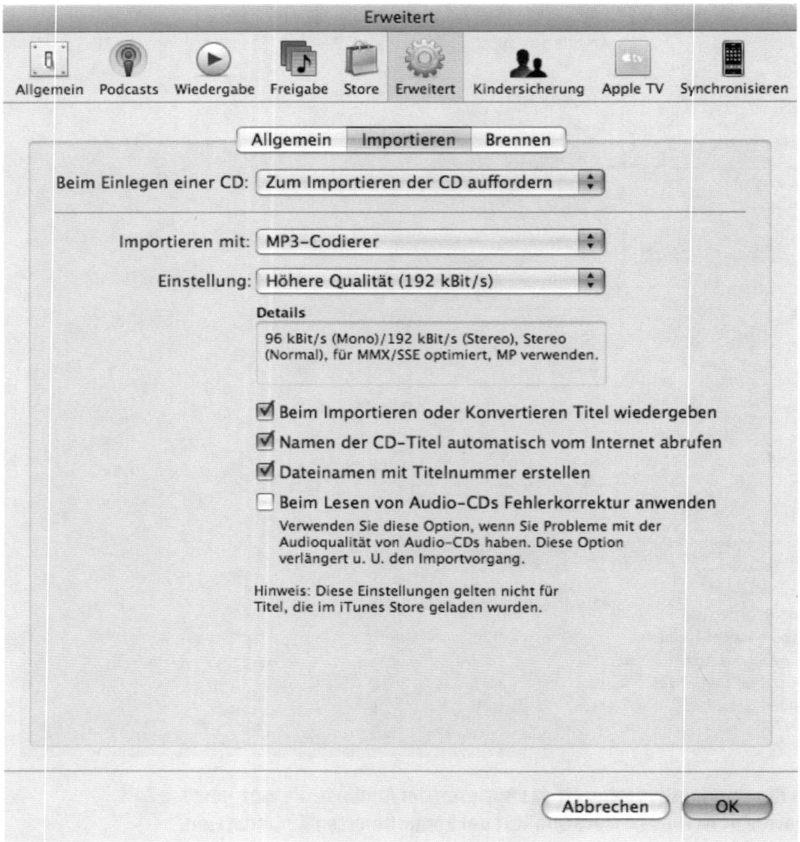

Bild 3.167 Soll es schnell gehen und spielen bitgenaue Kopien keine Rolle, geht es auch anders – die Lösung kostet nicht mal Geld. iTunes bringt alle wichtigen Funktionen zum Erstellen von MP3-CDs mit. Die Dateien können sowohl in das Audio-CD-WAV-Format als auch in ein komprimiertes Format wie MP3 oder Apple AAC umgewandelt werden.

Ist iTunes gestartet und der Autostart-Mechanismus des CD-/DVD-ROMs aktiv, ist das Übertragen der Audio-CD auf den iPod ein Kinderspiel.

Bild 3.168 Nach dem Einlegen der CD nimmt iTunes automatisch mit der Gracenote-CDDB-Musikdatenbank Kontakt auf, um Informationen wie Interpret und Titel des Albums herunterzuladen.

Nach einem kurzen Moment hat iTunes die CD-Informationen parat und beginnt mit dem Import, es sei denn, das CD-Suchergebnis schlägt fehl oder ist nicht eindeutig. Das Eintragen fehlender Lied- oder Albumtitel gehört dank CDDB-Unterstützung der Vergangenheit an.

Bild 3.169 Abhängig von der eingestellten Lesegeschwindigkeit dauert das Rippen der CD via iTunes nur wenige Minuten.

Sie können mit iTunes nicht nur CDs auf Festplatte rippen, sondern auch einen Titel in ein anderes Dateiformat konvertieren. Dabei behalten Sie eine Kopie im Originalformat. So können Sie beispielsweise eine nicht komprimierte Musikdatei im AIFF- oder WAV-Format in ein komprimiertes Format wie MP3, AAC oder Apple Lossless Encoder konvertieren. Wie das funktioniert, lesen Sie im nächsten Abschnitt.

Musiktitel in ein anderes Dateiformat konvertieren

Wenn Sie einen Musiktitel von einem Format in das andere konvertieren möchten, beachten Sie Folgendes: Wird ein komprimiertes Dateiformat in ein nicht komprimiertes Dateiformat konvertiert, wie beispielsweise das MP3- in das AIFF- oder WAV-Format, sollte danach keine Verschlechterung der Tonqualität zu hören sein. Im umgekehrten Fall, also beim CD-Rippen, bereitet die Konvertierung keine Qualitätsprobleme.

Grundsätzlich ist das erneute Rippen in einem anderen Format besser als das Konvertieren von einem komprimierten Format in ein anderes. Ist dies der Fall, beispielsweise von MP3 in AAC, kann das zu einer verschlechterten Tonqualität führen. Deswegen sollten Sie die Bitrate für das Zielformat nicht höher wählen als die des Quellformats. Das Konvertieren selbst geht ähnlich wie das CD-Rippen vonstatten. Öffnen Sie die iTunes-Einstellungen und klicken Sie im Menü *Bearbeiten* in *Einstellungen*.

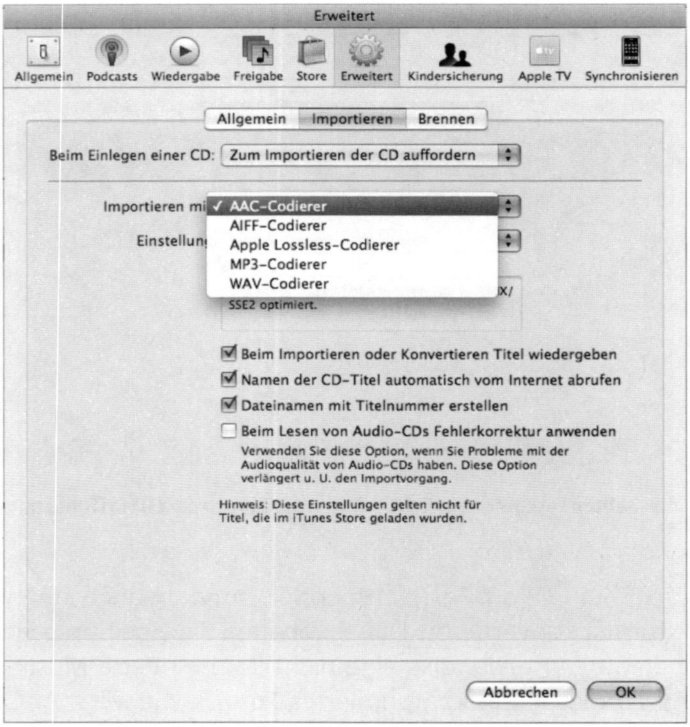

Bild 3.170 Im Register *Importieren* wählen Sie im Bereich *Importieren mit* das gewünschte Codierungsformat für den Zieltitel aus und klicken anschließend auf die *OK*-Schaltfläche, um die Einstellungen zu sichern.

Wählen Sie einen oder mehrere Titel in der Mediathek und danach im Menü *Erweitert* eine der folgenden Optionen:

- *Auswahl konvertieren in MP3*
- *Auswahl konvertieren in AAC*
- *Auswahl konvertieren in AIFF*
- *Auswahl konvertieren in WAV*
- *Auswahl konvertieren in Apple Lossless*

Bild 3.171 Abhängig vom ausgewählten Codierungsformat ändert sich das Menüelement und zeigt die ausgewählten Importeinstellungen an.

Wenn Sie mehrere Titel in der Mediathek konvertieren möchten, markieren Sie bei gedrückter [Strg]-Taste (Windows) bzw. [ ]-Taste (Mac OS X) die entsprechenden Titel und wählen im Menü *Erweitert* oder über das Kontextmenü der rechten Maustaste die Option *Auswahl konvertieren in XXX. XXX* steht für das gewählte Codierungsformat.

Danach werden alle markierten Titel mit Ausnahme der im Apple Music Store gekauften Titel konvertiert. Grundsätzlich sind gekaufte Titel in einem geschützten AAC-Format codiert, sodass sie mit iTunes nicht konvertiert werden können. Wie Sie iTunes austricksen können und das Konvertieren dennoch funktioniert, lesen Sie im nächsten Abschnitt. Nach dem Konvertieren werden die gewählten Titel sowohl im ursprünglichen als auch im neuen Format in der iTunes-Mediathek angezeigt.

Alte Schallplatten auf den iPod übertragen

Alle

Grundsätzlich müssen Sie beim Anschluss einer Analogkomponente wie Verstärker, Kassettendeck, Mischpult etc. darauf achten, dass der Klinkenstecker nicht in den Mikrofoneingang eingesteckt wird. Stattdessen ist der Line-In-Eingang der Soundkarte zu verwenden, weil Hi-Fi-Geräte wie Kassettendeck, DAT etc. ein anderes, stärkeres Signal (»Line Level«) liefern. Damit Sie beim Harddisk-Recording optimale Ergebnisse beim Aufzeichnen der analogen Audiosignale erzielen, sollten Sie unbedingt auf die richtige Buchse am Soundkartenblech achten.

Eine moderne Soundkarte bietet flexible Anschlussmöglichkeiten. Die Line-In-Verbindung ist für die Aufnahme von analogen Geräten vorgesehen. Die Belegung des optischen Eingangs kann mit einem digitalen Gerät wie CD-/DVD-Player oder DAT erfolgen.

Verbinden Sie den Verstärker der Hi-Fi-Anlage mit dem Line-In-Anschluss der Soundkarte, dann verwenden Sie sinnvollerweise den Tape-Out- oder Record-Ausgang des Verstärkers. Zum Anschluss an den Line-In-Eingang der Soundkarte benötigen Sie ein spezielles Kabel, das nicht standardmäßig Hi-Fi-Komponenten beiliegt: Es hat auf der einen Seite zwei Cinchstecker und auf der anderen einen 3,5-mm-Klinkenstecker. Dieses Kabel können Sie auch zum Direktanschluss eines Tapedecks, DAT-Rekorders oder CD-Players verwenden.

Wenn Sie Schallplatten aufnehmen möchten, benötigen Sie für ordentliche Magnettonabnehmer im Plattenspieler einen Vorverstärker, oder Sie schließen den Plattenspieler an einen Verstärker an. Plattenspieler nutzen nämlich eine bestimmte Verzerrung, die im Vorverstärker wieder entzerrt wird. Ohne diese Entzerrung werden Sie mit dem gelieferten Signal kaum glücklich werden. Moving-Coil-Tonabnehmer können eigentlich nur über Verstärker mit dem PC verbunden werden, denn ihr Ausgangssignal ist noch einmal schwächer als das der Magnettonabnehmer.

Achtung Aufnahme!

Spielen Sie einfach die Analogquelle einmal ab und prüfen Sie, ob die Soundkarte des PCs Audiodaten empfängt. In der Taskleiste finden Sie in der Regel den Mixer – hier passen Sie die Lautstärke an. Nun müsste die externe Tonquelle zu hören sein.

Wichtig ist, dass Sie kleine Unaufmerksamkeiten wie einen wackligen Tischfuß, verstaubte Datenträger etc. bei der Aufnahme von Schallplatten vermeiden. Um mal schnell Musikstücke über die Soundkarte auf den PC aufzunehmen, benötigen Sie keine spezielle Software. Windows liefert mit dem Audiorecorder schon ein Werkzeug mit. Dieser ist allerdings etwas umständlich zu bedienen. Weiterhin speichert der Audiorecorder standardmäßig nur 60 Sekunden ab – für eine komplette Schallplatte eindeutig zu wenig.

Bild 3.172 Der Standard-Audiorecorder von Windows ist etwas umständlich zu bedienen, wenn das passende Format benötigt wird.

Damit Sie mit dem Windows-Audiorecorder auch längere Stücke abspeichern können, müssen Sie mit den Windows-Zugriffstasten Strg+C (für Kopieren) und Strg+V (für Einfügen) arbeiten: Kopieren Sie zunächst eine Audiodatei mit Nullpegel (kein Signal liegt an) und markieren Sie den aufgenommenen Bereich.

Nun kopieren Sie die Markierung und fügen diese entsprechend oft ein, bis in etwa die gewünschte Aufnahmedauer erreicht ist. Hier sollten Sie nicht geizen: Lieber am Ende der Aufnahme etwas Nullpegel »herausschneiden«, als ein Stück zu haben, das nicht komplett aufgenommen werden konnte und somit abrupt endet.

Diese Vorgehensweise ist nicht nur umständlich, sondern auch mit der Zeit extrem lästig. Sie werden sich schnell nach einem professionellen Werkzeug wie Wavelab oder Sharewaretools wie Cooledit umschauen. Gerade wenn Sie Schallplattenaufnahmen auf CD bringen wollen, bieten diese Programme spezielle Filter und Werkzeuge mit. Zusätzlich können Sie damit auch andere Audioformate verwenden sowie MP3-Dateien erstellen und dekomprimieren. Diese MP3-Dateien versehen Sie anschließend mit einem aussagekräftigen Namen und importieren diese mit iTunes.

3.21 Keine Einbahnstraße – Musikdateien vom iPod kopieren

Alle Windows Mac OS X

Ist die Musik einmal auf den iPod übertragen, gibt es keinen Weg zurück auf den PC. So die graue Theorie und die Vorgaben der Musikindustrie, die Apple auch in iTunes umgesetzt hat. Damit soll verhindert werden, dass die Musik nicht beliebig kopiert, abgespielt und gebrannt werden kann. Die im iTunes Music Store gekaufte Musik ist zudem an Apples DRM (Digital Right Management) gebunden. Doch Sie legen hier selbst Hand an und haben mithilfe dieses Abschnitts Möglichkeiten, die Apple blockiert: Sie kopieren Lieder vom iPod auf den eigenen PC, legen ein Backup der iPod-Mediathek an und stellen nicht mehr sichtbare Titel wieder her.

Bei der gekauften Musik sorgt das DRM für Schutz, indem die gekauften AAC-Musikdateien bei der Wiedergabe auf einem anderen PC erst per Passwort freigeschaltet werden müssen. Doch wie bekommen Sie Ihre Musik wieder vom iPod herunter? Denn das kann notwendig sein, wenn beispielsweise die PC-Festplatte den Geist aufgibt und die Musik-Mediathek verschwunden ist. Und dies kann zusätzlich teuer werden, etwa wenn auf dem iPod Mengen an im iTunes Music Store gekaufter Musik vorhanden sind.

Zusätzlich ist es auch sinnvoll, ab und zu den iPod zu sichern, vor allem wenn neben Musik und Videos auch Daten wie Kontaktadressen, Kalendereinträge etc. vorhanden sind. Grundvoraussetzung dafür ist das Sichtbarmachen der iPod-Inhalte auf dem PC. Damit haben Sie die Möglichkeit, die eigenen Musikdateien und mehr zwecks Sicherung auf den PC zu kopieren.

Neben dem DRM bei gekaufter, kopiergeschützter Musik hat Apple die Musikdateien im iPod unsichtbar gemacht. Unter Windows ist das nichts anderes, als die Verzeichnisse und Dateien mit dem *Versteckt*-Flag zu versehen – bei einem Mac ist es das *Hidden*-Flag. Wird dieses Flag umgestellt, werden die Verzeichnisse und Dateien im Explorer bzw. im Finder bei einem Mac OS X-System sichtbar. Anschließend können die Dateien problemlos kopiert werden. Hier gehen Sie folgendermaßen vor: Zunächst stecken Sie den iPod an und stellen sicher, dass sich der iPod im Festplattenmodus befindet. Wie Sie in den Festplattenmodus kommen, lesen Sie im Abschnitt »iPod als Festplatte – Disk Mode aktivieren« auf Seite 186.

Mehr Durchblick – unsichtbare Musikdateien unter XP sichtbar machen

Alle Windows

Unter Windows XP öffnen Sie den Explorer und wählen im Menü *Extras* den Eintrag *Ordneroptionen* aus.

Bild 3.173 Im Register *Ansicht* suchen Sie nach dem Eintrag *Versteckte Dateien und Ordner*. Hier wählen Sie den Eintrag *Zeige versteckte Dateien und Ordner* aus.

Nun werden Sie Augen machen: Die versteckte Musik lässt sich einfach auf die Festplatte kopieren. Ist der iPod eingesteckt, sieht die Verzeichnisstruktur folgendermaßen aus:

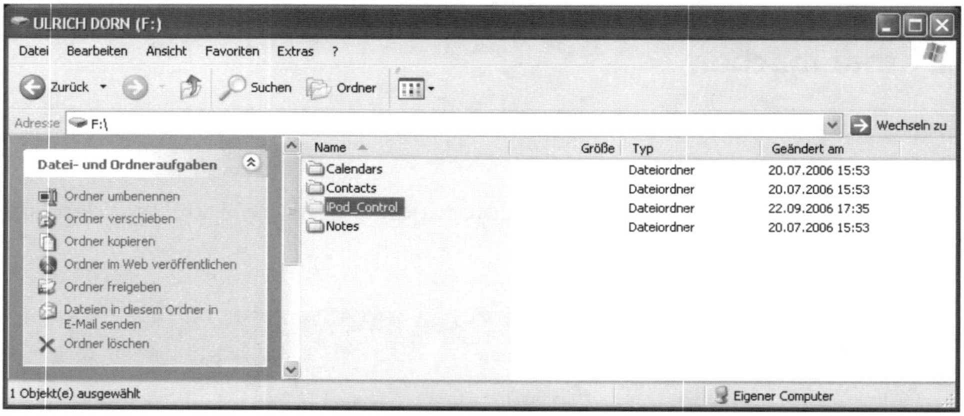

Bild 3.174 Der »versteckte« Ordner *iPod_Control* wird durch ein besonderes Ordnersymbol im Explorer angezeigt.

Öffnen Sie den »versteckten« Ordner *iPod_Control*, erscheinen weitere versteckte Ordner. Für das Sichern der Musik ist ausschließlich der Ordner *Music* wichtig.

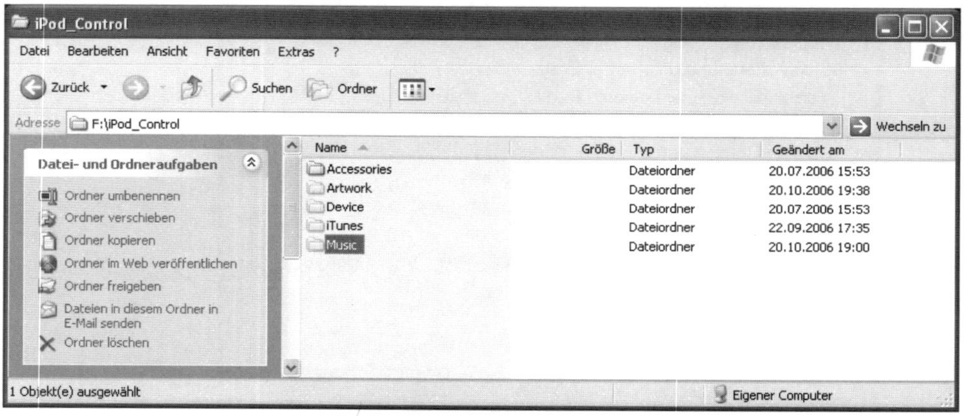

Bild 3.175 Wer seine iPod-Musik sichern möchte, kopiert den Ordner *Music* samt seinen Unterverzeichnissen auf die PC-Festplatte.

In den Unterverzeichnissen befinde sich in wirrer Reihenfolge die Musikstücke. Die Dateien sind im MP3-Format, jedoch vom Dateinamen her nicht sauber beschriftet. Das macht aber nichts, da deren MP3-Tags in der Datei nach wie vor vorhanden sind.

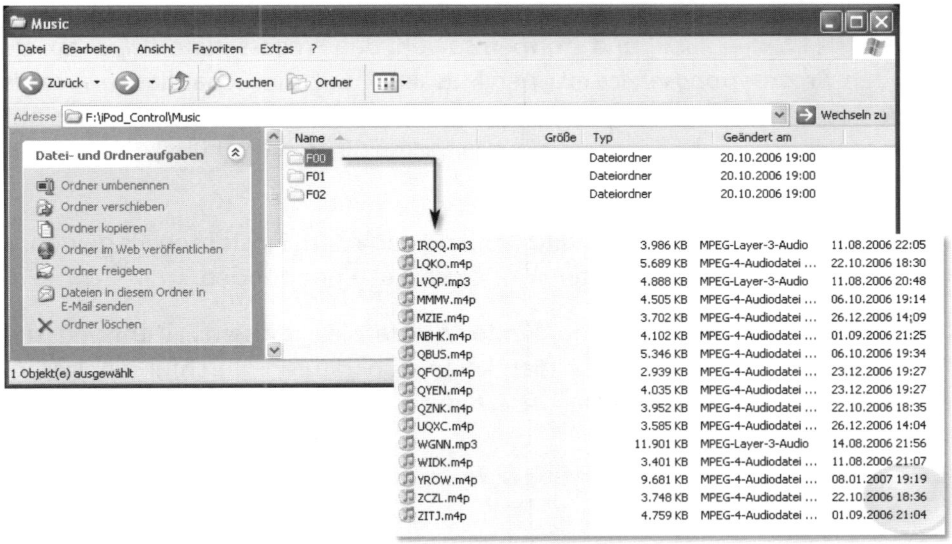

Bild 3.176 Diverse Ordner sind im *Music*-Ordner untergebracht, die ihrerseits MP3-Dateien in unsortierter Reihenfolge beinhalten.

Diese werden beim späteren Import in iTunes ausgelesen, und die Dateien werden entsprechend umbenannt sowie in die passenden Ordner kopiert.

Windows Vista – Explorer-Eingriff notwendig

Alle Windows

Wie bei Windows XP lassen sich bei dem Nachfolger Windows Vista die versteckten Dateien und Ordner im Explorer ebenfalls sichtbar machen und die Daten, beispielsweise Musik, auf der PC-Festplatte sichern. Stecken Sie einen iPod unter Windows Vista ein, lässt sich der iPod als Massenspeichergerät verwenden, sofern Sie die iTunes-Software noch nicht installiert haben.

Befindet sich iTunes bereits auf dem Windows Vista-Rechner, sollten Sie über den Task-Manager zwei iPod-Prozesse beenden, damit der iPod nach dem Einstecken nicht das Starten von iTunes auslöst. Wäre dies der Fall, würde iTunes meckern und das Neueinrichten des iPod anraten, falls dieser bereits mit einem anderen PC oder Mac mit einer Musikbibliothek verbunden war.

In diesem Fall starten Sie den Windows Task-Manager über die Tastenkombination `Strg`+`Alt`+`Entf` und stoppen sowohl den Prozess *ituneshelper.exe* als auch den Prozess *ipodservice.exe* per Mausklick auf die Schaltfläche *Prozess beenden*. Falls iTunes geöffnet ist, schließen Sie auch dieses Programm, um auf Nummer sicher zu gehen. Anschließend stecken Sie den iPod über USB an den Windows Vista-PC an.

Ist iTunes noch nicht installiert, wird der iPod nach dem Einstecken als gewöhnliches Massenspeichergerät unter Windows Vista eingebunden.

Nun erscheint eine Nachfrage von Windows Vista, die in diesem Fall unnötig ist – von Windows Vista sollten Sie hier keine Reparaturen durchführen lassen. Klicken Sie auf *Ohne Überprüfung fortsetzen*.

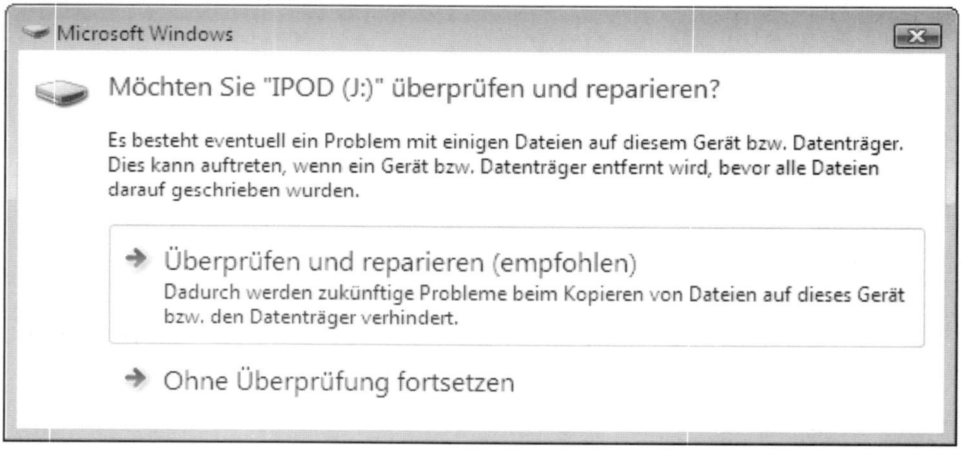

Bild 3.177 Mit der Zeit nervig und nicht notwendig: Nach dem Einstecken möchte Windows Vista irgendwelche Reparaturen vornehmen. Hier gilt jedoch aus Sicherheitsgründen die Devise »Never change a running system«.

Anschließend steht der angeschlossene iPod im Explorer zur Verfügung. Ist der iPod bereits mit Musik und Videos betankt, ist dies zunächst an der Speicherübersicht im Register *Allgemein* zu sehen, das Sie über das Kontextmenü der rechten Maustaste über *Eigenschaften* öffnen können.

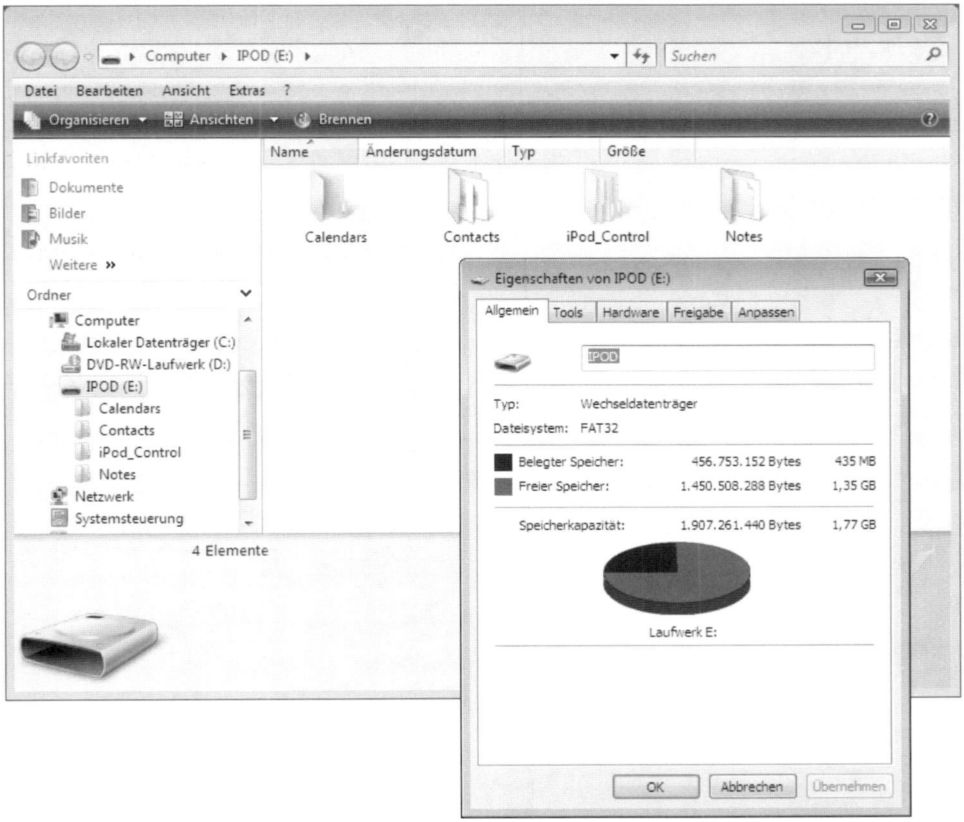

Bild 3.178 Der eingesteckte iPod ist mit rund 435 MByte Daten gefüllt.

Nun werden ihnen verschiedene Ordner im Explorer angezeigt. Der relevante Ordner *iPod_Control* ist in der Regel nicht zu sehen. Dafür müssen Sie Windows Vista das Anzeigen von geschützten und versteckten Dateien und Ordnern beibringen. Richten Sie das Aussehen nach Ihren Vorstellungen aus. Klicken Sie dann auf den Schaltfläche *Organisieren* und wählen Sie im Menü *Ordner- und Suchoptionen*. Schalten Sie hier auf die Registerkarte *Ansicht.*

Mit diesem Eingriff blenden Sie sämtliche versteckten Dateien und Ordner im Explorer-Darstellungsfenster ein. Erst damit wird der Zugriff auf die versteckten Daten des iPod möglich.

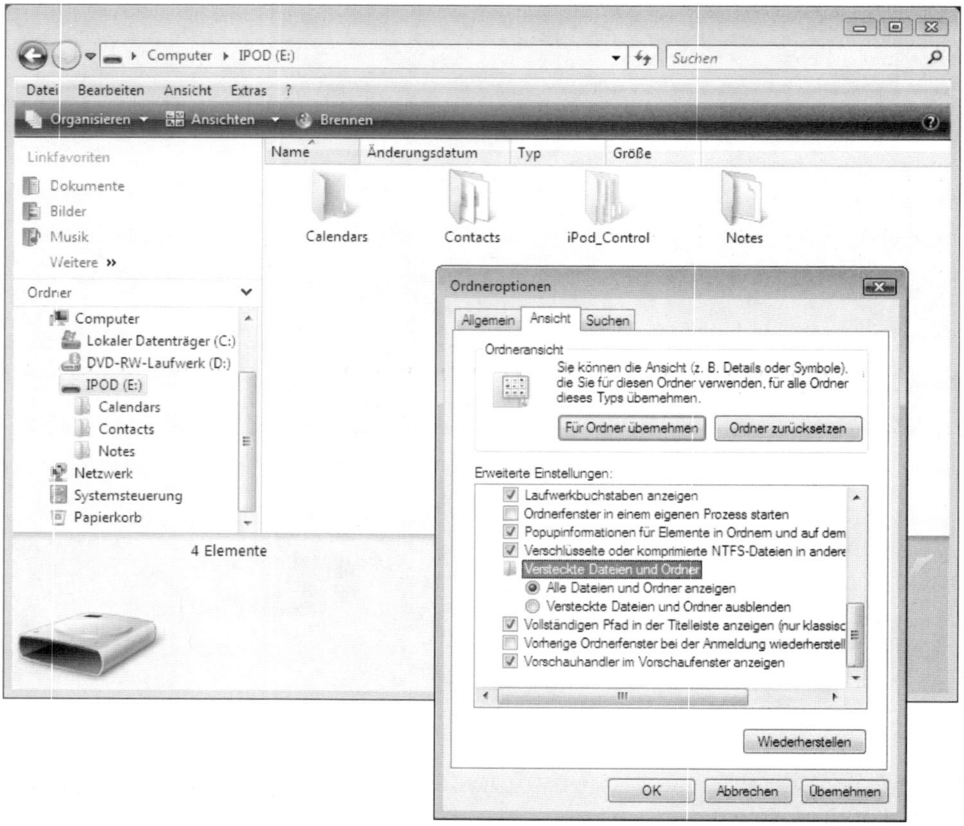

Bild 3.179 Im Register *Ansicht* suchen Sie nach dem Eintrag *Versteckte Dateien und Ordner*. Wählen Sie den Eintrag *Alle Dateien und Ordner anzeigen*.

Der nächste Eingriff ist für das Kopieren der Musikdateien vom iPod auf die Festplatte nicht zwingend notwendig, sorgt aber für einen besseren Überblick und für höhere Sicherheit im Windows-Betrieb. Durch das Deaktivieren des Häkchens bei *Erweiterungen bei bekannten Dateitypen ausblenden* ist anhand der Dateierweiterung besser erkennbar, ob es sich bei einer Datei beispielsweise um eine MP3-Musikdatei, eine AVI- oder eine MPG-Filmdatei handelt.

Klicken Sie danach auf die Schaltfläche *Für Ordner übernehmen*. Jetzt haben alle Ordner das gleiche Aussehen. Ist die Änderung nicht gleich sichtbar, starten Sie den Rechner neu, um die Änderungen zu aktivieren. Anschließend öffnen Sie erneut den Windows-Explorer und prüfen die Anzeige des iPod-Laufwerks.

Nun haben Sie den versteckten *iPod_Control*-Ordner sichtbar gemacht. Im nächsten Schritt öffnen Sie diesen Ordner, in dem weitere versteckte Ordner enthalten sind. Für das Sichern der Musik ist ausschließlich der Ordner *Music* wichtig.

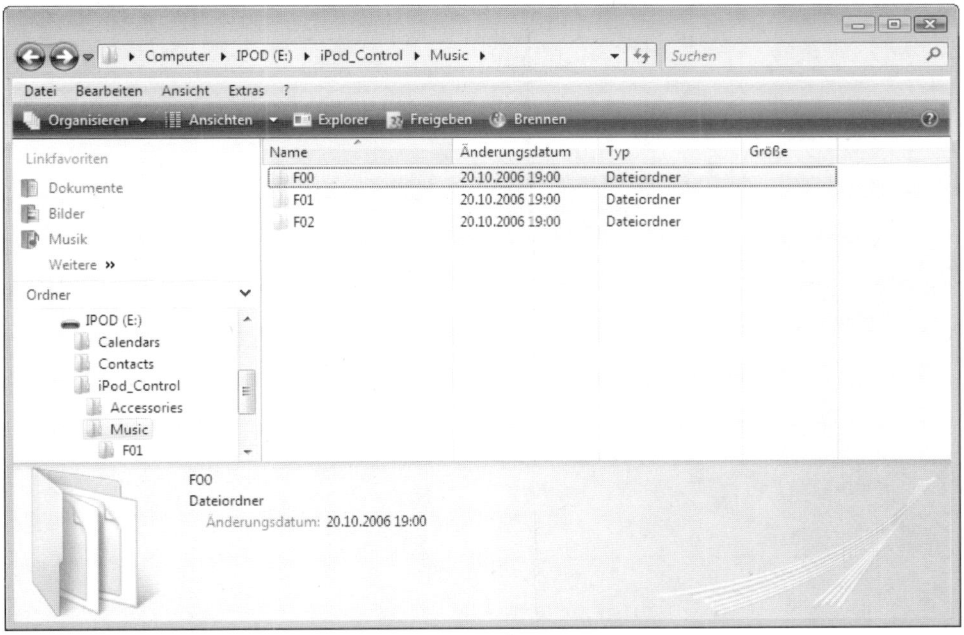

Bild 3.180 Der Ordner *Music* enthält zig weitere Ordner, die ihrerseits die eigentlichen Musikdateien beherbergen.

Öffnen Sie probeweise einen Ordner. Dort sind nun die MP3-Dateien zu sehen – jedoch mit einem kryptischen Dateinamen. Das ist jedoch kein Problem, da iTunes diesen Namen später wiederherstellt. Kopieren Sie nun den kompletten Ordner *Music* auf die Festplatte, um ihn später in iTunes importieren zu können.

Dieser beschriebene Kniff hat einen Haken: Er funktioniert bei der aktuellen iPod-Generation nur mit den Modellen Shuffle, Nano und Classic – der iPod touch sowie das iPhone zeigen unter Windows die Musik nicht an. Dazu wird hier ausschließlich die Musik, nicht aber Wiedergabelisten, Bewertungen etc. auf den PC zurückgespielt.

In diesem Fall müssen Wiedergabelisten, Bewertungen, Songtexte u. Ä. erneut in iTunes eingetragen werden. Wem das zu viel Arbeit ist, der investiert statt Zeit und Aufwand lieber ein paar Euro, um ans Ziel zu gelangen. Das Werkzeug CopyTrans nimmt Ihnen diese nämlich Arbeit ab.

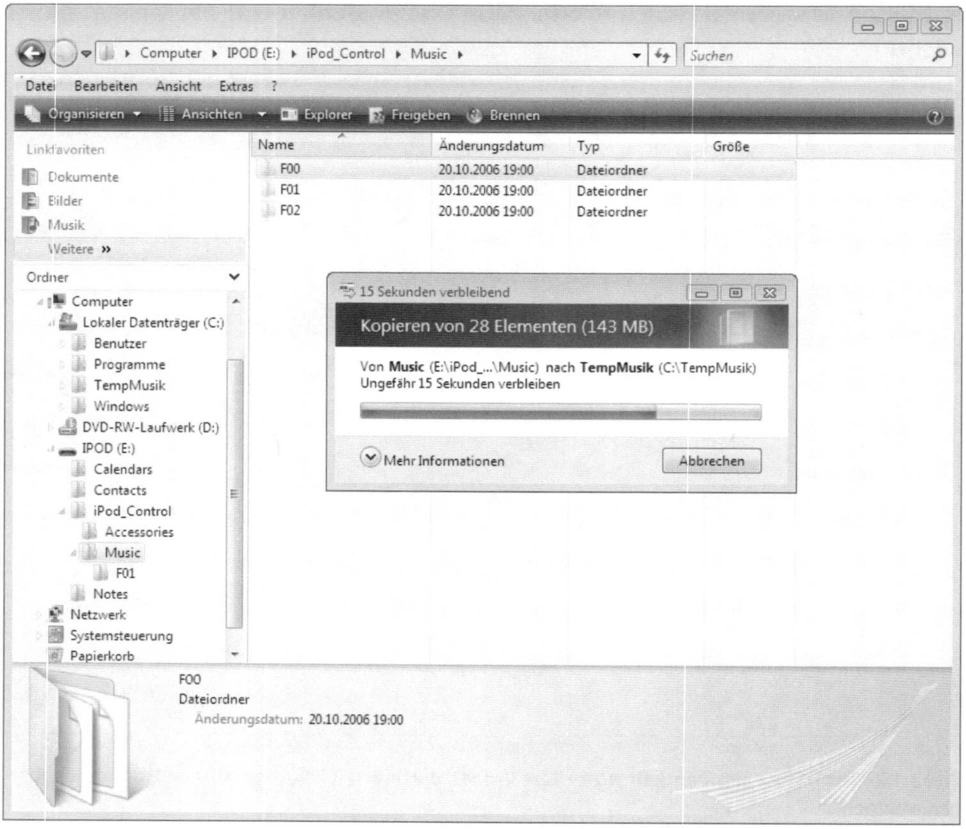

Bild 3.181 Abhängig von der Speicherkapazität des angeschlossenen iPod dauert das Kopieren der Musikdateien eine Weile.

iPod touch und iPhone unter Windows – Musik sichern mit Spezialwerkzeug

iPod touch | iPhone 1G | Windows

Gerade wenn die PC- oder Notebook-Festplatte defekt ist, auf einen anderen PC/ein anderes Notebook gewechselt wird oder gar das Notebook entwendet wurde, ist wenigstens die auf dem iPod gespeicherte Musik zu retten. Für das Sichern und Wiedereinspielen der gesamten Musikbibliothek zwischen iPod und PC hilft das Werkzeug CopyTrans.

Das Beste: Dies geschieht ohne Verluste von Wiedergabelisten und Bewertungen – ideal für jene, die über den iPod bzw. iTunes die genutzte Musik entsprechend sortiert und bewertet haben.

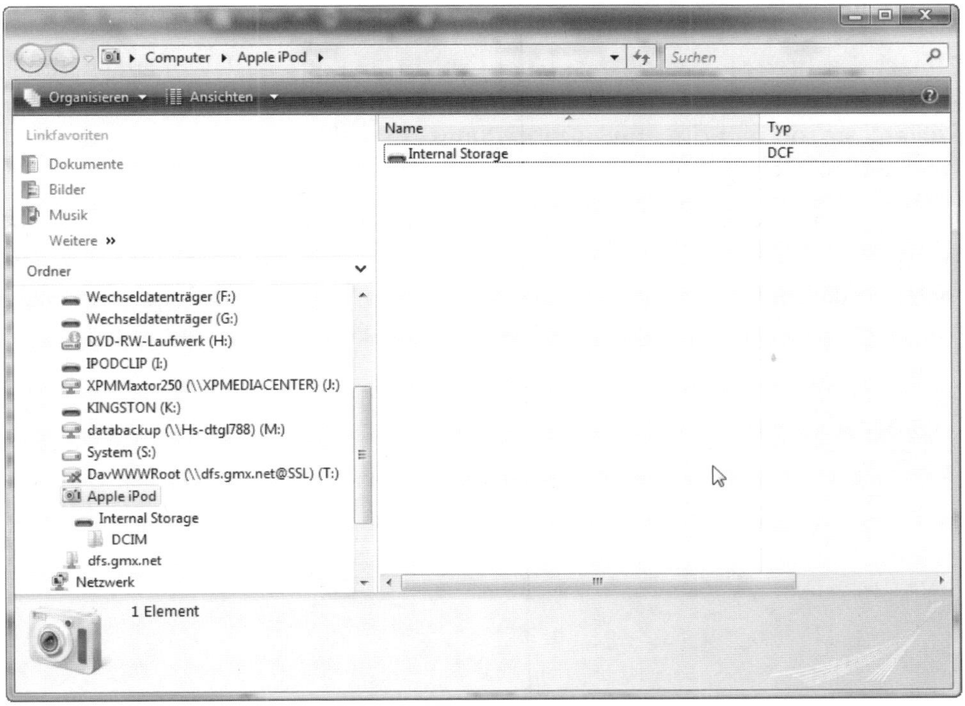

Bild 3.182 Dumm gelaufen: Der iPod touch wird nicht als »normales« Wechselplattenlaufwerk, sondern als schlichte Speicherkarte einer Digitalkamera unter Windows Vista angezeigt.

CopyTrans erkennt keine Mac-formatierten iPods. Um zu überprüfen, wie Ihr iPod formatiert wurde, wählen Sie in den iPod-Einstellungen *Format* aus und überprüfen die Formatierung.

Ist Ihr iPod mit dem Mac-Format eingerichtet, ist unter Windows eine zusätzliche Software wie beispielsweise MacDrive notwendig, die für den Dateisystemzugriff sorgt.

Alternativ nutzen Mac-Anwender einfach den Mac, denn hier bedarf es nur eines kleinen Eingriffs, um die Musik sichtbar zu machen. Wie das funktioniert, lesen Sie im Abschnitt »iPod unter Mac OS X – Musik sichtbar machenMac OS X – Musik sichtbar machen« auf Seite 231. Mit CopyTrans kann der Inhalt des iPod wahlweise direkt in iTunes, aber auch in einen beliebigen Ordner zurückgesichert werden. Im letzteren Fall haben Sie dann selbst die freie Auswahl, welche Musikstücke Sie erneut bzw. wieder händisch in die iTunes-Mediathek importieren möchten.

CopyTrans in Betrieb nehmen

Zunächst achten Sie darauf, dass iTunes »nicht« in Betrieb ist. Wer auf Nummer sicher gehen möchte, der öffnet den Windows Task-Manager und prüft in der Prozessliste, ob hier die Anwendung *itunes.exe* vorhanden ist. Ist dies der Fall, wechseln Sie über [Alt]+[⇆] zu iTunes und beenden es.

Lässt sich iTunes nicht beenden, hilft hier wiederum der Task-Manager von Windows. Schießen Sie den zuvor mit der Maus markierten iTunes-Prozess einfach per Klick auf die Schaltfläche *Prozess beenden* ab. Anschließend starten Sie CopyTrans. Achten Sie zuvor darauf, dass »kein« iPod am PC angeschlossen ist.

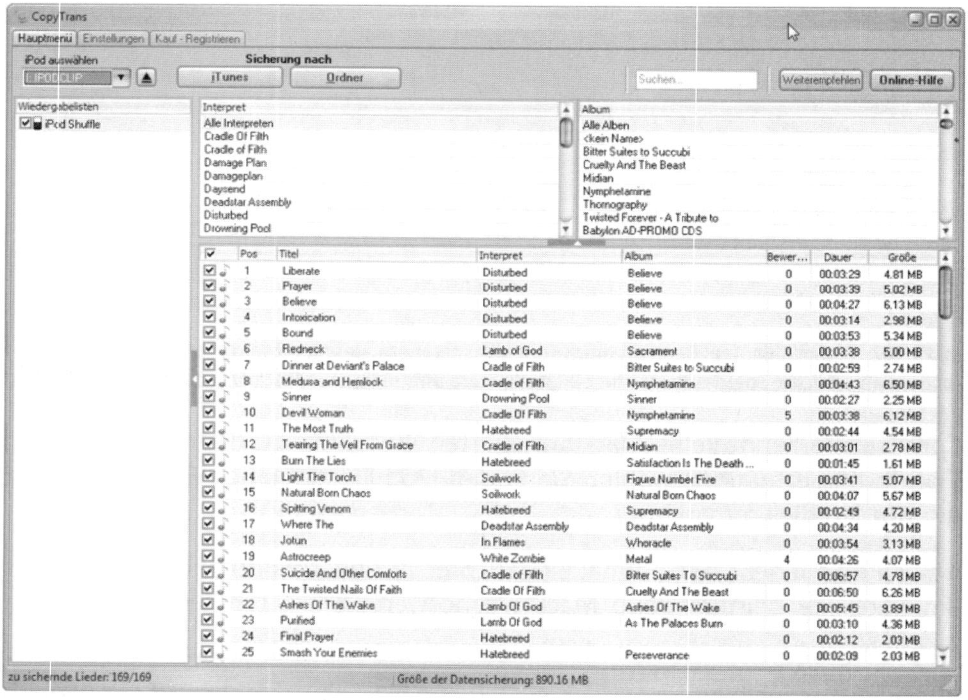

Bild 3.183 iTunes beenden, CopyTrans starten, iPod einstecken: Anschließend steht der Inhalt des iPod für Sicherungszwecke auf dem PC zur Verfügung.

Da CopyTrans den iPod vor einer Synchronisation mit einer leeren oder unvollständigen iTunes-Mediathek schützen möchte, darf der iPod erst angeschlossen werden, sobald das CopyTrans-Programmfenster geöffnet ist. Das Programm sollte den iPod nun automatisch erkennen und den Inhalt im rechten Fensterbereich anzeigen.

Ist dies nicht der Fall, prüfen Sie zunächst im CopyTrans-Menü, ob dieser über *iPod auswählen* auffindbar ist. Hat sich inzwischen iTunes wieder gestartet, kann unter Umständen nachstehende Meldung von iTunes erscheinen.

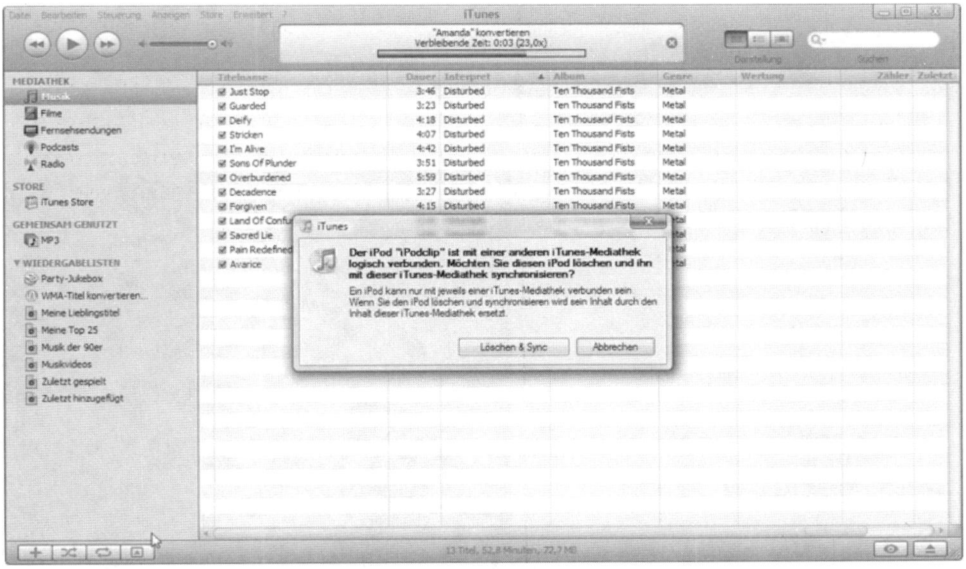

Bild 3.184 Wichtig: Wurde der iPod mit einer anderen iTunes-Mediathek befüllt, meckert iTunes: In diesem Fall klicken Sie auf die Schaltfläche *Abbrechen*. Wird auf *Löschen & Sync* geklickt, ist der Inhalt des iPod verloren.

Wer eine vollständige Datensicherung des iPod vornehmen möchte, der drückt auf der Tastatur [Strg]+[A] oder wählt nach dem Anklicken eines beliebigen Lieds im Kontextmenü der rechten Maustaste *Alle auswählen* aus. Wem das zu viel ist, der kann natürlich auch einzelne Lieder oder Wiedergabelisten zurücksichern. Beim Sichern der Wiedergabeliste werden automatisch die darin enthaltenen Lieder ausgewählt. Hier ist zusätzlich auch die Wiedergabeliste in der linken Spalte zu markieren, falls zuvor zusätzlich einzelne Lieder ausgewählt wurden.

Daten auf PC/Notebook zurücksichern

Nun können Sie die markierten Titel wahlweise nach iTunes oder in einen Ordner zurücksichern. Nach dem Klick auf die Schaltfläche *Ordner* erscheint eine Kurzvorschau, in der sowohl der Zielordner als auch die Struktur der Ordner/Unterordner der zu kopierenden iPod-Titel genutzt werden.

Überprüfen Sie die Einstellungen nochmals. Ist alles okay, klicken Sie auf *Sicherungskopie starten*. Anschließend dauert das Kopieren der Daten eine gewisse Zeit – je mehr zu sichern ist, desto länger. Ist die Datensicherung beendet, zeigt CopyTrans ein Zusammenfassungsfenster mit den Details der Datensicherung an.

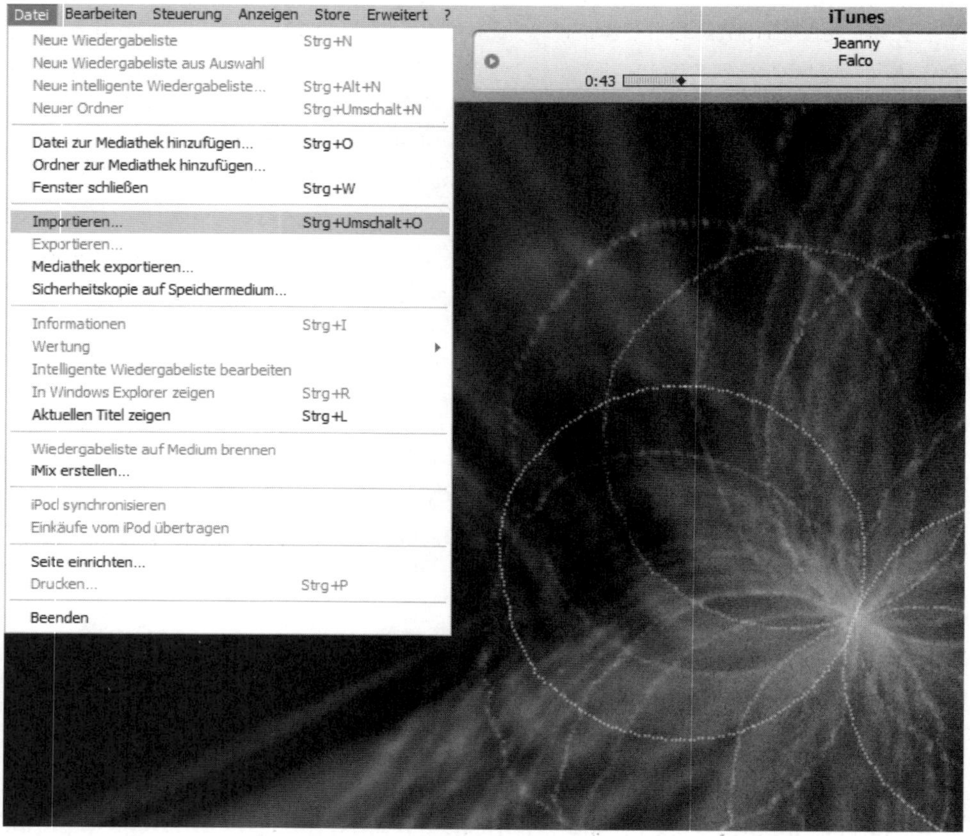

Bild 3.185 Die von CopyTrans erstellte XML-Datei kann anschließend über *Datei/Importieren* in iTunes importiert werden. Damit stehen Ihnen die Bewertungen und Wiedergabelisten der gesicherten Musik in iTunes wieder zur Verfügung.

Besonders praktisch – CopyTrans hat nicht nur die Musik, sondern auch die persönlichen musikspezifischen Daten in dem angegebenen Sicherungsordner gesichert. Diese XML-Datei kann anschließend über iTunes importiert werden, um Wiedergabelisten, Bewertungen etc. wiederherzustellen. Wie das im Detail erfolgt, wird anhand eines Beispiels im Abschnitt »Chaos beseitigen: Genreeinträge säubern für Profis« auf Seite 42 erklärt.

3.22 iPod unter Mac OS X – Musik sichtbar machen

Shuffle 1G | Shuffle 2G | Nano 1G | Nano 2G | Nano 3G | Photo | Video | Classic | Mac OS X

TinkerTool ist das Schweizer Taschenmesser unter Mac OS X. Damit ist der Zugriff auf versteckte Funktionen möglich, die Apple vor dem Zugriff des Benutzers schützen möchte. Der Zugriff ist sogar ohne Administratorrechte möglich und gilt deswegen auch als sicher, da das Programm keine Komponenten des Betriebssystems ändert. Egal, welche Änderungen Sie vornehmen: Per Mausklick lassen sich die Standardeinstellungen zurückholen. TinkerTool ist über *www.bresink.de/osx/TinkerTool.html* erhältlich und einfach per Drag & Drop in das Programmfenster des Finders zu installieren.

Um nun Daten unter Mac OS X vom iPod auf die Festplatte zu kopieren, gehen Sie folgendermaßen vor: Verbinden Sie zunächst den iPod mit dem Mac. Je nachdem, ob der iPod bereits mit dem Mac verheiratet ist oder nicht, dürfen Sie nach dem Starten von iTunes diesen synchronisieren oder aber auch nicht.

Handelt es sich um einen »Fremd«-iPod, der mit einer anderen Musikbibliothek verknüpft ist, wählen Sie stattdessen die Schaltfläche *Abbrechen* aus, falls iTunes die iPod-Bibliothek mit der iTunes-Bibliothek überschreiben will.

Nun wählen Sie bei *Quelle* den iPod aus und aktivieren anschließend die Option *Titel und Wiedergabelisten manuell verwalten*. Damit spielt iTunes aufgrund des eingesteckten iPod nicht verrückt, und dieser bleibt als Wechsellaufwerk im Finder erhalten. Nun starten Sie TinkerTool.

Der Rest ist für iTunes-Profis ein Kinderspiel. Öffnen Sie nun das iPod-Laufwerk über den Finder, tauchen weitere Verzeichnisse wie *Device*, *iTunes* und *Music* auf. Je nach iPod-Modell können hier noch weitere Verzeichnisse erscheinen. Für das Kopieren der Musik auf die Festplatte ist nur das Verzeichnis *Music* relevant.

Sind die Verzeichnisse auf der Festplatte gespeichert, lassen sich diese mit Drag & Drop in die iTunes-Mediathek importieren – sämtliche Titelinformationen wie Interpret, Album und dergleichen werden automatisch angepasst.

Achten Sie jedoch darauf, dass in diesem Fall in den iTunes-*Einstellungen* im Register *Erweitert* beide Optionen *Beim Hinzufügen zur Mediathek Dateien in den iTunes-Musik-Ordner kopieren* und *iTunes-Musik-Ordner verwalten* aktiviert sind.

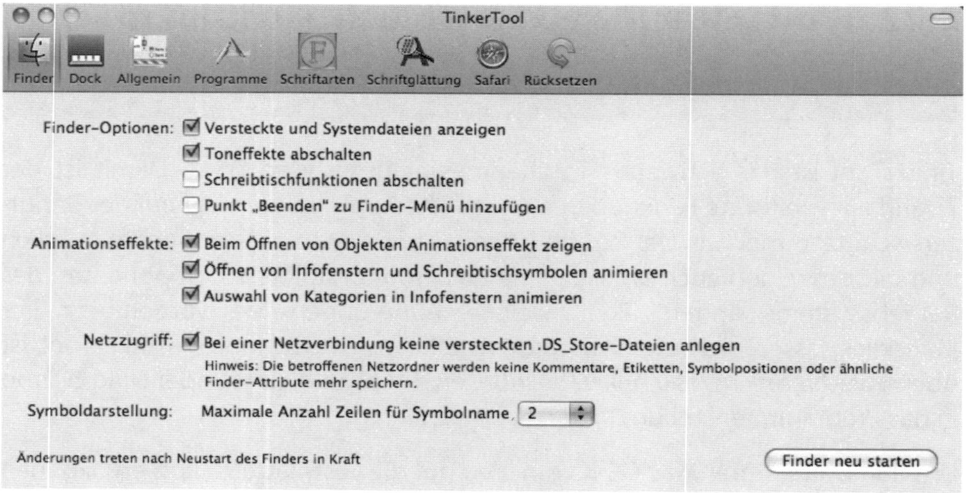

Bild 3.186 Im ersten Register *Finder-Optionen* setzen Sie das erste Häkchen bei *Versteckte und Systemdateien anzeigen*. Anschließend klicken Sie auf die Schaltfläche *Finder neu starten*, um den Finder mit den neuen Einstellungen zu initialisieren.

3.23 Neue iPod-Generation unter Mac OS X – Datensicherung per Kommandozeile

iPod touch | iPhone 1G | Mac OS X | Windows

Wer viel mit iPod touch und iPhone experimentiert, wünscht sich eine schnelle und sichere Möglichkeit, die auf dem mobilen Gerät gespeicherten Daten möglichst unkompliziert und vor allem automatisch zu sichern. Hier sollen selbstverständlich sämtliche Links, Datei- und Verzeichnisrechte sowie die Ablagestruktur beibehalten werden, die bei einem manuellen Kopiervorgang über SSH verloren gehen.

iPhone und iPod touch vorbereiten

Im Gegensatz zu dem manuellen Kopieren einzelner Dateien und Verzeichnisse via SSH, beispielsweise über PuTTY, WinSCP oder Cyberduck, benötigt nachstehender Trick einen SSH-Server im Heimnetz. In diesem Fall ist ein Mac-System ideal, da es bereits SSH-Funktionalität von Haus aus mit an Bord hat, aber auch unter Windows lässt sich per OpenSSH die Serverfunktionalität nachrüsten.

Außerdem muss auf iPhone bzw. iPod touch das OpenSSH-Paket bzw. das BSD-Subsystem installiert sein. Gegebenenfalls müssen Sie sie per Installer nachziehen, wie im Abschnitt »Software finden und installieren« auf Seite 146 beschrieben. Da hier unter Umständen mehrere GByte zu sichern sind, empfiehlt es sich zudem, iPhone bzw. iPod touch über das USB-Kabel anzuschließen, damit die Stromversorgung sichergestellt ist.

Bild 3.187 Schalten Sie auch die automatische Sperre unter *Einstellungen/Allgemein/Automatische Sperre/Nie* ab. Bei der US-Version ist dies der Schalter *Settings/General/Auto-Lock/Never*. So sorgen Sie dafür, dass das Gerät während des Kopiervorgangs nicht »einschläft«.

SSH-Verbindung aufbauen

Sind die Vorbereitungen getroffen, kann es losgehen. Stellen Sie eine SSH-Verbindung von PC oder Mac via PuTTY bzw. Konsole her. Wer eine Komplettsicherung des iPhone bzw. iPod touch über die SSH-Kommandozeile durchführen will, verwendet den *tar*-Befehl:

```
tar -cvvzf - / | ssh user@192.168.123.26 "cat >
/iphone-backup-complete.tar.gz"
```

Hier ersetzen Sie *user* durch den Benutzernamen, der für den Zugriff auf den PC bzw. Mac notwendig ist. Die Beispiel-IP-Adresse *192.168.123.26* ersetzen Sie durch die der IP-Adresse Ihres Rechners, auf dem der SSH-Server läuft.

Achten Sie auch auf etwaige Firewall-Einstellungen. Dieser Trick funktioniert beispielsweise bei Mac OS X nur dann, wenn in den Systemeinstellungen im Bereich *Internet & Netzwerke* bei *Sharing* auch das Häkchen bei *Entfernte Anmeldung* gesetzt ist. Anschließend können Sie einen beliebigen Namen für die Sicherung angeben – wichtig ist nur, dass die Erweiterung *.tar.gz* eingetragen ist.

```
tar -cvvzf - / | ssh user@192.168.123.26 "cat >
/iphone-backup-complete.tar.gz"
```

So sichern Sie nicht nur die Bilder, Videos und Ihre Musik, sondern auch sämtliche Systemdaten.

iPhone- oder iPod touch-Backup auf einen entfernten Mac

Unter Windows können WinSCP-Anwender bei aktiver Verbindung zum iPhone/iPod touch einfach über die Tastenkombination Strg + T ein Konsolenfenster öffnen.

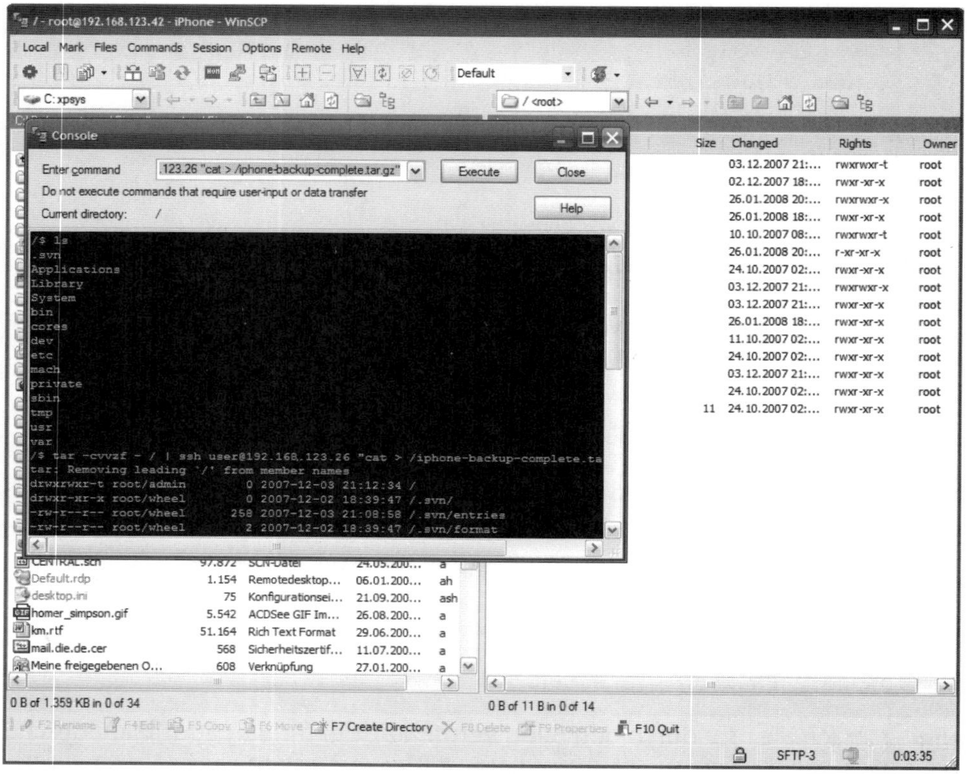

Bild 3.188 In die Befehlszeile im Konsolenfenster von WinSCP tippen Sie den entsprechenden Befehl ein und klicken auf die Schaltfläche *Execute*.

Egal ob via Mac OS X oder Windows, das Komprimieren und Übertragen der Daten kann abhängig von der Datenmenge auf dem iPhone/iPod touch eine ganze Weile dauern. Im Idealfall lassen Sie dies über Nacht ablaufen, damit die Gefahr nicht allzu groß ist, den Kopiervorgang versehentlich abzubrechen. Ist nach einigen Stunden die Sicherungskopie auf den PC/Mac kopiert, lassen sich später einzelne Dateien, ganze Verzeichnisse oder gar der komplette Inhalt wieder via SSH auf iPhone/iPod touch zurückkopieren.

3.24 Musik von iPod touch/iPhone auf PC oder Mac zurücksichern

iPod touch | iPhone 1G

Ist der iPod touch oder das iPhone, wie im Abschnitt »iPhone und iPod – Hacks und Mods« auf Seite 57 beschrieben, freigeschaltet, lassen sich nicht nur via SSH Software, Tools und Daten darauf speichern, sondern auch die auf dem iPod touch bzw. iPhone vorhandenen Daten auf die Festplatte des Mac oder PCs speichern.

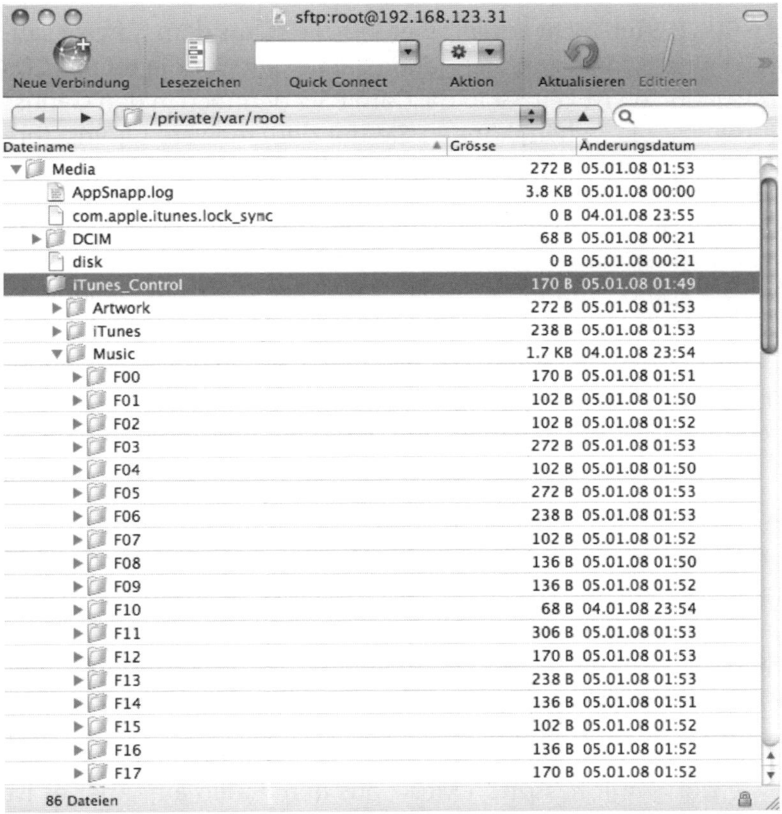

Bild 3.189 Auf dem iPod touch bzw. dem iPhone sind die Musikdateien im Verzeichnis *_/private/var/root/Media/iTunes_Control/Music_* in zig weiteren Unterverzeichnissen (*F00-FXX*) gesichert.

Sind die Verzeichnisse auf der Festplatte gespeichert, lassen sich diese per Drag & Drop wieder in die iTunes-Mediathek importieren. Sämtliche Titelinformationen wie Interpret, Album und dergleichen werden dabei automatisch angepasst.

Wer jedoch unter Windows einzelne Songs vom iPod bzw. iPhone auf der Festplatte sichern möchte, für den ist ein Werkzeug wie CopyTrans, wie im Abschnitt »iPod touch und iPhone unter Windows – Musik sichern mit Spezialwerkzeug« auf Seite 226 beschrieben, in der Handhabung komfortabler.

3.25 iTunes Store zu Hause – legal MP3s saugen

Alle

Kopiergeschützte CDs dürfen nicht kopiert werden, MP3s aus dem Netz zu saugen ist mittlerweile eine ziemlich anstrengende Sache, und für die teuren CDs oder für Onlinemusikbörsen ist kein Geld da. Damit Sie dennoch in den Genuss der neuesten Ohrwürmer kommen, können Sie mit der Freeware ClipInc. Ihre Lieblings-Hits als MP3s auf die Festplatte speichern und weiterverarbeiten.

Der Trick: ClipInc. nimmt die Musik vom Radio, die über eine TV-/Radiokarte oder einen externen Tuner eingespielt wird, auf und sichert sie als MP3 – vollautomatisch und bis zu 48 Stunden nonstop. Der Mitschnitt des beliebigen Radioprogramms erfolgt über die Soundkarte. Einzelne Musikstücke können ausgeschnitten und mit eigenen MP3-Tags markiert werden, für viele Sender stehen sogar sogenannte Stream-Tags zum Download bereit. Dann brauchen Sie sich noch nicht mal über die genauen Titel oder die Interpreten Gedanken zu machen.

Das Ganze ist kostenlos, denn Sie haben über die GEZ-Gebühren bereits für die Nutzung des Radios und somit auch für den Empfang von Musiktiteln gezahlt. Auch der Empfang der Stream-Tags ist erlaubt, da diese lediglich die exakte Zeit markieren, zu der ein bestimmter Song in einer Aufnahme startet und endet. Tobit stellt dafür kostenlos einen Server im Internet zur Verfügung, über den Sie Stream-Tags der Radiosender abrufen oder selbst gefertigte Tags mit anderen Nutzern austauschen können.

So nehmen Sie wie früher mit Kassetten Musik aus dem Radio auf. Aber es ist viel komfortabler als damals, weil Sie sich nicht um die Bedienung der Start- und Stopptaste kümmern müssen. Die Songs werden natürlich nur in Radioqualität aufgenommen, deshalb ist es absolut legal. Allerdings dürfen Sie über Tobit ClipInc. aufgenommene Hits nicht zu kommerziellen Zwecken nutzen, sprich verkaufen oder öffentlich aufführen.

Echt einfach – Installation von ClipInc.

ClipInc. gibt es als Freeware im Internet. Laden Sie die Software bei *www.geschickter-als-kaufen.de* herunter. Das Grundprinzip bei ClipInc. ist nach wie vor genial und simpel: Ein kleiner Systemdienst, der auf einem Windows-PC im Hintergrund läuft, zeichnet permanent ein Radiosignal auf und bezieht die exakten Schnittinformationen zur Kennzeichnung eines Songs mit Titel, Interpret etc. von einem zentralen Server über das Internet. Daraus entstehen dann vollautomatisch qualitativ hochwertige MP3-Files.

Nach dem Download und der Installation von ClipInc. prüfen Sie zunächst die Verkabelung von TV-Karte zu Soundkarte. Befindet sich eine Satellitenschüssel auf dem Dach oder ist sonstiges digitales Radio verfügbar, haben Sie die beste Qualität. Nur der Audioausgang der TV-Karte muss am Digitalaudioeingang der Soundkarte angeschlossen sein.

Wer keinen Digitalanschluss besitzt und sich mit analogem Radio zu begnügen hat, der hat auch analoge Qualität auf der Festplatte. Das entspricht einer Datenrate von ca. 56 KBit/s. Alternativ können Sie auch Internetradio in entsprechender Sendequalität aufnahmen. In dem Fall ist ein Breitband-Internetanschluss Pflicht, um in bester Qualität aufnehmen zu können.

Installation starten

Ist ClipInc. heruntergeladen, starten Sie die Installationsroutine per Doppelklick auf die Datei *clipinc.exe*.

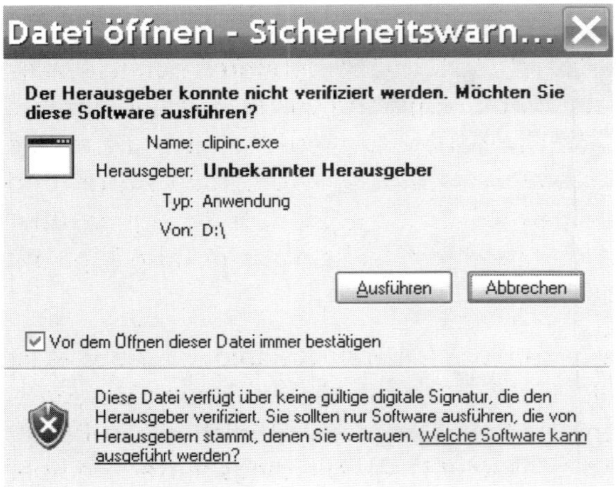

Bild 3.190 Sicherheitswarnung: Ohne die Microsoft-Signatur schlägt Windows Alarm. Diese Meldung können Sie getrost per Klick auf *Ausführen* überspringen.

Nach dem Starten erscheint der Begrüßungsdialog von ClipInc.

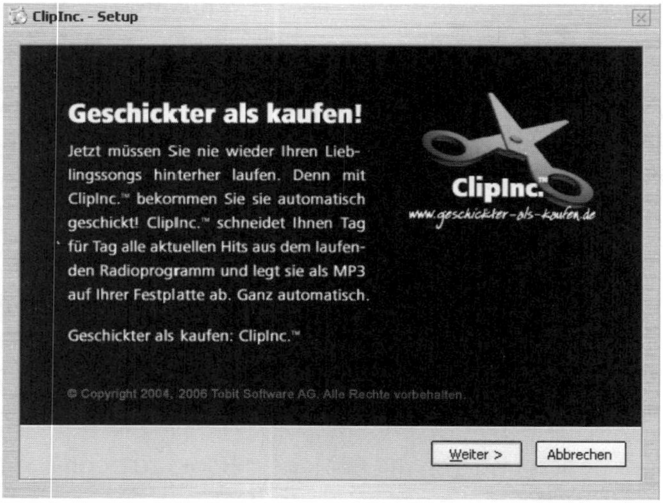

Bild 3.191 Ein Klick auf *Weiter* bringt Sie zum nächsten Schritt.

Einfach auswählen – Speicherpfad angeben

Nun geben Sie den Ablagepfad von ClipInc. an. Dafür klicken Sie auf die Schaltfläche *Durchsuchen* und geben das *Zielverzeichnis* an. Mit *Weiter* gelangen Sie zum nächsten Schritt.

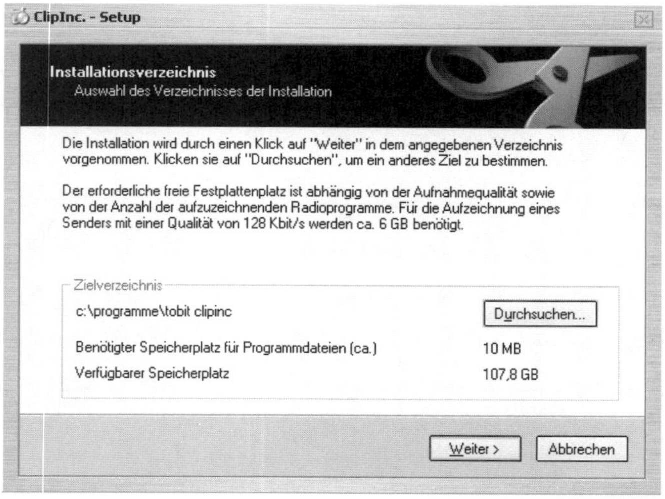

Bild 3.192 Speicherplatzschonend: Gerade mal 10 MByte an Speicherplatz werden für die Installation von ClipInc. benötigt.

Für die Installation sowie den Betrieb ist die Mitgliedschaft im Club Tobit Voraussetzung. Obwohl Freeware, wird die Lizenz für ClipInc. mit einem Clubzugang verknüpft. Voraussetzung ist hier lediglich die Angabe einer E-Mail-Adresse.

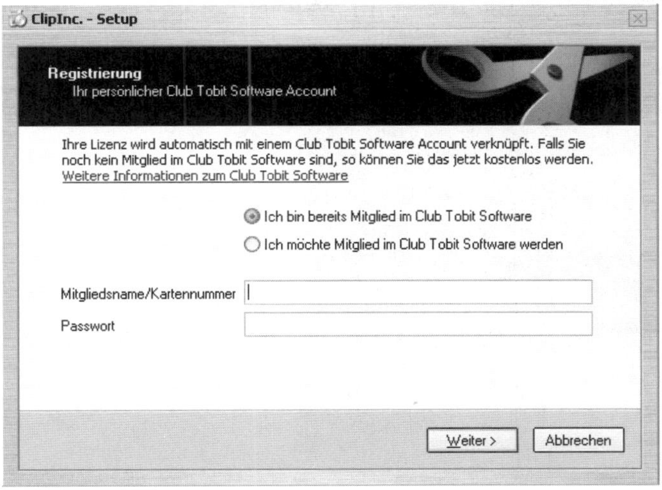

Bild 3.193 Neumitglieder wählen hier die Option *Ich möchte Mitglied im Club Tobit Software werden* aus.

Im nächsten Schritt geben Sie die Radioquelle an, die ClipInc. aufzeichnen soll. Hier haben Sie die Auswahl zwischen Rundfunk und Internetradio. Egal ob Digital-, Analog- oder Funkradio – die richtige Einstellung dafür ist *Rundfunk*. Haben Sie einen Breitband-Internetanschluss, wählen Sie *Internet*.

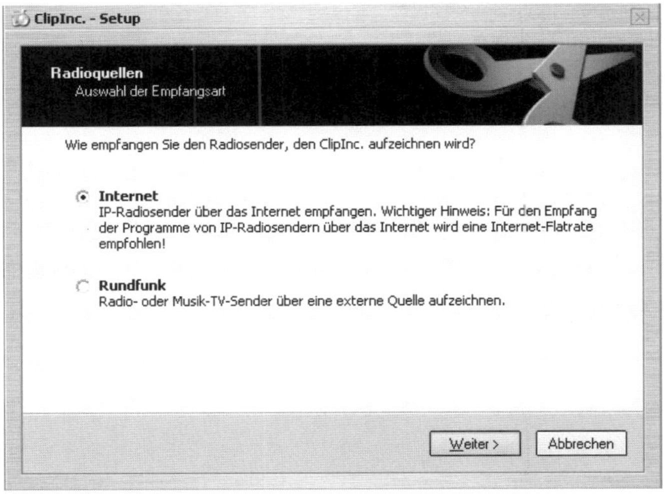

Bild 3.194 Internetradio bietet im Vergleich zu herkömmlichem Radio gerade bei der Aufnahme und einer eventuellen Konvertierung in das MP3-Format bessere Qualität.

Im nächsten Schritt entscheiden Sie sich für einen Radiosender. Hier können Sie bereits vorkonfigurierte Radiokanäle auswählen, die bei Tobit bekannt sind und auch redaktionell betreut werden. Sie sind in *Premium Sender* und *Weitere Sender* unterteilt. Dafür stehen die sogenannten Stream-Tags, also die Schnittmarken am Anfang und am Ende eines Songs, im Internet bereit. Dies erledigt ein zentraler ClipInc.-Server, der auch die Stream-Tags der Community beherbergt. Er speichert die Tags in einer nach Sendern sortierten Datenbank ab, damit Benutzer, die einen bestimmten Sender aufzeichnen und Schnittmarken setzen, Stream-Tags von anderen Anwendern erhalten.

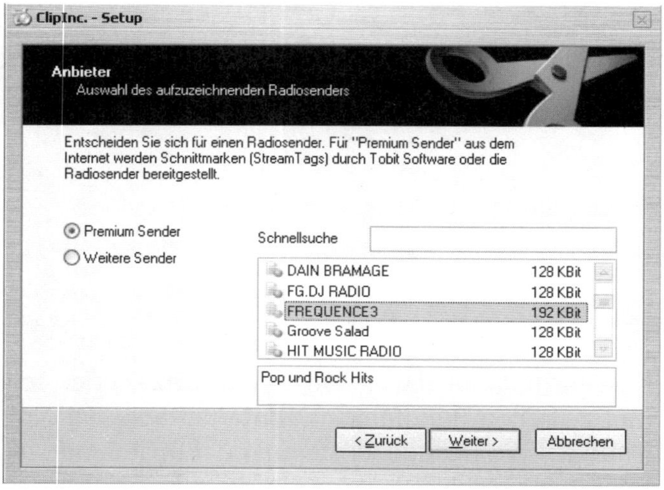

Bild 3.195 Mit *Weiter* kommen Sie zum nächsten Schritt. Nach dem Kopieren der Programmdateien ist die Installation erledigt.

Nach dem Kopieren der Programmdateien und der erfolgreichen Installation können Sie ClipInc. umgehend starten.

Bei der Installation und natürlich im Betrieb braucht ClipInc. eine Internetverbindung. Ist keine aktiv oder eine Firewall blockiert die Verbindung, muss zunächst eine Internetverbindung hergestellt sein, damit die Installation fortgeführt werden kann. Nur wenn die Installation auch auf das Internet zugreifen kann, kann sie korrekt durchgeführt werden.

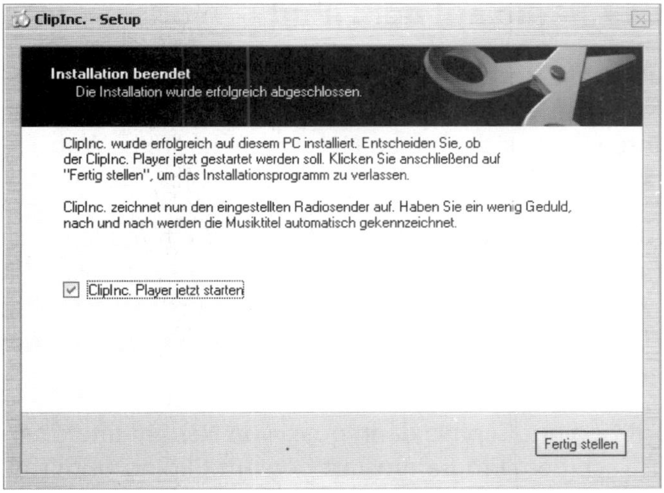

Bild 3.196 Ist das Häkchen bei *ClipInc. Player jetzt starten* gesetzt, wird nach Abschluss der Installation das Programm automatisch gestartet.

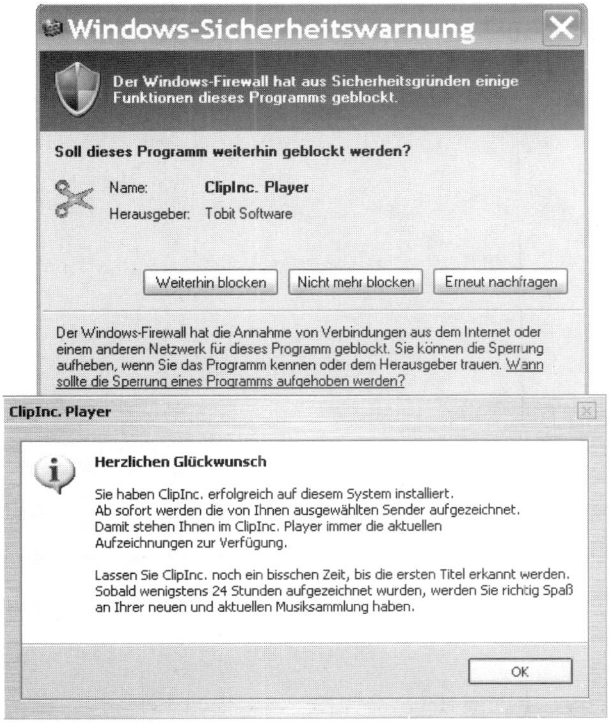

Bild 3.197 Meckert eine Firewall einen Verbindungsaufbau an, sollte die Firewall so eingestellt sein, dass der Zugriff möglich ist.

ClipInc. in der Praxis – Radio auf dem iPod

Für die komprimierte Aufnahme sind entsprechende Codecs notwendig, die ClipInc. nicht beiliegen. Ist bereits ein MP3-Codec (bei iTunes dabei) installiert, wird dieser problemlos unterstützt und genutzt. Nehmen Sie nun Ihr Wunschradioprogramm auf MP3 auf.

ClipInc. nimmt das bei der Einrichtung eingestellte oder nachträglich ausgewählte Radioprogramm bis zu neun Tage am Stück auf – vorausgesetzt, der Computer ist die ganze Zeit im Betrieb. Deswegen ist eine große Festplatte nahezu Pflicht. Mehr als 1,6 GByte freier Speicherplatz ist je nach Qualität der MP3-Streams einzuplanen.

Nach der eingestellten Zeit beginnt ClipInc. dann quasi von Neuem und überschreibt die ersten Daten. Nach dem Programmstart beginnt ClipInc. unmittelbar mit der Wiedergabe des aufgezeichneten Audiostreams. Der graue Balken, der sich vertikal über die Zeitskala bewegt, zeigt die gerade gespielte Position des Radioprogramms an. Mit dem Regler (roter Faden) können Sie die aktuelle Wiedergabeposition auf die Zehntelsekunde genau einstellen und so im Programm vor- oder zurückspringen.

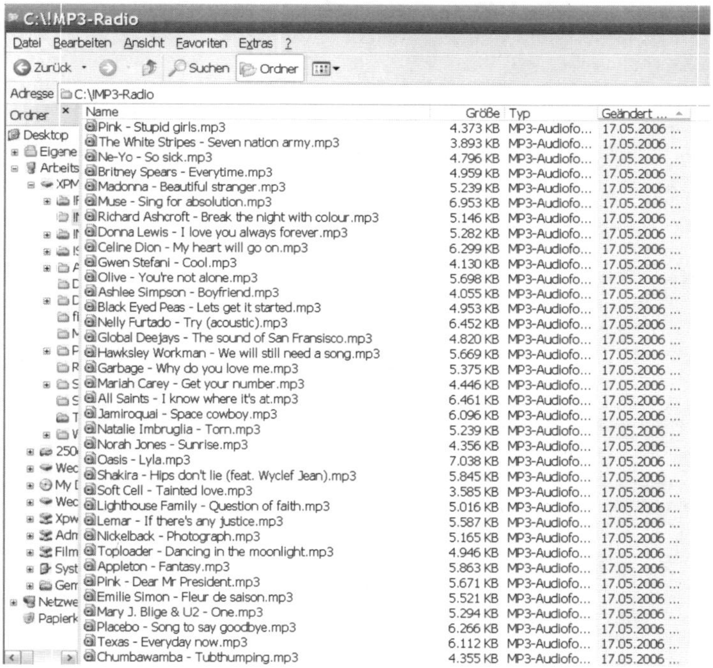

Bild 3.198 Nach 24 Stunden Radioaufnahme haben Sie bereits eine beachtliche Musiksammlung auf der Festplatte.

Mit den Stream-Tags können Sie bestimmte Stellen im aufgezeichneten Programm kennzeichnen, um das aufgenommene Material später wiederzufinden. Durch den Austausch von Stream-Tags mit anderen Anwendern entstehen so für beliebige Radioprogramme Übersichten von Musikstücken und Textbeiträgen. Wenn Sie von einem der Sender aufnehmen, die Stream-Tags bereitstellen, können Sie zusätzlich klassifizieren lassen, welche Musikrichtungen aufgenommen werden sollen. Dann finden Sie Ihre Lieblingsmusik leichter, andere Musikrichtungen werden nicht gekennzeichnet.

Wenn Sie mit Stream-Tags versehene Titel mit der rechten Maustaste anklicken und *Clip extrahieren* wählen, wird das Stück im festgelegten Verzeichnis als MP3 abgelegt. Aus dem Stream-Tag extrahiert das Programm auch gleich Titel und Interpreten, sodass die Ansammlung unbekannter Musikstücke auf Ihrem PC nicht weiter anwächst.

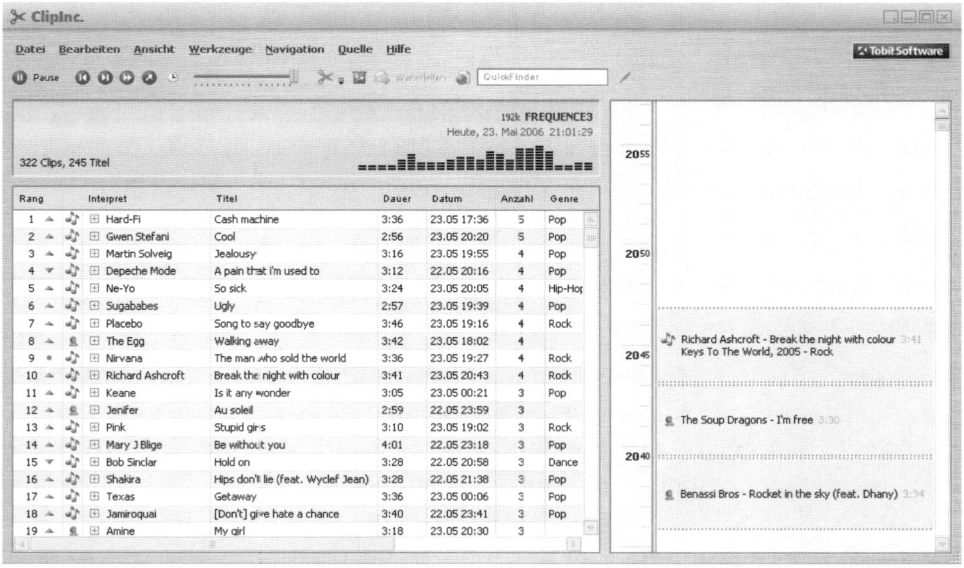

Bild 3.199 Um einen Stream-Tag für einen Audioclip zu setzen, klicken Sie einmal auf das Scherensymbol des Schiebereglers und schieben ihn anschließend zur gewünschten Endposition.

Klicken Sie jetzt das Scherensymbol ein zweites Mal an, öffnet sich das Dialogfenster *StreamTag,* in das Sie weitere Daten (Titel, Interpret, Album etc.) eintragen können. Der so erzeugte Audioclip erscheint als Hyperlink in der Zeitleiste und kann per Mausklick abgespielt werden.

Nach dem Aufnehmen der MP3-Dateien können Sie diese auch mit anderen MP3-Playern wie Media Player, Winamp oder iTunes abspielen. Die MP3-Songs können später problemlos auf CD, DVD, MP3-Player oder iPod übertragen werden. Sie sind vergleichsweise klein, mit 150 Titeln haben Sie bei 56 KBit/s etwa 190 MByte Daten auf der Scheibe. Eine 700-MByte-CD bringt also rund 500 bis 600 Songs unter.

Wenn Sie jetzt noch den iPod im Wohnzimmer per Zufallswiedergabe nutzen, haben Sie garantiert den ganzen Tag lang gute Musik. Unter iTunes legen Sie einfach eine neue Wiedergabeliste für die Internetradio-Musikstücke an, die mit dem iPod synchronisiert werden kann.

3.26 Radio und TV zum Mitnehmen – Podcasting mit dem iPod

Alle

Um die Radio- und Podcasting-Funktion nutzen zu können, brauchen Sie iTunes in der Version 4.9 oder aktueller. Falls eine ältere Version im Einsatz ist, sollten Sie die aktuellste Version von der Apple iTunes-Startseite kostenlos herunterladen. Das Radioangebot bei iTunes ist von Apple vorkonfiguriert und lässt sich nicht mit Bordmitteln erweitern. Eigene neue Radiosender lassen sich entweder als Musikstream oder als Podcast einbinden. Wie das funktioniert, lesen Sie in diesem Abschnitt.

Wer weitere Radiosender hinzufügen möchte, stößt in diesem Zusammenhang auf sogenannte Podcasts. Viele Radiosender im Internet machen Internetradio über Podcasts möglich. Der Name Podcast setzt sich aus dem Wort iPod und dem Begriff Broadcasting (Rundfunkübertragung) zusammen. Technisch gesehen, präsentiert sich ein Podcast meist als Audiodatei im MP3-Format, die in einen RSS-Feed (Really Simple Syndication) eingebaut ist.

Mit diesem Trick wird nicht die Datei selbst, sondern nur der Verweis auf die URL der Datei im RSS-Feed abgespielt. Mit einem speziellen Programm, auch Podcatcher genannt, abonniert der Nutzer die Audio-RSS-Feeds. Diese werden automatisiert auf den PC oder iPod über iTunes übertragen. Hier können Sie diese Podcasts abonnieren, und die Liste bleibt somit automatisch auf dem neuesten Stand. Wie bei einem Zeitungsabo werden die neuen Aktualisierungen automatisch geliefert, die Audiobeiträge landen so häppchenweise in der Bibliothek und auf Wunsch auf dem iPod.

Bild 3.200 Unpraktisch: Die Radiolisten werden über die iTunes-Updates eingepflegt. Die Auswahl reicht fürs Erste jedoch aus.

Mehr Auswahl – Radiosender hinzufügen

Bietet ein Radiosender keine Podcast-Funktion, können Sie trotzdem einen Radiosender als Stream zu iTunes hinzufügen. Zusätzliche Radiosender werden als MP3-Stream in der Bibliothek und nicht unter *Radio* bei iTunes angezeigt. Diese MP3-Streams erkennen Sie an der Dateiendung, Sie stehen entweder im PLS- oder M3U-Format zur Verfügung. Zunächst brauchen Sie einen Radiosender – hier gibt es zig iTunes-kompatible Radiosender. Suchen Sie entweder über eine Suchmaschine oder schauen Sie zunächst auf der apfelwiki-Seite, ob das gewünschte Radioprogramm dort verzeichnet ist.

Auch nach einem iTunes-Neustart stehen die gespeicherten Radiostationen automatisch in der Bibliothek zur Verfügung. Wer nicht dauernd in der Bibliothek nach Radiosendern stöbern möchte und es übersichtlicher mag, der erstellt sich einfach eine neue Playlist und kopiert dort alle Radiostreams hinein.

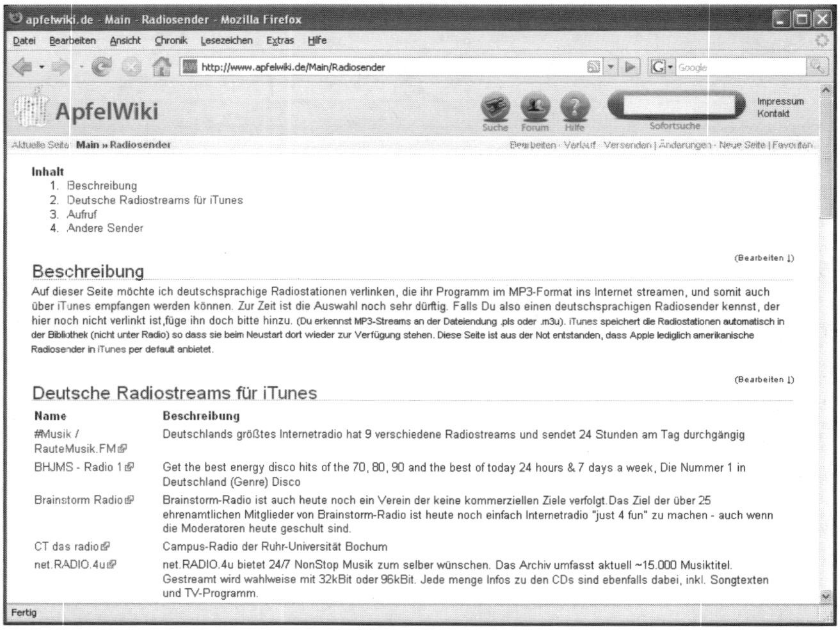

Bild 3.201 Wem die Apple-Radioliste nicht reicht, der findet hier weitere Radiosender für iTunes (*http://apfelwiki.de/wiki/Main/Radiosender*).

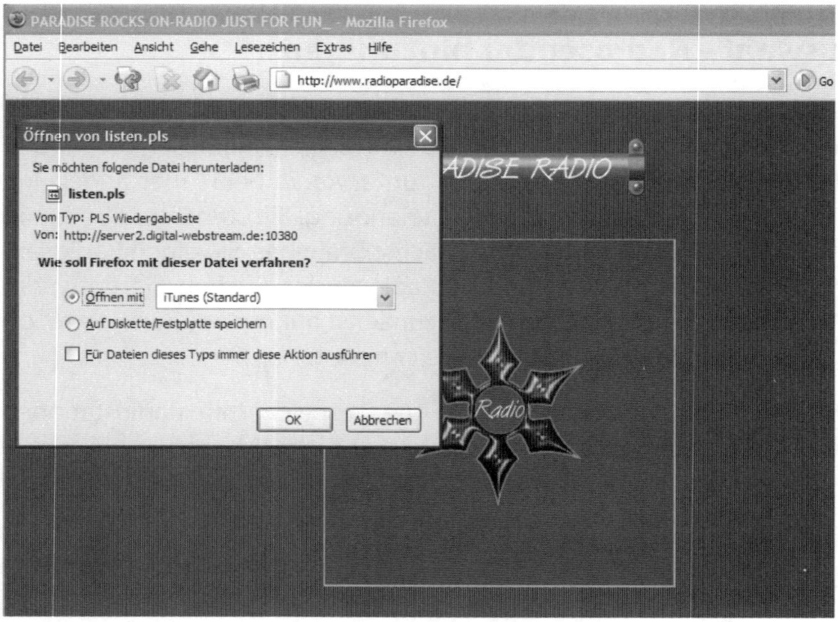

Bild 3.202 Hier lassen Sie die Radiowiedergabeliste einfach mit iTunes öffnen, damit sie automatisch zur Bibliothek hinzugefügt werden kann.

Im Gegensatz zum Live-Radio lassen sich Podcasts bequemer und vor allem leichter handhaben. Mit iTunes lassen sich einfach die Lieblings-Podcasts finden und abonnieren. Ist per Mausklick einmal ein Abo eingerichtet, wird automatisch jede neue Folge auf den PC heruntergeladen und von dort mit dem iPod synchronisiert. Dies ist nicht nur auf ein Abo beschränkt, sondern es können mehrere Podcast-Abos verwaltet und nach Folge und Datum organisiert werden.

iTunes Store – Podcasting für alle

Über den iTunes Store lassen sich kostenlos und ohne Benutzeraccount Podcasts zu verschiedensten Themenbereichen abonnieren, etwa Bildung, Comedy, Film, Nachrichten, Sport oder Wissenschaft. Zum Start gab es rund 3.000 verschiedene Podcasts, die innerhalb der ersten zwei Tage über eine Million Mal abonniert wurden.

Podcasts werden von allen aktuellen iPods unterstützt. Beim Podcasting können nicht nur TV- und Radiosendungen, sondern auch Videodateien zeitversetzt auf den PC heruntergeladen und auf den iPod übertragen werden. Hierfür müssen Sie einfach die gewünschten Sendungen als Audio- oder Videodatei aus dem Internet abonnieren und herunterladen.

Podcasting erspart das mühevolle Suchen und Herunterladen. Stattdessen erhalten Sie per kostenloses Abo automatisch die gewünschten Sendungen auf den PC. Einen Podcast abonnieren Sie einfach per Mausklick. Diese Funktion ist bei iTunes im iTunes Store versteckt. Wählen Sie die gewünschte Sendung aus und klicken Sie auf die Schaltfläche *Abonnieren*.

Anschließend steht der Podcast in iTunes im *Podcasts*-Menü zur Verfügung. Wählen Sie in der Seitenleiste von iTunes den Eintrag *Podcasts* aus, es erscheinen sämtliche abonnierten Podcasts. Wie Sie in der Abbildung sehen, können Sie mit iTunes nicht nur Musik-Podcasts, sondern auch Video-Podcasts abonnieren und am PC anschauen.

Anschließend erhalten Sie automatisch die neuesten Folgen der jeweiligen Sendung, die Sie dann auf Ihren iPod laden können. Voraussetzung für das Abspielen eines Video-Podcasts auf dem iPod ist natürlich, dass dieser auch die Videowiedergabe unterstützt. Dies ist derzeit nur bei den Modellen der fünften Generation, den sogenannten Video-iPods, der Fall. Das Übertragen der Podcasts auf den iPod erfolgt ähnlich wie bei der Musik: Stecken Sie den iPod am PC ein und öffnen Sie das Register *Podcasts* bei den iPod-Einstellungen.

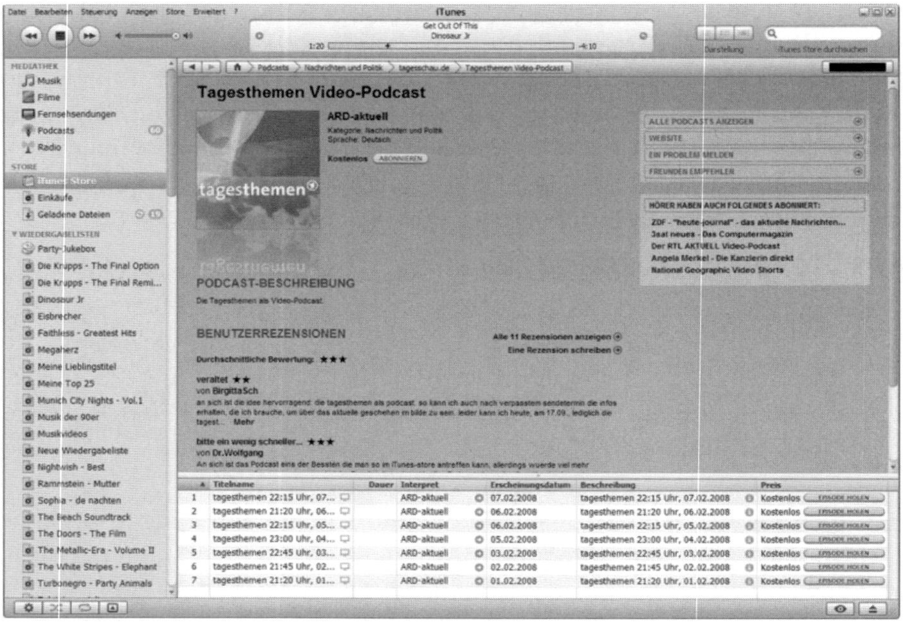

Bild 3.203 Klicken Sie einfach auf die Schaltfläche *Abonnieren*, um den Podcast regelmäßig auf Ihren PC zu laden.

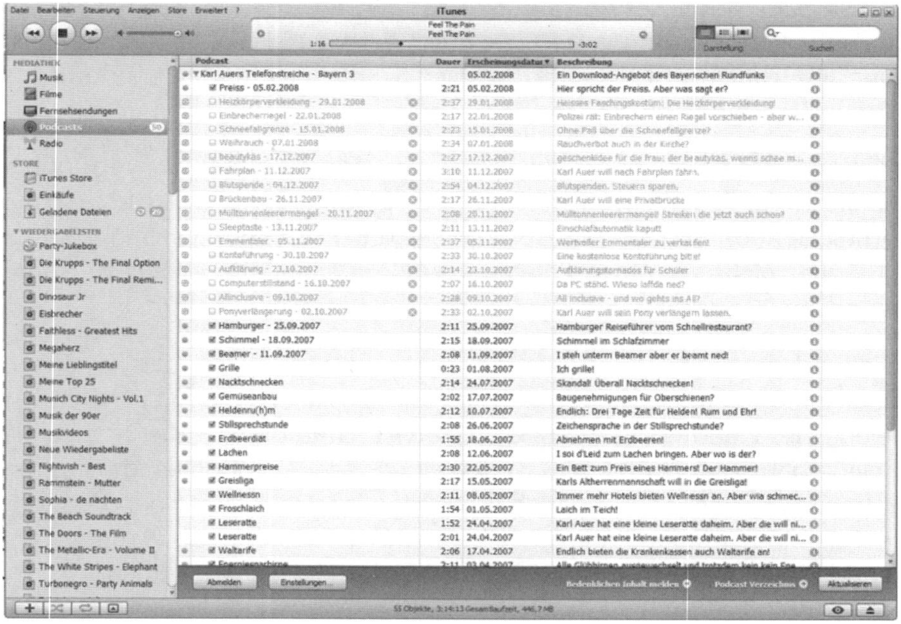

Bild 3.204 Einmal abonniert, landen neue Video- und Audio-Podcasts im *Podcasts*-Verzeichnis von iTunes.

Winamp-Alternative: Internetradio mit SHOUTcast

Radio-Streaming leicht gemacht: Mit SHOUTcast können Sie nicht nur Radio und Podcasts empfangen, sondern auch von Ihrem PC einen MP3-Stream ins Internet senden und somit selbst einen Radiosender im Internet bereitstellen. Doch dies ist mit Kosten verbunden: Für das Veranstalten von Webradio mit Musik muss jeweils eine Vergütung an GEMA und GVL gezahlt werden.

Die GEMA deckt die Musikurheberrechte der Komponisten, Textdichter und deren Verleger ab. Die GVL ist zuständig für die Leistungsschutzrechte der Interpreten und der Tonträgerindustrie. Es ist unerheblich, wie viele Hörer Sie haben, auch für eine sehr geringe Hörerzahl muss die Vergütung gezahlt werden. Wie Sie einen eigenen Web-Radiosender mit Winamp aufziehen, lesen Sie auf *www.radiosites.de/shoutcast_faq.shtml.*

Bild 3.205 Informationen sowie Tipps und Tricks rund ums Senden von Musik im Internet (*www.radiosites.de*).

Wer kein iTunes mit seinem iPod verwendet (siehe auch den Abschnitt »Winamp mit iPod nutzen« auf Seite 304), muss dennoch auf das Empfangen von Podcasts und Radio nicht verzichten. Mit dem Plug-in *Streamripper* lassen sich gar Radiosendungen mitschneiden und automatisiert aufnehmen. Die Radiofunktion ist bei Winamp unter SHOUTcast Wire untergebracht. Hier wählen Sie einfach nach Ihrem Geschmack den gewünschten Radiostream aus.

Bild 3.206 Per *Subscribe* fügen Sie den Radiosender Ihren Abonnements hinzu. Anschließend können Sie per Kontextmenü über *Download Media* die einzelnen Lieder auf die Festplatte speichern.

Die Musik wird standardmäßig im Benutzerprofil im Ordner *Eigene Dateien\ Eigene Musik* des aktuellen Users abgelegt, es sei denn, Sie haben den Ablagepfad, wie im Abschnitt »iTunes-Mediathek vor Datencrash schützen« auf Seite 32 beschrieben, verändert. Aber auch per Hand lässt sich der Ablagepfad bei Winamp über die Einstellungen verändern. Anschließend erstellen Sie eine Playlist für die aufgenommenen Radiostücke und übertragen sie via iPod-Plug-in auf den iPod. Wer dies automatisieren möchte, der nutzt den Trick mit dem *iTunes Library Updater.*

Radioaufnahmen automatisch mit iTunes & iPod synchronisieren

Wer einen iPod besitzt und nicht auf iTunes verzichten möchte, der muss selbst Hand anlegen, wenn einige Vorgänge am PC automatisch ablaufen sollen. Dazu gehört die Synchronisation von Musik- und Videodateien in iTunes. Nehmen Sie beispielsweise Internetradio auf Ihrem PC auf, ist es immer wieder die gleiche Prozedur:

Explorer öffnen, in das MP3-Radioverzeichnis wechseln, Dateien markieren, iTunes öffnen und in die Bibliothek oder Wiedergabeliste importieren. Das muss nicht sein: Übertragen Sie diese Aufgabe einem Programm.

Mit dem iTunes Library Updater (iTLU) erhalten Sie eine Freeware, die einen oder mehrere Ordner mit der iTunes-Datenbank abgleicht und auf Wunsch die Musikstücke gleich mit dem iPod synchronisiert. iTLU bringt zwei Benutzeroberflächen mit: eine konsolenbasierte und eine grafische.

Die Konsolenversion nutzen Sie zum Automatisieren, um die iTunes-Bibliothek auf dem aktuellsten Stand zu halten. Wer jedoch nur einmalig einen Ordner mit Musik in die iTunes-Bibliothek importieren möchte, der nutzt am besten die GUI-Version.

iTLU synchronisiert nicht nur die iTunes-Bibliothek mit einem oder mehreren Ordnern und fügt nicht nur neue Musik/Videoclips zur iTunes-Datenbank hinzu, sondern es entfernt auf Wunsch auch Einträge aus der iTunes-Datenbank, die auf nicht mehr vorhandene Dateien zeigen.

Falls gewünscht, aktualisiert iTLU auch die iTunes-Titelinformationen, die auf den Metainformationen der Mediendateien (beispielsweise ID3-Tags bei MP3-Dateien) basieren.

Zu guter Letzt kann der iPod auch gleich automatisch aktualisiert werden. iTLU ist bei *http://itlu.ownz.ch/* erhältlich und benötigt neben iTunes (ab Version 4.9) auch die Microsoft .NET Laufzeitumgebung 2.0 (*http://msdn.microsoft.com/net-framework/downloads/updates/default.aspx*).

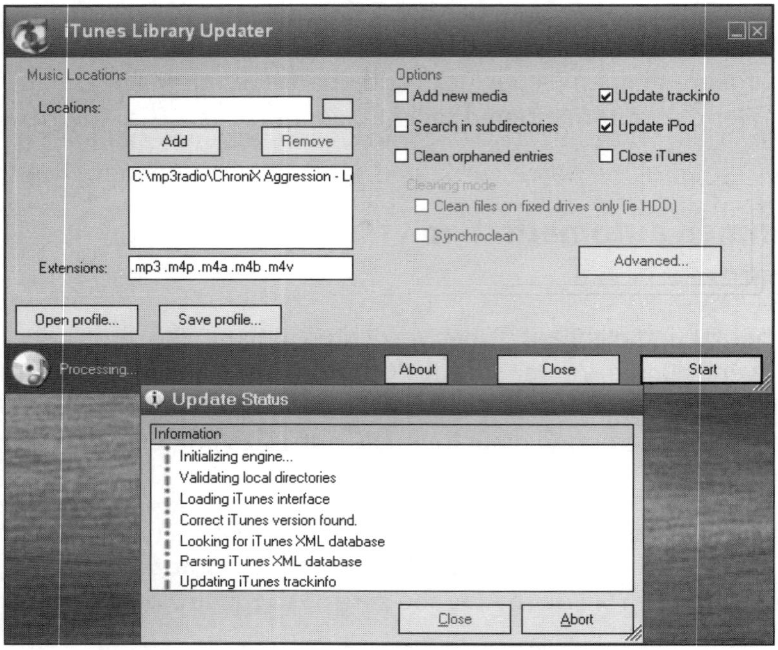

Bild 3.207 Zunächst geben Sie das Quellverzeichnis an und klicken auf *Start*. Anschließend werden die gefundenen MP3-Dateien in iTunes aufgenommen.

Wer die iTunes-Bibliothek nur einmal aktualisieren möchte, geht folgendermaßen vor: Nach Download und Installation von iTLU geben Sie einen Pfad, der Mediendateien enthält, in das Feld *Locations* ein. Sie können auch die Schaltfläche rechts vom Eingabefeld anklicken, um alle Ordner in Ihrem System anzuzeigen.

Danach klicken Sie auf die *Add*-Schaltfläche, um die entsprechenden Ordner hinzuzufügen. Passen Sie gegebenenfalls die Dateinamenserweiterungen im Feld *Extensions* an.

Nun wählen Sie die gewünschten Optionen im rechten Bereich und klicken auf *Start*. Dann durchsucht iTLU alle angegebenen Ordner nach Mediendaten mit den gewünschten Dateinamenserweiterungen. Während dieses Vorgangs wird iTunes geöffnet und sollte nicht geschlossen werden, solange iTLU den Import nicht beendet hat.

Ist die *Add new media*-Option aktiviert, werden neue Mediendateien der iTunes-Bibliothek hinzugefügt. Bei aktivierter Option *Search in subdirectories* werden Dateien im Wurzelverzeichnis und in allen Unterverzeichnissen der Orte, die angegeben wurden, durchsucht. Bei eingeschaltetem *Clean orphaned files* werden Einträge in iTunes, die auf nicht mehr vorhandene Dateien zeigen, entfernt.

Ist die Option *Clean files on fixed drives only* aktiviert, werden nur die nicht mehr gültigen Einträge in der iTunes-Bibliothek zu Dateien, die früher mal auf der lokalen Festplatte gespeichert waren, entfernt. Die Option kann genutzt werden, sollten Dateien auf einer Netzwerkfreigabe gespeichert sein, die nicht immer verfügbar ist.

Der Schalter *Update trackinfo* sollte mit Vorsicht benutzt werden und ist nur selten nötig, beispielsweise wenn Sie viele Metainformationen außerhalb von iTunes bearbeitet haben. Einmal aktiviert, werden die Metainformationen in iTunes mit den Angaben in den entsprechenden Dateien aktualisiert, was sehr lange dauern kann. Mit *Update iPod* kann auch der iPod aktualisiert werden.

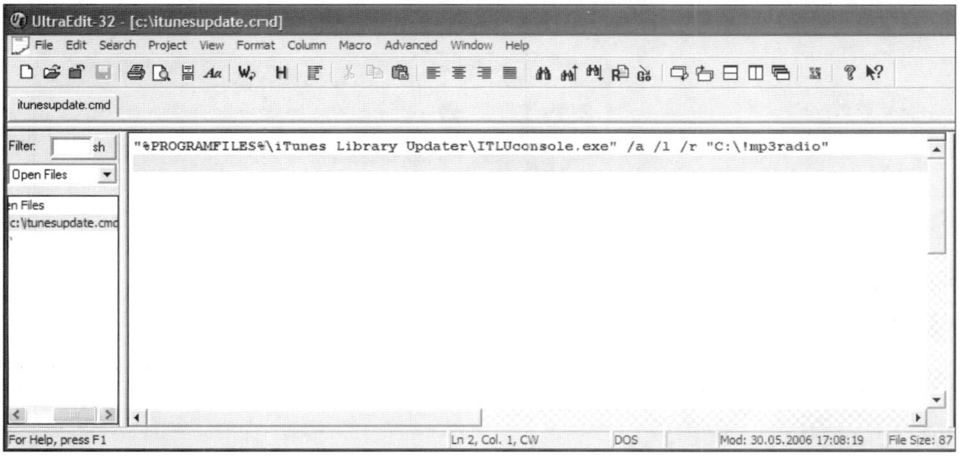

Bild 3.208 Erzeugen Sie eine CMD-Datei mit dieser Programmzeile. Statt *C:\!mp3radio* tragen Sie Ihren eigenen Speicherpfad für die zu importierenden Musik-/Videodateien ein. Der Schalter */a* sorgt dafür, dass neue Mediendaten zur iTunes-Datenbank hinzugefügt werden. Der danach folgende Schalter */l* bewirkt, dass verwaiste Einträge nur gelöscht werden, falls sie auf eine lokale Festplatte zeigen. Mit */r* werden auch Unterordner in die Suche mit einbezogen.

Mit der Konsolenversion iTLU haben Sie mehr Möglichkeiten, wenn Sie die iTunes-Bibliothek automatisiert auf dem aktuellsten Stand halten möchten. Speichert beispielsweise ClipInc. oder eine andere Streamripper-Software die Musikstücke in einem Verzeichnis auf der Festplatte ab, können Sie dieses Verzeichnis von iTLU automatisch überwachen lassen und den Inhalt in die iTunes-Bibliothek importieren.

Landet eine neue Datei in einem bestimmten Ordner, erkennt iTLU diese selbstständig und überträgt sie in iTunes. Anschließend wird der iPod automatisch damit aktualisiert, ohne dass Sie die Wiedergabeliste anpassen müssten, wenn der iPod das nächste Mal an den PC angeschlossen wird.

Der Rest ist ein Kinderspiel: Im nächsten Schritt fügen Sie einen sogenannten geplanten Task über *Start/Programme/Zubehör/Systemprogramme/Geplante Tasks* hinzu.

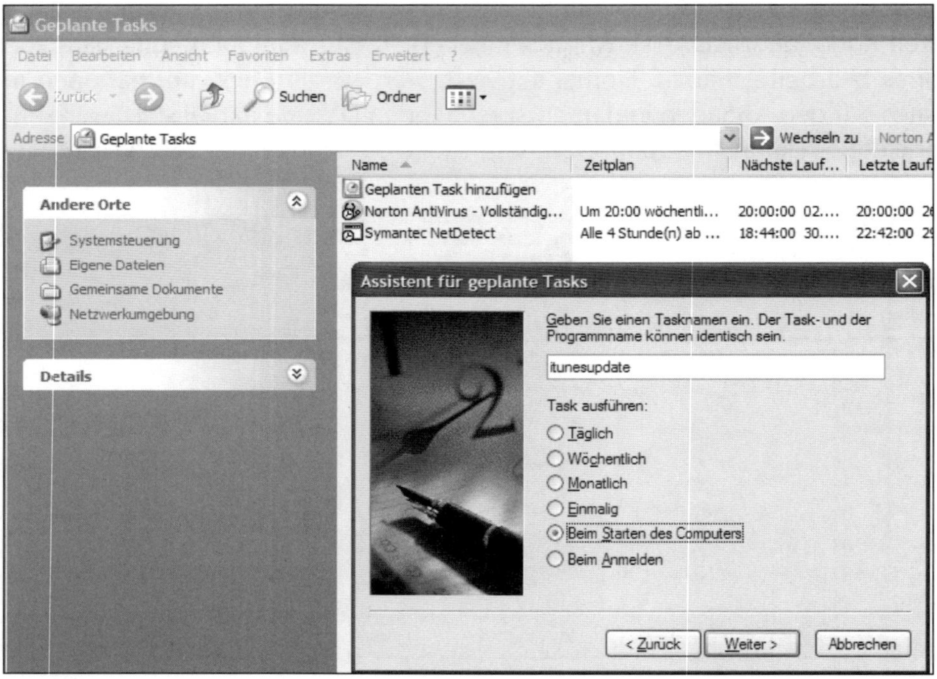

Bild 3.209 Geben Sie zunächst den Pfad zu *itunesupdate* und anschließend den Startmodus des Tasks an.

Ist der Assistent abgeschlossen, wird die Kommandozeilenversion von iTLU bei jedem PC-Start mitgestartet.

Nun richten Sie iTunes entsprechend ein. Der Trick heißt hier: intelligente Wiedergabeliste. Ist iTunes gestartet, erzeugen Sie über *Datei/Neue intelligente Wiedergabeliste* einen Mechanismus, der neu zur Bibliothek hinzugefügte Dateien automatisch in dieser Wiedergabeliste ablegt.

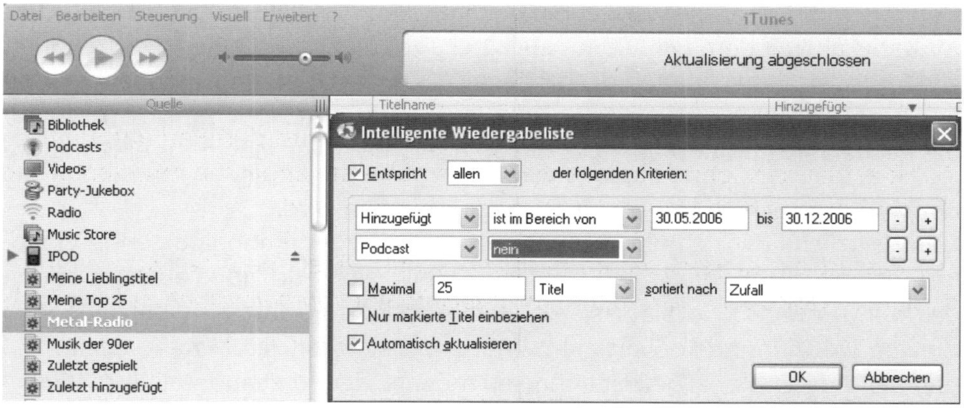

Bild 3.210 Falls Sie Podcast-Funktionen nutzen, haben diese natürlich nichts bei den Radioaufnahmen verloren.

Das war's: Nun werden die aufgenommenen Radiostücke automatisch in iTunes importiert und in eine Wiedergabeliste eingetragen. Möchten Sie diese immer auf dem iPod dabeihaben, fügen Sie sie dem iPod hinzu, damit er beim Anschließen an den PC automatisch befüllt wird.

3.27 Hollywood unterwegs – Kino und Musikvideos in der Hosentasche

Alle

Die iPods ab der fünften Generation, der neue Nano sowie iPod touch und iPhone verfügen über eine praktische Videofunktion: Eigenes Videomaterial auf den iPod zu spielen ist prinzipiell nicht schwierig, es müssen allerdings einige Punkte beachtet werden. Hier steht, wie es funktioniert und welche Tücken zu überwinden sind. Der iPod video und der iPod nano (2-Zoll-Display) bieten eine QVGA-Auflösung von 320 × 240 Pixeln. Der iPod touch und das iPhone sind im Vergleich dazu mit ihren 320 × 480 Pixeln wahre Breitbildfernseher in der Hosentasche.

Für die Videowiedergabe hat Apple die Codecs H.264/AVC (Advanced Video Coding mit bis zu 768 KBit/s bei maximal 320 × 240 Pixeln Auflösung) und MPEG-4 (mit 2,5 MBit/s bei maximal 480 × 480 Pixeln Auflösung) implementiert, die im Verhältnis zum genutzten Speicherplatz eine sehr gute Qualität bieten.

Deswegen bietet Apple wohl auch alternativ zum Display ein extra erhältliches AV-Kabel an, mit dem sich Videos auch per TV-Ausgang auf einem Fernsehgerät wiedergeben lassen. Videos, die größer als 320 × 240 Pixel sind, rechnet der iPod – falls notwendig – während der Wiedergabe herunter. Das geht natürlich auf die Rechenleistung und verkürzt die Spielzeit, da mehr MByte für eine Minute Film benötigt werden.

Grundsätzlich lässt sich über iTunes das für iPod oder iPhone passende Videoformat erzeugen: Hier wählen Sie das zu konvertierende Video aus und öffnen das Menü *Erweitert*. Dort lässt sich in wenigen Klicks die ausgewählte Videodatei für den iPod/iPhone konvertieren. Wer etwas tiefer in die Materie einsteigen und das Videomaterial gezielt anpassen möchte, der nutzt andere Alternativen.

Videos mit wenigen Klicks konvertieren

Windows

Videokonverter-Software gibt es für Windows wie Sand am Meer. So unterstützt beispielsweise die aktuelle Version Nero 8- wie auch die Vorgängerversion 7 das Konvertieren von Videomaterial in das iPod-Videoformat. Wer allerdings noch eine ältere Nero-Version als Version 6 sein Eigen nennt, der muss selbst Hand anlegen.

Einfacher und kostenlos erstellen Sie passende Videos im MP4- bzw. H.264-Format (320 × 240 Auflösung) mit der Freeware SUPER (steht für Simplified Universal Player Encoder & Renderer), die eine einfach zu bedienende grafische Benutzeroberfläche für Kommandozeilen-Encoder wie ffmpeg mitbringt. Die aktuelle Version von SUPER laden Sie sich unter *www.erightsoft.com/home.html* herunter.

Nach dem Download der rund 25 MByte großen Installationsdatei installieren und starten Sie das Tool. Anschließend wählen Sie im linken oberen Bereich das Profil *Apple-iPod* aus.

Das Programm stellt automatisch den Codec H.264/AVC mit 320 × 240 Pixeln, 25 Frames/s und eine Bitrate von 672 KBit/s ein. Als Audiocodec dient AAC mit 48 kHz.

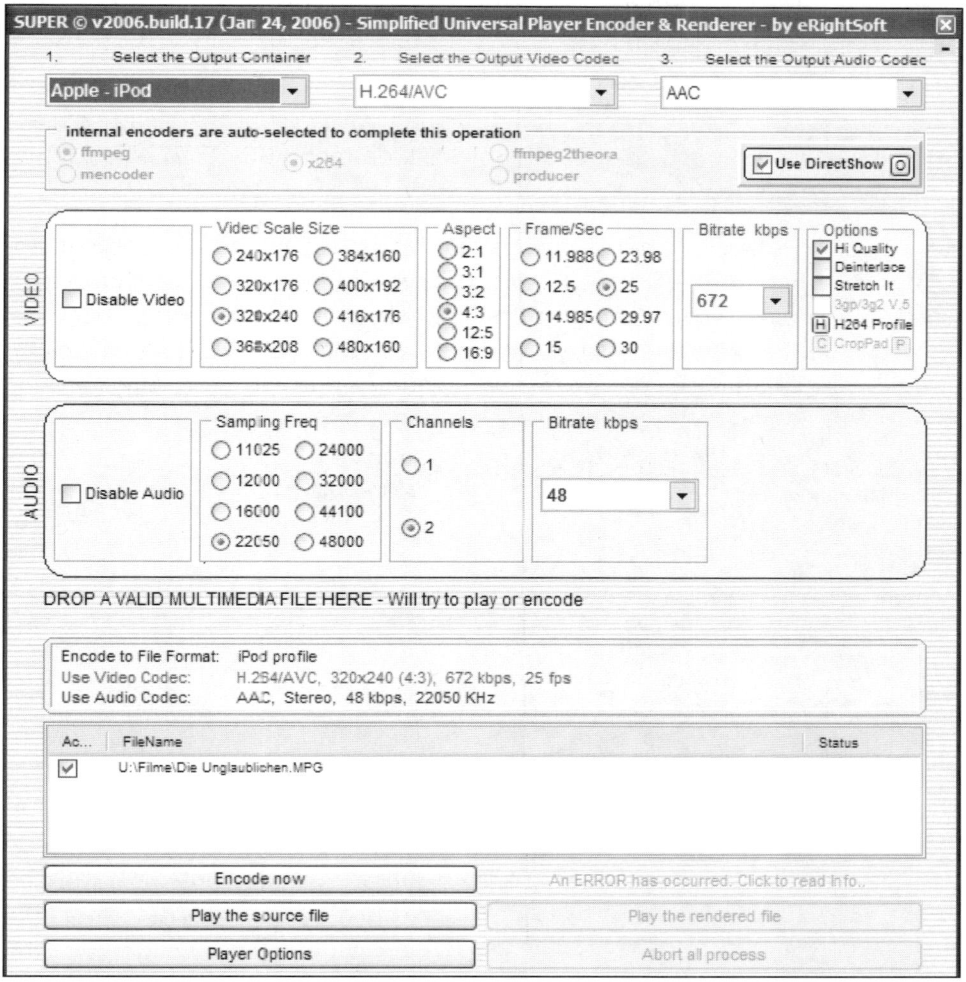

Bild 3.211 Hier genügt es, den Film per Drag & Drop auf den unteren Bereich des Programmfensters zu ziehen. Wer möchte, kann das Programm auch manuell anpassen.

Klicken Sie nun auf *Encode now*, um die Videodatei zu erstellen. Wer hier jedoch noch etwas Qualität herauskitzeln möchte, der kann dies vor allem im Audiobereich tun. Sie können die Bitrate auf 160 bis 192 KBit/s, 44,1 kHz Stereo hochdrehen, damit Sie für den Player auch eine gute Audioqualität erhalten.

Bei höheren Auflösungen können Sie die Bitrate ebenfalls etwas hochdrehen (nicht mehr als 1.500 KBit/s!), um eine optimale Qualität herauszuholen. Ändern Sie die Konfiguration wie folgt:

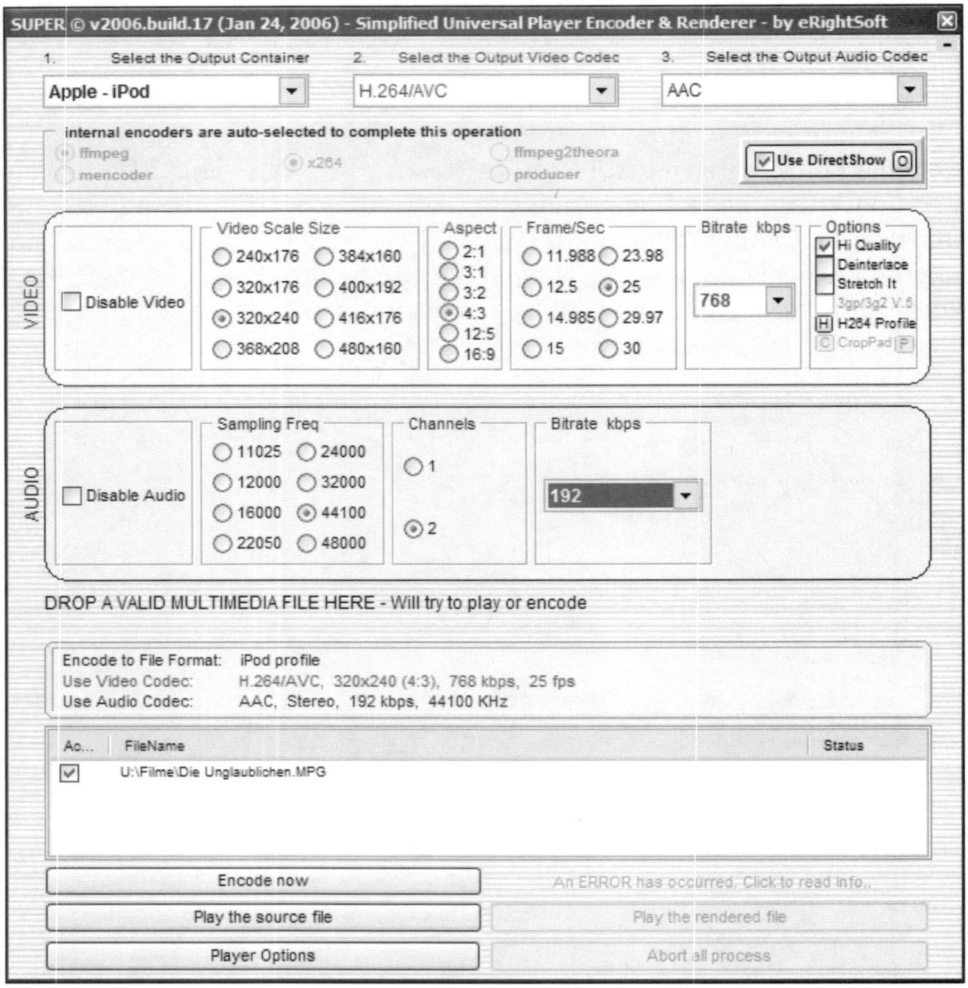

Bild 3.212 Wurde der Film in das untere Fenster eingefügt, wählen Sie nun die entsprechenden Checkboxen aus. Nach einem Klick auf die Schaltfläche *Encode now* wird der Film in das iPod-Videoformat konvertiert.

Das Konvertieren dauert eine Weile. Anschließend übertragen Sie das Video mit iTunes oder mit Winamp auf Ihren iPod, wie im nächsten Abschnitt beschrieben.

SUPER-Alternative – Videos per Drag & Drop konvertieren

Windows

Wem das Konvertieren mit SUPER zu umständlich ist, der nimmt die Freeware 3GP_Converter, die auf *www.nurs.or.jp/~calcium/3gpp/3GP_Converter034*.zip erhältlich ist. Dieses Programm ist vor allem für Einsteiger zu empfehlen und aufgrund seiner Einfachheit das Nonplusultra für Handy-, Pocket PC- und iPod-Nutzer, da es die passenden Profile bereits mitbringt.

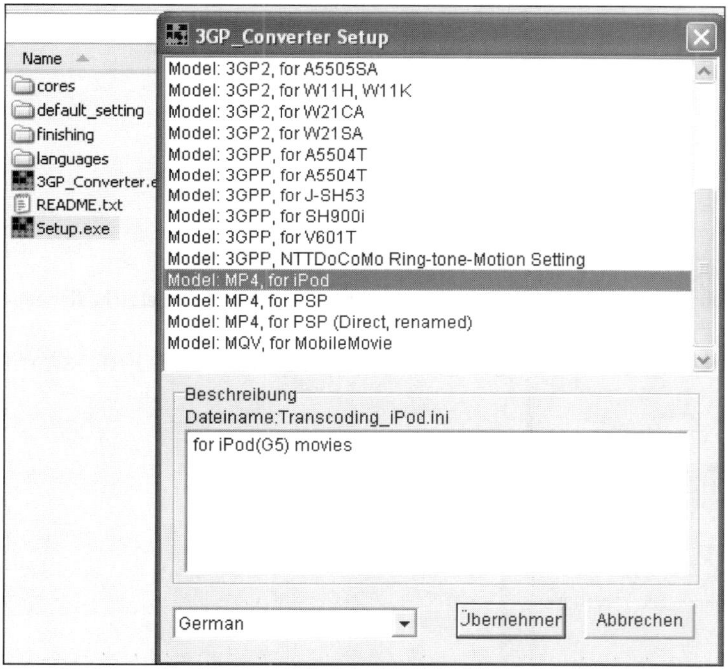

Bild 3.213 Zunächst stellen Sie die Programmsprache auf *German* um und wählen in der oberen Liste das passende Profil aus.

Anschließend wird das Programm automatisch gestartet. Später starten Sie das Programm über die EXE-Datei *3GP_Converter.exe*, es sei denn, Sie möchten ein anderes Zielformat auswählen. In diesem Fall klicken Sie die *setup.exe* an, um das Programm einzustellen. Die Programmoberfläche von 3GP_Converter ist sehr übersichtlich.

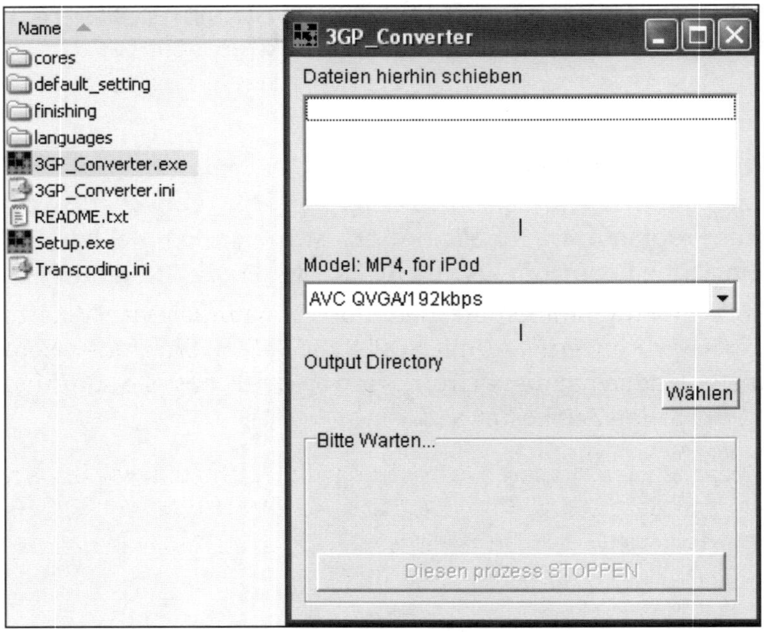

Bild 3.214 Die Programmoberfläche von 3GP_Converter ist sehr übersichtlich und simpel zu bedienen.

Ziehen Sie jetzt einfach die zu konvertierenden Videodateien in das Programmfenster.

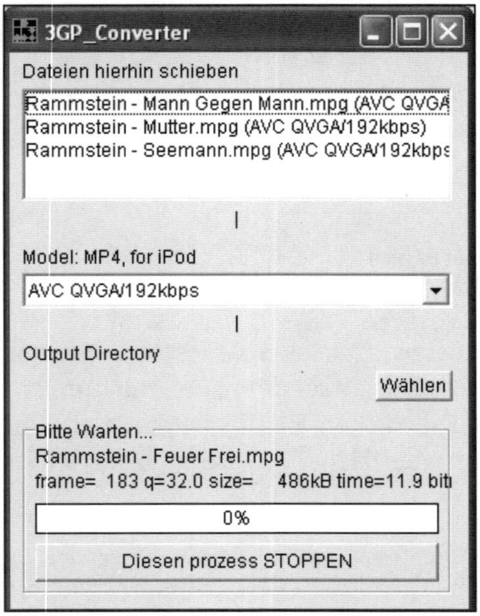

Bild 3.215 Unmittelbar nachdem die Videodateien in das Programmfenster gezogen wurden, beginnt der Konvertierungsvorgang.

Das Konvertieren dauert, abhängig von der Größe des Quellvideos, einen Moment. Anschließend fügt der 3GP_Converter die Videodatei(en) automatisch iTunes hinzu. Sie brauchen diese dort nur noch in die Wiedergabeliste einzufügen.

TV auf dem iPod mit Lenogo TV

Windows

Das Übertragen von TV-Programmen auf den iPod ist natürlich via TV-Karte und über nachträgliches Konvertieren mit SUPER, 3GP_Converter oder Nero Recode kein Problem. Jedoch hat diese Lösung den Nachteil, dass sie aufgrund der Konvertierungsvorgänge Zeit kostet.

Wer sich diesen Zwischenschritt sparen möchte, der holt sich auf *www.lenogo.com/* das Lenogo TV to iPod Video Transfer-Programm. Dort können Sie eine Testversion herunterladen, die vom Funktionsumfang her der Vollversion entspricht, jedoch in Sachen Aufnahmedauer beschränkt ist.

Bild 3.216 Per Klick auf *Start* nehmen Sie das laufende TV-Programm direkt im iPod-MP4-Format auf. Wer eine Sendung regelmäßig aufzeichnen möchte, der richtet per Klick auf *Schedule* die automatische Aufnahme ein.

Nach der Aufnahme übertragen Sie die Videodatei per Drag & Drop wie gewohnt in die iTunes Mediathek. Anschließend fügen Sie diese Datei einer Wiedergabeliste hinzu, die dann mit dem iPod synchronisiert werden kann.

Tipp: Wer Videos und TV-Aufnahmen automatisiert in iTunes einfügen bzw. auf den iPod bringen möchte, der kann auch die im Abschnitt »Radioaufnahmen automatisch mit iTunes & iPod synchronisieren« auf Seite 251 beschriebene Lösung verwenden.

3.28 Playstation PSP und iPod im Zusammenspiel

Video | Nano 3G | Classic | iPod touch | iPhone 1G

Wer neben einem videotauglichen iPod eine Sony-Playstation PSP besitzt, kann mit den zuvor genannten Tools ebenfalls Videos sowohl für die PSP als auch für den iPod video erstellen. Doch die PSP braucht eine eigene Ordnerstruktur, damit sich die erstellten Videos auch abspielen lassen. Im Unglücksfall müssen Sie somit eine Videodatei zunächst für den iPod und anschließend für die PSP umrechnen lassen. Da beide Geräte jedoch mit dem gleichen Videoformat zurechtkommen, ist der getrennte Lösungsweg natürlich Zeitverschwendung.

Videos konvertieren mit Nero Recode

Glücklicherweise gibt es einen Weg, mit dem sich diese Hürde überwinden lässt. Das Brennpaket Nero liefert ab der Version 6 ein Profil für das Umwandeln von Film-DVDs und Videomaterial aller Art ins MPEG-4-Format der PSP mit. Das Gute dabei: Mit einem Trick nutzen Sie diese Videos auch für den iPod video. Das spart nicht nur Zeit, da die Videos nicht für beide Geräte konvertiert werden müssen, sondern auch Speicherplatz auf der Festplatte.

Nero Recode speichert die erzeugten Videodateien direkt auf dem Memorystick der PSP oder alternativ auf der Festplatte. Im Hauptfenster von Nero Recode wählen Sie zunächst die Option *DVDs und Videos zu Nero Digital recodieren*.

Wer eine DVD konvertieren möchte, der wählt im Fenster *Mein Nero Digital Film-Backup* den Punkt *DVD importieren* aus. Anschließend lässt sich die Disk auswählen, deren Inhalte konvertiert werden sollen. Befindet sich die Videodatei bereits auf der Festplatte, gehen Sie wie folgt vor.

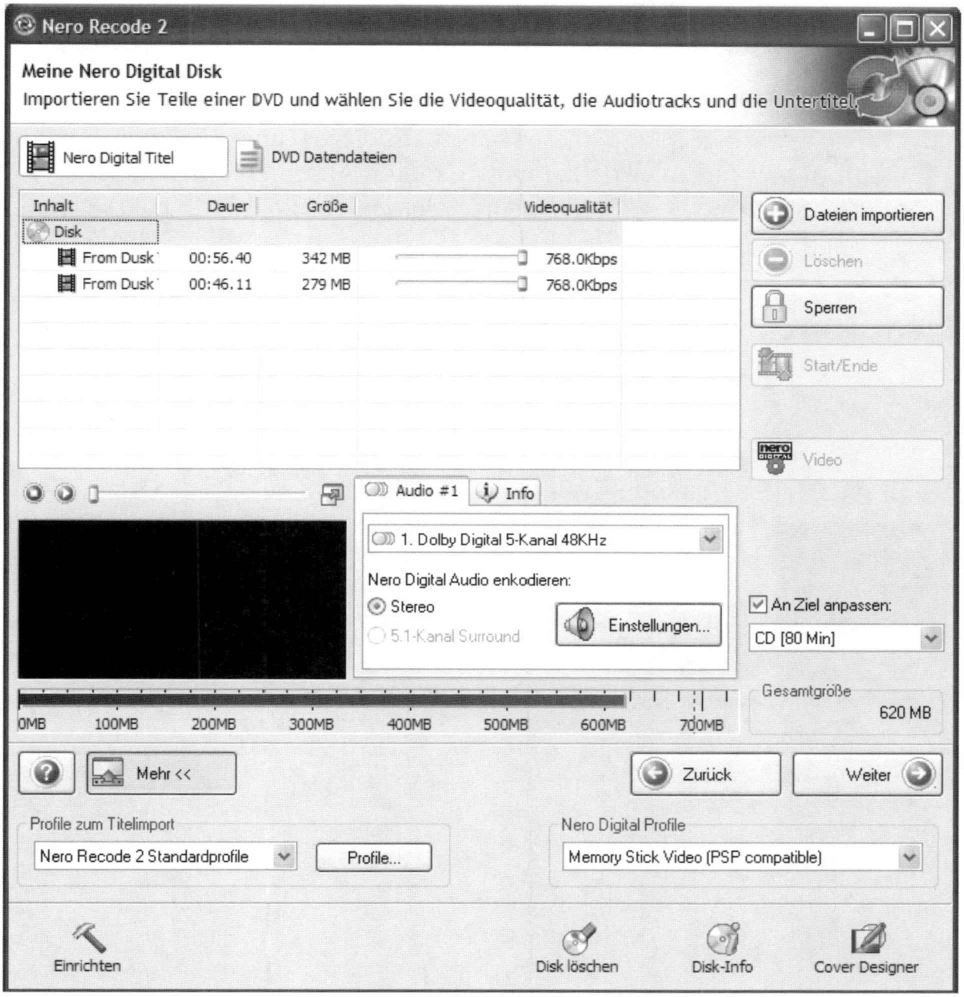

Bild 3.217 Öffnen Sie Nero Recode und ziehen Sie die zu konvertierenden Videodateien in den oberen Fensterbereich.

Klicken Sie nun auf die Schaltfläche *Mehr*, um im unteren Fensterbereich Zugang zu den zusätzlichen Optionen zu bekommen. Dort wählen Sie zunächst im Bereich bei *Nero Digital Profile* das Profil *Memory Stick Video (PSP comaptible)* aus.

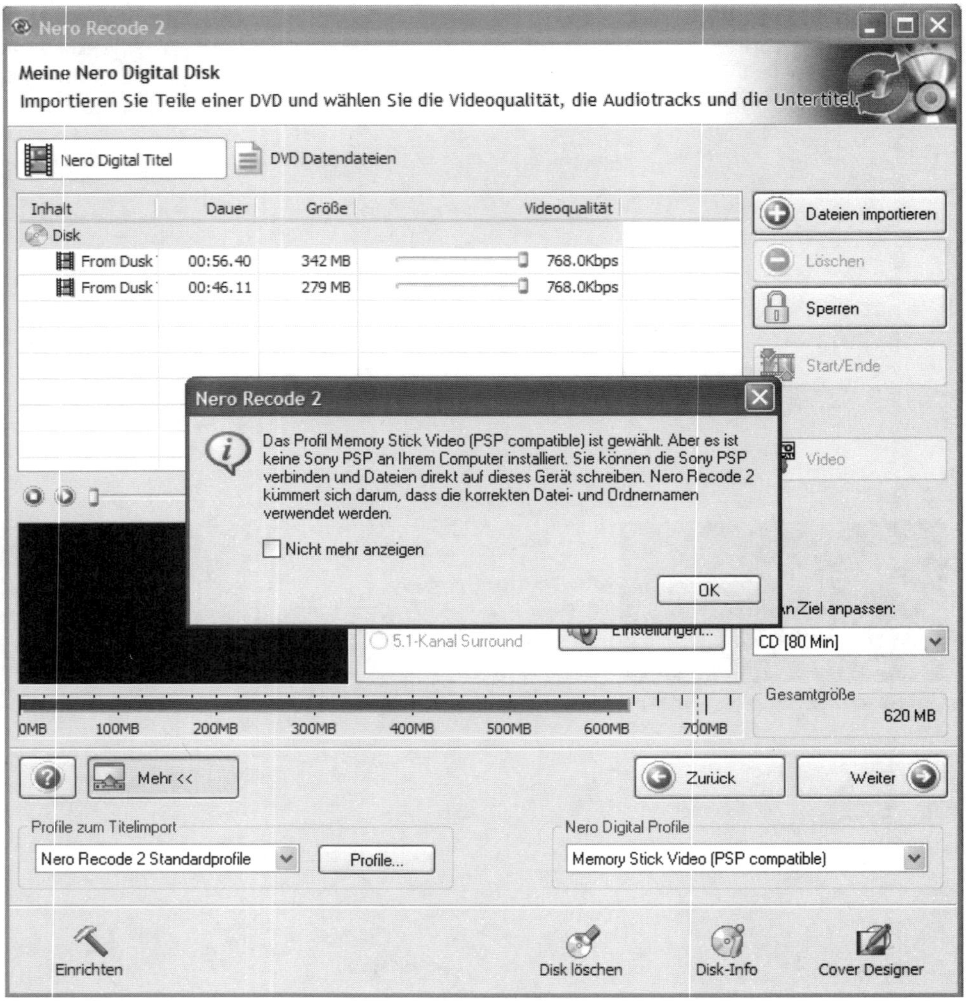

Bild 3.218 Falls keine PSP am PC angeschlossen ist, erscheint diese Fehlermeldung. Soll das Video auch für den iPod verfügbar sein, brauchen Sie hier in diesem Fall keine PSP am PC anschließen.

Stattdessen lassen Sie Nero Recode das Ergebnis auf die Festplatte schreiben. Im nächsten Schritt geben Sie den Zielordner an, nachdem Sie im Bereich *Ziel* den Eintrag *Festplattenordner* ausgewählt haben.

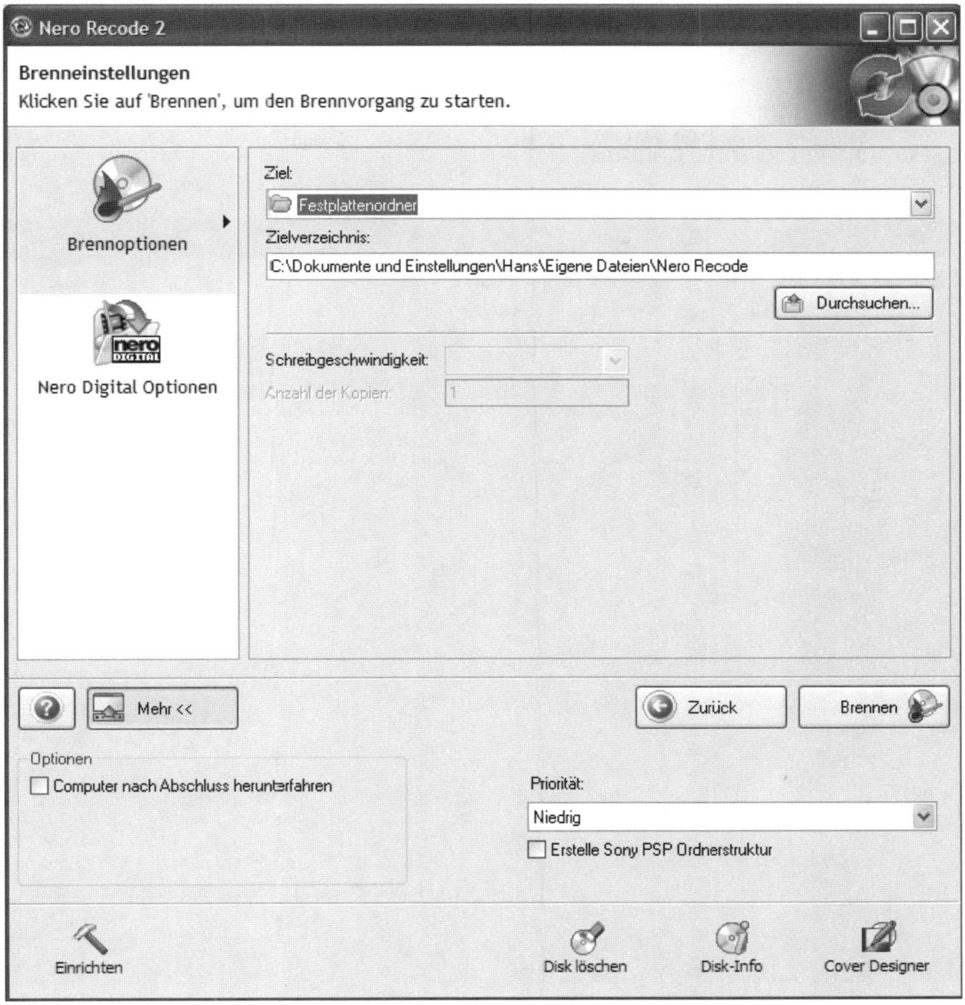

Bild 3.219 Im Zielverzeichnis legen Sie den Ablagepfad für die MP4-Videodatei fest.

Das war's: Klicken Sie nun auf die Schaltfläche *Brennen*, um die gewünschten Videodateien in das MP4-Format zu konvertieren. Dieser Vorgang dauert abhängig von der Größe der Videodatei und der PC-Leistung einen Moment. Soll es schneller gehen, können Sie im Bereich *Priorität* die Umwandlungsgeschwindigkeit hochdrehen.

In diesem Fall steigt die Prozessorbelastung an, und das gleichzeitige Arbeiten mit anderen Anwendungen läuft zäher ab. Vergessen Sie im folgenden Dialog nicht, das Häkchen bei der Option *Erstelle Sony PSP Ordnerstruktur* zu aktivieren. In diesem Fall wird das fertige Video konform zu den Vorgaben der PSP in ein passendes Verzeichnis gelegt.

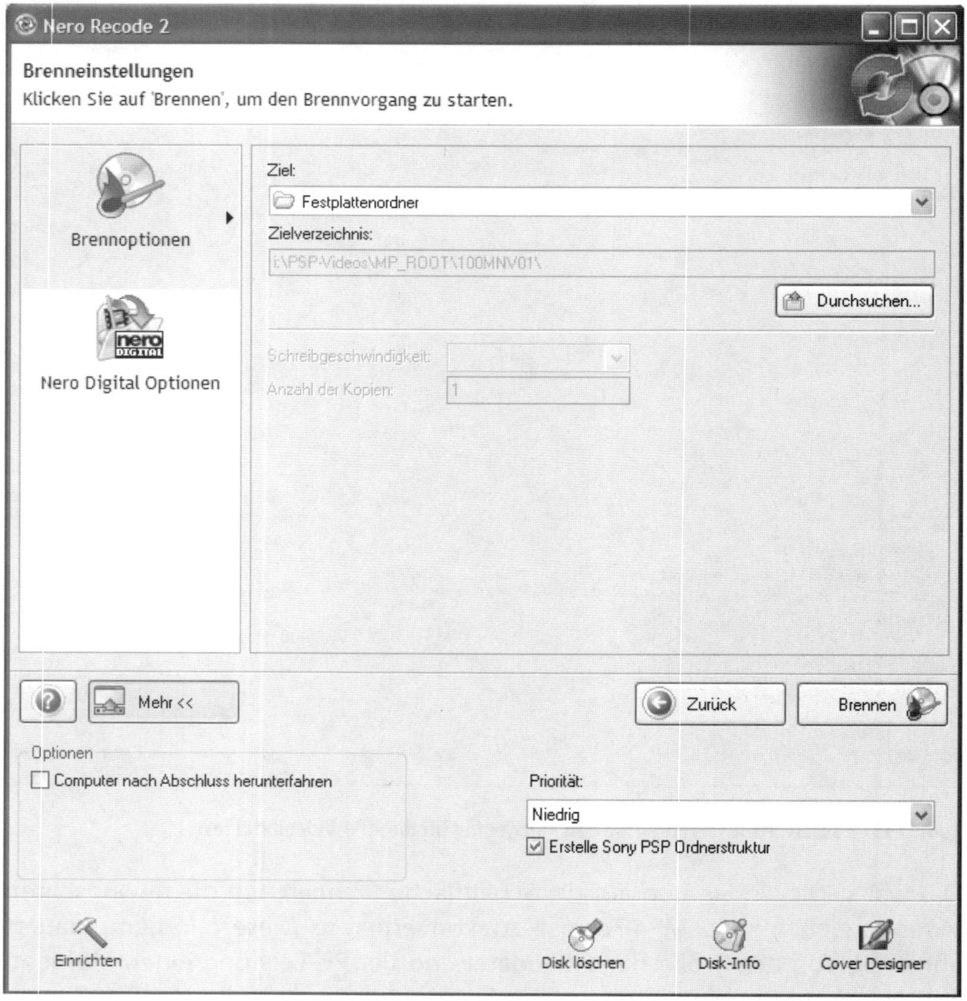

Bild 3.220 Ist der PC ausschließlich mit dem Konvertieren der Videodatei beschäftigt, kann die Priorität von Nero Recode erhöht werden. Damit wird die Videodatei schneller fertiggestellt.

Für das Konvertieren eines zwei Stunden langen Films kann abhängig von den Leistungswerten des PCs sowie des Quellformats im Maximalfall rund die doppelte Zeit eingeplant werden. Wer einige Videos konvertiert, wird diese Arbeit am besten über Nacht erledigen lassen.

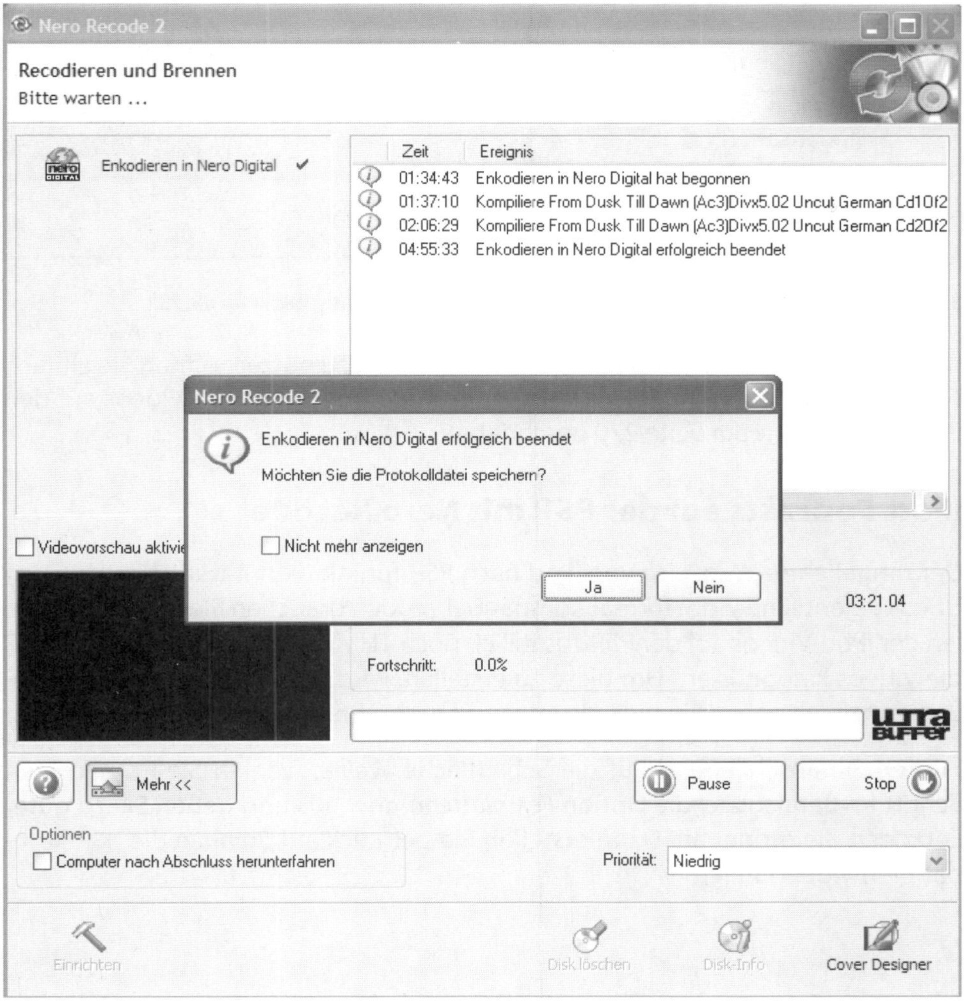

Bild 3.221 Ist der Konvertierungsvorgang abgeschlossen, kann eine Protokolldatei erstellt werden. Das ist in der Regel aber nicht notwendig.

Anschließend öffnen Sie den Zielordner. Die Ordnerstruktur ist für den PSP-Memorystick angelegt. Möchten Sie den Film auf die PSP bringen, kopieren Sie einfach den Ordner *MP_ROOT* auf den Memorystick.

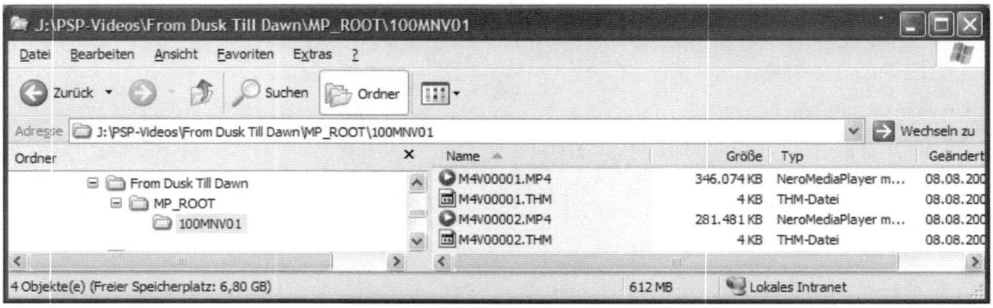

Bild 3.222 Nero Recode erzeugt automatisch die notwendige Ordnerstruktur für die PSP.

Um die konvertierte Videodatei für den Video-iPod zu nutzen, öffnen Sie einfach iTunes und gehen so vor wie im Abschnitt »Kino immer dabei – Videos auf den iPod übertragen« auf Seite 270 beschrieben.

iPod-Podcasts auf der PSP mit Nero Recode

Der umgekehrte Weg, also von iPod nach PSP, funktioniert natürlich auch. Zwar ist das eigentliche Videoformat kompatibel, jedoch brauchen Sie für das Abspielen der iPod-Videos auf der PSP zusätzlich noch THM-Dateien, mit denen die PSP die Videos kategorisiert. Um diese zu erstellen, wird wieder Nero Recode benötigt. Prinzipiell gehen Sie hier wie im vorigen Abschnitt beschrieben vor.

Klicken Sie anschließend auf die Schaltfläche *Weiter*, wählen Sie im nächsten Schritt im Bereich *Ziel* die Option *Festplattenordner* aus und geben Sie zu guter Letzt den Zielordner an. Dann erstellen Sie per Klick auf *Brennen* die PSP-kompatiblen Videodateien.

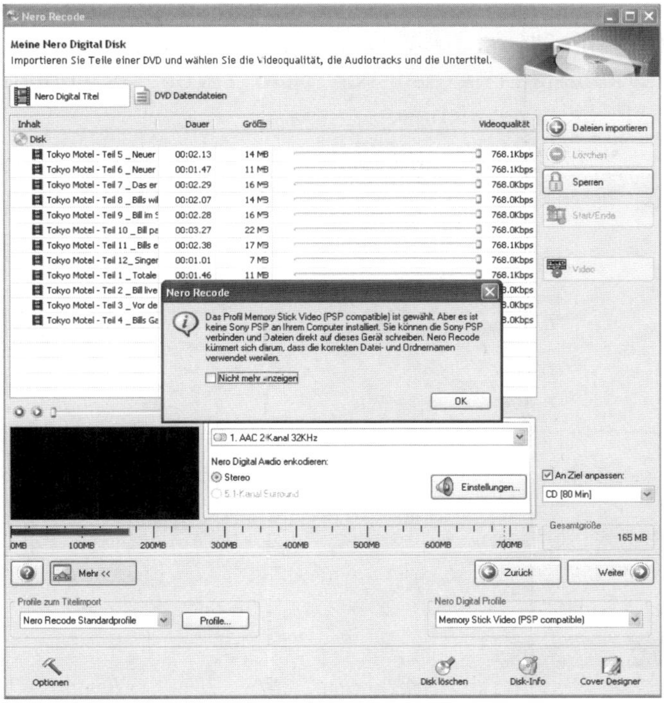

Bild 3.223 Zunächst ziehen Sie die iPod-Video-Podcasts in das Nero Recode-Fenster und wählen im unteren Bereich das *Memory Stick Video (PSP compatible)*-Profil aus.

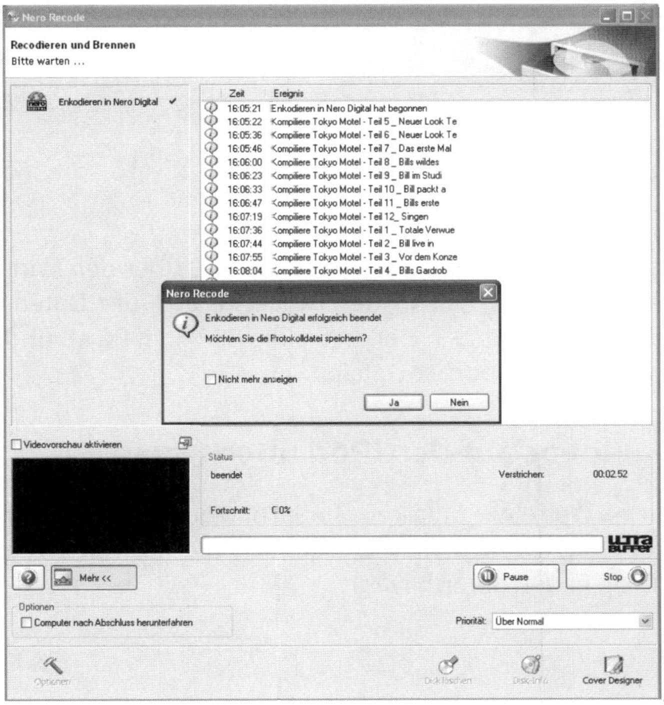

Bild 3.224 Ist das Konvertieren abgeschlossen, können Sie die Podcasts-Videodateien auf die PSP übertragen.

Im nächsten Schritt schließen Sie die PSP am PC an. Stellen Sie über die PSP eine USB-Verbindung zum PC her, damit die PSP als Laufwerk im Explorer angezeigt wird. Anschließend kopieren Sie den von Nero Recode erzeugten *MP_ROOT*-Ordner in das PSP-Hauptverzeichnis.

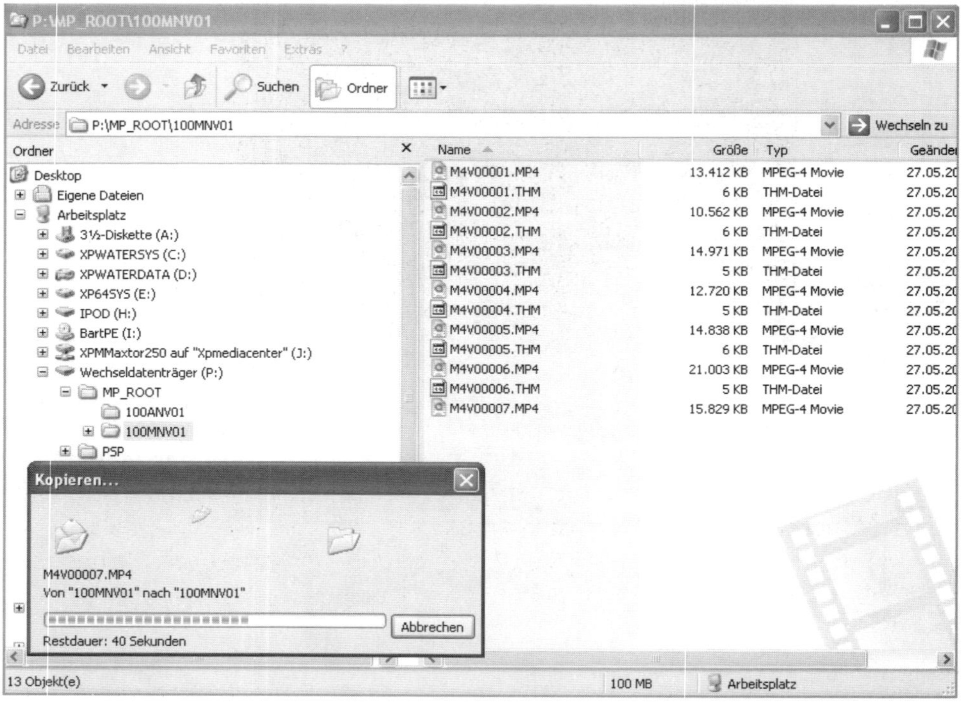

Bild 3.225 Für jede Podcast-Folge werden sowohl eine MP4- als auch eine THM-Datei auf die PSP kopiert.

Sind sämtliche Dateien auf die PSP kopiert, werfen Sie die PSP über den Windows-Dialog *Wechseldatenträger auswerfen* in der Taskleiste aus, um Datenübertragungsfehler auszuschließen. Danach ziehen Sie die PSP vom PC ab und genießen auf der PSP die iPod-Video-Podcast-Dateien.

Kino immer dabei – Videos auf den iPod übertragen

Videos werden auf die gleiche Weise wie Musik zu iTunes hinzugefügt und dort verwaltet. Falls noch nicht geschehen, ziehen Sie einfach die konvertierten Videodateien per Drag & Drop in den Bereich *Filme*.

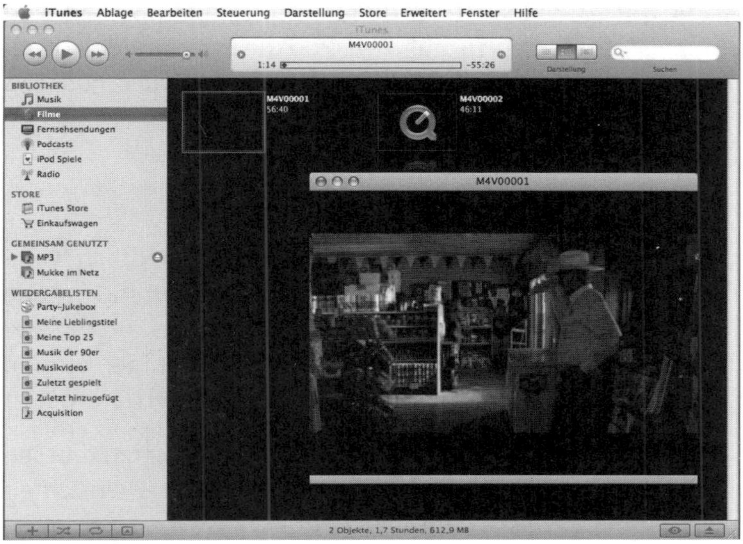

Bild 3.226 Egal ob Mac oder Windows: iTunes ist in beiden Welten nahezu identisch aufgebaut. Neben den konvertierten Videodateien sind im Bereich *Filme* auch die Video-Podcasts untergebracht.

Das Übertragen zum iPod erfolgt wie gewohnt: Falls beim iPod keine automatische Aktualisierung der Videodateien aktiv ist, können Sie die Wiedergabeliste manuell verwalten. Öffnen Sie hierzu die Eigenschaften von iTunes und gehen Sie zum Register *iPod*. Ist der iPod am PC eingesteckt, sehen Sie folgenden Dialog:

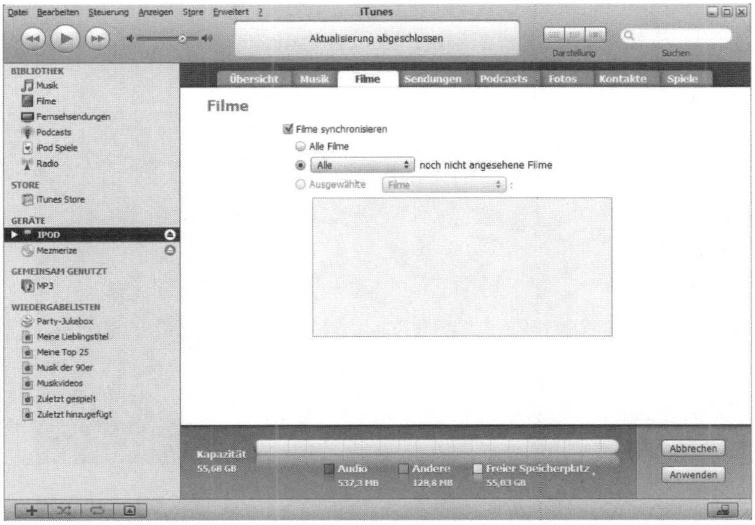

Bild 3.227 Möchten Sie nur bestimmte Videos auf den iPod laden, erstellen Sie zunächst eine Wiedergabeliste für die Videodateien und wählen diese im Dialog aus.

Das war's. Bestätigen Sie mit *OK*, damit iTunes den Datenbestand mit dem iPod abgleichen kann. Anschließend finden Sie auf dem iPod die erzeugte Videowiedergabeliste bei *Videos/Filme*, Video-Podcasts sind bei *Videos/Video Podcasts* abgelegt.

iTunes-Musik über WLAN zur PSP streamen

Die PSP ist sehr beliebt, hat im Gegensatz zu einem iPod jedoch deutlich weniger Speicherkapazität. Was liegt also näher, beide Welten zu verbinden? Die PSP besitzt einen WLAN-Anschluss, mit dem das Surfen im Internet grundsätzlich möglich ist. Wer zu Hause einen WLAN-Router im Einsatz hat, der kann in seiner Wohnung via WLAN-Router seine iTunes-Musik über die PSP hören.

Grundsätzlich ist dieses Verfahren auch für unterwegs geeignet, hierzu müssen Sie jedoch das Portforwarding auf Port 8080 auf dem WLAN-Router einrichten und zusätzlich für das Heimnetz eine dynamische DNS-Adresse (beispielsweise bei *www.dyndns.org*) eingerichtet haben.

Doch zunächst machen Sie die Lösung für das Heimnetz startklar. Zuerst wird iTunes benötigt, was mit einem iPod eine Selbstverständlichkeit darstellt. Zusätzlich brauchen Sie den iTunes RSS/PSP Server, der die Wiedergabelisten so aufbereitet, dass die PSP damit etwas anfangen kann.

Laden Sie dafür von der Webseite des Autors (*www.skattertech.com/2006/04/stream-itunes-library-to-psp*) die Datei *itunes-PSP-Server.exe* (*www.skattertech.com/wp-content/uploads/2006/04/iTunes-PSP-Server.exe*) herunter und entpacken Sie die Datei in ein Verzeichnis, beispielsweise *C:\PSPServer*. Starten Sie anschließend iTunes und dann die EXE-Datei in diesem Verzeichnis.

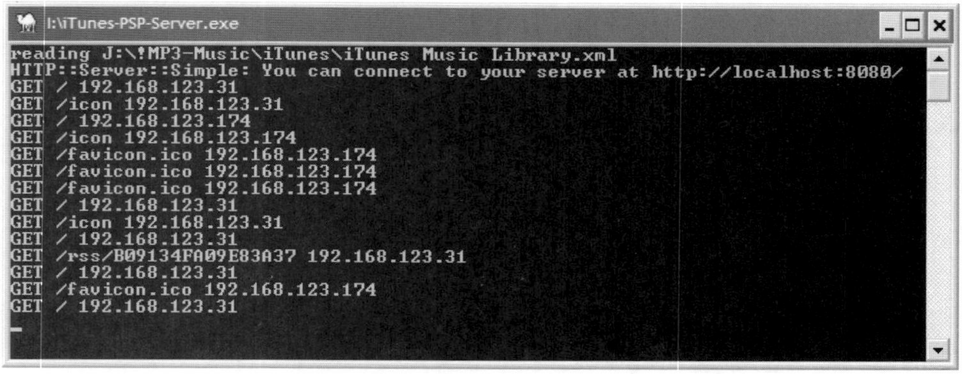

Bild 3.228 Zunächst sucht der RSS-Server die iTunes-Bibliothek. Das Fenster darf erst geschlossen werden, wenn die Übertragung abgebrochen werden soll.

Anschließend prüfen Sie, ob der RSS-Server funktioniert. Hierzu öffnen Sie ein Browserfenster und geben *http://localhost:8080* ein – das ist der lokale PC, auf Port 8080 streamt der RSS-Server die Musik.

Bild 3.229 Ist diese Webseite zu sehen, ist die Verbindung des HTTP/RSS-Servers in Ordnung.

Meckert in diesem Zusammenhang eine Personal Firewall, geben Sie den Port 8080 für das Programm frei. Im Browserfenster sehen Sie eine Auswahl an RSS-Feeds, die aus den Wiedergabelisten von iTunes zusammengesetzt sind. Dann nehmen Sie die PSP in Betrieb. Vergessen Sie nicht, den WiFi-Schalter umzulegen, damit die PSP Verbindung zum WLAN-Router aufnehmen kann.

Öffnen Sie den PSP-Browser und geben Sie anschließend die IP-Adresse des PCs im Heimnetz, also beispielsweise *192.168.123.2*, im Format *http://192.168.123.2:8080* ein. Ist die IP-Adresse des PCs nicht bekannt, hilft dort im DOS-Eingabefenster der Befehl *ipconfig /all*, um sie herauszufinden. Das war's.

Ist die Seite aufgebaut, wählen Sie einen RSS-Feed aus und fügen ihn zum PSP-RSS-Reader hinzu. Anschließend verlassen Sie den PSP-Browser und starten den RSS-Reader auf der PSP. Dort wählen Sie den gewünschten RSS-Feed aus und starten ihn. Anschließend genießen Sie die Musik über die PSP.

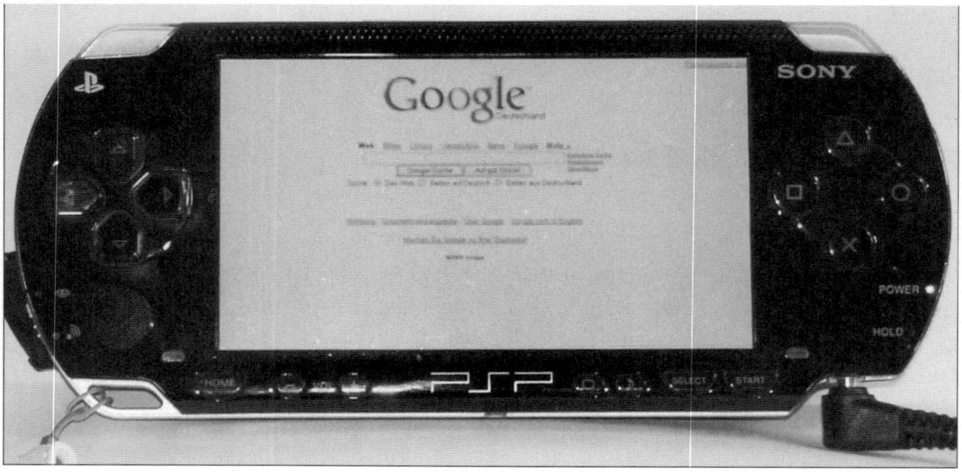

Bild 3.230 Ist die PSP für den Netzwerkzugriff konfiguriert, können Sie mit ihr auch Musik vom heimischen PC empfangen.

3.29 U-Bahn- und Stadtpläne für den iPod

Photo | Mac OS X | Windows

Der iPod touch und das iPhone bringen mit Google Maps den Stadt- und Umgebungsplan mit. Dieser ist jedoch nur verfügbar, wenn ein Internetzugang via GPRS/EDGE (iPhone) bzw. WLAN (iPhone und iPod touch) zur Verfügung steht. Günstiger und vor allem immer verfügbar ist die nachstehend beschriebene Lösung. Einzige Voraussetzung dafür ist ein Photo-tauglicher iPod, mit dem sich Bilder über die Fotofunktion betrachten lassen.

Gewünschten Stadtplan/U-Bahn-Plan besorgen

Wer in einer fremden Stadt den Weg zurück ins Hotel schlecht finden kann, der organisiert sich besser im Vorfeld den passenden Stadtplan oder den Verkehrsnetzplan der öffentlichen Verkehrsmittel. Dann ist zumindest klar, in welche Richtung es geht und welches Verkehrsmittel das richtige ist. Für Stadtpläne, Straßenkarten und öffentliche Verkehrsmittel gibt es zig Webseiten im Internet – die wichtigsten sind in der nachstehenden Tabelle zusammengefasst.

Beschreibung	Internetquellen
Deutschland (diverse Stadtpläne)	*www.stadtplandienst.de*
Deutschland/weltweit (diverse Stadtpläne)	*http://maps.google.de*

Beschreibung	Internetquellen
Deutschland/weltweit (diverse Stadtpläne)	*www.citysearch.com*
Deutschland/weltweit (diverse Stadtpläne)	*www.mapquest.com*
Deutschland/weltweit (diverse U-Bahn-Pläne)	*www.amadeus.net/home/new/subwaymaps/en/index.htm#*

Gerade für Globetrotter ist folgende Webseite nahezu ideal: Für jeden Kontinent ist hier ein passender Plan zu einer gewünschte Stadt erhältlich.

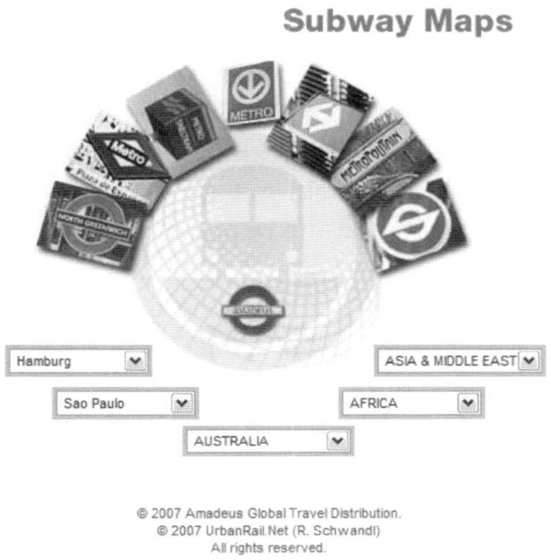

Bild 3.231 Für nahezu jede Stadt weltweit finden Sie hier einen Übersichtsplan für den öffentlichen Nahverkehr (*www.amadeus.net/home/new/subwaymaps/en/index.htm#*).

Für Deutschland sind die passenden Pläne auf den Webseiten der entsprechenden Verkehrsgesellschaften jedoch aktueller als auf vielen internationalen Reise- und Auskunftsseiten. Planen Sie beispielsweise eine Reise nach Berlin, München oder Hamburg, suchen Sie besser mit einer Suchmaschine Ihrer Wahl danach.

Stadtplan in das passende iPod-Format bringen

Stadtpläne und Straßenkarten sind im Internet im Gegensatz zu U-Bahn-Plänen recht schwer im passenden Format erhältlich. Doch mit einem Kniff lässt sich der gesuchte Stadtplan oder die Straßenkarte immer in das gewünschte Format bringen. Haben Sie Ihre Wunschstraßenkarte gefunden und lässt sich diese nicht als zusammenhängende Grafik auf der Festplatte speichern, nutzen Sie einfach die Screenshot-Funktion des Betriebssystems.

So lässt sich beispielsweise unter Mac OS X über die Tastenkombination [ ]+[⇧]+[4] der gewünschte Ausschnitt markieren und als Grafikdatei speichern. Unter Windows führt der einfachste Weg über die Tastenkombination [Alt]+[Druck], um das aktive Fenster in die Zwischenablage zu legen.

Anschließend entfernen Sie mit einem Bildbearbeitungsprogramm wie Adobe Photoshop oder Paint Shop Pro etwaige Ränder. Mit dem Slice-Werkzeug unterteilen Sie das vorliegende Bild für die Verwendung im Internet in mehrere kleinere Teile. So lädt der Browser die kleineren Teilbereiche wesentlich schneller als ein komplettes Bild – die Ladezeit der Webseite verringert sich dadurch erheblich.

Dieses Werkzeug eignet sich daher auch perfekt für das Anfertigen eines U-Bahn- bzw. Stadtplans oder einer Straßenkarte für den iPod: Ist das Slice-Werkzeug aktiviert, legen Sie die Größe der gewünschten Teilbereiche fest. Für die normalen fototauglichen iPods wie Nano 3-G, Photo oder Video verwenden Sie vorzugsweise eine Zielgröße von 320 × 240 Pixeln – ein mit einem größeren Display ausgestattetes Modell wie iPod touch oder iPhone benötigt das Format 320 × 480 Pixel.

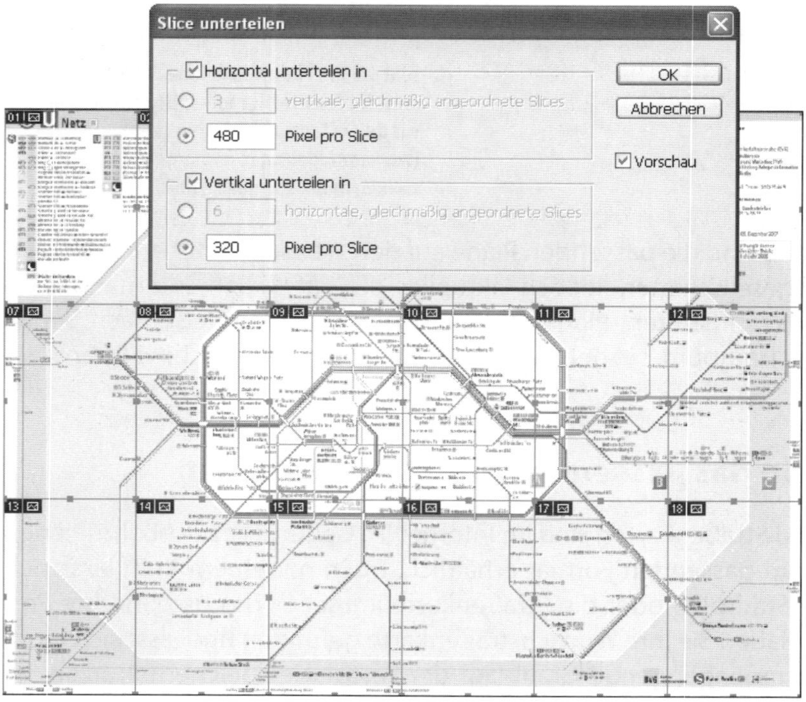

Bild 3.232 Für iPhone bzw. iPod touch teilen Sie die Grafik in 320 × 480 Pixel auf. Für alle anderen iPods mit kleinerem Display reicht das Format 320 × 240 Pixel.

Manchmal liegt der gewünschte Plan aus dem Internet auch im PDF-Format vor. Wer diese Datei mit dem Foto-Viewer des iPod betrachten möchte, muss die PDF-Datei zunächst in ein kompatibles Grafikformat wie PNG oder JPEG bringen. Unter Windows steht dafür die Freeware PDF2PNG (*http://ez-forms.com/freeware/ez-pdf2png.exe*) zur Verfügung, mit der sich mithilfe weniger Klicks aus einem PDF-Dokument eine PNG-Datei erstellen lässt.

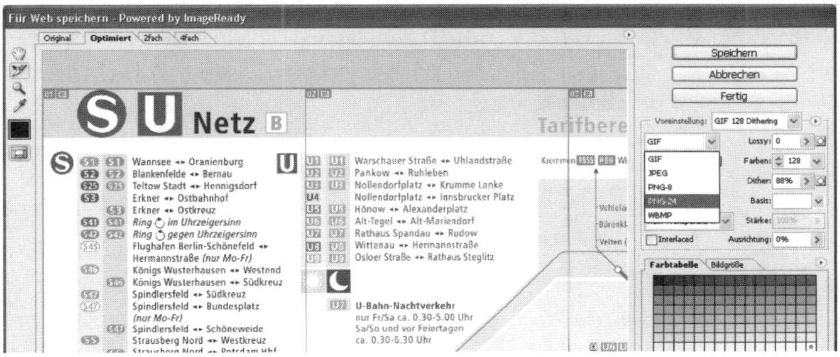

Bild 3.233 Anschließend exportieren Sie das Ergebnis des Splittens in das PNG- oder JPEG-Format, damit es sich auch auf dem iPod darstellen lässt.

Nach dem Speichern der Einzeldateien fassen Sie diese in einem einzigen Verzeichnis zu einem Fotoalbum zusammen. Achten Sie darauf, dass die Sortierung der Bilder auch der Reihenfolge (von links oben zeilenweise nach rechts unten) entspricht.

Nie mehr planlos unterwegs – Navigieren mit dem iPod

Anschließend synchronisieren Sie das Fotoalbum via iTunes mit dem iPod. Ist der iPod am PC oder Mac eingesteckt, setzen Sie bei iTunes in der Geräteansicht im Register *Fotos* ein Häkchen bei *Fotos synchronisieren von:* und wählen bei *Ausgewählte Alben* das gewünschte Fotoalbum aus. Anschließend klicken Sie auf die Schaltfläche *Synchronisieren*, um den Stadt- oder U-Bahn-Plan zu übertragen.

Bild 3.234 Ist das Fotoalbum via iTunes mit dem iPod synchronisiert, ist es dort über *Fotos/Fotoalben* zu finden.

Nun öffnen Sie auf dem iPod im Hauptmenü die Option *Foto* – auf iPhone und iPod touch nennt sie sich *Fotos*. Anschließend werden sämtliche verfügbaren Fotoalben angezeigt.

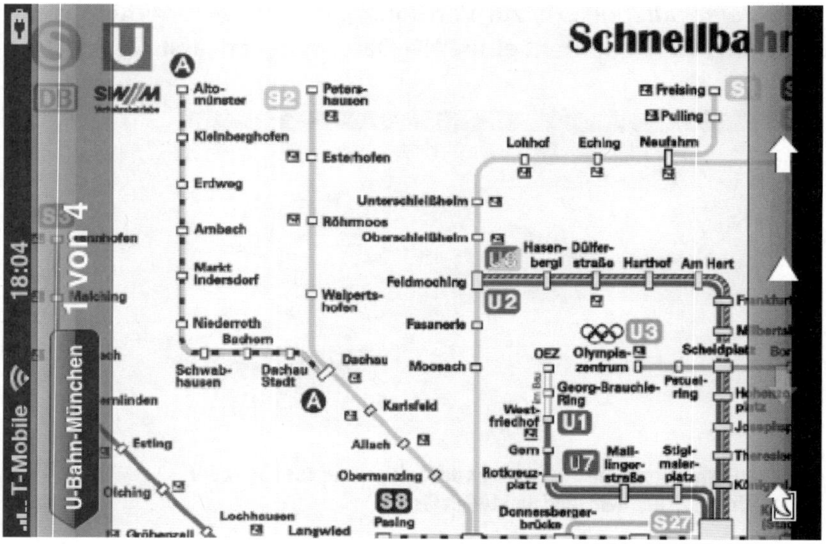

Bild 3.235 Gute Reise: Ist das Fotoalbum geöffnet, lässt sich Seite für Seite der gewünschte Plan auf dem iPod betrachten.

3.30 iPod-Singstar – mit iTunes zu DSDS

Classic | Mini | Nano 1G | Nano 2G | Nano 3G | Photo | Video | iPod touch | iPhone 1G

Mit iTunes und iPod für das DSDS-Casting trainieren: Mit dem entsprechenden Plug-in für iTunes erhalten Sie den richtigen Text zum passenden Song. Hier tricksen Sie eingefleischte Fans aus, die den genauen Wortlaut der beliebtesten Ohrwürmer, der aktuellen Hits und älteren Klassiker aus dem Effeff beherrschen.

Um die Musiktitel über iTunes automatisch mit Songtext befüllen zu können, ist unter Mac OS X ein kleines Hilfsprogramm nötig – im Rahmen dieses Buchs hat sich die Freeware pearLyrics als sehr praktisch erwiesen.

Nach dem Download (*www.pearworks.com/pages/software.html*) und der Installation ist die Handhabung sehr einfach. Während der Wiedergabe via iTunes ruft pearLyrics den passenden Songtext aus dem Internet ab und schreibt diesen in das entsprechende Feld in der iTunes-Datenbank.

Bild 3.236 Während des Abspielvorgangs wird der gefundene Songtext in die iTunes-Datenbank kopiert.

Wem das Procedere mit dem Abspielen via iTunes zu viel Aufwand ist, der braucht nicht zwingend immer ein Lied abzuspielen, um an den Liedtext zu kommen. pearLyrics bietet dafür eine manuelle Suchfunktion, in der Sie einfach den Namen des Interpreten in das entsprechende Suchfeld eintragen.

Voll automatisieren lässt sich die Suche über *File/Get Lyrics For Playlist*. Hier wählen Sie einfach die Mediathek aus, um den kompletten Musikbestand mit den entsprechenden Songtexten zu befüllen. Je nach Internetgeschwindigkeit sowie Umfang der Musik-Mediathek dauert dies einige Zeit.

Bild 3.237 Wer die Songtexte im kompletten Musikbestand auf den aktuellen Stand bringen möchte, der nutzt die Option *Get Lyrics For Playlist*.

Sind die Songtexte in der Mediathek eingepflegt, lässt sich iTunes weiter perfektionieren. Laden Sie zu jedem Album bzw. Song das entsprechende CD-Cover herunter.

CD-Cover der Mediathek automatisch aktualisieren

Classic | Shuffle 1G | Shuffle 2G | Nano 2G | Nano 3G | Photo | Video | iPod touch | iPhone 1G | iTunes

Wer beim Abspielen von Musikstücken gern auch das CD-Cover des Albums sehen möchte, der hat dies bei den neuesten iTunes-Versionen meist automatisch mit an Bord. Bei einer bereits sehr umfangreichen Musiksammlung auf der Festplatte ist es jedoch umständlich und vor allem zeitaufwendig, für jeden einzelnen Song auf der Festplatte extra das CD-Cover herunterzuladen und in iTunes einzubinden.

Bild 3.238 Erst werden alle Titel markiert – dann lässt sich für jeden Song der Mediathek das CD-Cover automatisch laden.

Einfacher geht dies mit folgendem Trick: Wählen Sie zunächst im linken Fensterbereich *Mediathek/Musik* und markieren Sie unter Windows mit [Strg]+[A]

bzw. unter Mac OS X mit [ ]+[A] sämtliche Titel. Anschließend wählen Sie im Kontextmenü der rechten Maustaste den Eintrag *CD-Cover laden* aus.

Bild 3.239 Abhängig davon, wie viel Musik in der iTunes-Mediathek vorhanden ist, dauern das Herunterladen und der Import der CD-Cover in iTunes einige Zeit.

Besteht eine Internetverbindung, beginnt iTunes umgehend damit, fehlende CD-Cover für die gesamte Musikbibliothek herunterzuladen und mit den einzelnen Songs zu verknüpfen. Abhängig davon, wie umfangreich die vorhandene Musik-Mediathek ist, dauert dieser Vorgang lange Zeit. Ist die iTunes-Mediathek aktualisiert, synchronisieren Sie den iPod – die entsprechenden CD-Cover werden automatisch übertragen.

3.31 Mehr Spaß im Wohnzimmer – iTunes mit Karaoke aufbohren

Windows

Interessanter Ansatz: Mithilfe der Freeware EvilLyrics können Sie während des Abspielen eines Musikstücks den Songtext mitverfolgen. EvilLyrics integriert sich direkt in einen Audioplayer wie Winamp und lädt auf Wunsch per Mausklick die Songtexte von über fünf Millionen Liedern aus dem Internet.

Für iTunes stellt EvilLyrics auch eine Schnittstelle bereit, jedoch wird der Songtext in einem Extrafenster angezeigt. Die aktuelle Version von EvilLyrics laden Sie von *www.evillabs.sk/evillyrics/* herunter.

Nach dem Herunterladen und der Installation nehmen Sie das Programm in Betrieb. Ist eine Personal Firewall aktiv, muss diese Internetzugriff zulassen, damit der Download der Songtexte funktioniert.

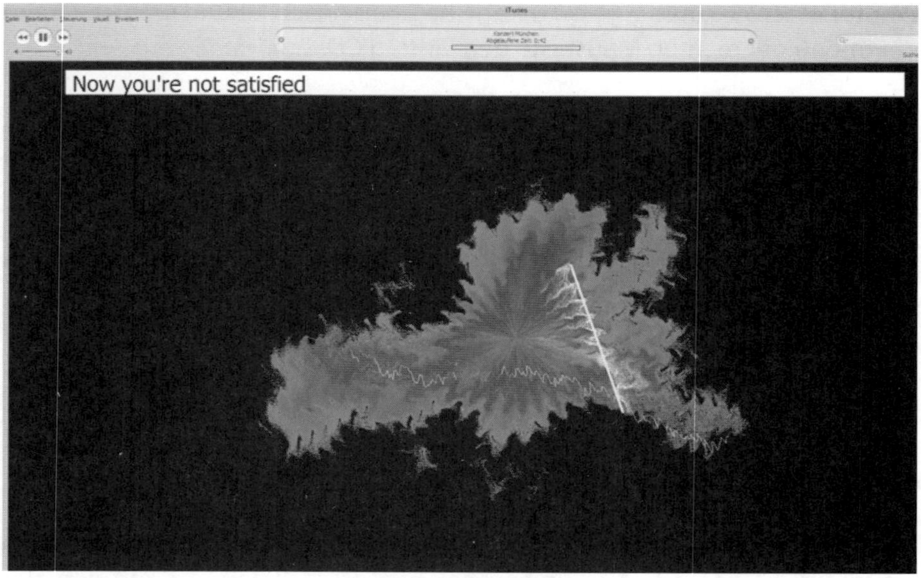

Bild 3.240 Coole Lösung: Im *Karaoke*-Modus scrollt der Text automatisch mit der Textstelle des Titels, der gerade abgespielt wird.

Das Programm funktioniert erstaunlicherweise gut und sucht im Internet automatisch nach Songtexten der gespielten Lieblingssongs. Per Mausklick auf das Lippensymbol in der Statusleiste laden Sie sich die speziellen Karaokedateien auf den PC. Anschließend können Sie zu den gespielten Songs Karaoke singen.

3.32 iTunes-Bibliothek mit Windows Media Center nutzen

Alle

Wer auf seinem PC die Windows XP Media Center Edition installiert hat, der muss sich entscheiden: entweder iTunes und iPod oder Windows Media Player für die Verwaltung der Musikdateien. Wer beide gleichzeitig nutzen möchte, der ist dazu gezwungen, Wiedergabelisten, Bewertungen und vieles mehr doppelt einzupflegen. Dies ist nicht nur doppelter Aufwand, sondern auch zeitaufwendig.

Doch mit einem Plug-in für das Media Center nutzen Sie mit dem Windows Media Player sowie dem Media Center die iTunes-Bibliothek samt Bewertungen. Wer Windows Vista mit Media-Center-Funktionen (Ultimate) sein Eigen nennt, der braucht das Plug-in nicht mehr. Hier genügt es, die iTunes-Musik-Mediathek einlesen zu lassen.

Grundvoraussetzung unter XP MCE: MCE-Plug-in installieren

Die Installation des *Tag Support Plugin* ist in wenigen Minuten erledigt. Herunterladen, Installationsdatei starten und den Installationsassistenten bis zum Ende durchklicken.

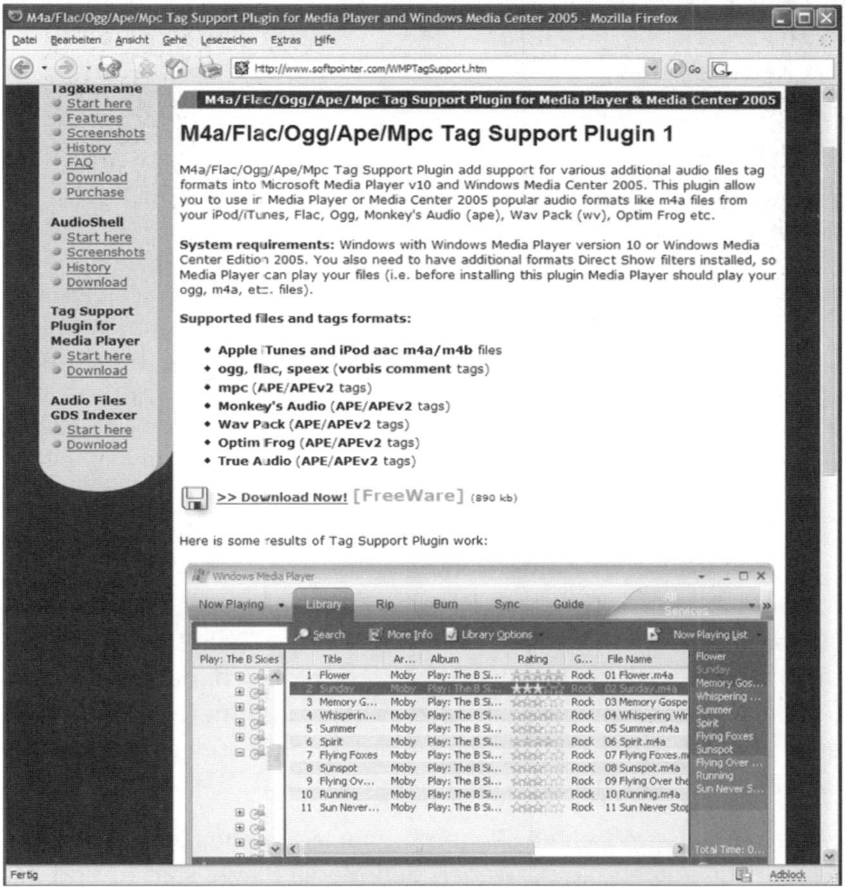

Bild 3.241 Hier bekommen Sie ein Plug-in für das Media Center, dank dem dieses auch mit den iTunes-Dateien umgehen kann (*www.softpointer.com/WMPTagSupport.htm*).

Einmal installiert, muss das iTunes-Verzeichnis in die *Medienbibliothek* eingelesen werden. Das kann entweder über den Windows Media Player oder über *Media Center/Eigene Musik/Ordner hinzufügen* geschehen. Anschließend ist der Datenbestand von beiden Datenbanken gleich.

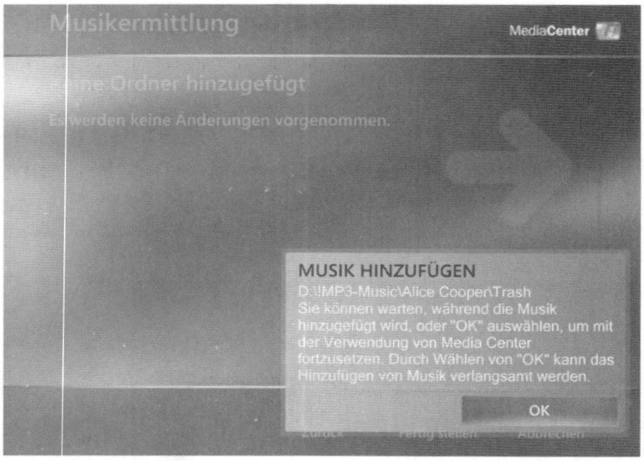

Bild 3.242 Abhängig davon, wie viel Musik im iTunes-Verzeichnis vorhanden ist, dauert der Import in die *Medienbibliothek* einige Minuten.

Das installierte *Tag Support Plugin* macht im Media Center das Abspielen von Apple-iTunes- und -iPod-Dateien im AAC-, M4A- und M4P-Format möglich. Zusätzlich werden Ogg, flac, speex (Vorbis-Kommentar-Tags), mpc (APE-/APEv2-Tags), Monkey's Audio (APE-/APEv2-Tags), Wav Pack (APE-/APEv2-Tags), Optim Frog (APE-/APEv2-Tags) sowie True Audio (APE-/APEv2-Tags) mit diesem Plug-in unterstützt.

MCE und iTunes in der Praxis

Im normalen Betrieb ändern Sie mit iTunes eine Bewertung, löschen eine Wiedergabeliste samt Dateien oder fügen neue Musik hinzu. Damit die Windows-Medienbibliothek das auch mitbekommt, ist es erforderlich, dass die Media-Center-Oberfläche oder zumindest der Media Player geöffnet ist. Sind beide geschlossen, muss das iTunes-Verzeichnis erneut eingelesen werden, was bei einem großen Musikbestand natürlich sehr unpraktisch ist.

Um sicherzugehen, dass in beiden Welten immer ein einheitlicher Datenbestand vorhanden ist, sollten Sie deswegen den Media Player starten und das iTunes-Verzeichnis vom Media Player überwachen lassen.

Achten Sie darauf, dass Sie für das Erstellen von Playlisten, das Bewerten von Musikstücken etc. weiterhin iTunes verwenden, da das MCE-Plug-in die iTunes-Mediathek überwacht.

Bild 3.243 Die iTunes-Musikbibliothek in MCE: So können Sie einfach per Fernbedienung Musik im Wohnzimmer genießen.

iPod und Xbox 360 – Musikvergnügen im Wohnzimmer

Man möchte es kaum glauben: Als Microsofts CEO Steve Ballmer seinen Kindern ein iPod-Verbot erteilte, schien es klar, dass Microsoft die »feindlichen« MP3-Player in seinen Produkten wohl nicht unterstützen würde. Doch weit gefehlt: Die Xbox 360 lässt sich erstklassig mit dem iPod verheiraten.

Nahezu jeder iPod mit USB-Anschluss lässt sich problemlos am USB-Eingang an der Rückseite der Xbox 360 anschließen. Lediglich der iPod shuffle bleibt hier zunächst außen vor. Aufgrund seiner Bauweise passt er nicht in die Buchse und lässt sich nur mit einer USB-Kabelverlängerung anschließen.

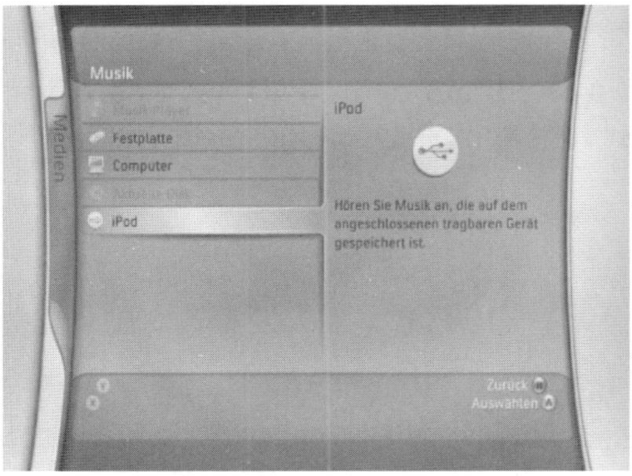

Bild 3.244 Hoppla: Der iPod wird sogar mit Namen von der Xbox 360 begrüßt.

Stecken Sie zunächst den iPod ein, starten Sie die Xbox 360 wie gewohnt und wechseln Sie in das Register *Medien*. Dort wählen Sie *Musik* aus – und siehe da: Der iPod erscheint als Datenträger im Auswahlmenü.

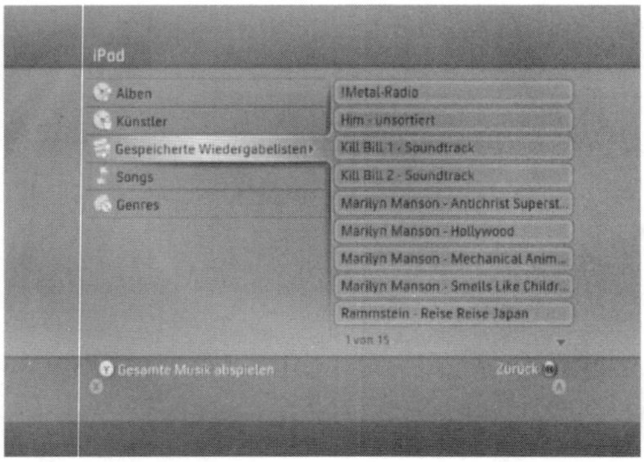

Bild 3.245 Die Xbox 360 findet sämtliche Wiedergabelisten, die auf dem iPod gespeichert sind.

Microsoft hat den iPod wunderbar in die Xbox 360 integriert. Sämtliche Musikinformationen des iPod stehen auch auf der Xbox 360 zur Verfügung. Lediglich gekaufte und DRM-geschützte Musik lässt sich nicht abspielen.

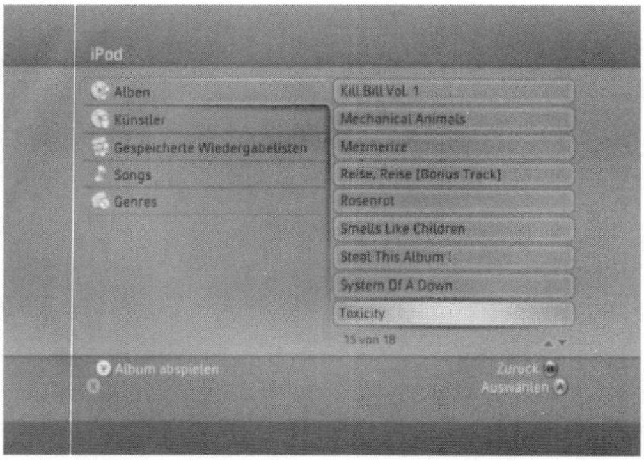

Bild 3.246 Alternativ können Sie die Lieder auf dem iPod auch nach Album, Künstler oder Genre sortieren lassen.

Klicken Sie einfach mit dem grünen A-Knopf auf dem XPAD auf einen Titel, anschließend werden sämtliche Lieder vom Xbox-Player abgespielt.

Bild 3.247 ***Play*** **drücken, zurücklehnen und Musik genießen: Wer im Wohnzimmer schnell und unkompliziert Musik hören möchte, der schließt einfach seinen iPod an die Xbox 360 an.**

3.33 CD-Wechsler immer dabei – iPod im Auto in Betrieb nehmen

Alle

Wer viel mit seinem iPod unterwegs ist, für den liegt es nahe, ihn auch im Auto einzusetzen. Denn selbst ein einfaches Standard-Autoradio lässt sich für den Betrieb mit dem iPod verwenden. Mit wenigen Handgriffen rüsten Sie das Autoradio für den iPod-Betrieb um. Es gibt zig Möglichkeiten, die Lautsprecher im Auto über den iPod zu füllen.

TomTom und iPod – das ideale Gespann zum Nachrüsten

Auch ein mobiles Navigationssystem lässt sich abhängig von Hersteller und Modell zum gemeinsamen Betrieb mit einem iPod überreden. So bietet das nachfolgend vorgestellte TomTom Go 920T neben der gewohnt guten Kompetenz in Sachen Routenplanung und Co. auch eine erstaunlich ausgereifte Lösung für den Anschluss eines iPod.

Bild 3.248 Im Hauptmenü des TomTom Go 920T wählen Sie *Musik und Medien* aus, um zu der iPod-Steuerung zu gelangen.

Allerdings gehört das Anschlusskabel für die iPod-Steuerung nicht zum Lieferumfang: Hier ist noch eine zusätzliche Investition von rund 15 Euro notwendig, um das TomTom mit einem iPod zu verheiraten. Als Gegenleistung dafür lässt sich der iPod über das Touchdisplay des TomTom steuern, über die *Titel/Albenwahl* bis hin zur Lautstärke ist alles inklusive.

Wer also beim Autoradio nur einen Anschluss für ein externes Gerät zur Verfügung hat, braucht trotz angeschlossenem Navigationssystem nicht auf seine Lieblingsmusik auf dem iPod zu verzichten.

Bild 3.249 Ist die iPod-Steuerung aktiv, kann der iPod »faul« in der Ablage schlummern. Die Bedienung erfolgt ausschließlich über den Touchscreen des TomTom.

Als weiteres Feature bietet das TomTom 920T nicht nur eine Bluetooth-Handy-Schnittstelle, mit dem es sich als Drahtlos-Freisprechanlage nutzen lässt, sondern stellt auch eine FM-Transmitter-Lösung bereit, die einen Eingriff in die Autoradioelektronik überflüssig macht, falls kein Anschluss für einen 3,5-mm-Klinkenstecker bereitsteht. In diesem Fall nutzen Sie einfach das Audioradio.

Bild 3.250 Zunächst stellen Sie im TomTom die Frequenz ein, über die das Autoradio die iPod-Musik und die akustischen Routenplanerdaten empfangen soll. Ist das Autoradio ebenfalls auf der gemeinsamen Frequenz eingestellt, lässt sich die iPod-Musik problemlos im Auto genießen.

Dieses Luxusnavi ist allein in Sachen Routensoftware und ausgereifte Bedienung sein Geld wert. Wer beim Einsatz von Geschäftsfahrzeugen, Mietwagen etc. immer sein Navi und seinen iPod-Anschluss dabeihaben möchte, für den macht sich die Anschaffung ebenso bezahlt wie für Nachrüster eines Privatwagens. Hersteller wie Audi, BMW, Mercedes und andere verlangen für den iPod-Anschluss im Auto teilweise Fantasiepreise von weit über 200 Euro.

Einstecken und anschalten – Kassettenadapter für den iPod

Besitzer eines altertümlichen Kassettenradios (ja, es gibt sie noch!) nutzen einen Kassettenadapter, der ab etwa 5 Euro im Handel erhältlich ist. Das Kabel des Adapters wird einfach in den Kopfhörerausgang des iPod und die Kassette in das Kassettendeck des Autoradios gesteckt, und der iPod kann in Betrieb genommen werden.

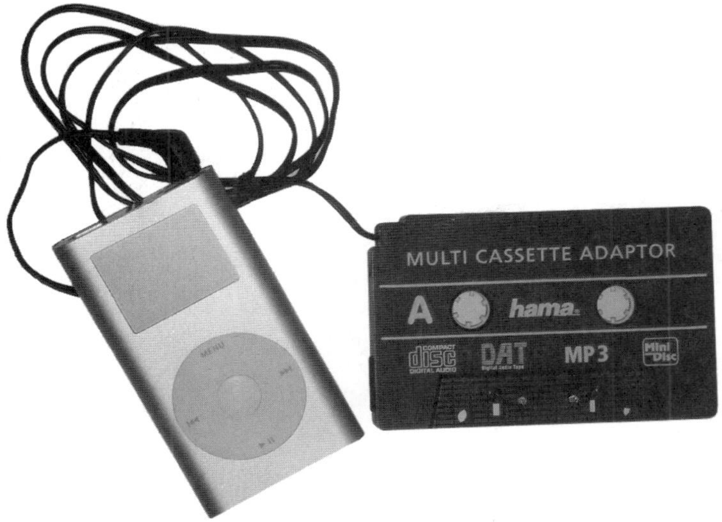

Bild 3.251 Einfach und günstig: Für Kassettenradios verwenden Sie am besten einen Kassettenadapter.

Damit der iPod im Auto gut aufgehoben ist, können Sie eine iPod-Halterung kaufen. So haben Sie den iPod immer in Griffnähe. Wer es etwas bequemer mag, der holt sich eine iPod-Halterung mit Ladefunktion. So können Sie den iPod im Auto weiternutzen und gleichzeitig aufladen. Eine gute Halterung bietet ein Kugelgelenk, um eine optimale Sichteinstellung des iPod zu gewährleisten. Hersteller von solchen Halterungen sind beispielsweise Belkin (*www.belkin.com*) oder Brodit (*www.brodit.com*).

ice>Link Plus – Profilösung zum Selbsteinbau

Die Kassettenlösung ist zwar günstig, hat aber einen großen Nachteil: Der iPod lässt sich kaum steuern – und wer nicht jedes Mal auf den Parkplatz fahren möchte, um eine neue Wiedergabeliste auszuwählen, der wird schnell Ausschau nach einer professionelleren Lösung halten.

Der Hersteller Dension (*www.icelink.com*) bietet mit ice>Link Plus eine Lösung für nahezu alle iPod-Modelle (iPod touch und iPhone ausgenommen) an, um den iPod an die meisten ab Werk oder nachträglich eingebauten Autoradios anzuschließen.

Das Beste: Der iPod lässt sich nach dem Einbau über das Autoradio selbst oder, falls vorhanden, über die Lenkradfernbedienung bedienen. Das Display des iPod ist bei dieser Lösung auch das externe Display des Autoradios. Es zeigt in einem Menü sämtliche Funktionen an, die über das Autoradio zur Verfügung stehen. Diese Funktionen werden einfach mittels iTunes auf dem iPod installiert.

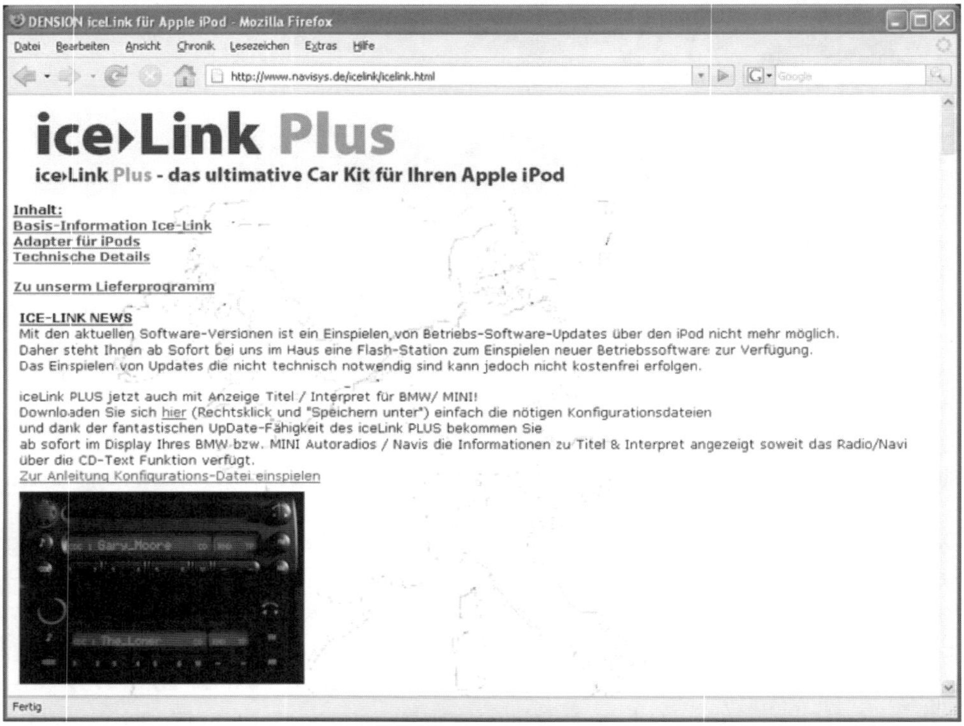

Bild 3.252 Hier finden Sie sämtliche Informationen zur ice>Link Plus-iPod-Lösung (*www.navisys.de/icelink/icelink.html*).

ice>Link Plus kostet rund 150 Euro und bietet folgende Möglichkeiten: Zum einen ist das Ein-/Ausschalten des iPod über das Radio möglich. Wird hingegen Radio gehört, schaltet sich der iPod automatisch ab. Bei einer korrekt installierten Freisprecheinrichtung wird der iPod auch automatisch stumm, ebenso wie bei Verkehrsfunkdurchsagen.

Für Bastler – iPod-Anschluss selbst löten

Wem die 150 Euro für die ice>Link Plus-Lösung zu teuer sind, der schaut im Internet nach passenden Einbauanleitungen. Der Trick ist einfach: Hier wird dem Autoradio einfach eine zusätzliche AUX-Buchse angelötet, oder es wird der vorhandene CD-Wechsleranschluss genutzt.

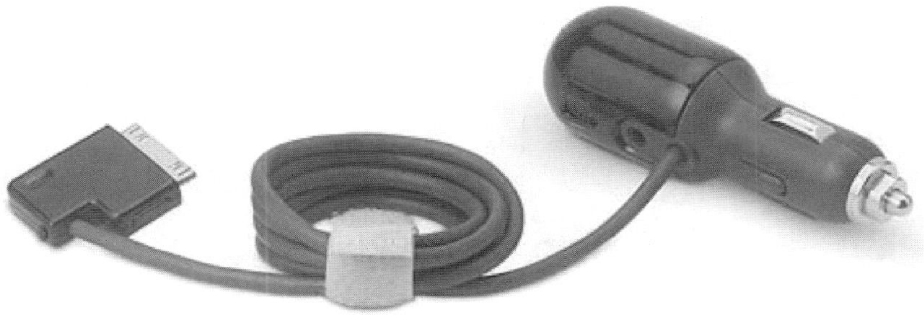

Bild 3.253 Für Nichtraucher: Damit der iPod unterwegs mit Strom versorgt wird, gibt es von verschiedenen Herstellern einen Adapter, der in den Zigarettenanzünder gesteckt werden kann.

Am ausführlichsten beschreibt *http://gatoalfa.calipso.com.co/radioMod/saab-RadioMod.html* den Umbau eines Autoradios mit Bordmitteln. Hier finden Sie eine reichlich bebilderte Anleitung dazu, wie sich ein iPod direkt an das Autoradio anschließen lässt.

Bild 3.254 Löten auf der Platine lässt sich oft nicht vermeiden: Für gewiefte Bastler ist das Anbringen von zwei kurzen Kabeln und einer Buchse jedoch kein Problem.

Wer sich weiter mit diesem Thema auseinandersetzen möchte, der kann sich im Internet auf folgenden Seiten umsehen:

Seite	Beschreibung
http://gatoalfa.calipso.com.co/radioMod/saabRadioMod.html	Ausführliche Beschreibung (engl.) zum Radioeinbau anhand eines Saab-Autoradios
http://technicaldiversions.blogspot.com	Tipps und Tricks zum Thema iPod im Auto mit vielen Einbauanleitungen
www.sethevans.com/auxinput.html	Ausführliche Beschreibung (engl.) zum Radioeinbau sowie zur iPod-Integration in die Konsole des Autos

iPod als Piratensender – iTrip einstecken

Classic | Shuffle 1G | Shuffle 2G | Nano 2G | Nano 3G | Photo | Video | iPod touch | iPhone 1G | iTunes

Wer kein Kassettenradio im Auto sein Eigen nennt und nicht an seinem Autoradio herumbasteln möchte, der kann mit einem simplen Steckmodul auf dem iPod Musik zum Radio übermitteln. Das iTrip ist nichts anderes als eine Sendeeinheit, mit der sich Musik vom iPod drahtlos auf ein UKW-Radio übertragen lässt. Das *iTrip Dock* ist für den Betrieb an iPods der dritten bis sechsten Generation, iPod photo, U2-iPod und iPod mini geeignet. Für den iPod nano gibt es eine eigene Version. Beide Modelle sind für je 50 Euro im Fachhandel erhältlich.

Bild 3.255 Der iTrip verbindet Ihren iPod ganz einfach mit Ihrem Autoradio.

Sie stellen lediglich eine freie Frequenz zwischen 88,1 und 107,9 MHz an Radio und iTrip ein und können Ihre Musik im Radio hören, der iTrip wird über den iPod mit Strom versorgt.

3.34 Frische iPod-Power – Akkutausch leicht gemacht

Warum einen neuen iPod kaufen, wenn der alte noch so gut ist? Die Lebensdauer der iPods ist nicht unendlich – über kurz oder lang gibt jeder Akku den Geist auf. Mit der Zeit beginnen dann die Klagen über die immer kürzer werdende Akkulaufzeit.

Bild 3.256 Alles Wissenswerte zum Thema iPod und Akkus finden Sie auf *http://ipodbatteryfaq.com/*.

> **ACHTUNG!**
>
> **Garantieverlust droht**
>
> Das in diesem Beitrag beschriebene Verfahren ist eine Tuningmaßnahme. Durch den Eingriff kann nicht nur der iPod zerstört werden, sondern Sie verlieren auf jeden Fall die Garantie. Technisch Ungeübte sollten von diesem Eingriff ausdrücklich die Finger lassen!

Die nachlassende Akkuleistung ist ein schleichender Prozess. Hier wird das Ladevermögen immer schwächer, und dem iPod geht immer früher der Saft aus. Wenn Sie nicht jeden Tag zur Stromtankstelle gehen möchten, sind Sie dazu gezwungen, den Akku auszutauschen. Dieses Problems haben sich einige Dritthersteller angenommen und bieten Akkuaustauschkits an.

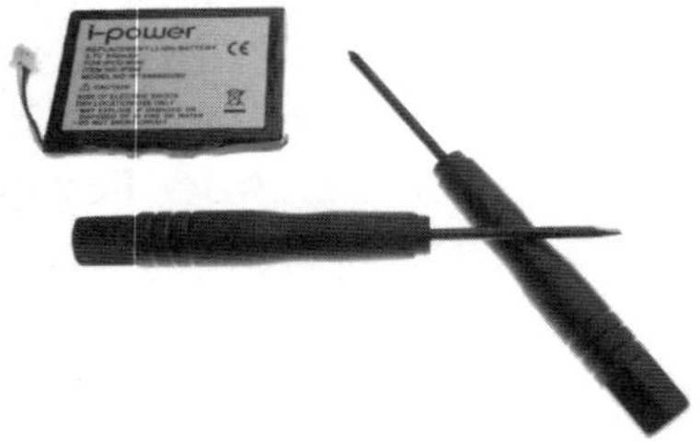

Bild 3.257 Neuer Akku und Werkzeug: Mehr brauchen Sie nicht, um dem iPod neues Leben einzuhauchen.

Wer keine zwei linken Hände hat, kann den Akku selbst austauschen. Trauen Sie sich dies nicht zu, können Sie den iPod bei Apple einschicken oder bei einer Werkstatt um die Ecke abgeben. Bei Apple können Sie für den Einbau eines neuen Akkus und die Rücksendung rund zwei Wochen und einen Preis von 100 bis 130 Euro einkalkulieren. Billiger geht es, wenn man es selbst macht, und im Internet bekommen Sie ebenfalls Ersatzakkus oder Komplettkits, die deutlich preisgünstiger sind.

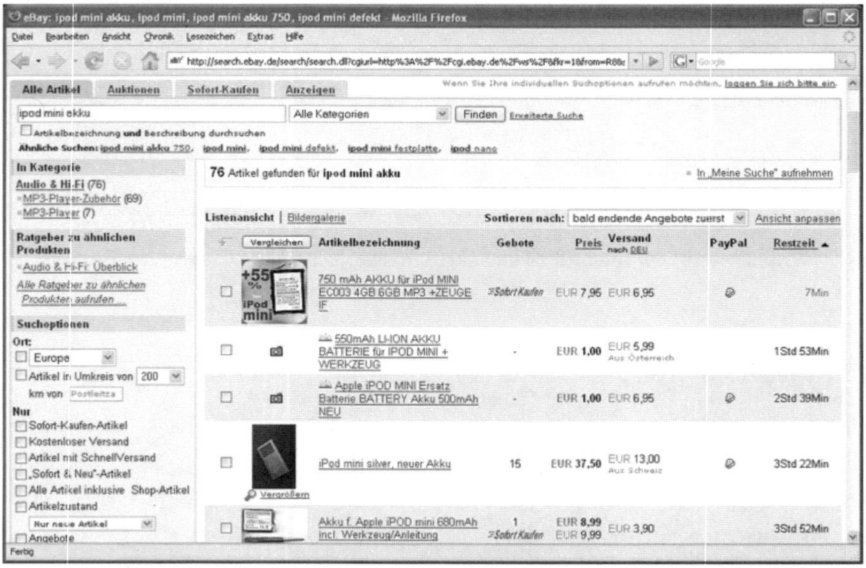

Bild 3.258 Diverse Treffer für ein Akkuaustauschkit: Für den Akku samt passendem Werkzeug sind rund 7 Euro fällig.

Besorgen Sie sich beispielsweise ein Reparaturkit für Ihr iPod-Modell via eBay, haben Sie dieses innerhalb von wenigen Tagen. Nehmen Sie sich anschließend eine gute halbe Stunde Zeit, um den Akku auszutauschen.

Echt einfach: Akkutausch in 30 Minuten

Bevor Sie sich an den Einbau des neuen Akkus machen, sichern Sie vorsichtshalber sämtliche Daten, die sich auf dem iPod befinden. Denn Sie sollten sich darüber im Klaren sein, dass immer ein Restrisiko besteht, dass der iPod den Eingriff nicht überlebt. Ein Akkueinbausatz von eBay beinhaltet in der Regel einen dünnen Plastikschlitzschraubenzieher sowie ein Kunststoff-Demontagewerkzeug. Das ist auch zu empfehlen, da herkömmliche Schraubenzieher aus Metall das Originalgehäuse zerkratzen oder beschädigen können.

Haben Sie die Daten gesichert und liegen das Werkzeug sowie der Akku bereit, können Sie das Gehäuse öffnen. Zunächst schalten Sie den iPod aus und stellen die *Hold*-Taste auf »Ein«, um die Tastatursperre einzuschalten.

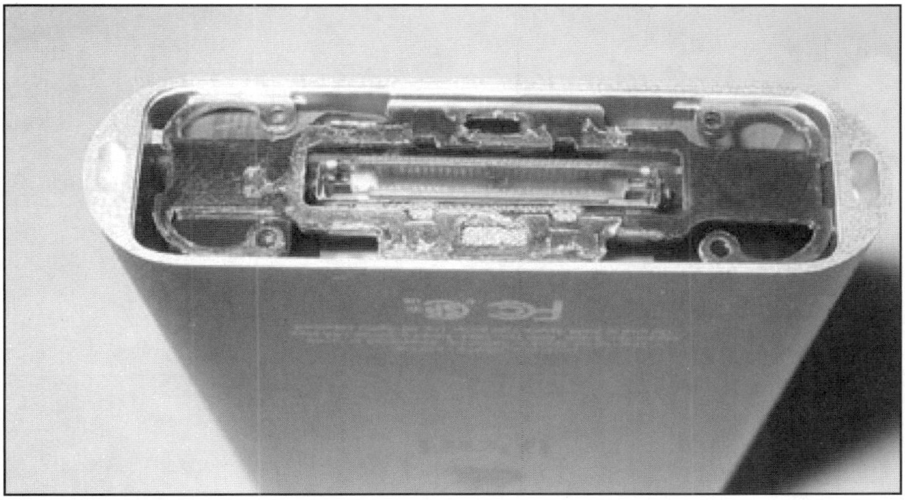

Bild 3.259 Zuerst hebeln Sie die Plastikabdeckung am USB-Anschluss ab.

Anschließend nehmen Sie den Plastikschraubenzieher und führen ihn senkrecht zwischen dem Kunststoff und dem Metall neben dem USB-Anschluss ein. Der flache Schraubenzieher sollte so sanft und weit eingeführt werden wie möglich.

Anschließend hebeln Sie das Werkzeug nach oben und schieben das Gehäuse etwas weg, bis die ersten Clips zu sehen sind, die das Gehäuse festhalten. Diese Clips können Sie einfach durch Drücken lösen.

Ist die erste Halterung gelöst, führen Sie den Schraubenzieher weiter ein und öffnen die weiteren Clips. Anschließend lässt sich das Deckelchen entfernen.

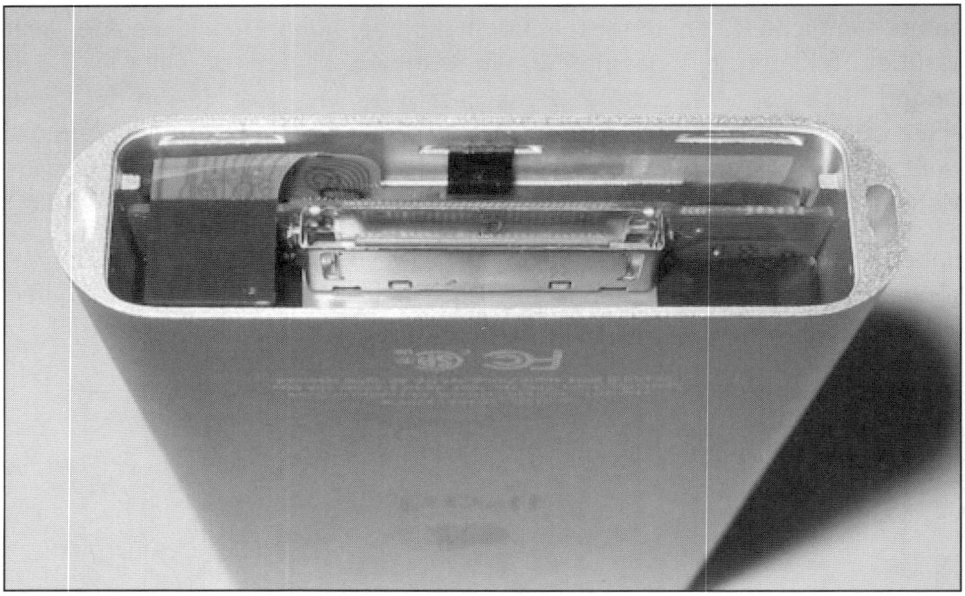

Bild 3.260 Entfernen Sie die Metallhalterung für die Platine.

Im nächsten Schritt ziehen Sie den Stecker auf der linken Seite ab.

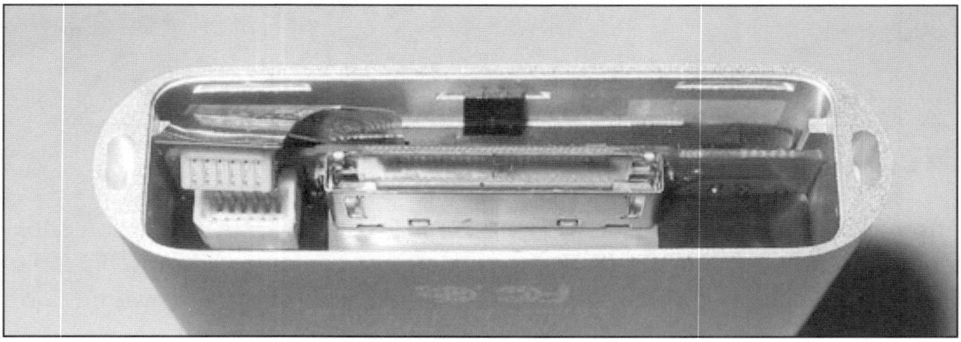

Bild 3.261 Mit dem Schraubenzieher hebeln Sie den Stecker ab.

Anschließend hebeln Sie mit dem Schraubenzieher auf der Oberseite des iPod die Plastikabdeckung ab.

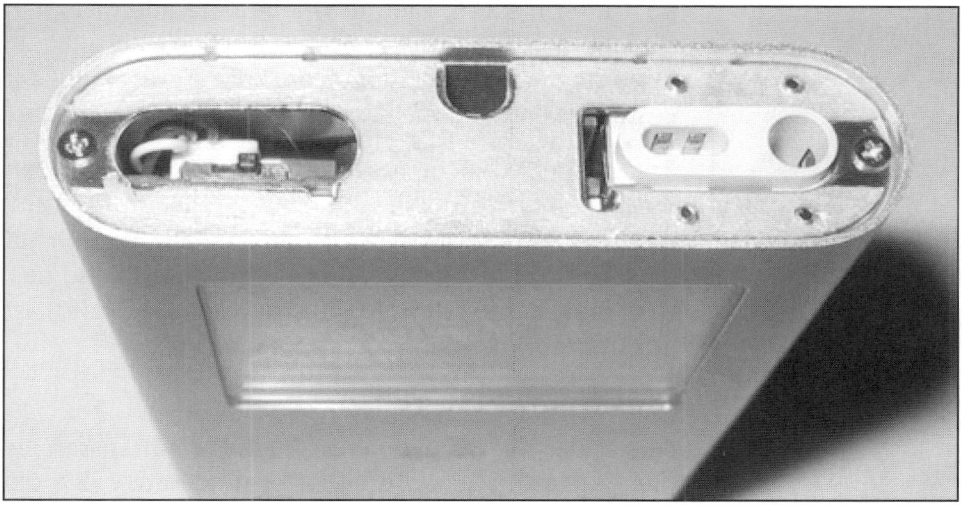

Bild 3.262 Ist die Plastikabdeckung entfernt, lösen Sie mit einem kleinen Kreuzschlitzschraubenzieher links und rechts die Schrauben.

Nun können Sie den iPod nach oben herausschieben.

Bild 3.263 Schieben Sie sanft die Platine von unten nach oben heraus.

Bild 3.264 Ist der iPod am PC eingesteckt, wird der Akku via USB-Kabel automatisch geladen.

Liegt das Innenleben des iPod bereit, ziehen Sie den Akku ab. Manchmal ist der Akku durch Klebstoff mit dem Rest verbunden. Mit ein bisschen Anstrengung lässt er sich lösen. Hier verwenden Sie abermals den dünnen Schraubenzieher und versuchen den Akku zu entfernen. Achten Sie darauf, dass der Klebstoff auf der Festplatte haften bleibt – so hält der neue Akku besser.

Ist der alte Akku von Klebstoff befreit, ziehen Sie den Stecker einfach ab. Nun setzen Sie den neuen Akku ein. Der neue Akku lässt sich aufgrund der Bauweise nur auf eine bestimmte Art einbauen. Richten Sie ihn so aus, dass keine Kante übersteht, und drücken Sie ihn fest. Ist ein Kleber vorhanden, fixieren Sie ihn damit.

Nun bauen Sie den iPod wieder zusammen. Lassen Sie die Platine im Gehäuse einrasten und setzen Sie die Plastikabdeckung auf der Unterseite und Oberseite wieder auf. Im nächsten Schritt laden Sie den iPod mit dem Ladegerät und nehmen ihn wieder in Betrieb.

3.35 ourTunes – Musiktausch im Heimnetz

Alle | iTunes

Wer zu Hause in seinem Heimnetzwerk mehrere PCs und Mac-Maschinen im Einsatz hat, der kann über die Funktion *Gemeinsame Mediathek* von iTunes auch Musik von anderen iTunes-Mediatheken anhören. Doch wollen Sie die Musik auf dem entfernten Rechner nicht nur anhören, sondern die einzelnen Songs auch auf die eigene Festplatte kopieren, werden Sie aufgrund der iTunes-Restriktionen scheitern.

Hier bleibt nur der manuelle Weg – das Sichern über USB-Stick oder CD-/DVD-ROM und einen Neuimport via iTunes auf dem Zweit-PC. Einfacher und schneller geht dies mit der Freeware *ourTunes* – damit lässt sich die Musik schon beim Anhören auf die Festplatte übertragen.

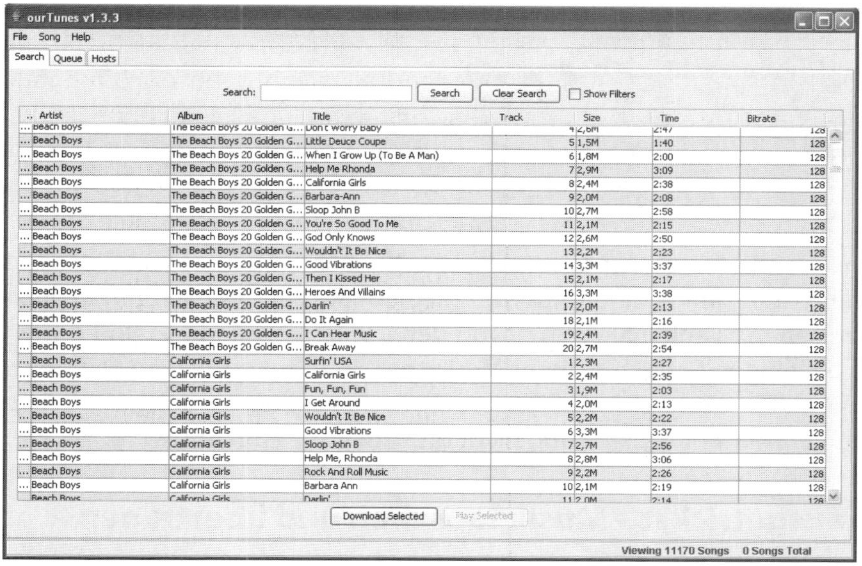

Bild 3.265 Emule zu Hause: Wer von seiner iTunes-Bibliothek schnell und einfach Musiksongs auf seinen Zweit-PC übertragen möchte, der klickt im Übersichtsfenster seine Wünsche zusammen.

ourTunes lässt sich unter Mac OS X und Windows einsetzen. Neben der Java-Runtime ist zusätzlich zum eigentlichen Programm (*http://saveourtunes.com/* bzw. *http://ourtunes.sourceforge.net/*) auch ein installiertes iTunes notwendig. Nach Installation und Start von ourTunes legen Sie zunächst fest, in welches Verzeichnis die gestreamten Songs und in welchem Format die Interpreten- und Titelinformationen gespeichert werden sollen.

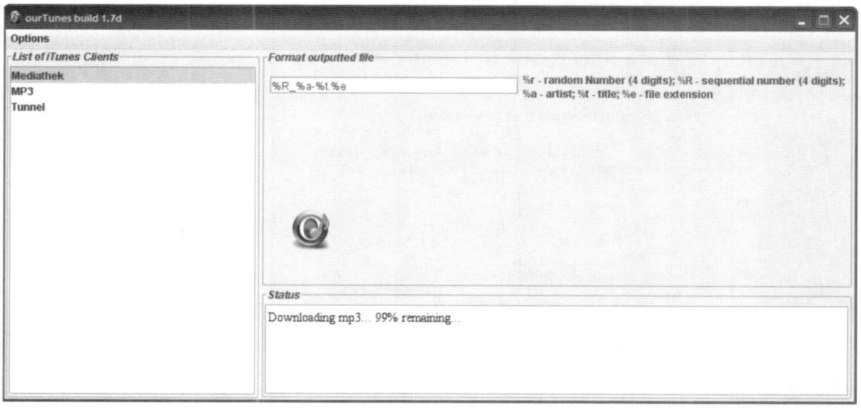

Bild 3.266 Im linken Fensterbereich sind alle iTunes-Mediatheken im Netzwerk gelistet. Per Mausklick wählen Sie nun diejenige aus, von der Lieder auf die lokale Festplatte kopiert werden sollen. Abhängig davon, wie viel Musik übertragen werden soll, dauert der Import einige Minuten.

ACHTUNG!

Halt! Urheberrechtlich bedenklich

Setzen Sie dieses Werkzeug in einem Firmennetz o. Ä. ein, beachten Sie die rechtliche Situation in Sachen Urheberrecht!

Die anschließende Anwendung ist sehr einfach. Nach dem Start von iTunes ist im linken Fensterbereich eine entfernte Mediathek unter *Gemeinsam genutzt* doppelt zu sehen. Wählen Sie nun davon den unteren Namen aus und öffnen Sie einen beliebigen Song aus dieser Mediathek. In diesem Fall wird zeitgleich der Song im MP3- oder im AAC-Format auf der Festplatte gespeichert – auch dann, wenn er nur »angespielt« und nicht bis zum Ende angehört wird.

iTunes ausgetrickst – Musik tauschen und übertragen mit doubleTwist

Windows Mac OS X

Wer neben einem iPod noch einen weiteren alternativen MP3-Player im Einsatz hat, der nicht aus dem Hause Apple kommt, kann mit der iTunes-Mediathek zunächst nichts anfangen. Für Abhilfe sorgt das Programm doubleTwist (*www.doubletwist.com*), mit dem sich dieses Manko auf dem lokalen PC beheben lässt.

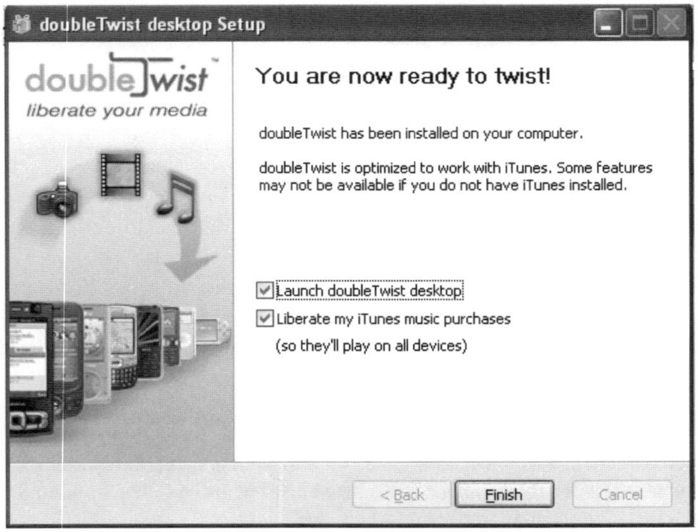

Bild 3.267 Nach der Installation lässt sich doubleTwist sofort starten. Bevor jedoch die Funktionen genutzt werden können, muss erst ein doubleTwist-Benutzeraccount angelegt werden.

ACHTUNG!

Halt! Urheberrechtlich bedenklich

Setzen Sie dieses Werkzeug in einem öffentlichen Netz o. Ä. ein, beachten Sie die rechtliche Situation in Sachen Urheberrecht!

Das Werkzeug erlaubt ebenfalls Kopien von Songs aus dem iTunes Store sowohl auf alternativen Playern wie auch auf Geräten wie der PSP oder gar MP3-tauglichen Mobiltelefonen aus dem Hause Sony Ericsson oder Nokia. Die Freeware nutzt via iTunes die lokale Mediathek und stellt diese sogar auf Wunsch über das Netz für Freunde zur Verfügung.

3.36 Für Experten – iPod shuffle ohne iTunes betreiben

Shuffle 1G Shuffle 2G

Wer statt iTunes lieber seine eigene Musikdatenbank einsetzen möchte, der braucht auf den Shuffle, egal ob erste oder zweite Generation, nicht zu verzichten. In diesem Abschnitt erfahren Sie, wie das Befüllen des iPod shuffle von Musik ohne iTunes funktioniert.

Die Anwendung ist denkbar einfach: Laden Sie von *http://shuffle-db.sourceforge.net/* die ZIP-Datei des *iPod shuffle Database Builder* herunter und entpacken Sie sie in ein temporäres Verzeichnis.

Danach starten Sie den iPod im Festplattenmodus, wie im Abschnitt »iPod als Festplatte – Disk Mode aktivieren« auf Seite 186 beschrieben, damit Sie den iPod mit Musik befüllen können. Kopieren Sie die Datei *rebuild_db.exe* in das Wurzelverzeichnis des iPod shuffle und übertragen Sie anschließend die gewünschten MP3-Dateien in das */iPod_Control/Music*-Verzeichnis.

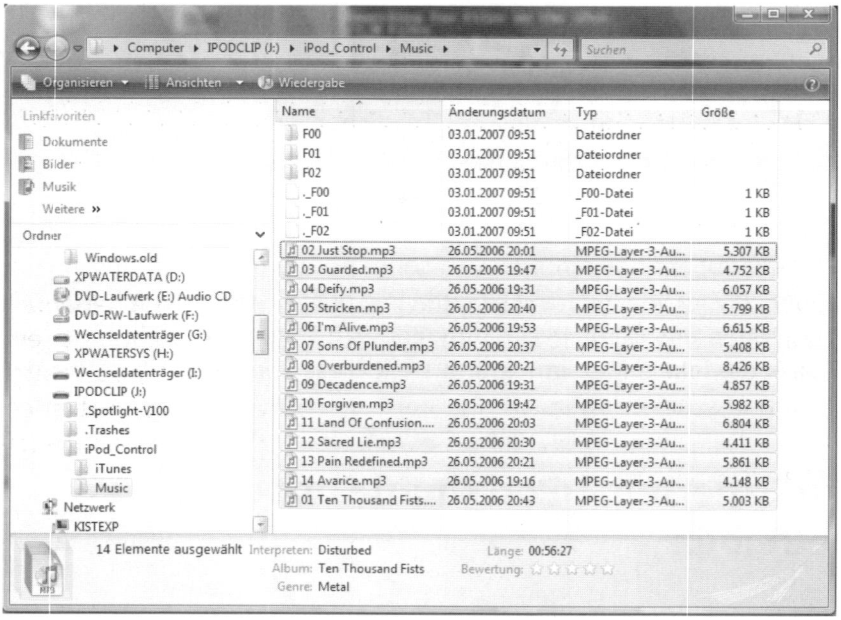

Bild 3.268 Einfach rüberkopieren: Der iPod spielt die Dateien trotzdem ab, ohne dass die Dateinamen kryptisch verändert werden müssten. Die Länge der Dateinamen ist auf 256 Zeichen beschränkt.

Nun öffnen Sie ein DOS-Eingabeaufforderungsfenster und wechseln in das iPod-Hauptverzeichnis – der Laufwerkbuchstabe, der für den iPod shuffle im Explorer angezeigt wird. Geben Sie den DOS-Befehl *dir* ein, damit der Inhalt des Laufwerks angezeigt werden kann. Es sollten hier der Ordner */iPod_Control* sowie die Datei *rebuild_db.exe* zu sehen sein.

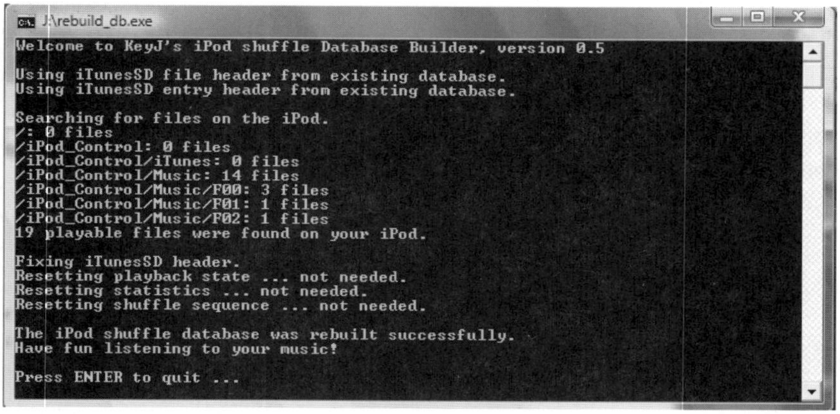

Bild 3.269 Ist die Datei *rebuild_db.exe* im Stammverzeichnis des Shuffle, erstellen Sie einfach durch Starten dieser EXE-Datei die Musikdatenbank des Shuffle neu.

Ist die Datenbank neu erzeugt, können Sie den iPod shuffle abziehen und die daraufkopierte Musik genießen. Beim Abziehen des iPod ist darauf zu achten, dass Sie unter Windows die *Auswerfen*-Taste für Wechseldatenträger nutzen.

iShuffle – iTunes-Ersatz für den iPod shuffle

Shuffle 1G Shuffle 2G

Wie die *rebuild_db.exe*-Lösung arbeitet auch das Tool *iShuffle*, das ebenfalls ohne iTunes auskommt. Der Vorteil: Dieses Tool arbeitet nicht nur mit der ersten und zweiten Shuffle-Generation zusammen, sondern neben Windows auch unter Linux und Mac OS X. Der Preis für diese Plattformunabhängigkeit ist ein installiertes Java (kostenlos erhältlich bei *www.sun.com*), was jedoch unter Linux und Mac OS X bereits enthalten ist.

Ist der iPod mit dem PC verbunden, erstellen Sie im Festplattenmodus unter dem Ordner *\iPod_Control* einen weiteren Ordner mit dem Namen *Music* und kopieren dort die gewünschten MP3-Dateien hinein.

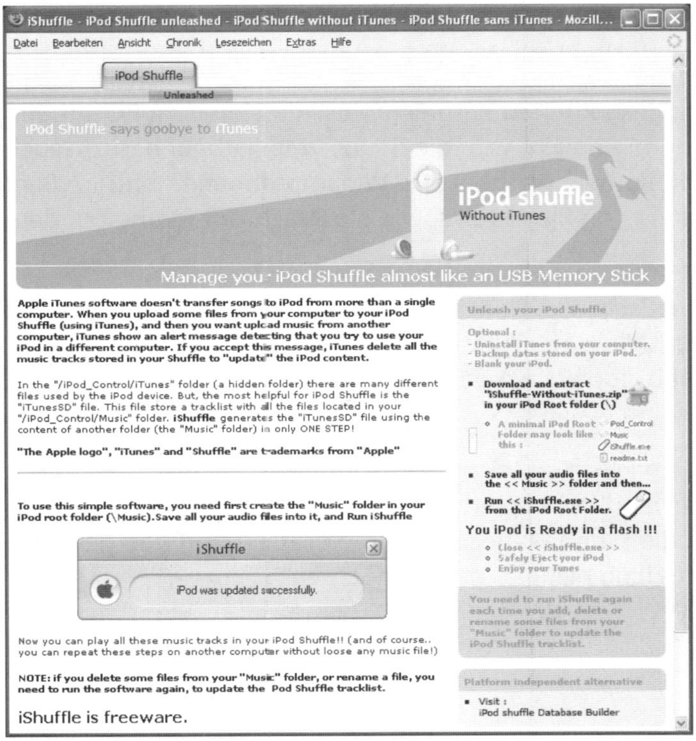

Bild 3.270 Hier erhalten Sie die Freeware iShuffle (*http://jshuffle.sourceforge.net/*).

Anschließend starten Sie iShuffle, das die Shuffle-Musikdatenbank neu aufbaut. Das Gute dabei: Sie können das Tool im Gegensatz zu iTunes auch auf einem anderen PC verwenden und dort weitere Dateien hinzufügen oder andere aus dem *Music*-Ordner löschen. In diesem Fall starten Sie iShuffle erneut, um die Datenbank auf dem Shuffle neu zu erstellen.

3.37 Winamp mit iPod nutzen

Shuffle 1G | Shuffle 2G | Nano 1G | Photo | Video

Bei der Wahl des richtigen Mediaplayers unter Windows gibt es viele Meinungen. Neben iTunes gehören der Windows Media Player sowie Winamp zu den großen Drei in diesem Bereich. Was tun, wenn man bisher Winamp genutzt und sich nun einen iPod zugelegt hat?

Besitzen Sie keinen iPod shuffle, ist Ihnen die beschriebene Shuffle-Lösung zu unbequem oder möchten Sie auf iTunes, nicht aber auf dessen Vorzüge verzichten, können Sie jetzt auch Winamp nutzen. Mithilfe von Plug-ins lässt sich Winamp so aufbohren, dass es nahezu den gleichen Leistungsumfang wie iTunes bietet – und das zum Nulltarif. Voraussetzung dafür ist das kostenlose Winamp-Plug-in *ml_ipod,* mit dem der iPod mit Winamp verbunden wird.

Mithilfe des *ml_ipod*-Plug-ins können natürlich Musikdateien vom PC auf den iPod übertragen werden. Ähnlich wie die iTunes-Mediathek besitzt auch Winamp eine Medienbibliothek, die über das Winamp-Kontextmenü bedient wird. So sind die Erstellung von Playlisten sowie die Synchronisierung mit dem iPod kein Problem.

Hier lassen sich automatisch alle Lieder vom PC auf den iPod übertragen. Dadurch ist gewährleistet, dass Musikdateien, die schon auf dem iPod vorhanden sind, nicht nochmals kopiert werden. Das spart nicht nur Zeit, sondern auch Platz auf dem iPod.

Sind mehr Lieder auf dem PC als auf dem iPod vorhanden, wählen Sie einfach diejenigen aus, die auf den iPod kopiert werden sollen. Diese Lösung eignet sich vor allem für jene, die schon länger Winamp einsetzen und den gewohnten Player zugunsten des iPod nicht aufgeben möchten.

Winamp besorgen und installieren

Wer schon immer mit Winamp gearbeitet und sich einen neuen iPod besorgt hat, der wird die iPod-Winamp-Lösung dem Apple-eigenen iTunes vorziehen. So können nicht nur alte Playlisten weitergenutzt werden, sondern auch die seit Winamp-Version 3 vorhandene *Winamp Media Library*. Diese arbeitet ähnlich wie iTunes und verfolgt die Musikgewohnheiten des Anwenders. So wird beispielsweise gespeichert, welche Musikstücke Sie am meisten angehört haben, welche Lieder von Ihnen hoch bewertet wurden und vieles mehr.

Bild 3.271 Hier laden Sie die aktuellste Winamp-Version herunter. Die kostenlose Free Basic-Version ist völlig ausreichend (*www.winamp.com*).

Falls noch nicht vorhanden, installieren Sie Winamp. Nach dem Herunterladen der Installationsdatei installieren Sie das Programm. Wer den Player auf die deutsche Sprache umstellen möchte, der lädt sich aus dem Internet (beispielsweise *www.winamp5.de.tt*) die deutsche Sprachdatei für den Winamp-Player herunter. Diese Installationsdatei führen Sie nach der Winamp-Grundinstallation aus.

Winamp-Plug-ins besorgen

Die Grundvoraussetzung, um den iPod mit Winamp zu verbinden, ist das Plug-in *ml_ipod*. Damit lässt sich die Media Library von Winamp auch für den iPod nutzen. So werden nicht nur die Lieder, Playlisten und Bewertungen synchronisiert, sondern es lassen sich auch bequem die Lieder vom iPod zurück auf Festplatte kopieren. Für den optimalen Leistungsumfang brauchen Sie folgende Plug-ins für Winamp:

Plug-in	Download-Adresse
M4pPlug	http://forums.winamp.com/attachment.php?postid=1344136
Winamp-iPod-Plug-in (ml_ipod)	http://mlipod.com/
ML-Import-Export	www.winamp.com/plugins/details.php?id=139248
Patch für geschützte M4P-Dateien	www.rarewares.org\files\aac\in_mp4.zip

Zunächst installieren Sie das Winamp-iPod-Plug-in (*ml_ipod*), das den iPod im Bereich *Devices* bei Winamp integriert. Damit wird der Datentransfer zwischen iPod und Winamp möglich. Mithilfe des ML-Import-Export-Plug-ins kann Winamp mit der iTunes-XML-Datei umgehen. Damit bleiben sämtliche Statistiken, wie die Zahl der Aufrufe oder Bewertungen, erhalten.

Wer Musikdateien im M4P-Format abspielen möchte, der braucht das M4pPlug-Plug-in, das jedoch nur ungesicherte M4P-Dateien abspielt. Zum Einkaufen im Apple Store ist nach wie vor iTunes notwenig – das funktioniert aufgrund der Apple-Restriktionen nicht über Winamp.

Möchten Sie mit Winamp M4P-Dateien aus dem Apple iTunes Music Store abspielen, benötigen Sie eine zusätzliche DLL-Datei (*www.rarewares.org\files\aac\in_mp4.zip*).

Installieren Sie nun Schritt für Schritt die weiteren genannten Plug-ins. Wer andere Skins und Visualisations für Winamp benötigt, der hält in einer Suchmaschine seiner Wahl nach den Schlagwörtern »Skins, Visualisations, Winamp, Download« Ausschau.

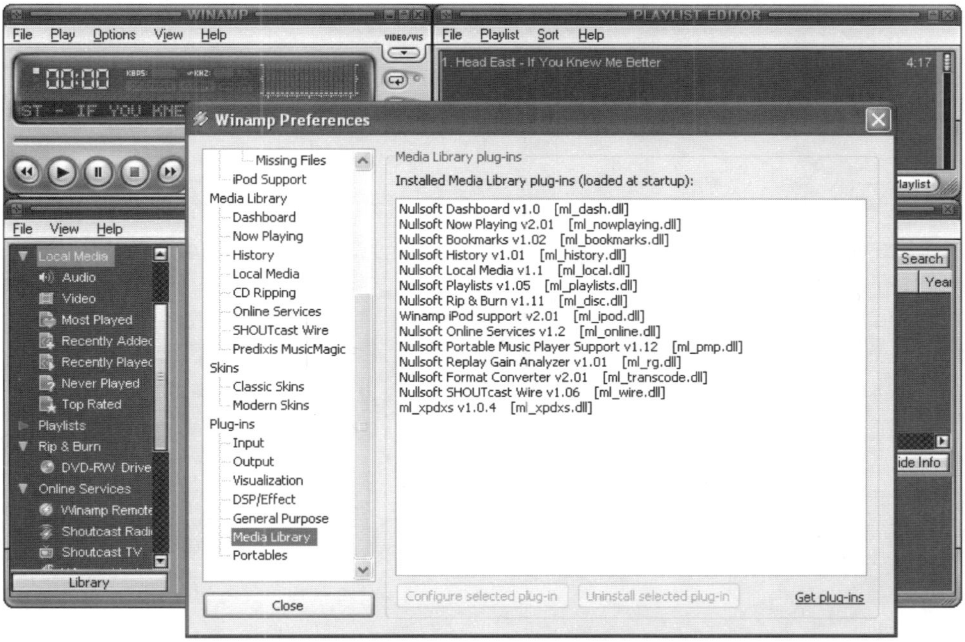

Bild 3.272 Die installierten Winamp-Plug-ins werden bei den Winamp-Einstellungen unter *Plug-ins/ Media Library* angezeigt.

iPod und Winamp in der Praxis

Die Bedienung von Winamp ist auch für Nicht-Winamp-Anwender intuitiv und geht einfach von der Hand. Wie bei iTunes ist die Verwaltung der Musikstücke mit Playlisten einfach gelöst. Durch ein praktisches Baukastensystem erhält Winamp durch Plug-ins weitere Funktionalitäten. So lässt sich der Sound durch einen eingebauten Equalizer besser steuern.

Die Winamp-Medienbibliothek ist vom Funktionsumfang ähnlich wie die von iTunes. Sie bietet neben einer Echtzeitsuche auch die sogenannten »smart playlists«, die bei iTunes als intelligente Wiedergabelisten zur Verfügung stehen und unter zuvor festgelegten Kriterien automatisch befüllt werden.

So können Sie beispielsweise eine eigene Ansicht für Musikdateien, die länger als sechs Minuten dauern und in den letzten drei Wochen zur Mediathek hinzugefügt wurden, automatisch erstellen. Wie bei iTunes können Sie die Musik- und Videostücke auch bewerten.

Bild 3.273 Einfach gelöst: Klicken Sie auf den iPod, werden sämtliche Musik- und Videodateien des iPod übersichtlich unter Winamp angezeigt.

Die Handhabung von Winamp ist sehr einfach. Durch einen Rechtsklick auf die Musikdateien des iPod fügen Sie Songs der Playliste hinzu, löschen Musikdateien vom iPod oder kopieren die Musik auf den PC. Im Gegensatz zu iTunes beherrscht Winamp nämlich den Rückwärtsgang, also das Kopieren vom iPod auf den PC.

Mithilfe des ML-Import-Export-Plug-ins findet Winamp Zugang zu der iTunes-XML-Datenbank. Damit bleiben sämtliche Statistiken wie beispielsweise die Zahl der Aufrufe oder Bewertungen erhalten. Diese Anzeige rüsten Sie einfach über das Kontextmenü von Winamp nach.

Bild 3.274 Um ein oder mehrere Musikstücke auf den iPod zu übertragen, markieren Sie diese und wählen im Kontextmenü *Senden an* (*Sent to:*) und den Namen des iPod.

3.38 Mehr Speicher – iPod nano auf 8 GByte aufbohren

Nano 1G

Mit einer ruhigen Hand können iPod-Besitzer selbst eingreifen und den 4-GByte-Nano der ersten Generation auf 8 GByte aufbohren. In diesem Abschnitt steht, wie das funktioniert und was dabei zu beachten ist. Der Hintergrund: Apple hat in seinem 4-GByte-Modell eine Speicherbank frei gelassen, die mit einem zusätzlichen 4-GByte-Speicherriegel bestückt werden kann.

ACHTUNG!

Garantieverlust droht

Das in diesem Beitrag beschriebene Verfahren ist eine riskante Extrem-Tuningmaßnahme. Durch den Eingriff kann nicht nur der iPod zerstört werden, sondern auf jeden Fall verlieren Sie die Garantie. Technisch Ungeübte sollten von diesem Umbau ausdrücklich die Finger lassen!

Ersatzteillager eBay – defekten iPod nano zum Schleuderpreis kaufen

Der iPod nano ist leicht, klein und praktisch, aber auch zerbrechlich. Mal in die falsche Hosentasche gesteckt und hingesetzt, kann es vorkommen, dass er bricht und zu nichts mehr zu gebrauchen ist. Apple übernimmt dafür keine Garantie – geschweige denn Gewährleistung –, der iPod nano ist hinüber. Um wenigstens den Elektronikschrott zu Geld zu machen, haben manche den kaputten Nano zu Schleuderpreisen bei eBay verkauft. Denken Sie über eine Umbaumaßnahme Ihres 4-GByte-iPod-Modells nach, dann halten Sie in den Auktionshäusern im Internet Ausschau.

Unterschiedliche Modelle mit unterschiedlicher Speichergröße

Die beiden billigeren iPod nano-Modelle mit 1 GByte und 2 GByte von Apple unterscheiden sich von ihrem großen Bruder mit 4 GByte grundlegend: Die kleineren Modelle haben einen leicht veränderten Platinenaufbau und nutzen einen anderen Speicher. Deswegen gilt hier: Finger weg vom Umbau.

iPod nano-Modell	Umbau möglich
iPod nano weiß/schwarz 1 GByte	nein
iPod nano weiß/schwarz 2 GByte	nein
iPod nano weiß/schwarz 4 GByte	ja

Die Dokumentation des iPod nano schweigt sich über die Fakten zur Speichermodifikation verständlicherweise aus. Wie immer hat sich das Internet der Sache angenommen. Dort kursieren diverse Hinweise zum Umbau der 4-GByte-Nano-Modelle. Grundsätzlich sollten Sie heißen Tipps im Internet immer mit einer großen Portion Skepsis begegnen: Nicht alle Wunder, von denen berichtet wird, sind wahr. Im Fall des iPod nano mit 4 GByte ist keine »Ente« versteckt. Es ist für technisch Geübte kein Problem, einen 4-GByte-Nano auf 8 GByte umzubauen.

Bastelkurs – iPod nano-Umbau für Profis

Bevor Sie jetzt den Werkzeugkoffer aus dem Keller holen:

> ACHTUNG!
>
> **Garantieverlust droht**
>
> Zum Umbau auf 8 GByte Speicher ist ein Eingriff auf der iPod-Platine nötig. Dadurch verfällt die Garantie. Es ist ratsam, den Umbau erst nach Ablauf der Garantiezeit durchzuführen.

1. Ruhe: Sie brauchen Zeit, der Eingriff in den iPod ist kritisch.
2. iPod nano-Modell checken: Ziehen Sie gegebenenfalls das Handbuch des iPod zurate, falls nicht bekannt ist, wie viel Speicher in dem iPod steckt. Dieser Kniff funktioniert nur mit dem Nano der ersten Generation.
3. Gehäuse öffnen: Dass die Platine aus dem Gehäuse ausgebaut werden muss und kein Strom oder elektrisierende Gegenstände an die Elektronik herankommen dürfen, muss wohl nicht extra erklärt werden.

Schritt	Bemerkung
	Das Gehäuse wird sanft aufgehebelt. Nutzen Sie zunächst das Gehäuse des defekten iPod, um Übung darin zu bekommen. Zum Aufhebeln ist am besten das Werkzeug geeignet, das einem Akkuaustauschkit beiliegt. Wie Sie das Gehäuse öffnen, lesen Sie im Abschnitt »Frische iPod-Power – Akkutausch leicht gemacht« auf Seite 293.

Schritt	Bemerkung
	Haben Sie nun Übung, können Sie nach Wunsch schon den aufzurüstenden iPod öffnen, oder Sie entfernen zunächst den Speicher aus dem defekten iPod. Dafür ist ein SMD Removal Kit notwendig, das findige Elektronikbastler eventuell erst bei Conrad holen müssen. Achtung: bitte nicht mit dem Lötkolben auf der Platine herumhantieren!

4. Speicher aus dem defekten Nano ausbauen: Auf der sehr empfehlenswerten Seite zum Thema iPod-Umbau, *www.multiarcade.com*, finden Sie einen Link zu *www.chipquik.com/*, wo Sie sich ein kostenloses Sample bestellen können, um den SMD-Speicherbaustein aus der Platine zu bekommen.

Bild 3.275 Im linken Sockel lässt sich der Speicher des defekten iPod einsetzen (Foto: *www.multiarcade.com*).

5. Speicher im funktionierenden iPod einsetzen: Wie hier auf der Abbildung von *www.multiarcade.com* zu sehen ist, lässt sich der Speicherriegel anstandslos auf der freien Bank einsetzen.

Bild 3.276 Ist das Speichermodul eingesetzt, können Sie den iPod nano Schritt für Schritt wieder zusammenbauen (Foto: *www.multiarcade.com*).

6. iPod wieder zusammenbauen: Ist der SMD-Speicher eingesetzt, bauen Sie in umgekehrter Reihenfolge den iPod wieder zusammen.

Bild 3.277 Wurde der Speicher eingelötet, fügen Sie die Einzelteile des iPod nano wieder zusammen und setzen die Platine in das Gehäuse ein.

7. iPod zurücksetzen: Sobald alle Kontakte an ihrem Platz sind und das Gehäuse verschlossen ist, kommt der große Augenblick. Setzen Sie den iPod per Hardreset zurück. Hat der Umbau geklappt, besitzt der iPod nano nun eine Speichergröße von 7,4 GByte.

4 SOS – iPod- und iTunes-Troubleshooting

Nicht nur das iPod-Display ist empfindlich. Gerade bei den großen Modellen, den festplattenbasierten iPods, kommt hinzu, dass sich die interne Platte genauso Datenträgerfehler einfangen kann wie eine im PC eingebaute Festplatte. In diesem Abschnitt finden Sie verschiedene Tipps und Tools zur Datenträgerpflege und Datenrettung sowie Maßnahmen, um den iPod wieder in den Auslieferungszustand zu versetzen. Zum Lesen und Beschreiben des iPod ist in der Regel keine Treiberinstallation notwendig – alle Windows-Versionen ab Windows 2000 SP4 unterstützen den iPod mit USB-Anschluss. Ist der iPod eingesteckt und noch keine iTunes-Software installiert, erkennt Windows die Karte vollautomatisch, und die Daten werden im Explorer angezeigt.

Oder Sie beenden unter Windows per Task-Manager die beiden iPod-relevanten Prozesse *iPodservice.exe* und *iTuneshelper.exe*, bevor Sie den iPod einstecken. Dies ist bei Mac OS X in der Aktivitätsanzeige (zu finden unter *Programme/Dienstprogramme*) versteckt – wer hier den iTunes Helper beenden möchte, der markiert dort zunächst *iTunes Helper* und klickt dann auf die rote Schaltfläche *Prozess beenden*, um im darauf folgenden Dialog die Option *Sofort beenden* auszuwählen.

Während das Einstecken des iPod bei der Verwendung als Festplattenlaufwerk relativ unproblematisch ist, sollte beim Entfernen, also beim Herausziehen des iPod – gerade unter Windows –, Folgendes beachtet werden.

4.1 Altes iTunes – Datenschwund droht

Alle iTunes

Wer Windows Vista im Einsatz hat, sollte beim Einsatz von iTunes nicht nur auf die aktuellste iTunes-Version, sondern auch auf ein aktuelles Windows Vista achten. Wird eine nicht Vista-taugliche iTunes-Version verwendet, drohen Ärgernisse wie eine zerschossene Mediathek oder gar der Verlust von im iTunes Store gekauften Musiktiteln.

Aber auch umgekehrt kann Windows Vista für Ärger sorgen: Wird beispielsweise der iPod über das Kontextmenü der rechten Maustaste mithilfe der Funktion *Gerät sicher entfernen* von Vista abgemeldet, können inkonsistente Daten auftreten und im dümmsten Fall nicht wiederherstellbare Daten auf dem iPod sowie in der iTunes-Bibliothek verloren gehen.

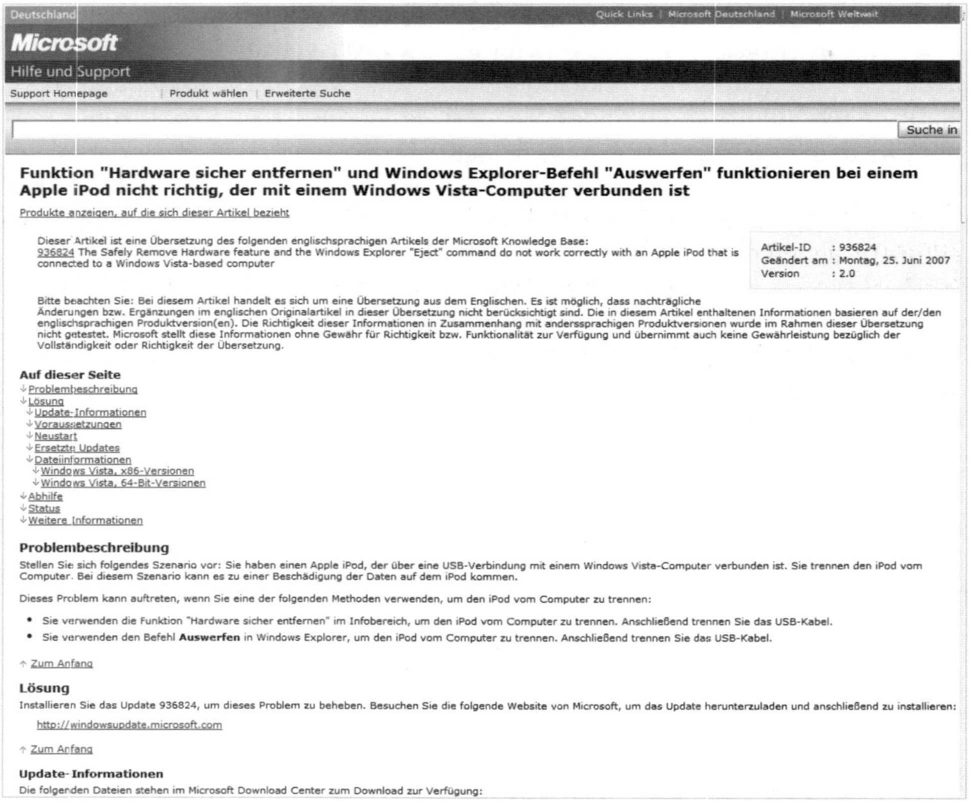

Bild 4.1 Hier finden Sie das iPod-Update für Windows Vista-basierende PCs (*http://support.microsoft.com/kb/936824/de*).

Das für die Fehlerbehebung nötige Windows Vista-Update wurde bereits Mitte 2007 von Microsoft via Auto-Update an die Vista-Anwender verteilt. Wer die automatische Installation von Vista-Updates abgeschaltet hat, kann das iPod-Problem manuell per Update via *http://support.microsoft.com/kb/936824/de* aus der Welt schaffen.

4.2 Ärgerlich: Kein 64-Bit-Vista bei iPod touch und iPhone

Alle iTunes

Dumm gelaufen: Wer sich einen iPod touch oder ein iPhone holt, der geht zunächst davon aus, dass das Gerät unter Windows Vista anstandslos funktioniert. Ist das Gerät hingegen ausgepackt und an ein Windows Vista-64-Bit-System angeschlossen, zickte bis Januar 2008 die damals aktuelle iTunes-Version 7.5. Es war nicht möglich, den iPod touch oder ein iPhone mit der Mediathek zu synchronisieren.

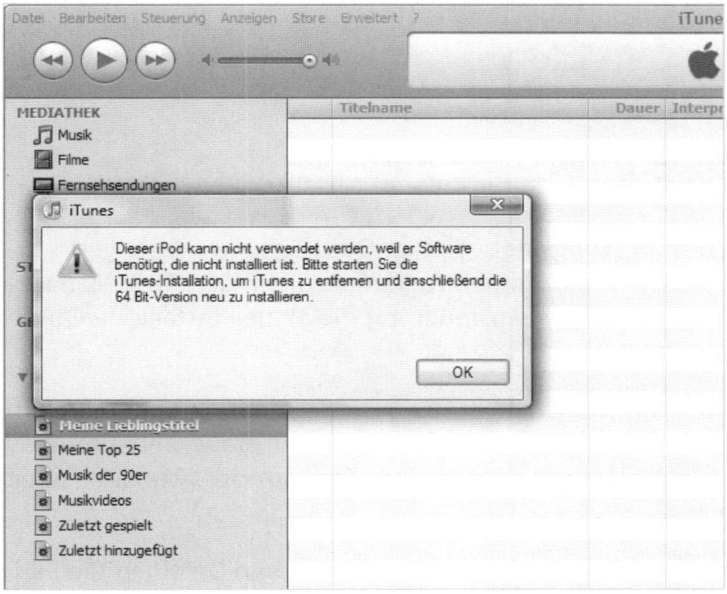

Bild 4.2 Ärgerlich für 64-Bit-Enthusiasten: Mangels 64-Bit-Unterstützung von iTunes lassen sich iPod touch sowie iPhone mit iTunes 7.5 nur unter Windows Vista 32 Bit oder Windows XP (32 Bit) in Betrieb nehmen.

Ende Januar 2008 hat Apple dann doch reagiert: Mit der Veröffentlichung der Version 7.6.0.29 von iTunes steht nun auf den Apple-Webseiten eine Version mit vollwertiger 64-Bit-Unterstützung zum Download bereit. Wer hingegen noch mit iPhone und iPod touch mit Version 7.5 arbeiten muss, für den heißt es: Zähne zusammenbeißen und auf einer zweiten Partition ein 32-Bit-Windows installieren.

4.3 Audioprobleme unter iTunes – QuickTime installieren

Alle iTunes

Probleme beim Starten von iTunes? Wurde iTunes erfolgreich installiert, muss dies nicht heißen, dass es auch gleich problemlos funktioniert. So kann nach der Installation beim Starten von iTunes eine Fehlermeldung wie *iTunes hat ein Problem mit Ihrer Audiokonfiguration entdeckt* oder *iTunes kann nicht ausgeführt werden, da ein Problem mit der Audiokonfiguration vorliegt* angezeigt werden.

Bild 4.3 Wenn Sie versuchen, iTunes zu öffnen, erscheint möglicherweise diese Fehlermeldung. In diesem Fall hilft die Neuinstallation von QuickTime.

In diesem Fall muss das für iTunes notwendige QuickTime neu installiert werden. Schließen Sie zunächst alle Apple-Programme über den Task-Manager und deinstallieren Sie über die Systemsteuerung die aktuell installierte QuickTime-Version.

Dafür klicken Sie unter Windows Vista in der Systemsteuerung auf *Programm deinstallieren* bzw. in der klassischen Ansicht der Systemsteuerung alternativ auf *Programme und Funktionen* und wählen *QuickTime* aus der Liste der derzeit installierten Programme.

Anschließend klicken Sie auf die Schaltfläche *Entfernen* und befolgen die Bildschirmanweisungen, um QuickTime zu deinstallieren. Danach installieren Sie QuickTime erneut – am besten nutzen Sie die aktuellste Version, die unter *www.apple.com/de/quicktime/download/win.html* zur Verfügung steht. Achten Sie hier darauf, dass Sie diejenige Version herunterladen, in der iTunes nicht enthalten ist.

Nach dem Herunterladen der QuickTime-Standalone-Version doppelklicken Sie auf die Datei *QuickTimeInstaller* und befolgen anschließend die Bildschirmanweisungen, um QuickTime zu installieren. Jetzt müsste das iTunes-Startproblem behoben sein.

4.4 CD-/DVD-/Blu-ray-Laufwerk verschwunden

Alle | iTunes | Windows

Echt ärgerlich: Nach der Installation bzw. der Deinstallation verschiedener Programme wie beispielsweise Brenner- oder DVD-Player-Software oder Plug-ins für das Media Center oder iTunes werden sämtliche Blu-ray-/HD-DVD-/CD-/DVD-Laufwerke vom Explorer nicht mehr erkannt und können schließlich von iTunes nicht verwendet werden.

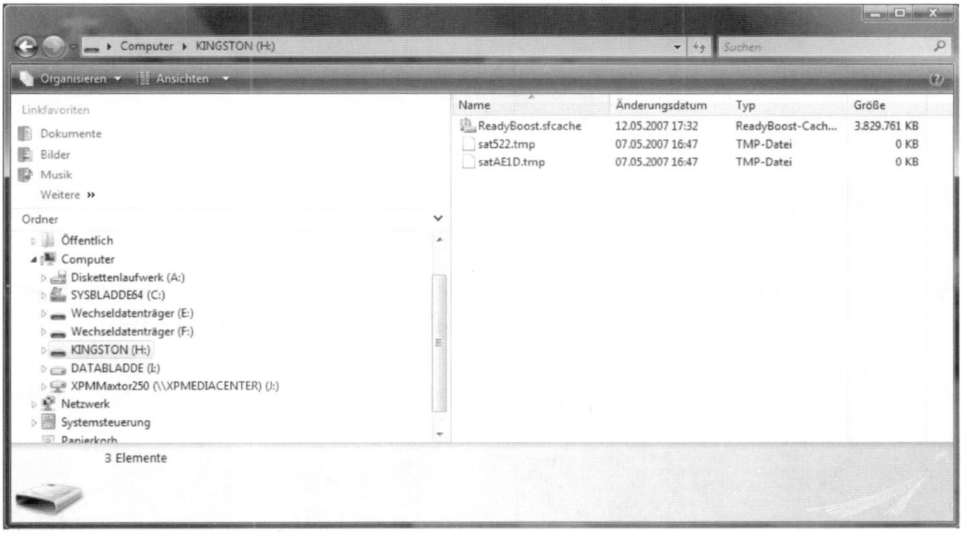

Bild 4.4 Kein CD-/DVD-/BD-Laufwerk in Sicht: Die Installation der Brennersoftware oder DVD-/Blu-ray/-HD-DVD-Software ist oft die Ursache für fehlende Laufwerke im Explorer.

In diesem Fall hilft auch nicht mehr die Deinstallation des offensichtlich schuldigen Programms, um die Laufwerke im Explorer wieder nutzbar zu machen. Stattdessen müssen die mit dem Laden der Laufwerktreiber verbundenen Registrierungsschlüssel entfernt werden.

Laufwerke wiederherstellen – Registry-Hack notwendig

Hier ist der Schlüssel

```
HKEY_LOCAL_MACHINE\SYSTEM\CurrentControlSet\Control\Class\
{4D36E965-E325-11CE-BFC1-08002BE10318}
```

relevant. Klicken Sie auf das Pluszeichen (+) vor dem Schlüssel

`HKEY_LOCAL_MACHINE`

und wählen Sie hier

`SYSTEM`

und dann

`CurrentControlSet`

aus. Nun öffnen Sie

`Control`

dann

`Class`

und scrollen zum Schlüssel

`{4D36E965-E325-11CE-BFC1-08002BE10318}`

Da sich die Ziffernfolgen sehr ähneln, prüfen Sie den richtigen Schlüssel mehrmals – als Anhaltspunkt ist bei *Standard* der Wert *DVD/CD-ROM drives* zu sehen.

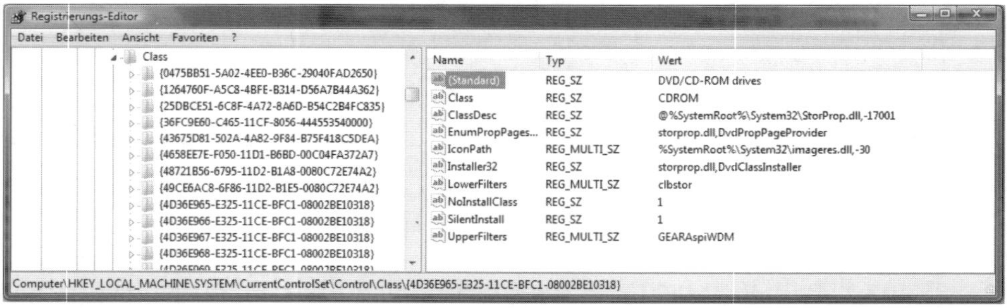

Bild 4.5 Wählen Sie zunächst den Eintrag *LowerFilters* und löschen Sie diesen über das Kontextmenü der rechten Maustaste. Anschließend entfernen Sie analog den Eintrag *UpperFilters*.

Im rechten Fensterbereich sind nun mehrere Schlüssel zu sehen, darunter *LowerFilters* und *UpperFilters*. Markieren Sie den Eintrag *LowerFilters* und drücken Sie die Entf-Taste. Anschließend werden Sie zur Bestätigung des Löschvorgangs aufgefordert, was Sie per Klick auf *Ja* erledigen. Analog gehen Sie für den *UpperFilters*-Eintrag vor.

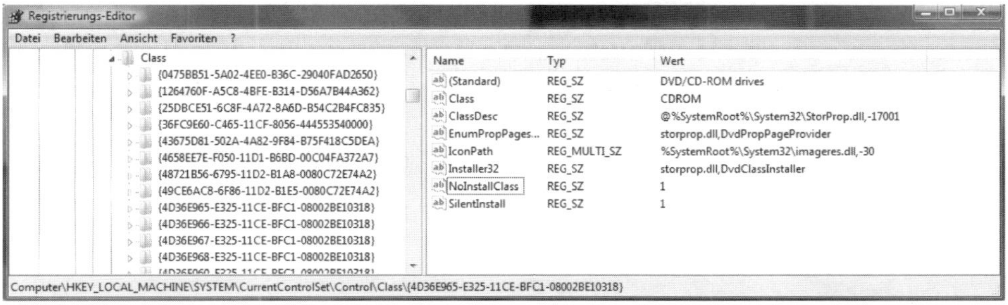

Bild 4.6 Sind die Einträge *LowerFilters* und *UpperFilters* aus der Registry gelöscht, können Sie den Registrierungs-Editior schließen.

Nach dem Neustart von Windows Vista stehen die angeschlossenen CD-/DVD-/BD-/HD-DVD-Laufwerke wieder zur Verfügung. Wer sich den lästigen Neustart ersparen möchte, kann stattdessen die Freigabe der fehlenden Laufwerke im Explorer über den Geräte-Manager erzwingen.

Öffnen Sie in Vista den Geräte-Manager und klappen Sie den Eintrag *DVD/CD-ROM-Laufwerke* auf. In diesem Bereich ordnet Vista nicht nur CD-/DVD- oder Brennerlaufwerke, sondern auch die Laufwerke der Blu-ray- und HD-DVD-Generation ein. Wenn die Laufwerke im Geräte-Manager angezeigt werden, sind sie mit gelben Ausrufezeichen oder roten Kreisen gekennzeichnet.

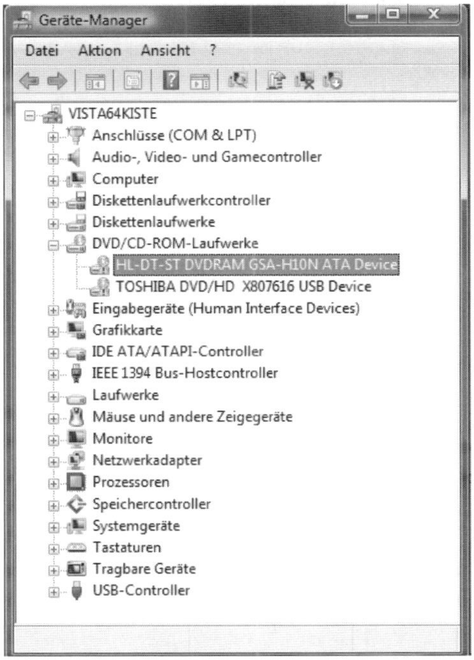

Bild 4.7 Aus dem Explorer verschwunden – Alarm im Geräte-Manager. Hier ist ein manueller Eingriff notwendig.

Hier löschen Sie jedes Laufwerk im Bereich *DVD/CD-ROM-Laufwerke* über das Kontextmenü der rechten Maustaste mit *Deinstallieren* aus dem Geräte-Manager. Die nachfolgende Sicherheitsabfrage von Windows Vista bestätigen Sie anschließend mit *OK*.

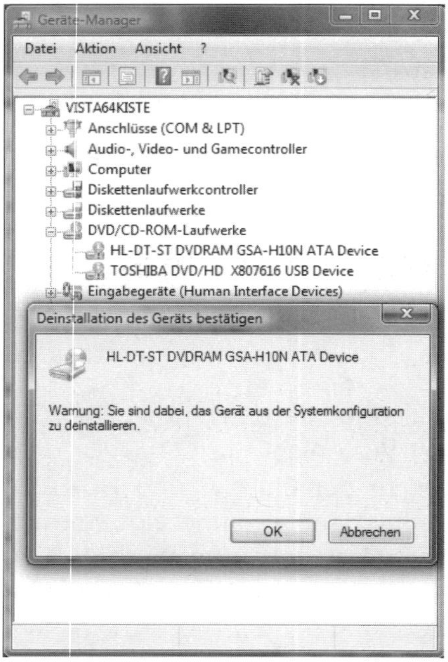

Bild 4.8 Raus aus dem Geräte-Manager: Sämtliche optischen Laufwerke sind zu deinstallieren ...

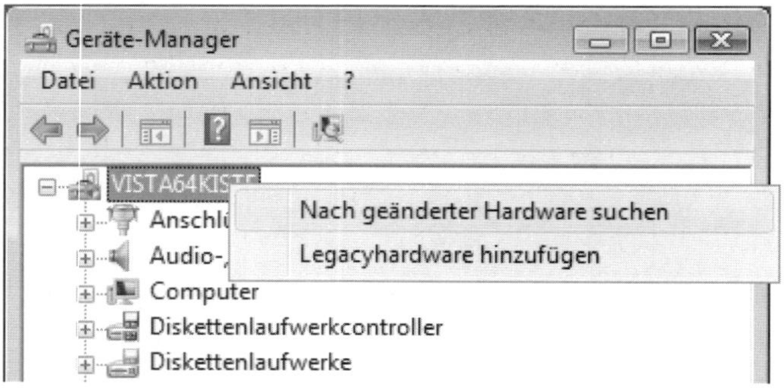

Bild 4.9 ... bevor der Geräte-Manager diese mit den neuen Registry-Einstellungen neu initialisieren kann. Hier wählen Sie im Kontextmenü der rechten Maustaste den Eintrag *Nach geänderter Hardware suchen* aus.

Nun sollten die optischen Laufwerke wie CD/DVD/HD-DVD/Blu-ray von Windows Vista wieder erkannt werden und einsatzbereit sein.

Achtung: Werden die Laufwerke weiterhin nicht erkannt, öffnen Sie erneut den Registrierungs-Editor. Anschließend wiederholen Sie die beschriebenen Schritte für den Ast

```
HKEY_LOCAL_MACHINE\SYSTEM\CurrentControlSet
```

auch für die *ControlSet*-Werte in den Registry-Ästen

```
HKEY_LOCAL_MACHINE\SYSTEM\ControlSet001
```

und

```
HKEY_LOCAL_MACHINE\SYSTEM\ControlSet002
```

4.5 iPod als Festplatte – Datenverlust unter Windows vorbeugen

Achtung: Unter Windows XP ist der Einsatz des iPod als Wechseldatenträger kein Problem – unter Windows Vista achten Sie darauf, dass ein passendes Vista-Update installiert ist. Welches Update hier benötigt wird und wie es installiert wird, lesen Sie im Abschnitt »Altes iTunes – Datenschwund droht« auf Seite 315.

Nahezu jeder iPod lässt sich bequem als Wechselplattenlaufwerk unter Windows betreiben. Lediglich der neue iPod touch sowie das iPhone sind dahingehend von Apple beschränkt, die iPods classic und nano lassen sich wie ihre Vorgänger als USB-Wechseldatenträger unter Windows betreiben.

Beim Entfernen des USB-iPod sollte im Explorer per Rechtsklick auf den Laufwerkbuchstaben der Speicherkarte die Option *Auswerfen* genutzt werden, damit der Schreibcache gelöscht und die Karte vom Betriebssystem freigegeben werden kann. Denn Schreibvorgänge auf Wechselspeicher werden bei Windows über den Cache vorgenommen. Entnehmen Sie die Speicherkarte, bevor die Daten geschrieben sind, gehen diese Daten verloren.

Für Vergessliche bietet Windows eine bessere Lösung – man deaktiviert einfach den Schreibcache. In diesem Fall ist der Schreibvorgang zwar nicht so schnell, aber in Sachen Datensicherheit ist man hier auf der besseren Seite. Der Schreibcache kann für jedes Festplatten- und Wechselplattenlaufwerk ein- und ausgeschaltet werden.

Öffnen Sie den Explorer, wählen Sie den entsprechende iPod-Laufwerkbuchstaben aus und gehen Sie im Kontextmenü der rechten Maustaste auf den Eintrag *Eigenschaften*. Im Register *Hardware* wählen Sie nun den entsprechenden Anschluss für die Speicherkarte aus:

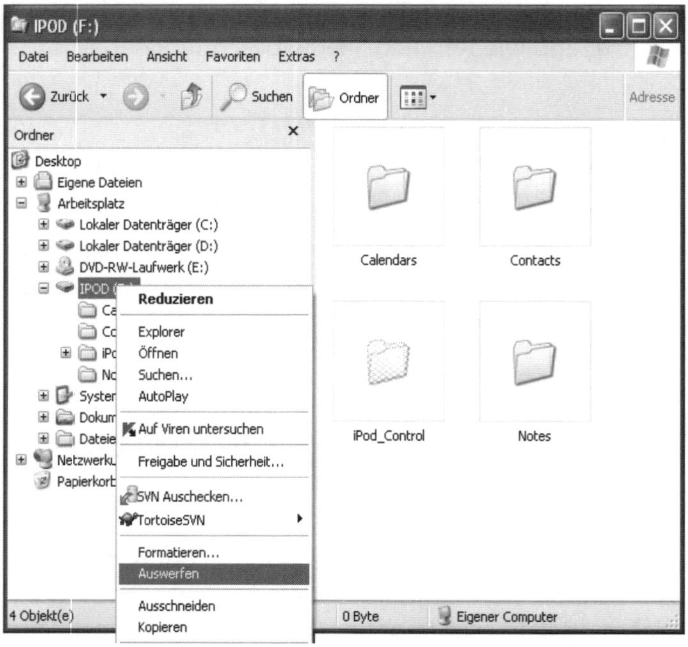

Bild 4.10 Sicherer Umgang mit dem iPod: erst auf *Auswerfen* klicken, dann iPod vom PC abstecken.

Im nächsten Dialog wechseln Sie in das Register *Richtlinien* und stellen sicher, dass die Option *Für schnelles Entfernen optimieren* aktiviert ist. Klicken Sie nun zweimal auf die Schaltfläche *OK*, anschließend wird der Inhalt ohne Umwege auf den iPod geschrieben.

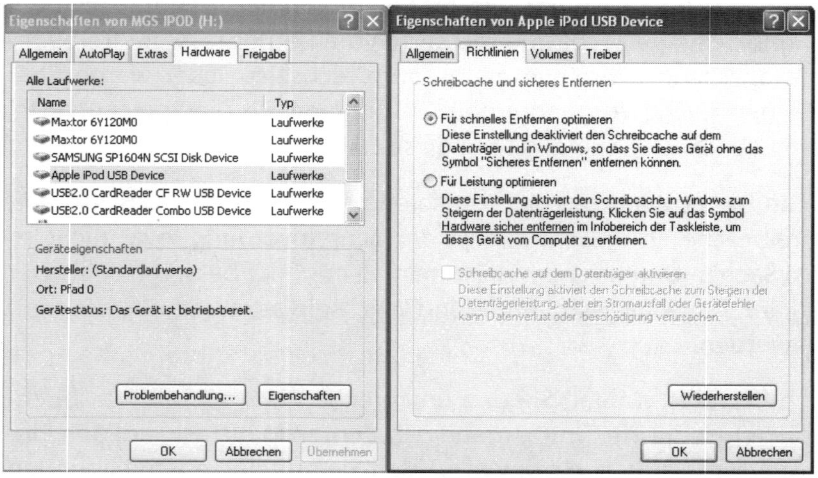

Bild 4.11 Etwas versteckt, aber praktisch: Für den iPod sollte der Schreibcache deaktiviert werden, da es bei leichtsinnigem Umgang zu Datenverlust kommen kann.

4.6 iPod-Festplattenformat herausfinden

Der iPod kommt aus der Apple-Welt und kann sowohl für Macintosh als auch für Microsoft Windows-Computer formatiert werden. Ist der iPod für einen Mac konfiguriert, besitzt die Festplatte das Format *Mac OS X Extended (HFS Plus)*. Für Windows wird das Format *FAT32* verwendet.

Um herauszufinden, mit welchem Dateisystem der iPod formatiert ist, schauen Sie am besten auf dem iPod selbst nach. Navigieren Sie auf dem iPod zu dem Menüpunkt *Einstellungen/Über* und blättern Sie zum Ende der Anzeige.

Ist die iPod-Festplatte für den Macintosh formatiert, ist die Seriennummer der letzte Eintrag im Menü *Über*, bei einer FAT32-Windows-Formatierung erscheint hingegen als Letztes *Format: Windows*. Nach Angaben von Apple lässt sich ein Macintosh-iPod nicht mit einem Windows-kompatiblen Computer verwenden.

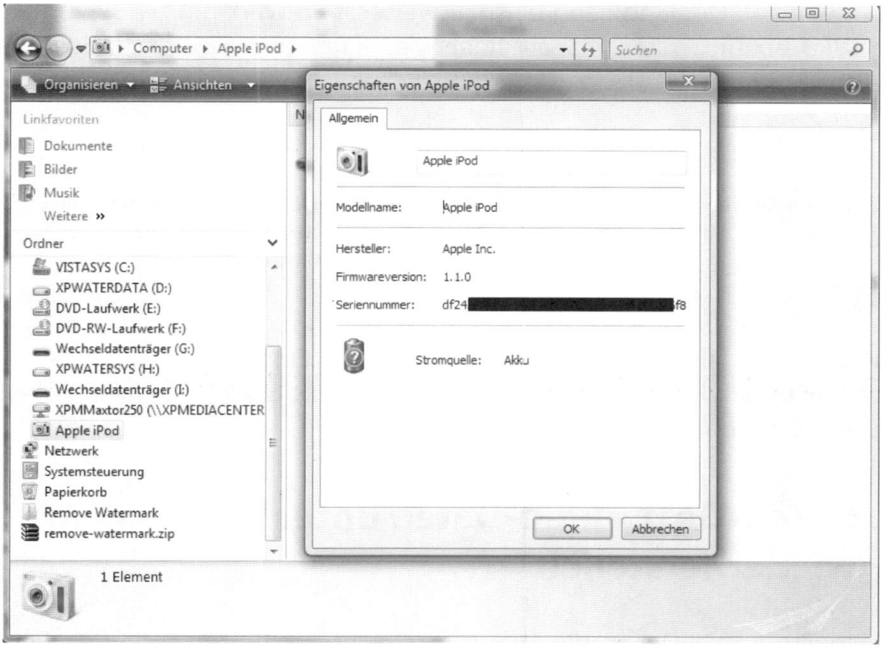

Bild 4.12 Wird ein Mac-formatierter iPod unter Windows angeschlossen, wird im *Eigenschaften*-Dialog anstelle des Dateiformats die Seriennummer des Geräts angezeigt.

Doch mit dem HP-USB-Tool, wie im Abschnitt »Wenn nichts mehr geht – iPod formatieren« auf Seite 348 beschrieben, lässt sich der iPod trotzdem mit Windows verbinden, indem der iPod neu formatiert wird.

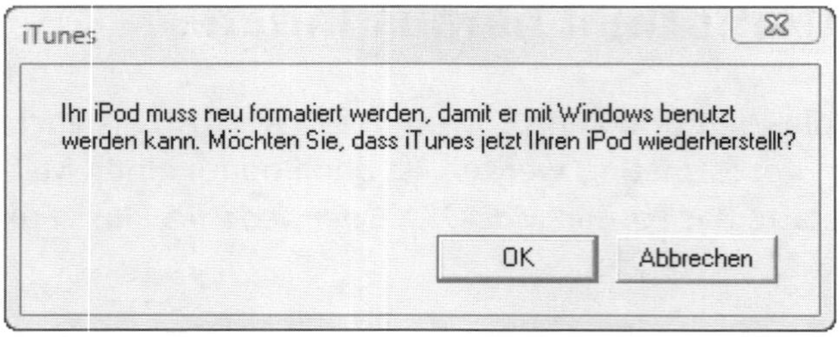

Bild 4.13 Verbinden Sie einen Macintosh-iPod mit einem Windows-PC, muss dieser mit FAT32 neu formatiert werden.

Allerdings sind die Altdaten auf dem Macintosh-iPod dann verloren. Nach dem Konvertieren des iPod in das Windows-FAT32-Format lässt sich der iPod nicht nur unter Windows, sondern auch bei Macintosh einsetzen. Dies funktioniert bei dem kleinen iPod shuffle reibungslos, bei den großen Modellen hängt es vom eingesetzten Macintosh ab, ob er mit FAT32-formatierten iPods klarkommt oder nicht. Der iPod nano beispielsweise ist ab Werk mit FAT32 vorformatiert. Wird er zum ersten Mal an einen Mac angeschlossen, sind folgende Schritte notwendig.

Bild 4.14 Entweder ... oder: Wird der iPod das erste Mal an einen Mac angeschlossen, wird er neu formatiert, damit er mit dem HFS+-Dateisystem des Mac genutzt werden kann.

In diesem Fall lässt sich der iPod entweder nur für Windows oder für den Mac betreiben. War der iPod bereits unter Windows im Einsatz, ist für den Mac-Betrieb zunächst ein Firmware-Update notwendig, was beim Mac einfach über die iPod-Aktualisierung durchgeführt werden kann.

4.7 Daten-GAU – iPod-Daten unter Windows XP wiederherstellen

Das Wichtigste vorab: Der Apple-Support ist nicht der beste, wenn der iPod nicht mehr wie gewünscht funktioniert. Oft lassen sich dennoch die Daten retten, bevor der iPod formatiert und zur Reparatur eingeschickt wird. Um Daten wie Musik, Videos und andere auf dem PC zu sichern, hilft oft folgender Trick: Stecken Sie den iPod am PC ein. Lässt sich der iPod über einen Laufwerkbuchstaben ansprechen und ist eine ähnliche Struktur wie im nachstehenden Bild zu finden, haben Sie schon die erste Hürde genommen.

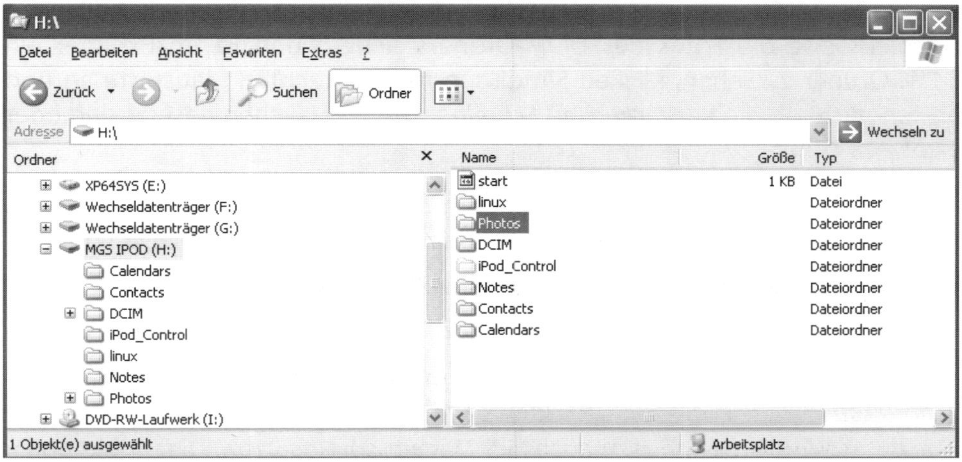

Bild 4.15 Jeder iPod hat seine eigene Ordnerstruktur: Bei einem iPod video der fünften Generation sind ein Foto- sowie der *DCIM*-Ordner vorhanden.

Sind versteckte Ordner auf der Speicherkarte zu sehen, gehen Sie wie folgt vor, um die Daten auf der Karte zu retten: Zunächst prüfen Sie, ob versteckte Ordner vorhanden sind. Klicken Sie doppelt auf das Arbeitsplatz-Symbol und anschließend bei *Extras/Optionen* oder *Ansicht/Optionen* auf das Register *Ansicht*.

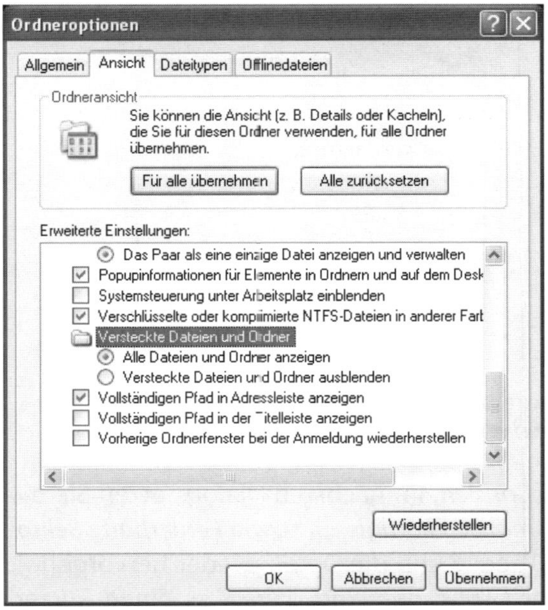

Bild 4.16 Nur wenn die Option *Alle Dateien und Ordner anzeigen* aktiviert ist, werden versteckte Dateien und Ordner im Explorer angezeigt.

Setzen Sie nun die Markierungen, wie in der Abbildung zu sehen. Wollen Sie beispielsweise die Fotos des *DCIM*-Ordners sichern und ist im Explorer ein *DCIM*-Ordner zu sehen, klicken Sie diesen mit der rechten Maustaste an und prüfen nach, ob die *Versteckt-* und *Schreibgeschützt*-Häkchen gesetzt sind oder nicht.

Im nächsten Schritt versuchen Sie, diesen *DCIM*-Ordner auf die Festplatte zu kopieren. Öffnen Sie anschließend den Ordner und prüfen Sie nach, ob dort Bilder oder Daten vorhanden sind.

Falls nicht, könnte die FAT-(File Allocation Table-)Tabelle beschädigt sein. In diesem Fall versuchen Sie es zunächst mit dem Windows ScanDisk-Werkzeug, das eine defekte File Allocation Table wiederherstellen kann.

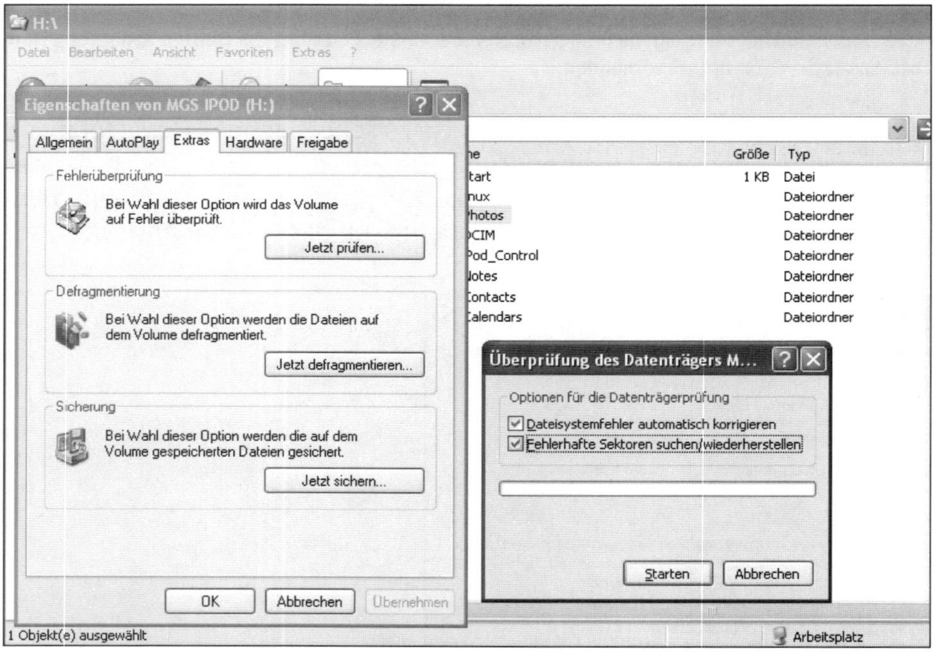

Bild 4.17 Im Kontextmenü der rechten Maustaste wählen Sie *Eigenschaften/Extras*. Im Bereich *Fehlerüberprüfung* klicken Sie auf *Jetzt prüfen*. Dahinter verbirgt sich Scandisk für Windows.

Klicken Sie auf die Schaltfläche *Jetzt prüfen*. Im nächsten Dialog setzen Sie die Häkchen bei *Dateisystemfehler automatisch korrigieren* sowie *Fehlerhafte Sektoren wiederherstellen*, damit die FAT-Tabelle und die Daten wieder hervorgeholt werden können. Abhängig von der Größe des iPod dauert es einen kurzen Moment, bis die Überprüfung abgeschlossen ist.

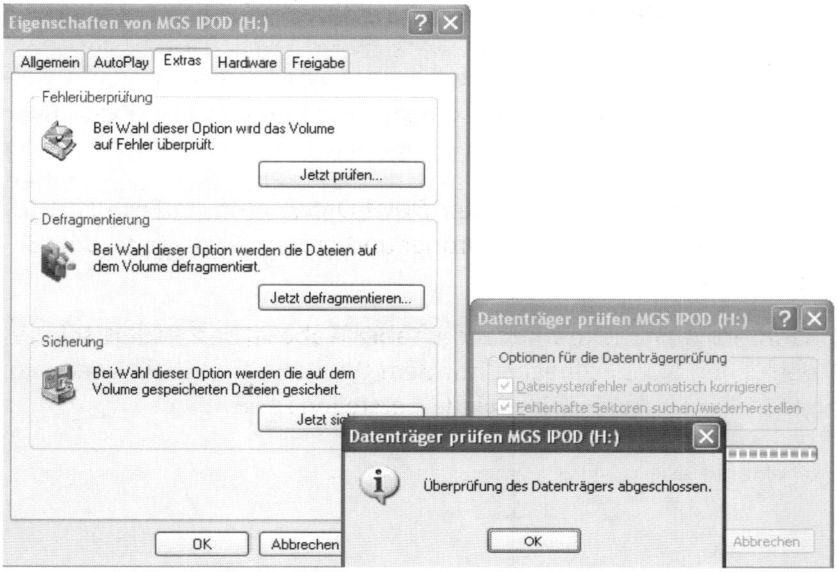

Bild 4.18 Nach wenigen Minuten hat Scandisk die Arbeit auf der Speicherkarte abgeschlossen.

Nach Überprüfung und Reparatur des Datenträgers kann ein eventuell vorhandener *FOUND.000*-Ordner gefahrlos gelöscht werden.

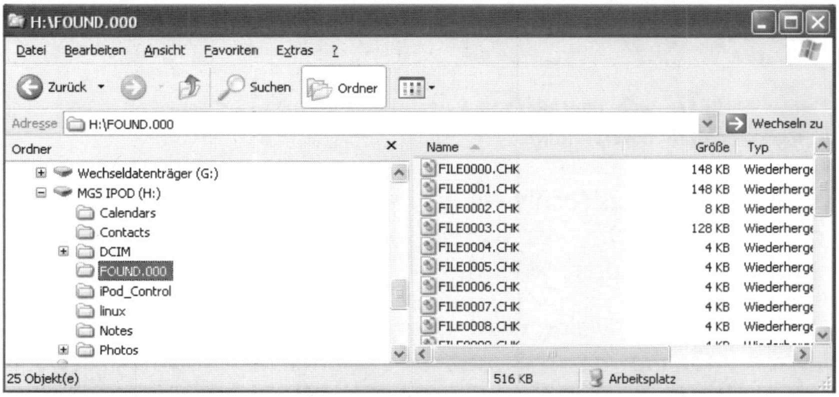

Bild 4.19 Im Ordner *FOUND.000* befinden sich zig von Scandisk wiederhergestellte Dateifragmente. Diese können gefahrlos gelöscht werden.

Nun sollte der reibungslose Zugriff unter Windows möglich sein. Falls nicht, hilft möglicherweise die folgende Methode.

iPod-Datenrettung mit Windows-Tools

Hilft der traditionelle Weg der Datenrettung über Windows nicht, dann vielleicht die Freeware PhotoRec. Diese läuft unter DOS, Linux und Windows 2000/XP/Vista. Damit ist es möglich, auch bereits gelöschte Dateien auf einem iPod wiederherzustellen und auf dem PC zu sichern. Denn PhotoRec sucht neben Bilddaten wie JPEG- und MOV-Fragmenten auch MP3- und MP4-Dateien auf dem iPod. Ist er nicht fragmentiert, kann es die Daten wiederherstellen.

Bild 4.20 Hier finden Sie die Freeware PhotoRec zum Restaurieren von Daten auf dem iPod (*www.cgsecurity.org/index.html?photorec.html*).

Nach dem Download wird das Archiv auf der Festplatte entpackt, und anschließend wird das Programm *photorec_win.exe* im Verzeichnis *Win* gestartet. Im nächsten Schritt wählen Sie den iPod aus.

Wundern Sie sich in diesem Dialog nicht, dass mehrere Laufwerke in der Form */dev/sda, /dev/sdb, /dev/sdc, /dev/sdd, /dev/sde* etc. angezeigt werden. */dev/sda* ist nichts anderes als eine Laufwerkbezeichnung unter Linux, denn PhotoRec ist eigentlich eine Linux-Entwicklung und bringt diese Ansicht mit. Das ist jedoch kein Problem, da der iPod anhand seiner Größe sicher identifiziert werden kann.

In diesem Beispiel handelt es sich um einen 60-GByte-Video-iPod. Im Auswahldialog wird also der Eintrag genommen, der der angegebenen Speichergröße am nächsten kommt. Das Verzeichnis */dev/sdf* besitzt eine Kapazität von

60 GByte. Mit den Pfeiltasten nach links bzw. rechts lässt es sich durch das Menü navigieren, mit der [↵]-Taste wird die ausgewählte Option gestartet.

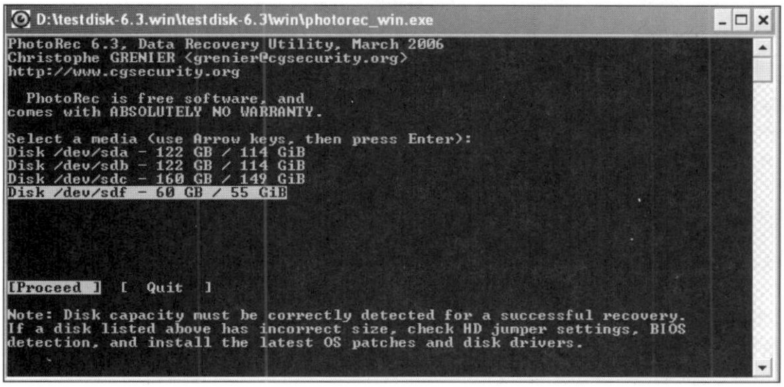

Bild 4.21 In diesem Dialog wählen Sie die passende Disk für den iPod aus. Anschließend wird mit *Search* sowie der [↵]-Taste die Analyse des ausgewählten Laufwerks gestartet.

Nach einem kurzen Moment erscheint folgender Dialog, hier ist der mit FAT32 formatierte Datenteil des iPod auszuwählen:

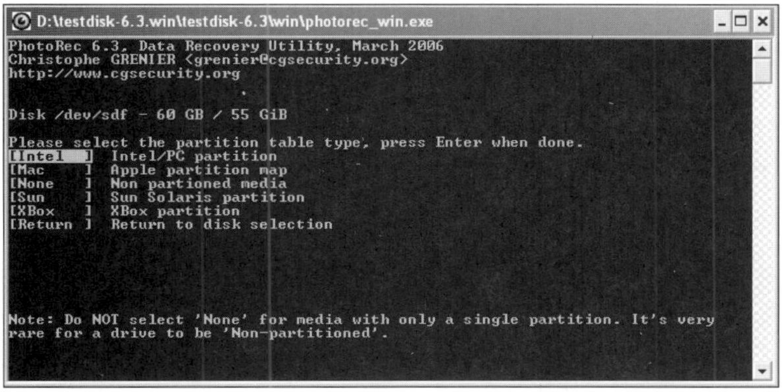

Bild 4.22 Für den Windows-iPod nutzen Sie das Intel-Format für den Datenträger. Ist ein Mac-formatierter iPod angeschlossen, verwenden Sie das Mac-Format.

Anschließend wird mit *Search* sowie der [↵]-Taste die Suche nach verlorenen Dateien gestartet. Abhängig von der Gesamtspeichergröße und der Menge der zu restaurierenden Musik-, Bilder- und Videodateien dauert das Wiederherstellen einige Minuten.

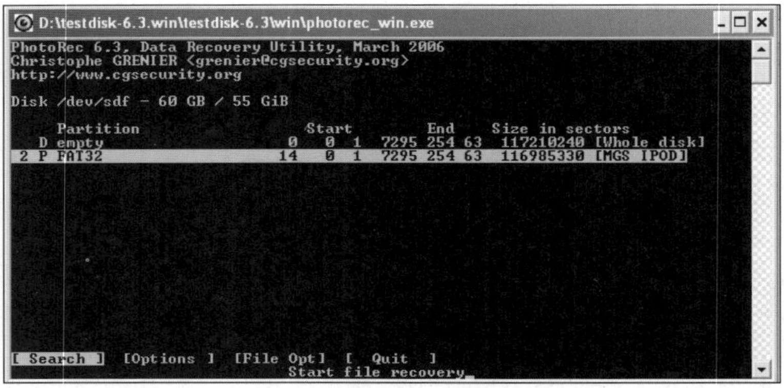

Bild 4.23 Windows-iPods sind ausnahmslos FAT32-formatiert, PhotoRec kommt mit diesem Dateisystem bestens zurecht.

Abhängig von der Größe des Datenträgers dauert das Scannen und Wiederherstellen einige Zeit. Bei einem 60-GByte-iPod können Sie gute drei Stunden veranschlagen, bis der Vorgang abgeschlossen ist. Die wiederhergestellten Daten befinden sich im Programmordner. PhotoRec erstellt hier Ordner in der Form *recup_dir.X*. Öffnen Sie den Windows-Explorer und überprüfen Sie das Ergebnis.

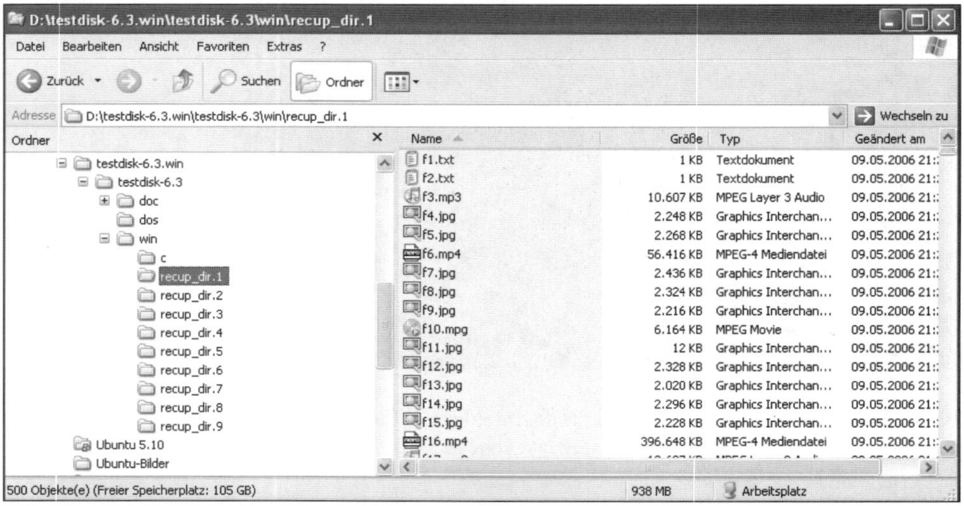

Bild 4.24 Mehrere Videos, Bilder und Musikdateien wurden wiederhergestellt, die Endkontrolle nehmen Sie über ein Bildbearbeitungsprogramm bzw. iTunes vor.

Die wiederhergestellten TXT-Dateien beinhalten nur Datenschrott und können gleich wieder gelöscht werden. Die JPEG-Bilddateien können Sie mit einem Bildbearbeitungsprogramm oder einfach mit der Windows-Vorschau prüfen –

die verstümmelten MP3-Dateien ziehen Sie einfach in eine eigene iTunes-Wiedergabeliste.

Anschließend werden die Titel in die Musikbibliothek kopiert und automatisch mit Interpret, Titel etc. von iTunes entsprechend beschriftet. Ist die Übertragung abgeschlossen, kann der temporäre Ordner gelöscht werden – die Musik befindet sich wieder in der iTunes-Mediathek.

4.8 iPod als Passwortsafe unter XP

Schneller booten mit dem iPod: Wer sein Windows-Passwort öfter mal vergisst, der kann den iPod als Passwortsafe verwenden. Ist der iPod entsprechend präpariert, übernimmt Windows beim Start nach dem Einstecken des iPod im Anmeldedialog das dort gesicherte Passwort und startet wie gewohnt. Das Konfigurieren des iPod als Passwortsafe ist schnell erledigt.

Bild 4.25 Unter *Systemsteuerung/Benutzerkonten* ist das entsprechende Benutzerkonto auszuwählen, das über den USB-Stick Windows starten soll.

Wählen Sie nach der Auswahl des Benutzerkontos im linken Bereich den Schalter *Vergessen von Kennwörtern verhindern* aus. Anschließend öffnet sich ein passender Assistent, mit dem das Passwort auf den iPod geschrieben wird. Nach dem Klick auf die *Weiter*-Schaltfläche wählen Sie das Wechselplattenlaufwerk aus, das als Passwortsafe fungieren soll.

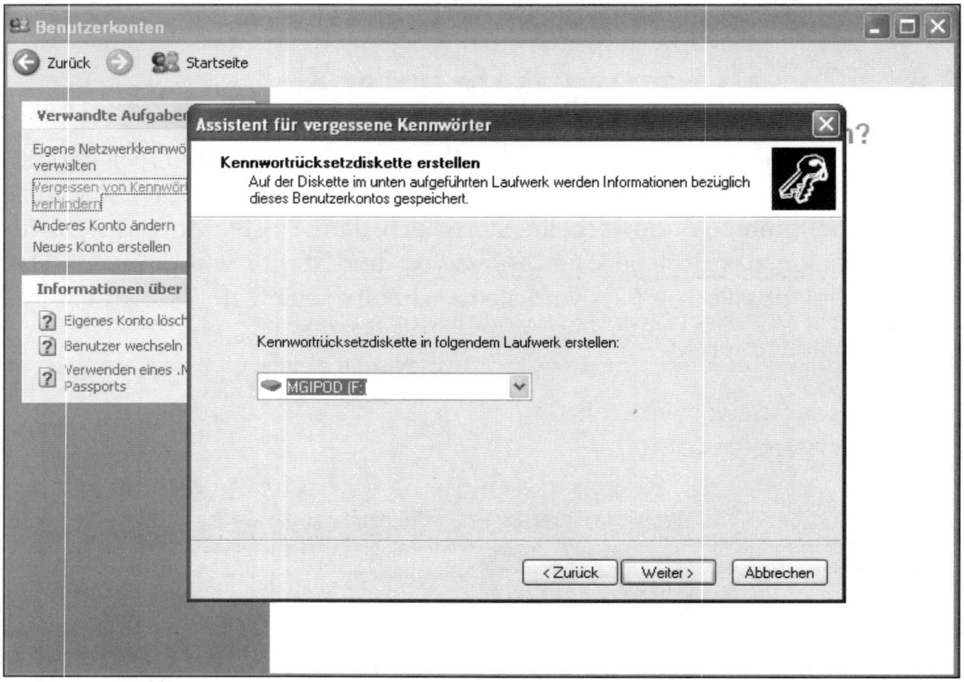

Bild 4.26 Wer keinen iPod oder USB-Stick zur Hand hat, kann hier auch alternativ eine Diskette als Passwortsafe nutzen.

Im nächsten Schritt geben Sie das passende Benutzerkennwort für das ausgewählte Benutzerkonto ein. Dieses ist zugleich das Login-Passwort, falls Sie mal nicht über den Passwortsafe Windows starten möchten.

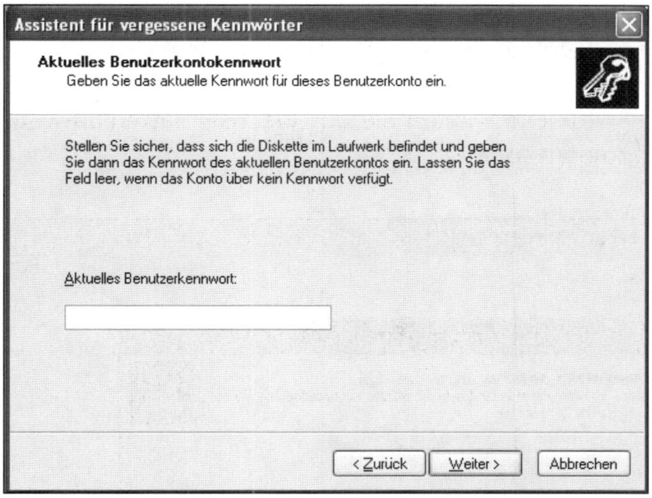

Bild 4.27 Hier ist das Windows-Passwort einzugeben, das für die Anmeldung mit dem gewählten Konto notwendig ist.

Nun wird das Passwort verschlüsselt auf den iPod übertragen. Augenblicklich meldet der Assistent Vollzug:

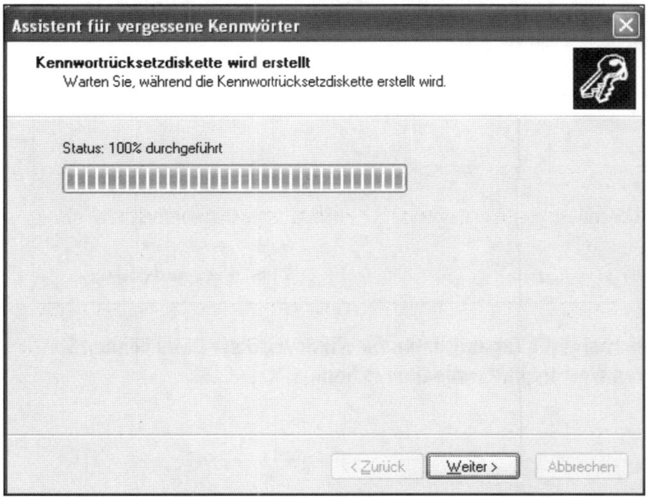

Bild 4.28 Mit dem Klick auf die *Weiter*-Schaltfläche wird das Einrichten des Passwortsafes abgeschlossen.

Der Assistent wird nun mit einem Klick auf die *Fertig stellen*-Schaltfläche beendet, jetzt können Sie sich bei Windows per iPod einloggen.

Bild 4.29 Arbeit erledigt: Nun befinden sich die Zugangsdaten für Windows auf dem iPod.

Die Zugangsdaten für Windows sind in einer verschlüsselten Datei auf dem iPod untergebracht:

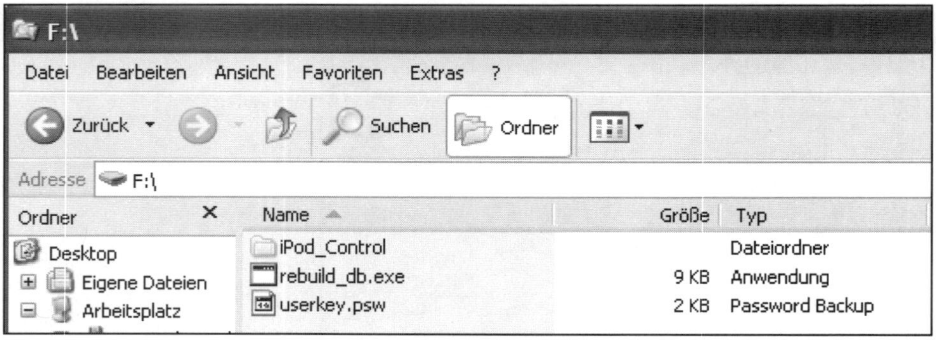

Bild 4.30 Die Datei *userkey.psw* beherbergt die Zugangsdaten für Windows. Diese Datei können Sie auch auf Diskette oder einem anderen Wechselplattenmedium sichern.

HINWEIS!

Unberechtigter Zugriff Dritter

Jeder, der Zugriff auf den iPod hat, kann diese Datei als Passwortschlüssel verwenden und sich mit diesem am entsprechenden PC anmelden. Bewahren Sie deswegen den iPod äußerst sorgfältig auf.

4.9 Firmware-Update für den iPod

Shuffle 1G | Shuffle 2G | Nano 1G | Nano 2G | Photo | Video | Windows

Soll der iPod Hörbücher und Podcasting unterstützen? Oder soll er mit einer Fernbedienung steuerbar sein? Fehlen Funktionen auf dem alten iPod wie Uhrzeit und Weckfunktion?

Dann sollten Sie über ein Firmware-Update nachdenken, denn oft werden neue Möglichkeiten erst mit der Zeit implementiert. Das ist kaum verwunderlich, denn viele Funktionen werden erst eingebaut, wenn die Konkurrenz was Neues anbietet.

Doch nicht nur neue Funktionen, sondern auch diverse Bugs und Probleme lassen sich mit einem Firmware-Update beheben. Besitzer eines Video-iPod stört die ruckelnde Videowiedergabe, oder der iPod gibt zu schnell den Geist auf, weil der Akku leer ist. Oder das Ein-/Ausschalten der Beleuchtung funktioniert bei manchen Modellen nicht mehr.

Auch der iPod ist nicht frei von Bugs, deswegen lohnt sich ein Firmware-Update vor allem zur Lösung bestehender Probleme. Bevor Sie den iPod oder das iPhone updaten, sollten Sie sich aber auch darüber informieren, ob das Update die Probleme wirklich beseitigt. Es hilft wenig, wenn Sie nach dem Update keinerlei Fortschritt feststellen können, weil der bei Ihnen aufgetretene Fehler noch gar nicht korrigiert wurde.

Mit dem Einspielen einer neuen Firmware über iTunes wird iPhone oder iPod touch in den Auslieferungszustand zurückgesetzt – in diesem Fall sind hier auch Dinge wie Aktivierung oder Entsperrmechanismen vom Gerät getilgt. Je nach Firmwareversion lässt sich das Gerät wieder jailbreaken – welche Voraussetzungen dafür notwendig sind, was dabei beachtet werden sollte und wie Sie hier vorgehen, lesen Sie im Kapitel »iPhone und iPod – Hacks und Mods« ab Seite 57.

Grundsätzlich werden alle aktuellen Modelle in Sachen Firmware nun über iTunes gesteuert – nur Modelle bis Baujahr September 2006 und älter lassen sich noch mit der nachstehend beschriebenen Methode zum Updaten der Firmware nutzen.

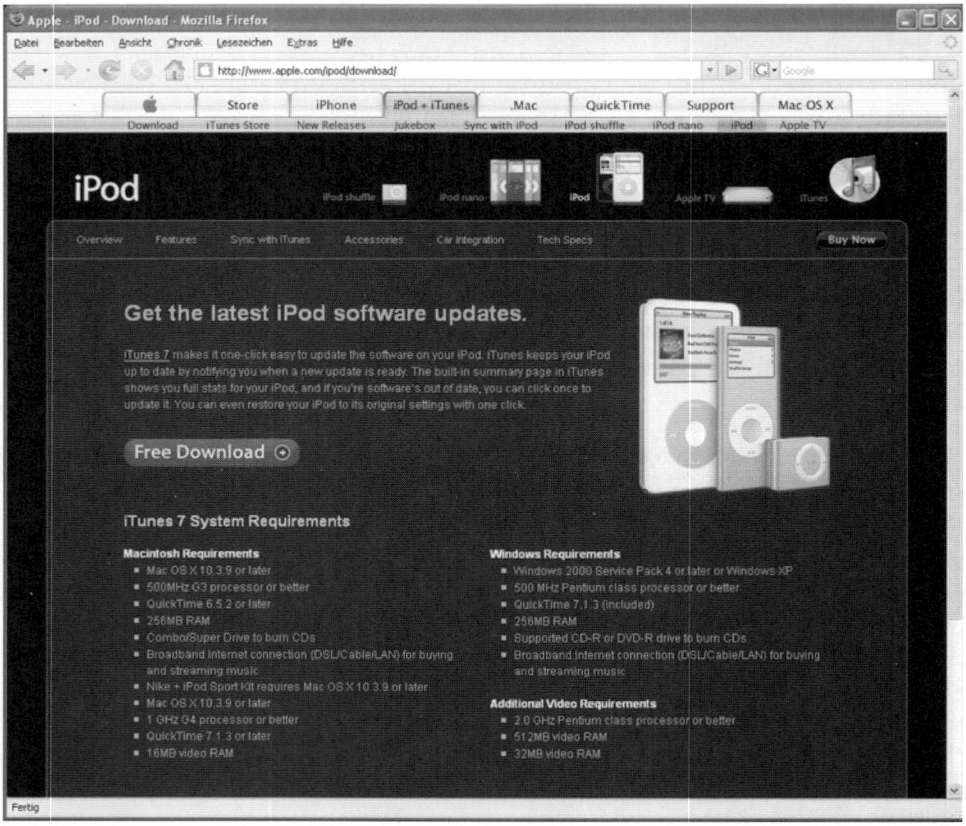

Bild 4.31 Hier war bis Mitte des Jahres 2007 die aktuellste Firmware für den iPod zu finden. Nun übernimmt diese Aufgabe iTunes, um die neueste Software für den iPod herunterzuladen und gegebenenfalls zu installieren (*www.apple.com/ipod/download/*).

iTunes-Bettelmechanismus abschalten – Firmware-Update verhindern

Mac OS X | Windows

Ist der iPod oder das iPhone mit der »richtigen« Firmwareversion bestückt, gibt es keinen Grund, dem permanenten Drängen von iTunes nachzugeben. Ist eine neue Firmwareversion für das entsprechende Modell verfügbar, informiert iTunes bei jedem Einstecken darüber, dass die Firmware aktualisiert werden müsse.

Damit Sie nicht versehentlich einmal auf die falsche Schaltfläche klicken und dadurch etwaige Entsperrungen, Softwareinstallationen und Einstellungen verlieren, lässt sich dieser Mechanismus abschalten. Unter Mac OS X nutzen Sie dafür die Konsole und geben dort folgenden Befehl ein:

```
chmod 000 ~/Library/iTunes/iPhone/Software/Updates/
```

Damit sind nun versehentliche Firmware-Updates nicht mehr möglich, da mithilfe der Zugriffsrechte für das Download-Verzeichnis dieses blockiert ist. Sollen irgendwann wieder Firmwarearchive gespeichert werden dürfen, schalten Sie dies mit dem nachstehenden Befehl wieder frei:

```
chmod 755 ~/Library/iTunes/iPhone/Software/Updates/
```

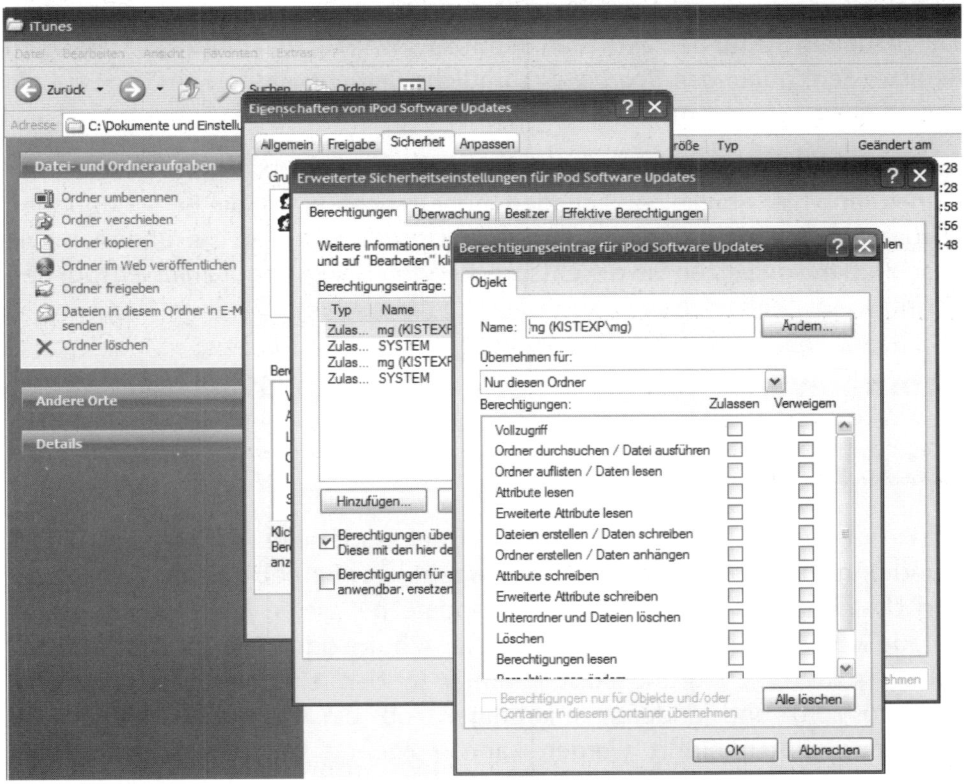

Bild 4.32 Nach dem Download starten Sie den gewohnten Installationsprozess. Läuft die Installation problemlos durch, testen Sie die »neuen« alten Funktionen, bevor Sie die Sicherungsdateien ins Nirvana verschieben.

Ähnliches lässt sich unter Windows XP und Vista ebenfalls über die erweiterten Sicherheitseinstellungen einrichten. Während bei Windows XP der Pfad

```
C:\Dokumente und Einstellungen\<USERNAME>\Anwendungsdaten\Apple
Computer\iTunes\iPod Software Updates
```

relevant ist, ist es bei Windows Vista dieser:

```
C:\Benutzer\<USERNAME>\AppData\Apple Computer\iTunes\iPod
Software Updates
```

Hier ersetzen Sie den Platzhalter <USERNAME> mit Ihrem Windows-Anmeldenamen. Zunächst navigieren Sie im Explorer zu dem entsprechenden Ordner und wählen im Kontextmenü der rechten Maustaste *Eigenschaften* aus.

Im Register *Sicherheit* klicken Sie auf die Schaltfläche *Erweitert*. Im nächsten Dialog entziehen Sie für den aktuellen Benutzer sowie für den Benutzer *SYSTEM* im Register *Berechtigungen/Bearbeiten* sämtliche Berechtigungen per Klick auf die Schaltfläche *Alle löschen*.

Nach dem Bestätigen mit *OK* sind die Zugriffsrechte entsprechend gesetzt, und iTunes kann hier nun keinen Schaden mehr anrichten. Um die Berechtigungen wieder auf den Ursprungszustand zurückzusetzen, gehen Sie abermals wie beschrieben vor. Setzen Sie die entsprechenden Häkchen auf *Zulassen*, um den Zugriff wieder einzurichten.

Firmwareversionen für iPhone & iPod touch

iPod touch | iPhone 1G

Die Firmware auf iPhone und iPod touch ist eine spezielle Variante von Mac OS X und prinzipiell nicht anderes als ein angepasstes Betriebssystem. Je nach Art und Umfang der Firmware sorgt ein Update bei vielen für Verunsicherung. Gerade jene Anwender, die ein entsperrtes iPhone oder iPod touch im Einsatz haben, sollten sich grundsätzlich immer in den einschlägigen Foren wie *hackint0sh.org* und anderen erkundigen, ob ein Firmware-Update auch »gefahrlos« durchgeführt werden kann. Folgende Firmwareversionen sind bereits für das iPhone sowie für den iPod touch veröffentlicht worden:

iPhone 1G

iPhone – Firmware

Erscheinungsdatum	Firmwareversion	Web
15.01.2008	1.1.3 (4A93) Restore	http://appldnld.apple.com.edgesuite.net/content.info.apple.com/iPhone/061-4061.20080115.4Fvn7/iPhone1,1_1.1.3_4A93_Restore.ipsw
11.11.2007	1.1.2 (3B48b) Restore	http://appldnld.apple.com.edgesuite.net/content.info.apple.com/iPhone/061-4037.20071107.5Bghn/iPhone1,1_1.1.2_3B48b_Restore.ipsw
27.09.2007	1.1.1 (3A109a) Restore	http://appldnld.apple.com.edgesuite.net/content.info.apple.com/iPhone/061-3883.20070927.In76t/iPhone1,1_1.1.1_3A109a_Restore.ipsw
21.08.2007	1.0.2 (1C28) Restore	http://appldnld.apple.com.edgesuite.net/content.info.apple.com/iPhone/061-3823.20070821.vormd/iPhone1,1_1.0.2_1C28_Restore.ipsw
21.08.2007	1.0.2 (1A543a) to 1.0.2 (1C28) Update	http://appldnld.apple.com.edgesuite.net/content.info.apple.com/iPhone/061-3824.20070821.o9lk8/iPhone1,1_1.0.2_1A543a_to_1C28_Update.ipsw
21.08.2007	1.0.2 (1C25) to 1.0.2 (1C28) Update	http://appldnld.apple.com.edgesuite.net/content.info.apple.com/iPhone/061-3825.20070821.vNm5y/iPhone1,1_1.0.2_1C25_to_1C28_Update.ipsw
21.08.2007	1.0.2 (1C27) to 1.0.2 (1C28) Update	http://appldnld.apple.com.edgesuite.net/content.info.apple.com/iPhone/061-3826.20070821.cBce4/iPhone1,1_1.0.2_1C27_to_1C28_Update.ipsw
31.07.2007	1.0.1 (1C25) Restore	http://appldnld.apple.com.edgesuite.net/content.info.apple.com/iPhone/061-3614.20070731.Nt6Y7/iPhone1,1_1.0.1_1C25_Restore.ipsw

Erscheinungsdatum	Firmwareversion	Web
29.06.2007	1.0 (1A543a) Restore	http://appldnld.apple.com.edgesuite.net/content.info.apple.com/iPhone/061-3538.20070629.B7vXa/iPhone1,1_1.0_1A543a_Restore.ipsw

iPod touch

iPod touch – Firmware

Erscheinungsdatum	Firmwareversion	Web
15.01.2008	1.1.3 (4A93) Restore	http://appldnld.apple.com.edgesuite.net/content.info.apple.com/iPod/SBML/osx/061-4060.20080115.9luh5/iPod1,1_1.1.3_4A93_Restore.ipsw
11.11.2007	1.1.2 (3B48b) Restore	http://appldnld.apple.com.edgesuite.net/content.info.apple.com/iPod/SBML/osx/bundles/061-4036.20071107.9g3DF/iPod1,1_1.1.2_3B48b_Restore.ipsw
27.09.2007	1.1.1 (3A110a) Restore	http://appldnld.apple.com.edgesuite.net/content.info.apple.com/iPod/SBML/osx/bundles/061-3932.20070927.p23dD/iPod1,1_1.1.1_3A110a_Restore.ipsw
10.09.2007	1.1 (3A101a) Restore	http://appldnld.apple.com.edgesuite.net/content.info.apple.com/iPod/SBML/osx/bundles/061-3882.20070910.N8uyT/iPod1,1_1.1_3A101a_Restore.ipsw

Mit dem Erscheinen einer neuen Firmware verschwindet auf den Apple-Seiten die ältere Version bzw. ist nicht ganz so einfach zu finden. Wer in Sachen »ältere« Firmwareversionen für iPod touch bzw. iPhone noch Nachholbedarf hat, sollte sich auf der Webseite *http://wiki.iphonegameover.com/Firmware_download* umsehen:

Bild 4.33 Gute Grundversorgung: Wer auf der Suche nach einer älteren Firmwareversion für iPhone oder iPod touch ist, kommt hier schnell zum Ziel.

Bei alten iPods: Firmware-Update oft tückisch

Bevor Sie überhaupt Hand an den iPod legen, brauchen Sie die passende Firmware, das Original-Apple-Update-Programm sowie die richtige Typenbezeichnung des iPod.

Apple-Update	Download
iPod Updater 2006-06-28	http://wsidecar.apple.com/cgi-bin/nph-reg3rdpty2.pl/product=11621&cat=58&platform=osx&method=sa/iPodSetup.exe
iPod Updater 2005-11-17	http://www.apple.com/support/downloads/ipodupdater20051117.html

Ohne diese notwendigen Informationen ist das erfolgreiche und vor allem das richtige Flashen, also das Einspielen einer neuen Firmware, nicht nur leichtsinnig, sondern für das Gerät auch lebensgefährlich. Spielen Sie eine Apple-fremde Firmware auf, kann es sein, dass nichts mehr geht. Hier muss der iPod komplett gelöscht werden, wie beispielsweise mit der Radikalmethode (siehe

Abschnitt »Wenn nichts mehr geht – iPod formatieren«, Seite 348), bevor der iPod-Updater wieder funktioniert.

Bild 4.34 Nach dem Herunterladen der iPod-Aktualisierungsdatei starten Sie das Installationsprogramm und wählen die gewünschte Sprache aus.

Nun klicken Sie sich bis zum Ende der Installation durch. Meist ist ein Neustart des PCs notwendig, damit sich der iPod mit der neuen Firmwareversion bespielen lässt.

Firmware-Update – Schritt für Schritt

Nach dem Neustart starten Sie über das Startmenü den iPod-Updater.

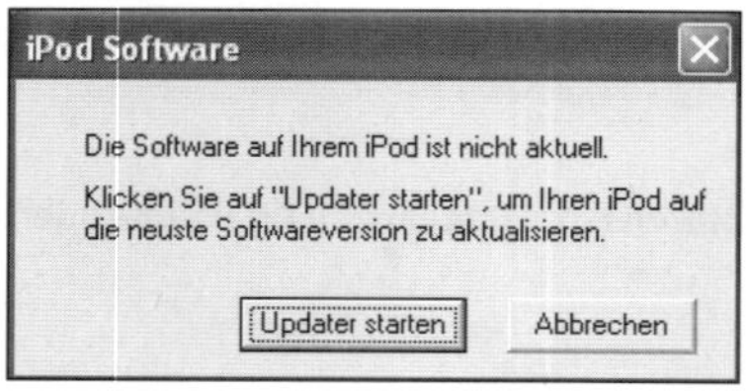

Bild 4.35 Wird der iPod-Updater gestartet, prüft dieser zunächst die Firmwareversion des iPod. Klicken Sie bei einer veralteten Firmwareversion auf *Updater starten*.

HINWEIS!

Neue Firmware frei von Fehlern?

Auch neue, aktuelle Firmwareversionen sind nicht frei von Fehlern. So kann es beispielsweise vorkommen, dass bei den iPods der fünften Generation (iPod video) nach der Aktualisierung mit einer neueren Firmware Fehler und Ruckler bei der Videowiedergabe auftreten. Oder der Film wird ohne Ton abgespielt, falls das Video mit einem Drittanbieterprogramm erstellt worden ist. Treten nach einem Firmware-Update solche signifikanten Fehler auf, kann ein iPod mithilfe der Installations-CD oder einer früheren Firmwareversion downgegradet werden. Der Nachteil dieser Maßnahme ist jedoch, dass sämtliche Daten auf dem iPod verloren gehen. Deswegen: Vergewissern Sie sich bei einem Firmware-Upgrade sowie beim Downgrade, dass die iPod-Daten auf dem PC gesichert sind.

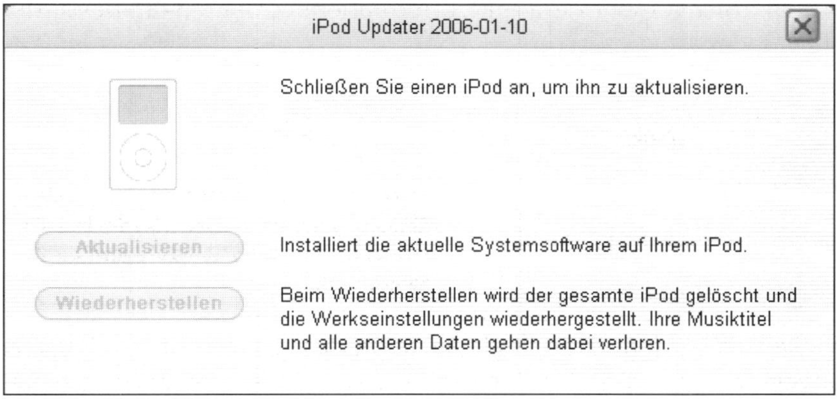

Bild 4.36 Bevor der iPod aktualisiert werden kann, muss dieser natürlich zunächst am PC angeschlossen sein.

Ist der iPod am PC angeschlossen, erscheint zunächst eine Übersicht über den Inhalt der iPod-Aktualisierung. So werden zu jedem iPod-Modell die aktuellen Soll-Versionsstände angezeigt.

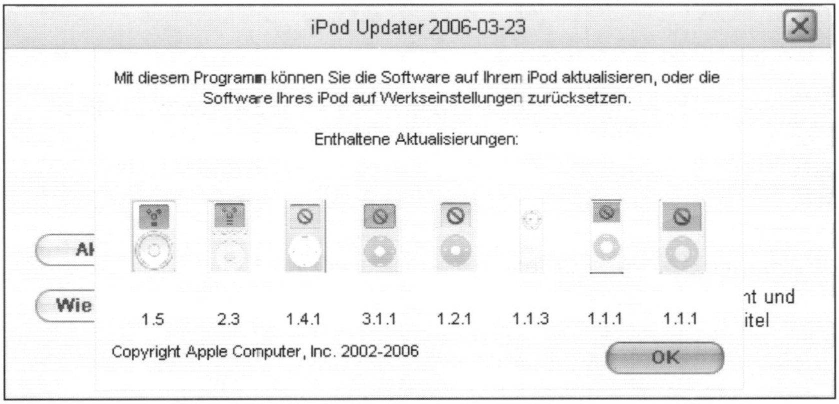

Bild 4.37 Aufgeklärt: Die aktuellste Version des iPod der 5.Generation (ganz rechts) ist Version 1.1.1.

Per Klick auf *OK* prüft das Aktualisierungsprogramm die derzeitige Firmware-version des angeschlossenen iPod.

Bild 4.38 Um den iPod auf den aktuellen Stand zu bringen, klicken Sie in diesem Dialog auf *Aktualisieren*.

Nun stehen zwei Möglichkeiten zur Auswahl: Mit dem Klick auf *Aktualisieren* installieren Sie eine neue Firmware auf dem iPod, per Klick auf *Wiederherstellen* wird die neue Firmware installiert, und sämtliche Daten und Einstellungen werden gelöscht.

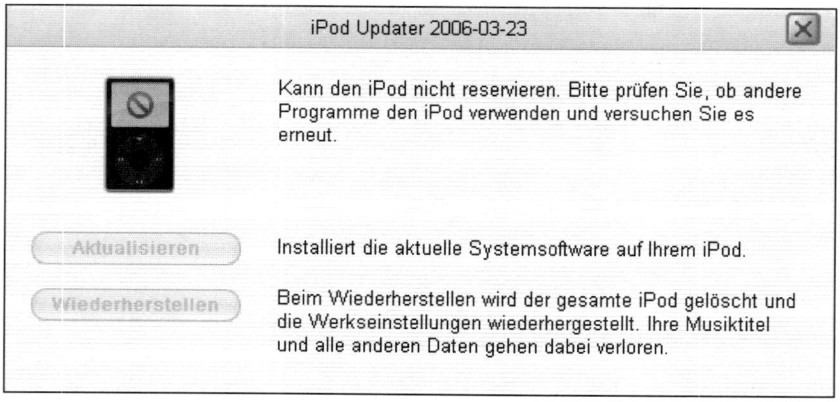

Bild 4.39 Erscheint folgende Meldung, wird der iPod gerade von einer anderen Anwendung wie beispielsweise iTunes benutzt. Beenden Sie vor dem Firmware-Update sämtliche Programme, die auf den iPod zugreifen.

Per Klick auf *Aktualisieren* installieren Sie die Firmware auf den iPod. Dieser Vorgang dauert wenige Minuten.

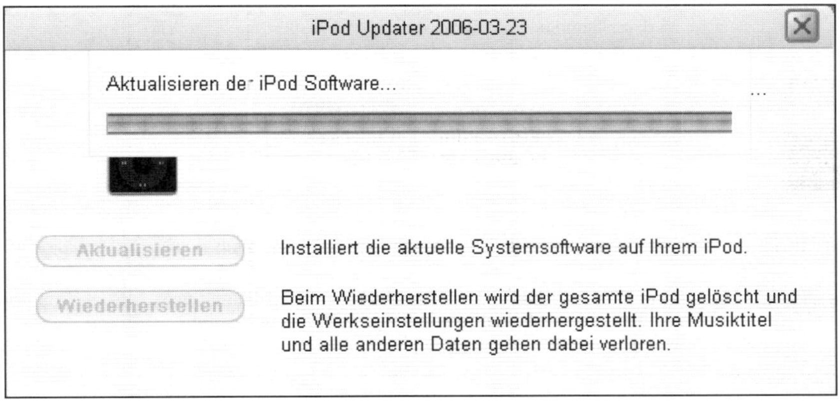

Bild 4.40 Das Aktualisieren der Firmware läuft problemlos ab. Lassen Sie den iPod in dieser Zeit in Ruhe und stecken Sie ihn keinesfalls ab.

Ist die Firmware auf den iPod kopiert, muss diese installiert und initialisiert werden. Das macht der iPod selbstständig. Wie lange die Installation auf dem iPod dauert, ist auf dem Display anhand des Fortschrittsbalkens zu sehen.

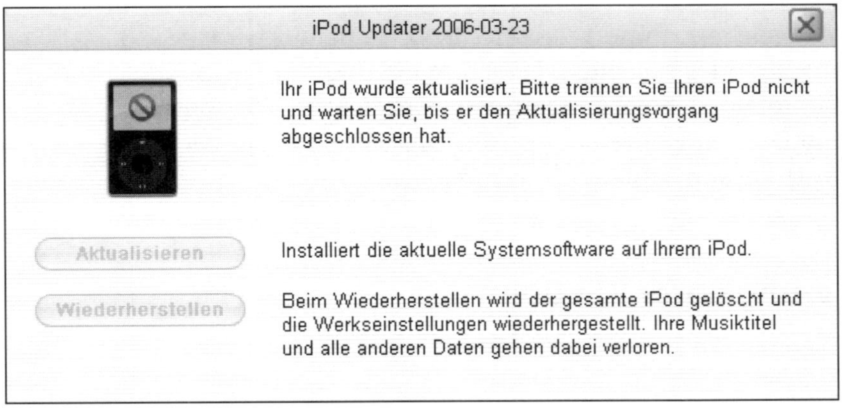

Bild 4.41 Lassen Sie den iPod weiter am PC eingesteckt, bis die Firmware installiert und initialisiert ist.

Nach der Selbstinstallation startet der iPod neu und meldet sich neu am PC an. Der iPod-Updater zeigt nun die aktuelle Firmware (hier 1.1.1) an.

Apple pflegt ständig die Software und die Firmware für die iPods. Sie sollten hin und wieder auf der Apple-Seite vorbeisurfen, um nach einer aktuellen Firmware Ausschau zu halten.

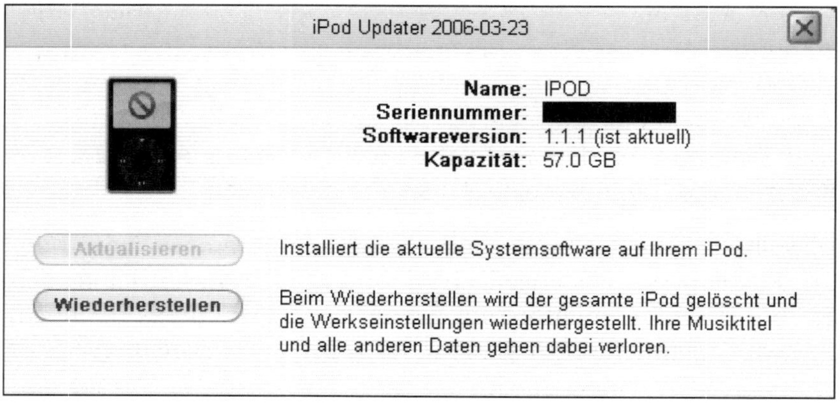

Bild 4.42 Glückwunsch: Nach wenigen Minuten ist die Aktualisierung des iPod abgeschlossen.

4.10 Wenn nichts mehr geht – iPod formatieren

HINWEIS!

Vor dem Formatieren Backup anlegen

Egal auf welche Art und Weise der iPod formatiert wird – Sie sollten Folgendes beachten: Die Formatierung der Festplatte ist ein Vorgang, der nicht widerrufen werden kann. Alle Musiktitel und Dateien werden gelöscht. Deshalb sollten Sie vorher immer ein Backup der iPod-Daten erstellen.

Formatierung unter Windows

Windows

HINWEIS!

Hinweis für iPod touch- und iPhone-Besitzer

Nachstehend beschriebene Methode funktioniert NICHT mit iPod touch und iPhone, da sich beide nicht standardmäßig als Wechseldatenträger im Betriebssystem bereitstellen lassen.

Zum Formatieren des iPod gibt es verschiedene Möglichkeiten. Apple empfiehlt in bestimmten Fällen die Neuformatierung des iPod über die Windows-Datenträgerverwaltung. Doch die Formatierung unter Windows – egal ob Windows Vista oder XP – hat einen entscheidenden Nachteil: Große Festplatten ab 32 GByte lassen sich nicht mit dem Festplattenmanager mit dem FAT32-Dateisystem formatieren und bieten nur eine NTFS-Formatierung an.

In diesem Fall sollten Sie besser auf ein anderes Betriebssystem wie Linux oder Mac OS X zurückgreifen. Wer ausschließlich Windows im Einsatz hat, kann auch den Umweg über das HP-Formatter-Tool gehen. Versuchen Sie es dennoch, erscheint folgende Fehlermeldung: *Verwaltung logischer Daten: Volumegröße zu groß*. Wer beispielsweise einen 20-GByte-iPod unter Windows formatieren möchte, der geht folgendermaßen vor:

Öffnen Sie die Systemsteuerung und wählen Sie hier die Option *Verwaltung* und dann *Computerverwaltung* aus.

Klicken Sie im Fenster *Computerverwaltung* in *Datenträgerverwaltung*. Der iPod wird in der Liste als Wechselmedium angezeigt.

Klicken Sie mit der rechten Maustaste in das Volume und wählen Sie die Option *Formatieren*. Als Dateiformat legen Sie *FAT32* fest und bestätigen mit *OK*.

Anschließend stellen Sie den iPod mithilfe des iPod-Updaters wieder her.

Formatierung mit USB-Spezialtool

Windows

Nachstehend beschriebene Methode funktioniert nicht mit iPod touch und iPhone, da sich beide nicht standardmäßig als Wechseldatenträger im Betriebssystem bereitstellen lassen.

Wer einen größeren iPod sein Eigen nennt, der besorgt sich das *HP USB Disk Storage Format Tool*, das mit größeren Festplatten jenseits der 32-GByte-Grenze zurechtkommt. Dieses ist unter *ftp://ftp.compaq.com/pub/softpaq/sp27001-27500/SP27213.exe* erhältlich.

Wählen Sie zunächst das gewünschte Dateisystem aus – der iPod benötigt unter Windows zwingend FAT32. Das Formatieren dauert abhängig von der Größe der Festplatte einen Moment. Anschließend stellen Sie den iPod mithilfe des iPod-Updaters wieder her, wie im Abschnitt »Firmware-Update – Schritt für Schritt« auf Seite 344 beschrieben.

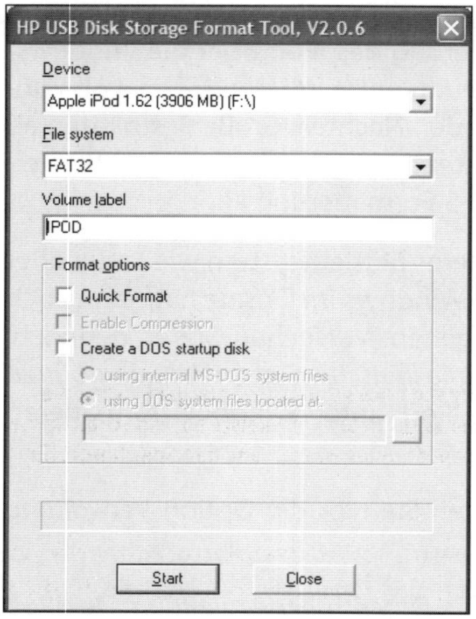

Bild 4.43 Stecken Sie den iPod im Festplattenmodus an den PC ein. Nach Download und Installation starten Sie das *HP USB Disk Storage Format Tool.*

Formatierung unter Mac OS X

Mac OS X

HINWEIS!

Hinweis für iPod touch- und iPhone-Besitzer

Nachstehend beschriebene Methode funktioniert NICHT mit iPod touch und iPhone, da sich beide nicht standardmäßig als Wechseldatenträger im Betriebssystem bereitstellen lassen.

Soll der gebrauchte iPod bei eBay verkauft werden oder als Geschenk in der Familie herhalten, ist es sinnvoll, die Daten auf dem iPod zu entsorgen. Zum Formatieren des iPod gibt es verschiedene Ansätze: Apple empfiehlt für Mac-Anwender das Festplatten-Dienstprogramm, das per Finder über *Programme/Dienstprogramme/Festplatten-Dienstprogramm* gestartet wird.

Alternativ lässt sich über iTunes eine neue Firmware »drüberbügeln« – was auch für Modelle wie iPod touch bzw. iPhone eine Möglichkeit darstellt, das Gerät »jungfräulich« weiterzugeben. Hier scheitert bekanntlich der Kniff über das Festplatten-Dienstprogramm daran, dass beide Geräte im Finder nicht als Wechseldatenträger zur Verfügung stehen.

Bild 4.44 Für Sicherheitsbewusste: Wer vor dem Löschvorgang noch schnell ein Backup in Form eines Festplattenabbilds (Images) vom iPod machen möchte, der klickt in der Menüleiste auf die Schaltfläche *Neues Image*. In diesem Fall tragen Sie anschließend einen passenden Namen und den Speicherort für die Sicherung ein.

Ist der iPod am Mac eingesteckt, wird dieser als Wechselplattenlaufwerk im Festplatten-Dienstprogramm angezeigt. Über das Register *Löschen* eliminieren Sie den Laufwerkinhalt per Klick auf die Schaltfläche *Löschen*.

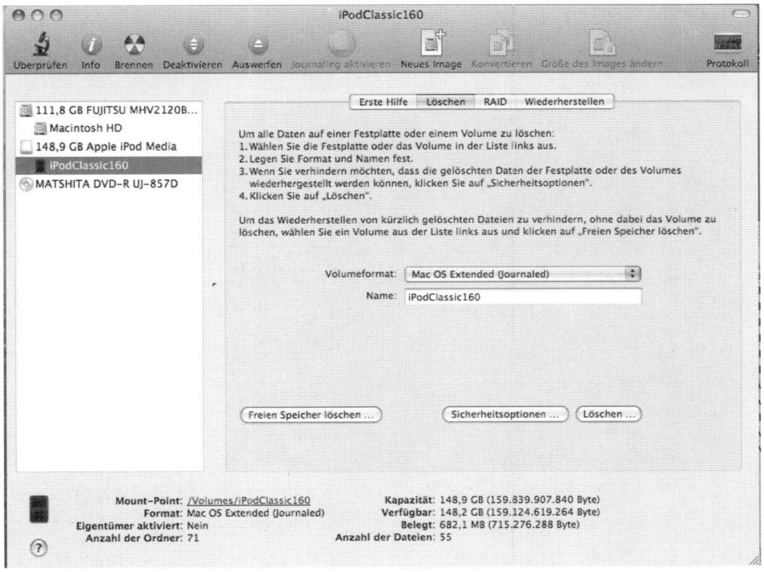

Bild 4.45 Wer beim Löschen auf Nummer sicher gehen möchte, kann alternativ auch die Schaltfläche *Freien Speicher löschen* wählen. In diesem Fall lassen sich weitere Optionen für das Löschen des iPod angeben – beispielsweise das anschließende Überschreiben des freien Speichers mit Nullen nach dem Löschen.

Anschließend sind die Nutzdaten vom iPod entfernt – wird dieser erneut mit iTunes verwendet, muss er wie gewohnt mit iTunes konfiguriert und »verheiratet« werden, damit er sich wieder mit Daten befüllen lässt.

Index

Symbole

Numerisch

A

B

C

D

E

F

G

H

N

O

P

Q

R

S

T

U

V

W

X

Z